大学生
安全教育
导论

杨炜苗 编著

清华大学出版社
北京

内 容 简 介

随着形势的发展,大学生安全的内涵也在不断扩大,由过去重点强调人身安全、财物安全、实验安全、宿舍安全、交通安全,逐步扩展到国家安全、学业安全、网络安全、心理健康安全、人际交往安全、求职就业安全、预防违法犯罪等多个方面。本教材吸收了作者多年的高校管理实践经验,借鉴了国内大学生安全教育的最新理念和成果,贴近大学生安全教育的实际需求,可以作为高等院校开展大学生安全教育的基本参考教材,也可为研究安全教育的指导教师提供参考。

本书封面贴有清华大学出版社防伪标签,无标签者不得销售。
版权所有,侵权必究。举报: 010-62782989, beiqinquan@tup.tsinghua.edu.cn。

图书在版编目(CIP)数据

大学生安全教育导论/杨炜苗编著. —北京: 清华大学出版社,2019.6(2023.9重印)
ISBN 978-7-302-52882-1

Ⅰ. ①大… Ⅱ. ①杨… Ⅲ. ①大学生-安全教育-高等学校-教材 Ⅳ. ①G641

中国版本图书馆 CIP 数据核字(2019)第 082364 号

责任编辑: 张　莹
封面设计: 傅瑞学
责任校对: 宋玉莲
责任印制: 沈　露

出版发行: 清华大学出版社
  网　　址: http://www.tup.com.cn, http://www.wqbook.com
  地　　址: 北京清华大学学研大厦 A 座　　　　邮　编: 100084
  社 总 机: 010-83470000　　　　　　　　　　邮　购: 010-62786544
  投稿与读者服务: 010-62776969, c-service@tup.tsinghua.edu.cn
  质量反馈: 010-62772015, zhiliang@tup.tsinghua.edu.cn
印 装 者: 小森印刷霸州有限公司
经　　销: 全国新华书店
开　　本: 185mm×260mm　　　　印　张: 16　　　　字　数: 379 千字
版　　次: 2019 年 6 月第 1 版　　　　　　　　　　印　次: 2023 年 9 月第20次印刷
定　　价: 46.00 元

产品编号: 083929-01

前 言

对大学生进行系统的健康、安全教育是学校教育的重要组成部分,教育部已明确要求各级高等院校要高度重视大学生安全教育工作。教育部发布的《普通高等学校健康教育指导纲要》(自 2017 年 6 月 14 日实行)中提出了包括安全教育在内的具体教学内容和目标,要求高校开设相关公共选修课,安排必要的课时,确定相应的学分。

学生的生命安全和健康成长关系千万个家庭的幸福。现如今,多数大学生都是独生子女,习惯于家长的呵护。他们在考入大学之前,除了紧张的学习外,天天都处于家长的宠爱和无微不至的关怀下,很少有时间独自面对和处理学习之外的各种现实问题。考入大学后,很多大学新生第一次离家远行,离开了家长的保护,走入校园这个小社会,面对的将是种种意想不到的新挑战。大学生要独立自主地在学校学习、生活,参加校内外的各种活动等,完全靠自己去面对和解决那些过去由家长操心的问题。大学生在上大学期间的安危冷暖如何? 能否安全度过大学的每一天? 能否顺利完成学业? 这些问题都是无数个家庭时刻牵挂的问题。家长期待着自己的孩子在大学期间能安全无忧、学有所成、身体健康、思想进步、人格完善等,不愿意看到自己的孩子身心健康受到伤害,财物受到损失,更不愿意看到自己的孩子沾染上坏毛病,甚至变成危害社会或他人安全的人。

保证大学生安全度过大学生活,顺利完成学业,是所有高校最具挑战性的任务之一。有关大学生在校期间的安全问题,社会关注度高,敏感性强,影响面广,关系千家万户的幸福与安宁,关系学校教育事业的健康发展,更关系社会和谐稳定的大局。随着改革开放的深入,高校管理方式社会化,办学形式多样化,学生结构复杂化,校园与社会相互交叉、相互渗透,校园治安形势日趋复杂严峻。各种社会安全问题,必然会影响到校园内的学生,例如,危害大学生人身安全和个人财物安全的案件,甚至因心理问题导致的自杀案件等。这些触目惊心的安全事件以及各种威胁安全的因素都时刻警示着我们,大学生安全正面临新的挑战。如何加强大学生的安全教育并强化防范机制,已成为稳定高校安全形势的重要内容之一,也是高校思想政治教育的重点和难点。

编著本教材的动力源自作者本人参与高校管理多年并处理大量大学生安全问题时的感悟和紧迫感。作者目前供职于北方国际大学联盟(以下简称大学联盟),这是目前国内最大的民办高等教育联盟,拥有 18 所本科院校、3 所高职院校,在校生达到 20 万余人。作者因担任大学联盟总校副校长的缘故,有机会接触和处理不少发生在联盟所属高校校园内的安全问题,包括一些大学生因缺乏安全防范意识和能力所造成的人身伤害或财物损失,其中不乏因学生安全意识薄弱而付出了生命代价的案例;也包括个别大学生因缺乏法制观念,对自己的失范行为没有及时收手而最终走上违法犯罪的歧途,等等。发生在大学生身上的安全事故代价是非常高昂的,教训是深刻的,除了给他们的身心健康、学业、求职、发展等造成不利影响,也给学校和家庭带来很大打击和无可弥补的损失。每当回想起这些情景,总不免发自内心地感到大学生安全确实无小事,同时也深感自己肩上的责任重大,不应有任何懈怠。为了有效增强大学生安全意识,提高安全防范能力,根据教育主管部门和大学联盟关于进一步加强大学生安全教育的要求,结合自己多年参与学校安全管理的所见所闻及经验,也根据这些年对大学生安全的新变化、新要求、新特点的切身体会,在参考目前国内高校大学生安全教育优秀教材的基础上,作者投入极大的精力,编著并完成了本教材。

随着形势的发展,大学生安全的内涵也在不断扩大,由过去重点强调人身安全、个人财物安全、实验安全、宿舍安全、交通安全等方面的内容,逐步扩展到国家安全、学业安全、网络安全、心理健康安全、人际交往安全、求职就业安全、预防违法犯罪等多个方面。为了使学生真正掌握安全的内涵和要求,提高安全防范意识和能力,在教材的编著过程中,作者一直遵循使大学生在认知、意识和行为三个层面达到如下目标的思路。

认知层面:通过安全教育,使大学生了解影响自身安全的各类安全隐患,系统地掌握各类校内外安全防范知识。

意识层面:通过安全教育,促使大学生树立安全第一、防范第一的意识,促进大学生形成积极正确的安全观,把安全问题与个人成长、成才和家庭幸福、学校稳定、社会发展结合起来。

行为层面:通过安全教育,使大学生掌握应有的安全防范技能、安全应急技能、安全事故处理技能、安全隐患排查技能与个人安全管理技能,促进养成良好的安全防范行为习惯。

本教材在体例结构安排上尽可能做到按教育规律和学生的理解习惯循序渐进,每章从典型案例开始,以引起大学生对发生在身边的安全问题的关注与思考,然后从基本概念入手,逐步深入展开有关安全问题的阐述,最后介绍安全防范的措施。为了加深理解,作者在每章节的安全主题内容里除了继续提供一些案例外,还配合小贴士、思考与研讨、本章思考题等内容,力争使有关安全教育的内容能为大学生所理解和接受。

本教材吸收了作者多年的管理实践经验,融入了作者常年来对大学生安全防范问题的思考,结合了作者在大学生安全管理方面研究的心得体会,同时借鉴了国内大学生安全教育的最新理念和成果,还参考了网络上的相关信息和已经出版的优秀教材。在编著本书过程中,作者也深切体会到,无论是实施落实,还是理论研究,大学生安全教育涉及的内容太多,如果面面俱到,恐怕很难做到。尽管如此,作者仍然竭尽全力,不辱使命,力争将大学生安全教育的新内涵、新发展、新理念呈现给广大师生,努力使本教材突出以下特点。

(1)加强国家安全教育的内容。国家安全是安邦定国的重要基石,维护国家安全是全国各族人民的根本利益所在。为深入贯彻党的十九大精神和习近平总书记的总体国家安全观,落实党中央关于加强大中小学国家安全教育有关文件精神和"将国家安全教育纳入国民教育体系"的法定要求,根据《教育部关于加强大中小学国家安全教育的实施意见》

的精神,参照过去的安全教育资料,作者在编写本教材过程中,对 2015 年 7 月 1 日起实施的新国家安全法的内容以及大学生在维护国家安全问题上的责任、义务进行了比较详细的阐述。

(2) 突出案例的警示作用。大学生阅历有限,对高校中发生的很多安全事件具体情况知道得并不多。为了加深大学生对安全防范的重视和理解,本教材遵循安全教育教学规律,不仅在每章的开始配有案例,在各章节中也提供了大量发生在大学生身边的真实案例,让鲜活的事实说话,使大学生真正感受到安全隐患并不遥远,从而需要提高警惕,自觉做好安全防范工作。

(3) 以安全防范作为教材内容设计主线,提出具体的防范措施,强调防范能力的培养。本教材各章在讲述相关安全隐患及分析形成原因的基础上,都会详细提出防范措施和具体技巧,如火灾逃生、防盗、防抢劫、自然灾害应急处理等,突出大学生安全意识和防范能力的培养。

(4) 将预防大学生成为安全隐患的受害者与加害者并重。本教材不仅把大学生作为安全隐患的受害者,还结合目前大学生行为新动态,把防范大学生成为安全隐患的制造者和加害者的内容也写进了教材,如防范大学生参与吸毒、卖淫嫖娼、实施校园暴力、色情犯罪、侵犯他人财物、利用网络传播有害信息等违法犯罪行为。将预防大学生成为安全隐患受害者与加害者并重,对于培养大学生自觉树立安全防范意识和遵纪守法意识都是非常有意义的。

作者认为,大学生安全教育不应是权宜之计,也不只是简单开设一门课程,随着课程结束而结束。安全教育应突出"两个全"的原则,即对大学生实施"全方位安全教育"和"全过程安全教育"。所谓"全方位安全教育"是指安全教育不但要使学生掌握一般的国家安全、网络安全、交通安全、防火防盗安全等自我保护方面常识和防范技能,也要培养学生遵纪守法、珍爱生命、尊重他人、与人为善、热爱生活等意识和能力,使安全教育真正融入德、智、体、美、劳全方位教育中。所谓"全过程安全教育"是指大学生从入学到毕业,学校的安全教育要始终贯穿于学生在校学习、生活的全过程,做到常抓不懈,持之以恒,确保大学生能安全地度过大学生活。本教材既可以作为单独设课时所用,也可将本教材的有关章节分别融入不同的课程中,如将实验安全、体育课安全、军训安全、实习安全、求职就业安全等作为相关课程的一个组成部分。由于本教材贴近大学生安全教育的实际所需,除了可以作为高等院校开展大学生安全教育的基本参考教材外,也可为研究安全教育的指导教师提供参考。

本教材在撰写和出版过程中,得到了不少高校领导和教师,以及清华大学出版社的大力支持和帮助。中国社会科学院研究生院原院长、博士生导师刘迎秋教授,中国社会科学院美国研究所原所长、博士生导师郑秉文教授,北华大学原党委书记孙德彪教授,北京建筑大学原副校长宋国华教授,首都师范大学原副校长王万良教授,北京工商大学赵学凯教授等都以不同形式阅读了本教材的书稿,并提出了不少建设性修改意见,同时也为本教材的写作提供了很多有价值的参考素材。在此,一并致以衷心的感谢!

总而言之,如果没有各位专家、老师和出版社编辑多方面的鼎力相助,此教材不可能顺利完成。在此,谨向他们致以最诚挚的谢意!同时,作者也真诚期待着,在校大学生能从本教材中受到新的启发,获得更多有价值的收益。

  由于作者水平有限,大学生安全教育理论与实践还在不断丰富和发展中,再加上时间仓促,书中疏漏与不妥之处在所难免,敬请有关专家和读者批评指正。

杨炜苗

2019 年 4 月 21 日

目 录

第一章　大学生安全教育概述 … 1
- 第一节　大学生安全基本概念 … 2
- 第二节　大学生安全面临的基本形势 … 3
- 第三节　当代大学生存在安全问题的主要原因 … 4
- 第四节　大学生安全教育的内涵和目的 … 6
- 第五节　大学生安全教育的主要内容 … 7
- 第六节　加强大学生安全教育的意义 … 9
- 【本章思考题】 … 11

第二章　国家安全 … 12
- 第一节　国家安全基本概念 … 12
- 第二节　国家安全主要内容 … 15
- 第三节　大学生维护国家安全的责任与义务 … 27
- 【本章思考题】 … 29

第三章　学业安全 … 30
- 第一节　基本概念 … 30
- 第二节　学业、学籍安全隐患及处分机制 … 32
- 第三节　课堂心理安全 … 37
- 第四节　教室设备设施安全 … 39
- 第五节　实验课安全 … 41
- 第六节　图书馆学习安全 … 43
- 第七节　体育课安全 … 44
- 第八节　军训安全 … 47
- 第九节　社会实践安全 … 50
- 【本章思考题】 … 56

第四章　校园饮食、社团活动、防火、防灾安全　57
  第一节　大学生饮食安全隐患及防范　57
  第二节　社团活动安全隐患及防范　62
  第三节　校园防火安全隐患及防范　65
  第四节　自然灾害安全隐患及防范　70
  【本章思考题】　75

第五章　大学生住宿安全　76
  第一节　大学生住宿安全的概念　76
  第二节　大学生宿舍用电安全隐患及防范　77
  第三节　大学生宿舍火灾隐患及防范　79
  第四节　大学生宿舍被盗隐患及防范　82
  第五节　大学生宿舍暴力隐患及防范　84
  第五节　大学生宿舍疾病传染及防范　88
  第七节　大学生宿舍其他安全隐患及防范　90
  【本章思考题】　91

第六章　人身安全　92
  第一节　人身安全基本概念　93
  第二节　校园暴力对大学生人身安全的威胁及防范　94
  第三节　不良生活习惯对人身安全的威胁及防范　101
  第四节　性侵害对大学生人身安全的威胁及防范　103
  【本章思考题】　109

第七章　大学生财物安全　110
  第一节　大学生财物安全基本概念　110
  第二节　大学生财物被盗及防范　111
  第三节　大学生遭遇抢劫及防范　114
  第四节　遭遇诈骗及防范　116
  第五节　校园贷陷阱及防范　121
  【本章思考题】　126

第八章 心理健康安全 — 127
- 第一节 大学生心理健康安全基本概念 — 127
- 第二节 大学生心理安全隐患 — 131
- 第三节 大学生心理健康问题产生原因 — 137
- 第四节 大学生心理安全问题的防范 — 140
- 【本章思考题】 — 144

第九章 大学生人际交往安全 — 145
- 第一节 大学生人际交往安全基本概念 — 145
- 第二节 大学生人际交往的重要性 — 147
- 第三节 大学生人际交往安全隐患 — 149
- 第四节 大学生谈恋爱安全隐患 — 155
- 第五节 大学生人际交往安全防范 — 158
- 【本章思考题】 — 162

第十章 网络安全 — 163
- 第一节 网络安全基本概念 — 163
- 第二节 网络安全隐患 — 164
- 第三节 网络成瘾分析 — 168
- 第四节 网络安全问题产生的原因 — 170
- 第五节 加强大学生网络安全的对策 — 171
- 第六节 大学生网络失范行为及防范 — 173
- 【本章思考题】 — 178

第十一章 大学生校外活动安全 — 179
- 第一节 大学生外出旅游安全隐患及防范 — 179
- 第二节 大学生外出逛街、购物、参加学习时的安全隐患及防范 — 185
- 第三节 大学生外出聚会安全隐患及防范 — 188
- 第四节 大学生校外兼职安全隐患及防范 — 191

第五节　大学生校外游泳安全隐患及防范　　　　　195
【本章思考题】　　　　　198

第十二章　大学生交通安全　　　　　199
第一节　交通安全基本概念　　　　　199
第二节　大学生交通安全隐患　　　　　201
第三节　大学生交通安全隐患产生原因分析　　　　　202
第四节　大学生交通安全事故的防范　　　　　204
第五节　大学生发生交通事故的处理　　　　　206
【本章思考题】　　　　　207

第十三章　大学生求职就业安全　　　　　208
第一节　大学生求职基本概念　　　　　209
第二节　大学生求职就业安全隐患　　　　　209
第三节　大学生求职过程安全防范策略　　　　　214
第四节　误入非法传销组织危害及防范　　　　　220
【本章思考题】　　　　　226

第十四章　大学生预防违法犯罪　　　　　227
第一节　违法和犯罪的基本概念　　　　　228
第二节　大学生违法犯罪特点　　　　　229
第三节　大学生主要违法犯罪行为　　　　　231
第四节　大学生犯罪原因分析　　　　　238
第五节　大学生违法犯罪行为的防范　　　　　241
【本章思考题】　　　　　244

参考文献　　　　　245

第一章

大学生安全教育概述

【典型案例】

2013年4月,复旦大学医学院研究生黄洋在饮用了混有二甲基亚硝胺这种剧毒物质的矿泉水后,年轻且富有活力的生命在中毒两周后戛然而止。投毒者,正是同宿舍舍友林森浩。而数日后,面对法官,林森浩否认了检方"因生活琐事,导致他最终决意投毒并导致黄洋死亡"的指控。他将自己的行为归结于"愚人节"的玩笑,并非存心夺人性命。2014年2月,复旦投毒案一审宣判,林森浩因故意杀人罪被判处死刑,剥夺政治权利终身。2015年1月,上海高院二审宣判,驳回上诉,维持原判。死刑判决报请最高人民法院核准。

【案例分析】

在复旦读研期间,林森浩不仅是学生会副主席,在学术上亦成果颇丰——短短3年,他有8篇论文发表在核心期刊,而复旦大学医学院的硕士毕业前,只需要发表一篇即可。虽然同处一室,但黄洋和林森浩的关系似乎很一般。这一点,即便是在法庭庭审上,林森浩也毫不避讳。虽然黄洋的家庭条件很一般,还经常需要打工赚钱去贴补家里,但他喜欢将自己的生活安排得体面点儿。林森浩的"生活品质",则显得不那么突出。在两个人的日常生活中,黄洋也会拿"生活品质"来跟林森浩开玩笑。对此,林森浩似乎非常介意——庭审中,他一度提及黄洋"看不起我,觉得我没有生活情趣"。林森浩觉得,黄洋说话做事都有些"自以为是"。两人平时并不经常开玩笑,因为他觉得黄洋开的有些玩笑并不是自己能接受的,"我比较注重公平"。

林森浩口中的公平,指的是"对人对己"的标准。他觉得,人与人之间的标准应该是一样的,但黄洋在他眼中,似乎并非是一个"公平"的人。在最后的法庭陈述中,林森浩觉得自己的犯罪根源是性格内向,不懂得如何为人处世,讲话做事不计后果。在林森浩看来,他和黄洋之间,彼此都有些看不顺眼,更让他难以释怀的是黄洋的"自以为是"。虽然家庭条件并不差,但出身农村以及父母的职业,还是让林森浩有些自卑和纠结——其父母收购废品、卖杂货。此前,林森浩在一篇日志中反问自己:"其实我家庭条件不差,不少人也反复跟我讲这个话题,可为什么我总是因为这个而自卑?"

本案例反映了大学生交友过程中产生的心理问题,继而采取了走极端的方式处理。清华大学朱令铊中毒案、北京大学王晓龙投毒案及马加爵杀人案等大学生宿舍暴力事件的发生,应该引起学校和社会的高度关注。据统计,大学生有80%的课余时间在宿舍度过,室友是大学生人际冲突的主要对象。30%～60%的大学生对宿舍人际关系不满意,具有不同程度的宿舍冲突。近年来在社会上引起较大反响的十几起高校恶性事件中,宿舍恶性事件约占63.6%。在交友过程中如何避免此类事件发生,应该引起高校及社会的深思和重视。

【思考与研讨】

试分析本案例中导致林森浩最终采取杀人的手段解决矛盾冲突的原因,你认为应该如何做才能避免此类事件的发生。

第一节　大学生安全基本概念

随着社会的发展和进步,大学生的生活空间得到扩展,交流领域也在不断地拓宽。大学生不仅要在校园内学习、生活,而且还要走出校园参加众多的社会活动,危及人身安全的危险因素也随之不断增多。诸如交通的无序、社会治安的隐患、市场上变质的食品、水电安全问题等,都时刻危及着人们的人身安全,同样也给大学生的安全带来威胁,稍有不慎就可能造成不幸,从而给家庭造成痛苦,给社会造成负担。

所谓大学生安全,从狭义上解释是指大学生在校期间,人身和财物不受威胁,没有危险、危害、损失的状态;从广义上解释是指除了狭义所包含的内容外,还包括了大学生自身的行为举止对国家安全、社会安全、其他人的安全不构成威胁和伤害,与生存环境和谐相处,互相不伤害,没有危险、危害隐患的状态。总之,安全是大学生在校期间学习、训练、生活过程中,将自身行为对其自身生命、财产、社会和他人可能产生的损害控制在尽可能低的状态。

针对高校的现实,本教材对大学生安全采用广义上的定义。这是因为,确保自己身体健康不受伤害,个人心理处于健康状态,个人财物不受损失并不是大学生安全的全部内涵,安全问题还应包括因大学生个人行为不当可能会对社会或他人造成安全威胁和伤害的情形,如因个人原因而对国家安全造成损失或破坏,因个人违法犯罪而对社会或他人的安全带来伤害等,同样也是一种不安全因素,其结果既害人也害己。

从人类社会发展的趋势来看,安全是人类最基本、最本能的欲望之一。中国人一向以安心、安全为基本人生观,推崇居安思危。对大学生而言,安全是其顺利完成学业的保证,同时也是其健康成长的前提。因此,安全对学生的全面发展具有十分重要的基础保证意义,没有安全做保障,其他一切都无从谈起。

大学是众多学子渴望踏入的象牙塔,如今大学生在校期间的学习与生活尽管更具有便利化、多样化、丰富化的趋势,相对于初、高中阶段的教育来讲,大学对学生的管理较为宽松、自由,这种氛围无疑为人才的培养提供了一个相对自由的空间。但是,这种宁静舒适的大学校园生活也存在很多安全隐患。例如,饮食安全隐患、交友安全隐患、校园防火安全隐患、自然灾害以及社会各种不良现象的影响和侵犯等。学校的安全隐患与其他众多地方的安全隐患来源一样,无外乎来源于人与物。但由于大学生安全的独特性,在具体的隐患形式上又有各异的表现。

由于大学生的道德水准、思想觉悟、价值观念、自律意识千差万别,一些学生在学习、生活、实习、兼职、社会实践过程中,总会出现一些违反规章制度,甚至违法的行为,造成个人或他人利益受到侵害。面对校内外复杂的环境,大多数的安全隐患不仅是学生在校学习、生活中经常遇到的问题,也是今后毕业走向社会经常会遇到的问题。

第二节 大学生安全面临的基本形势

2018年7月19日,教育部发布的《2017年全国教育事业发展统计公报》显示,我国各类高等教育在校学生总规模达到3 779万人,在校大学生人数居世界第一,高等教育毛入学率达到45.7%。根据教育部高等教育司司长吴岩(2017)的说法,我国高等教育已经进入大众化后期,即将进入普及化阶段。大学毕业生群体庞大,而且都是一些刚刚踏入社会,缺乏社会经验,缺乏安全防范意识,法制观念和安全意识淡薄的学生。他们从小学到大学,一直都在学习书本知识,往往将安全知识的学习放在一边,再加上平时疏于教导和引导,家长对孩子的安全教育不重视等原因,导致大学生普遍缺乏安全防范知识和意识。此外,大学生的大部分时间都在校园里学习和生活,导致社会阅历浅,思想比较单纯,对遇到的不良风气和坏人坏事一时不能做出理性的判断,个别学生甚至还受其不良影响,随波逐流。

随着我国改革开放事业的蓬勃发展,市场经济的触角也迅速地深入校园,校园已由过去封闭型的"象牙塔"变为开放型的"小社会",校园治安形势也开始显得复杂和严峻,大学生面临的安全形势不容乐观。目前,我国大学生的年龄多在20岁左右,而独生子女已成为大学生的主体,他们在父母的呵护和老师的关心下成长,对社会的复杂性还不能完全预知。一旦父母和老师不在身边,自己独立面对社会时,由于安全防范意识普遍较差,对可能发生的各种安全问题缺乏必要的认识和警惕,难免会留下种种安全的隐患。万一发生问题,如果处置不当,就会使危害加重。如学生虽然离开宿舍却忘记了锁门,贵重物品随意丢放,结果给窃贼提供了入室行窃的机会;还有的同学在宿舍内乱接乱拉电线、乱扔烟头等,结果埋下了人身触电或宿舍发生火灾的隐患;大学生被拦路抢劫或被他人伤害,或为哥们儿义气参与斗殴事件等也屡有发生。事实说明,如果大学生对自身安全和社会安全复杂多变的现实缺乏了解,对安全知识的学习不到位,往往会给自己和他人带来一系列的安全隐患。这一切不仅影响了大学生的人身安全,也极大地降低了大学生的心理安全感。

　　实际上,在当代大学生群体中,每年都会发生一系列安全事故,造成生命财产损失。一些大学生虽然文化知识程度较高,但他们社会经验不足,缺乏安全防范意识,法制观念淡薄等,从而导致一些安全问题的发生。大学生不仅人身财产受到损害,有时也会因安全问题而毁掉了自己的人生。大学生发生安全事故的教训是深刻的,事故的代价也是非常高昂的,有些安全事故甚至是以学生自己的生命为代价,给自己和家人带来了惨痛的教训与不可弥补的损失。

　　此外,当今的大学生不仅是安全隐患的受害者,而且有可能成为安全隐患的制造者和加害者。由于大学生在考入大学之前大都没有接受过系统性的安全教育,加上部分学生心理素质差、自我要求低、自我控制力弱、极易受外界不良因素的诱惑与影响,他们在校园甚至社会屡屡发生失范行为。如个别大学生法制观念不强,表现为经常实施校园暴力、侵犯他人财物、利用网络传播有害信息等违法犯罪行为;还有的学生违反学校的规章制度,在宿舍内明知故犯,使用违章电器或其他禁用物品,最终酿成火灾事故,威胁他人生命安全;有的学生放松对自己世界观的改造,养成小偷小摸的恶习,久而久之,滑向犯罪的深渊;还有的学生政治立场不坚定,在政治问题上迷失了方向为敌所用;有的学生思想空虚,误入邪教,走上歧途,荒废学业,酿成人生悲剧,等等。显然,提高大学生对加害他人行为的警惕,帮助大学生明确哪些行为是触犯国家法律的,哪些行为是国家明令禁止的,哪些行为是学校明令禁止的,使大学生真正在处理相关问题时,能按照国家法律和学校的规定进行合理决策,帮助大学生在校园生活中合理控制自己的行为,顺利完成学业任务,同样应该是大学生安全教育的重要内容。

　　综上,大学生安全问题直接关系到学生的生命财产安全,关系到高校的稳定和谐,甚至关系到家庭和社会的安全与稳定。为了大学生安全度过美好的校园生活,进行安全教育不仅非常必要,而且任务十分紧迫。同学们只有把安全牢牢地记在心中,才能在遇到安全问题时有心理准备,才有能力从容应对。

第三节　当代大学生存在安全问题的主要原因

　　在社会中,大学生作为一个特殊的群体,具有其独有的特点。首先,大学阶段,学生的生理发育基本趋于成熟,但是其心理发育尚未成熟;其次,大学生的性格特点基本已经定型,但仍具有一定的可塑性;再次,大学生具有较强的心理需求,但是缺乏足够的经验;最后,大学生是从学校到学校,一直是在家长的监护和学校的保护下,无忧无虑地生活和学习着,缺乏自我保护意识和安全防范能力。从大学生群体的上述特点可以看出,大学生在安全问题上属于弱势群体,不仅非常容易受到人身的侵害或财物方面的损失,而且容易随波逐流,迷失自我,甚至沾染上恶习。具体分析引发大学生安全问题的原因,主要有以下几个方面。

一、大学生自身的原因

当下的大学生基本都是独生子女,从小处于无忧无虑的生活状态,缺乏独立面对社会的经历。考入大学后,大学生的主要任务是学习,大部分时间与精力都倾注在学习上,也缺乏对安全问题的考虑,结果导致他们的安全意识普遍偏弱,尤其表现在安全防范的主动性较差、防范措施不到位、处理安全问题能力不足等方面。此外,大学生心理问题也比较突出,如因性格孤僻,没有倾诉对象,从而进一步加重心理压力,结果导致出现心理疾病,等等。而校园和社会存在的安全隐患很复杂,大学生理论多于实践,一旦要面对错综复杂的实际安全问题,他们才发现,自己很难完全独立应对各种安全问题。

二、家庭环境因素

孩子的第一所学校是家庭,家庭教育对每个人有着潜移默化和持续不断的影响,但是大多数的中国家长却忽略了子女安全防范意识的培养,尤其是当子女逐渐长大成人后,父母对其经济上的关心程度远远胜于子女的心理成长问题。由于不少父母对子女教育不当,造成了一些负面效果,如任性自私、为所欲为、以我为中心、不会尊重他人等。家长的过分包办也使独生子女上大学之后缺乏最起码的独立生活及为人处世的能力:一方面不知道如何自我保护,包括自己身心和财物的保护;另一方面不会人际交往,要么是一切以自我为中心,导致产生自闭偏执、难以合群等心理问题,要么是目空一切,自命不凡,结果很容易引发与其他同学之间的冲突。

三、学校环境因素

学校是大学生生活和学习的主要场所与环境,与中学相比,大学在管理导向上,虽然强调人的个性自由与兴趣发展,为大学生的发展营造一个较为宽松的人文环境,但许多大学仍然把学习成绩作为衡量学生的尺子,忽视了无法用分数来衡量的大学生内在素质的培养。这其中,就包括了忽视对大学生安全防范意识和能力的培养,导致学生由于缺乏安全防范意识和能力,一旦出现险情(如火灾、遭遇抢劫等),就不知所措,错误应对,结果反而造成更大的人身和财物损失。此外,虽然学校在安全管理上比较重视安全制度和规定的制定,但规章制度多是禁止性条款,强调服从和执行,很少去考虑大学生的感受和认同,导致一些制度根本没有渗透到大学生内心起到约束作用。而在加强大学生安全教育方面,学校的重视程度却明显不足,实施全方位、实质性的安全教育几乎只是流于形式,这也导致大学生安全意识和能力得不到及时的培养,缺乏防范安全隐患的自觉。一旦发生了安全事故并造成损失之后,才不得不进行事后补救,但为时已晚。

四、社会环境因素

当今的大学校园是开放的,高校作为当今社会的一部分,是与社会相互影响、相互作用的。当代大学生虽然在校园里生活,却与社会有着千丝万缕的联系。我国正处于市场经济发展的攻坚时期,市场经济的一系列负面影响和由此引起的社会转型与动荡都会影响到校园,也导致当代大学生对个人利益过度的追捧,而对诸如国家安全、校园安全、网络安全、人际交往安全、就业安全等缺乏必要的防范意识和警惕性。人际关系呈现出复杂、多元、多变的状态,会对大学生人际交往的观念形成一定的影响。在与人交往中过多地考虑个人的愿望和利益能否得到实现,以及实现的可能性有多大等,从而使个人与他人交往带上了极其浓厚的功利色彩,这种意识也影响了大学生的处世理念和行为方式。

第四节 大学生安全教育的内涵和目的

所谓大学生安全教育,是指高等学校为了维护学校的正常秩序,确保大学生的人身、财产安全和身心健康,提高大学生的安全防范意识与自我保护技能,从学校实际情况出发,依照国家有关法律、法规的规定,制定各种安全教育与管理的规章制度,并对大学生进行国家法律法规、学校安全规章和纪律、安全知识与防范技能等的教育与培训活动。安全教育是维护大学生安全的一项基础性教育,是学生素质教育的一部分,也是人才培养保障的根本教育,它应该始终贯穿于人才培养的全过程。

大学生安全教育的目的就是通过开展安全教育活动,培养学生的社会安全责任感,使学生形成强烈的安全意识,围绕大学生学习、生活、成长、成才的各个方面,帮助大学生掌握和了解校园各种安全事故发生的原因、安全防范方法和避害技巧,养成良好的安全习惯,提高安全意识,增强控制、预防、排除及避免意外伤害事件的能力,最大限度地预防安全事故的发生和减少安全事故对大学生造成的伤害;同时,培养大学生的健康人格,做遵纪守法的模范,确保个人身体、财物、心理与学业等的安全,保障大学生各方面实现健康持久的成长。

目前,我国高校虽然普遍重视对大学生的安全管理工作,但往往忽视针对大学生的安全教育,主要表现在高校比较重视各项安全规章制度的建立,注重安全管理措施的落实,重视约束学生的行为以防止各类安全事故的发生。如近几年来,我国各高校按照国家相关的法律法规,结合学校的具体实际,普遍都制定了一系列安全规章制度,包括学生宿舍安全管理制度、实验室安全管理制度、网络安全管理制度、消防安全管理制度、校园治安管理制度,等等。实践证明,这些安全规章制度在维护大学生的合法权益、保障大学生安全方面发挥了积极的作用。但高校在系统地教育和引导大学生主动掌握必要的安全知识、学会防范安全隐患的技能,从自身做起避免发生安全问题等方面却做得还不够。高校安全教育理念和模式明显滞后于安全形势和大学生学习生活的新变化,无法满足大学生安全意识和能力培养的新要求。一些高校的安全教育处于无长远目标、无教学计划、无配套课程的被边缘化状态。此外,安全教育既缺乏针对性和系统性,也缺乏前瞻性,教育模式单一,课程教学流于形式,结果导致安全教育效果甚微。

此外,大学生安全教育还需要有完善的、规范的法律制度作保障,用以指导和规范高校安全教育的落实。美国的校园安全立法体系比较完善,多年来其一直重视和致力于制定有关校园安全的法律法规,形成健全的校园安全法律体系,使高校开展安全教育有法可依,为高校的安全教育提供了强有力的保障。相比之下,当前我国还没有一部统一的校园安全法,只有一些相关的政策和规定。这大大降低了我国高校安全教育的力度,不利于高校安全教育的开展和学生安全意识的养成。借鉴美国高校的安全教育,应尽快制定专门的校园安全法律法规,明确权责意识,使高校安全教育上升到法律的高度,走上依法治校的法制轨道,为广大师生提供一个安全、和谐的校园环境。

第五节　大学生安全教育的主要内容

如今的大学,人口密集,流动频繁,不少大学生还经常要走出校门,走向社会,面临的安全风险更加复杂多样。再加上大学生普遍缺乏安全防范意识,因此遭遇安全事故的概率也逐渐增大。可见,大学生的安全教育问题已迫在眉睫,刻不容缓。

大学生安全教育涉及诸多内容,具体包括:国家安全、学业安全、校园安全、人身安全、财产安全、交通安全、网络安全、求职安全、交际安全、心理健康安全、大学生违法犯罪防范等内容,每一项安全教育的内容都直接或间接关系到大学生自身的安全问题,是大学生在学校学习、生活、交友、实习、求职等过程中需要重点关注的问题。为此,安全教育应围绕态度、知识和技能三个方面展开,有针对性地帮助大学生提高安全意识,防范各类安全隐患,具体如下。

一、态度层面

主要是通过安全教育,使大学生树立起安全第一的意识和态度,树立积极正确的安全观,把安全问题与个人发展、国家需要以及社会发展结合起来,为构筑平安校园,顺利完成学业主动做出自己积极的贡献。

二、知识层面

主要是通过安全教育,使大学生了解安全基本知识,掌握与安全问题相关的法律法规和校纪校规,了解和掌握影响大学校园安全的社会、校园环境等因素;了解和掌握大学生安全所包含的基本内容以及安全保障的基本知识等。安全知识层面的内容主要包括以下几方面。

(1) 意识形态领域安全知识。主要包括政治安全和文化安全，目的在于防止大学生抛弃社会主义意识形态和不加区别地接受西方资本主义意识形态，犯政治上的错误，甚至出卖国家利益，走到危害国家安全的道路上去。

(2) 法律法规安全知识。主要包括交通安全、网络安全、遵守校纪校规、遵纪守法和维护自身权益等方面知识，目的在于使大学生敬畏法纪法规，自觉约束自己的行为，避免因违法导致法律的制裁或因违法而带来人身伤亡、财产损失等。

(3) 日常活动安全常识。主要包括财产安全、人身安全、社交安全、校园饮食安全、防火防灾安全、公共安全等知识，目的是使大学生熟悉安全常识，增强安全意识，掌握各类安全隐患的产生原因，避免发生人身伤害、财物受损失等。

(4) 心理健康安全基本知识。主要包括与心理健康有关的知识，目的在于使大学生正确认识自我和他人，正确面对困难和挫折，增强自己调节心理、情绪的能力，具有正确的人生观和健康的心态，避免自暴自弃、自杀、心理变态等结果的发生。

三、技能层面

主要是通过安全教育，使大学生掌握安全防范技能，掌握以安全为前提的自我保护技能、沟通技能、心理问题解决技能等。其教学目的在于增强保护自己和他人不被伤害的意识，提高应变能力和自我保护能力。安全技能教育内容主要包括以下几方面。

(1) 与逃生自救相关的技能。主要是培养在出现险情的情况下，如出现火灾、溺水、自然灾害等情况时，保护自己的生命与财产安全的技能。通过组织学生进行逃生和急救等演练，让学生对常见的人身损伤紧急救护知识进行学习，掌握必要的救护技能，目的是在面临突发性不可抗力造成灾害时，能迅速有效地保护自己、规避危险。

(2) 与实习、实验等教学活动的安全要求相关的安全技能。如在人群集中的工作场所，学生要学会文明礼貌，服从指挥，并注意观察场所周围环境和安全通道，避免发生安全事故；对防火、防爆有一定要求的实验室，要让学生严格按照工作要求和规范进行操作，掌握正确用电、操作设备的方法，防止意外事故发生等，目的就是避免在各类实践活动中因违章操作而造成安全事故。

(3) 与处理公共安全和社会突发安全事件等相关的防范及应对能力，如防盗、谨慎交友、卫生安全、交通安全等。在对生活中的安全知识进行普及的基础上，教会学生健身与防身的方法，目的是避免人身受到伤害，财产受到损失。

(4) 与心理应变能力相关的技能。如遇到困难、挫折、打击时如何调整心态，理性对待出现的问题，正确认识自己和他人，目的是避免发生心理疾病，不要走入极端。

大学生安全教育的核心内容包括：教育部发布的《普通高等学校健康教育指导纲要》中提到的饮食行为与健康，日常生活中常见的食品安全隐患与防范（食品安全五要素）；预防网络成瘾；运动与健康，科学锻炼原则及方法；毒品（新型毒品）危害及防范等；树立自觉维护心理健康的意识，掌握正确应对学业、人际关系等方面的不良情绪和心理压力必需的相关技能，提高心理适应能力；树立安全避险意识，掌握常见突发事件和伤害的应急处置方法,提高自救与互救能力等。同时也包括如何确保学业安全、旅游安全、交通安全、兼职安全、交友安全、求职安全以及如何避免网络失范行为,如何防范违法犯罪行为等。总之,大学生安全教育的内容非常丰富,涉及学生在大学期间几乎各个方面的安全防范问题。

第六节　加强大学生安全教育的意义

高校大学生安全问题,关乎学生的生命、财物,关乎学生能否顺利完成学业,事关重大。因此,加强大学生的安全教育具有重大意义。

一、安全教育是促进大学生健康成长、顺利成才的需要

教育是培养人的社会活动。教育培养人的过程就是将社会知识、生活方式、行为规范、意识形态等不断地内化于教育对象的过程。大学生作为在高校接受教育的主体,也是维护校园稳定、推进和谐校园建设不可或缺的力量。同时,大学生是一个思想活跃、充满激情、感情丰富,但也易受外界影响的群体,对国际、国内的重大事件反应敏锐,加之在校大学生社会阅历较浅,处理问题感情色彩较重,容易受表象影响,往往会因一点小事就产生过激行为。大学生每年因各种矛盾或纠纷而发生报复、跳楼、自杀等极端行为的案例越来越多,进而影响高校的稳定。因此,以新时代中国特色社会主义思想为指导,创新大学生安全教育,针对大学生突出的安全问题,以案说法、以事警人,对于规范大学生的日常行为,完善大学生自身心理素质,培养优良品德,提高安全防范能力,促使大学生健康成长和全面成才等都具有重要意义。

二、安全教育有利于大学生自觉树立安全防范意识和遵纪守法意识

安全教育可以帮助大学生在离开父母后更加独立地适应学校和社会,增强大学生抵御社会不良风气、适应社会大环境的能力;可以帮助大学生实现全面发展,提升大学生的安全事故应对能力和预防能力,增强大学生的自我保护意识和能力。大学生是学校的主体,如果他们的安全防范意识和遵纪守法意识较强,就可以应对突如其来的各种安全问题,就能够成为维护学校安全的强大力量,进而为学校的安全发展提供充分的保证,危害大学生身心健康的安全隐患就会大为减少,影响学校安全发展的各种事件也会大幅下降。因此,加强大学生安全防范教育和遵纪守法教育,成为目前学生管理工作中的重要环节,将促使大学生自觉树立安全防范意识和遵纪守法意识,有利于学生安全学习环境的创建,有利于大学生避免安全事故的侵袭,顺利完成学业,对培养大学生的人生观与价值观等都具有十分重要的影响。

三、安全教育有利于保障大学生人身安全和健康

随着我国高等教育的迅速发展,高校办学规模不断扩大,校园社会化现象日趋明显,一些治安案件、危及大学生人身财产案件时有发生。近年来,在校大学生的生活空间不断扩展,与社会各个领域的接触、交流也不断拓宽。在校期间,学生除了正常的学习生活外,还要走出学校参加各种各样的社会活动,甚至自谋职业打工赚钱。现代社会整体治安复杂化,各种社会问题集中出现,一些不法分子往往会通过各种方法以大学生作为作案对象,缺乏社会经验尤其缺乏安全常识的大学生,势必成为各种安全问题和案件的受害者,从而造成恶劣社会影响。大学生人身安全事故发生的概率也在逐年增长,给大学生个人、家庭、学校以及社会都带来了极大的危害。通过调查与分析,导致这些现象的主要原因是缺乏安全方面的教育,学生与学校管理层没有足够的安全防范意识,这与全面发展的教育理念是相悖的。因此,通过安全教育,帮助大学生树立良好的安全防范意识,培养良好的自觉遵纪守法意识,自觉识别和防范各种安全隐患,正确处理面临的安全威胁,养成良好的遵纪守法风气,减少安全事故的发生,对于保障大学生在校期间的人身安全和健康,顺利完成学业是非常必要的。

四、安全教育有利于保持高校治安情况良好

高等院校是为国家培养人才的场所,是整个社会体系的重要组成部分,在构建社会主义和谐社会中具有重要的地位和作用。维护高校的稳定,对促进社会进步和经济发展都起着非常重要的作用。随着高校办学模式与管理模式由封闭式转为开放式,高校与外界交往越来越频繁,学生的结构日渐复杂,许多社会因素理所当然地进入高校校园,行窃、凶杀等形形色色的犯罪行为日益增多,社会问题与学校内部问题愈加突出,治安问题和政治问题逐渐凸显,对高校治安管理形成了严重的威胁。这些因素都会对高校安全稳定产生一定的影响,威胁着大学生的人身安全。而发生学生安全事故,不仅仅是个别学生受到伤害的问题,还会牵动学生家长,波及其他学生的情绪,影响高校正常的教学秩序,甚至还会影响到局部地区的社会稳定。因此,在高校稳定发展的过程中,如何预防与消除这些因素对大学生的影响就显得十分重要。通过开展安全教育活动,提高大学生安全防范意识,自觉提升安全隐患的处理能力,尽可能杜绝一切不利因素的产生,切实维护好高校的稳定。这将有助于高校更好地应对不可预见的安全问题,尽量减少安全问题所带来的损失,对校园治安秩序、教学秩序与工作秩序的有效维持具有重要的作用,最终实现校园的和谐、稳定,构建和谐校园。

五、安全教育有利于为社会培养合格的人才

现阶段,我国许多大学生经历的挫折都比较少,一般都是在家庭的温室中长大的,承受压力与挫折的能力较差。另外,大学生违法犯罪案件等在高校中也时有发生。因此,在

学校内开展安全教育,使学生真正开始关注周边可能会发生的各类安全问题,学会正确分析安全问题产生的原因和处置办法,特别是学会从自身做起,养成良好的遵纪守法习惯。通过开展安全教育,不仅可以提升大学生的心理素质,同时还能促进其抗击打能力的提高,满足现代素质教育的需要,有利于为社会培养和输送合格的人才。大学生的安全道德品质、安全文化素质和心理健康素质如何,不仅直接关系现阶段中华民族的素质,而且直接关系未来中华民族的素质。培养造就千千万万具有高尚品质和良好安全道德修养、掌握现代化建设所需要的全面安全知识和扎实的安全本领的优秀人才,使大学生能顺利毕业并进入社会,与时代同步伐、与祖国共命运、与人民齐奋斗,为国家的发展建设贡献自己的价值和力量。这对于确保全面实施科教兴国战略和人才强国战略,确保实现全面建设和谐社会具有重大而深远的战略意义。

六、安全教育有利于营造良好的校园安全文化氛围

校园安全文化是在学生与教师的长期创造与传承中逐渐形成的,对校园安全建设具有积极的促进作用。构建和谐安全的校园,为学生营造健康发展的空间,无疑有利于培养全面发展的社会创新型人才。如果校园安全隐患重重,学生或者是深受其害,或者是整天提心吊胆,就不可能把主要心思放在学习和提升自我上。因此,高校应重视安全教育工作,在日常工作中加强对学校安全设施的检查与维护,并注重对大学生安全意识的培养,加大对大学生安全知识的普及力度,让大学生充分参与到校园安全教育活动与安全文化建设中来,努力营造校园安全文化氛围。与此同时,高校还要加强与安全文化的对接与融合,并对校园安全文化的作用进行有效的利用,以促进大学生安全教育工作顺利进行。

综上所述,大学生安全教育与管理工作十分重要,它不仅可以保障大学生健康发展,维护校园和谐、稳定,同时还有利于国家相关法律法规的落实。然而,现阶段校园安全事故频繁发生,这不仅给校园与家庭带来极大的影响,还影响着社会的稳定性。因此,加强大学生安全教育与管理势在必行。

【本章思考题】

1. 什么是大学生安全?
2. 你认为当前大学生安全存在哪些隐患。
3. 当代大学生存在安全问题的主要原因是什么?
4. 你认为加强大学生安全教育有哪些重要意义。

第二章 国家安全

【典型案例】

北京某重点大学国际政治系四年级学生李某在毕业前夕,被在校任教的美籍英语教师、美国中央情报局间谍约翰·德雷克斯策反,约翰以帮助李某毕业后找工作、担保出国为由,以物质金钱引诱、感情诱惑(二人同居)等手段将其拉下水,发展为情报人员。李某参加了美国情报组织,并为其收集我国的各类情报。

【思考与研讨】

1. 试分析李某走上危害国家安全违法犯罪道路的主要原因有哪些。
2. 面对国外反华势力的各种策反行为,我们应该如何正确处理?

第一节 国家安全基本概念

一、国家安全基本形势

国家安全是关系到国家存亡的大事,没有国家安全,就没有条件实施和平安定的建设,就没有社会主义的现代化,也就没有大学生专心致志的学习环境。党的十八大以来,党中央高度重视国家安全工作,成立了国家安全委员会,提出了总体国家安全观,明确了国家安全战略方针和总体部署,推动国家安全工作取得了显著成效,党对国家安全工作的绝对领导得到了全面加强。如今,我国经济飞速发展,社会和谐稳定,人民生活水平逐渐提高,国际地位不断提升。但国家面临的内、外部安全形势却不容乐观,各种可以预见和难以预见的风险因素明显增多,这些安全隐患随时"潜伏"在看似平常的社会生活中。我国不仅面临对外维护国家主权、安全、发展利益的压力,还面临对内维护政治安全和社会稳定的压力,特别是一些非传统领域的安全问题日益凸显。

目前,中国面临的形势非常严峻。国际上局部军事冲突不断发生,我国内部的台湾问题、南海问题、钓鱼岛问题和中印边界问题等都可能会引发军事冲突。国内经济发展过程中也有很多社会矛盾不断发生,甚至激化,党和国家正在面临严峻的挑战。随着中国综合国力的不断上升,中国已经成为境外间谍情报机关策反、渗透、窃密的主战场。加强反间谍工作,抵御境外间谍情报机关发动的谍战攻势,挫败其策反、渗透、窃密的阴谋,这既是每一位国家安全干警的神圣使命,也是每位公民的法定义务!历史一再证明:盛世并不意味着永享太平。当今世界正处在大变革大调整时期,虽然和平与发展仍是时代主题,但我国面对西方敌对势力对我国实施西化、分化战略的压力,面对国内社会矛盾多发叠加的压力,面对国内外分裂势力及其活动对国家主权、统一和安全的严重威胁,各种可以预见和难以预见的国家安全风险挑战前所未有。

当代大学生出生在改革开放已经开始取得丰硕成果的年代,是伴随着中国经济的高速发展成长起来的一代。在他们的心目中,对涉及国家安全的领域和范畴知之甚少,对新形势下新型战争形态一无所知,对如何维护国家安全、国家安全涉及哪些方面和领域、国际反华势力渗透的方式和渠道等,缺乏最基本的意识。现实中,大学生对国家安全也存在一些模糊的认识,认为国家安全离普通民众很远。例如,一些大学生对国家安全还停留在军事、战争、国防、领土、情报、间谍这样一些传统的、局部的认识上,缺乏对国家安全既包括国土安全、主权安全、政治安全、经济安全、国防安全、国民安全等传统内容,也包括文化安全、科技安全、金融安全、信息安全等内容的全方位认识与理解。发生在当代大学生身上的涉及国家安全的一些案例,凸显出大学生国家安全意识的淡薄。

二、国家安全的概念

根据2015年7月1日起实施的《中华人民共和国国家安全法》(以下简称"新国安法")的表述:"国家安全是指国家政权、主权、统一和领土完整、人民福祉、经济社会可持续发展和国家其他重大利益相对处于没有危险和不受内外威胁的状态,以及保障持续安全状态的能力。"新国安法以国家生存和发展安全为最基本前提,把维护国家安全作为国家的头等大事,主动适应了我国维护国家安全的新形势、新要求,是一部真正意义上的国家安全法。

2015年7月1日,全国人大常委会通过新国安法规定,将国家安全教育纳入国民教育体系和公务员教育培训体系,增强全民国家安全意识。每年4月15日为全民国家安全教育日。在国家安全法中设立全民国家安全教育日,有助于帮助全体公民认清国家安全形势,增强危机忧患意识,树立国家安全观念。全体公民应认真贯彻执行国家安全法和相关法律,积极支持配合国家安全机关履行职责,为维护国家安全作出应有贡献。

党的十八大以来,为适应国家安全面临的新形势、新任务,我国以法律的形式确定了总体国家安全观的指导地位和国家安全的领导体制,同时明确提出了维护国家安全的各项任务。与1993年的国家安全法相比,新国安法对"国家安全"作了更加科学合理的定义。新国安法不是机械地把那些影响国家安全的因素分离开来,而是把国家安全确定为一种国家的核心利益。1993年的国家安全法仅将"国家安全"限于国家安全机关的反间谍和情报工作领域,新国安法则将"国家安全"的内涵和外延扩展到了国家治理和社会治理的所有领域。新国安法规定,国家安全工作应当坚持总体国家安全观,以人民安全为宗旨,以政治安全为根本,以经济安全为基础,以军事、文化、社会安全为保障,以促进国际安全为依托,维护各领域国家安全,构建国家安全体系,走中国特色国家安全道路。

三、国家安全教育

党的十九大报告强调要加强国家安全教育,增强全党全国人民的国家安全意识,推动全社会形成维护国家安全的强大合力。加强大中小学国家安全教育,使广大学生牢固树立国家安全意识,是立德树人的重要任务,是全民国家安全教育的重要内容,是党和国家的一项基础性、长期性、战略性工程,事关人民安居乐业,事关党和国家兴旺发达、长治久安。

作为中国未来发展中坚力量的当代大学生,虽然多数学生普遍认为自己有责任和义务维护国家的安全、荣誉和利益,并对我国国家安全形势表现出一定程度的担忧,但是落实到自身,却往往忽视国家安全问题的真实存在,对自身在维护国家安全方面应承担的基本义务和具体责任十分茫然,在维护国家安全的行为选择上,常常表现出无所适从或麻木不仁。由于受实用主义和享乐主义的影响,特别是网络时代,处理国家利益和个人利益关系的社会思潮更加多元化、复杂化。这使得大学生对国家安全与个人切身利益关系的理解出现了较多偏差。许多大学生认为学习国家安全知识对个人就业成才"根本没有什么用",因而学习动力严重不足,甚至产生厌烦、排斥心理,表现出行动的含糊性和茫然性。一些大学生是非观念颠倒,在个人利益与国家利益发生冲突时,奉行个人第一原则,在利益诱惑面前铤而走险,违法甚至犯罪。这些问题的存在都将严重影响大学生国家安全意识的形成,也容易导致大学生在国家安全这样的大是大非问题面前犯错误。

个人利益与国家利益是不可分割的。无数事实证明,国家安全不仅关乎国家的兴亡,也关乎每个公民的切身利益。一旦国家安全受损,我们每个人都有可能为此付出巨大的代价。因此,维护国家安全,就是为了维护最广大人民的根本利益。新国安法把仅限于国家安全机关的1993年国家安全法,扩大到所有国家机关、社会组织和公民个人,维护国家安全是全民的职责和义务。新国安法还列举了社会组织和公民个人在维护国家安全方面的几项义务:遵守宪法、法律法规关于国家安全的有关规定;及时报告危害国家安全活动的线索;如实提供所知悉的涉及危害国家安全活动的证据;为国家安全工作提供便利条件或者其他协助;向国家安全机关、公安机关和有关军事机关提供必要的支持和协助;保守所知悉的国家秘密;法律、行政法规规定的其他义务。

教育部牵头制定的《大中小学国家安全教育指导纲要》,明确提出了国家安全教育的目标、整体架构和各学段具体的教育内容要求,以及贯彻落实宪法和国家安全法的精神与原则。在此基础上,教育部又印发了《教育部关于加强大中小学国家安全教育的实施意见》,该意见表示:"构建完善国家安全教育内容体系。……大学生应接受国家安全系统化学习训练,增强维护国家安全的责任感和能力。"

当代大学生应具有高度的"国家安全意识"和"国家安全责任",这对保证国家安全有着重要意义。作为中国特色社会主义事业的建设者和接班人,大学生是备受期待的、肩负人民重托和历史责任的特殊群体,他们是担负祖国强盛这一历史使命的主力军,是未来社会物质文明、先进文化、先进生产力和新道德的建设者与中流砥柱。维护国家安全,建设强大的中国,大学生责无旁贷,责任重于泰山。"生于忧患,死于安乐",一个没有忧患意识的高校大学生是不能适应21世纪经济社会竞争和中国国家安全需要的。因此,通过国家安全教育,培养大学生心系祖国的爱国情结,提升大学生对国家发展进程中的安全防范意识,是非常紧迫的任务。

【案例】 杜某本来是一名高校在校学生,父母都在农村,家里生活不宽裕,他闲暇时便在网站发帖求职。不久,一家外国军事杂志社询问了杜某的全名、手机号、就读院校和专业后,答应给他一个"社会调研员"的职位,工作内容是去当地一个军事基地及军港拍摄照片,并许诺丰厚报酬。然而,让杜某始料不及的是,他慢慢掉进了境外间谍所设的陷阱之中……

【案例分析】 毕业后找到一份理想的工作,或者能够继续出国深造,是每个大学生的梦想,面对国内日益严峻的就业形势,大学生难免会想尽一切可能的办法。国外间谍组织也正是利用了大学生的这种需求心理,许以各种诱惑,用各种手段进行腐蚀、拉拢,把一些意志薄弱、经不起诱惑的学生拉下水,使其成为为谍报组织服务的工具。

第二节 国家安全主要内容

我国当前正面临很多风险,由此引发的安全问题高度关联。与传统的安全观不同,新的国家安全观的目标是构建集政治安全、国土安全、军事安全、经济安全、文化安全、社会安全、科技安全、信息安全、生态安全、资源安全、核安全于一体,共11个领域的国家安全体系,涵盖了国家安全的方方面面,既包括军事、政治等传统安全,又包括经济、文化、科技等非传统安全。除人们较为熟悉的政治安全、国土安全、军事安全外,经济、文化、科技等领域安全的重要性也日益凸显。具体来讲,国家安全包括以下内容。

一、政治安全

政治安全通常可以从两个角度来理解:从对外的角度来讲,指的是一个国家主权独立和领土完整;从对内的角度讲,指的是政权和政治制度、意识形态免受干涉和破坏,政治生活保持稳定。更简洁的定义是:政治安全就是在政治方面免受内外各种因素侵害和威胁的客观状态。政治安全具有统领作用,决定和影响着经济安全、社会安全、文化安全等其他各个领域的安全。对我国而言,政治安全最为核心的内容是中国共产党执政地位的巩固和国家政治秩序的稳定。维护政治安全,应对风险挑战,保持政局稳定,是建设中国特色社会主义的重要工程,意义重大。它直接关系到国家长治久安,民族兴衰存亡;关系到国家经济、社会、文化利益的维护和人民群众的安居乐业;关系到党执政地位的巩固以及中华民族伟大复兴中国梦的实现。

党的十八大以来,以习近平同志为核心的党中央高度重视政治安全,特别强调坚持总体国家安全观要以政治安全为根本。政治安全涉及国家主权、政权、制度和意识形态的稳固,这都是一个国家最根本的需求,是实现国家生存和发展的基础条件。一个国家要实现现代化,必须有良好的政治秩序。在过去,中华民族内受困于军阀割据,外受制于列强欺凌,现代化之路始终步履维艰、屡遭挫折。这一状况,直到中国共产党成立并取得政权后才日渐改变。实践证明,没有民族独立与国家政权的统一,没有国内稳定的政治秩序,中国便不可能取得像今天这样令世界瞩目的成就。

如今,我国经济发展迅速,但国内的暴力恐怖势力、民族分裂势力、宗教极端势力这"三股势力"在一定范围内的活动仍然猖獗,他们与境外各种势力相互勾连,千方百计地制造实施捣乱破坏活动,妄图破坏我国的民族团结、社会稳定,一些西方国家甚至向"三股势力"提供信息、财力和政治支持。"三股势力"的活动,将政治安全风险的内部因素和外部因素结合起来,具有极大的危害性,需要引起大学生的高度警惕。只有坚决打击"三股势力"的破坏与影响,才能切实维护社会的稳定。

【案例】

危害政治安全——伊力哈木·土赫提分裂国家罪

2014年9月17日,乌鲁木齐市中级人民法院依法公开开庭审理了原中央民族大学经济学院讲师伊力哈木·土赫提涉嫌犯分裂国家罪一案。经审理查明,被告人伊力哈木·土赫提利用其中央民族大学老师身份,以"维吾尔在线"网站为平台,传播民族分裂思想,大肆污蔑攻击我国民族宗教政策。

伊力哈木·土赫提杜撰社会问卷调查报告,以虚假数据伪造支持新疆独立和高度自治的虚假民意,大肆污蔑攻击我国民族宗教政策。通过授课活动传播民族分裂思想,蛊惑、拉拢、胁迫部分少数民族学生加入该网站。与境外有关机构和个人相勾连,恶意杜撰、歪曲事实真相,炒作涉疆问题,攻击国家和政府,煽动民族仇视,鼓动维吾尔族群众对抗政府,为暴力恐怖活动制造借口,图谋使新疆问题国际化,以实现分裂国家的目的。

新疆维吾尔自治区乌鲁木齐市中级人民法院2014年9月23日对伊力哈木·土赫提分裂国家案作出一审判决,以分裂国家罪判处被告人伊力哈木·土赫提无期徒刑,剥夺政治权利终身,并处没收个人全部财产。

【思考与研讨】

1. 本案例中,伊力哈木·土赫提的行为为什么是在破坏国家安全?
2. 为什么说伊力哈木·土赫提的行为已经构成分裂国家罪?
3. 当发现有人利用学校讲台恶意杜撰、歪曲事实真相,攻击国家和政府,煽动民族仇视,图谋使民族问题国际化,以实现分裂国家的目的时,你将如何正确应对?

二、国土安全

国土安全是国家安全的一部分。国土安全主要是指一个国家主权范围内的领陆、领水、领空和底土四个方面的安全,这是传统的国家生存空间范围的安全。国土安全这个概念的诞生要从"9·11"说起,为了不让类似的灾难再度发生,2002年11月25日,美国将22个相关机构合并为国土安全部,并将它的职责确定为"集国家力量防止美国本土遭受恐怖袭击,减少留给恐怖分子的弱点,最小化恐怖袭击造成的损失,及时从袭击中恢复"。随着科学技术、经济技术的发展,为了适应经济发展的需要,国家生存空间领域也在不断拓展,网域、天域和经济海域等空间的安全也需要引起重视。当前,我国在国土安全问题上,特别突出的是以钓鱼岛和南海争端为主的海洋国土安全问题。

以越南为例,该国长期以来不断扩大侵占我国在南海的无人沙洲和礁滩。迄今为止,越南在南海已侵驻29个岛礁,驻军约2 000人,指挥部设在南威岛。1977年,越南先后两次公布直线基线,宣称其专属经济区和大陆架从其直线基线算起向外延伸200海里,该区域进入中国传统海疆线内达100多万平方公里。在划界的同时,越南一直加紧在南沙海域进行石油资源的勘探活动。越南将占据的南沙海域划定180多个区块,以此在国际范围内招标。面对越南的挑衅,2014年5月2日,中国企业所属981钻井平台在中国西沙群岛毗连区内开展钻探活动。中方作业开始后,越南方面即出动包括武装船只在内的大批船只,非法强力干扰中方作业,冲撞在现场执行护航安全保卫任务的中国政府公务船,还向该海域派出"蛙人"等水下特工,大量布放渔网、漂浮物等障碍物。由此引起新一轮中越争端正式爆发。截至2014年5月28日,中国在海洋石油981钻井平台海域部署120艘各类护航船舰。中方在不同方向部署6~8艘船舰,以阻止、拦截越南执法船,不让其靠近海洋石油981钻井平台。中国海警、渔政、拖船、运输船聚集在距离钻井平台5~6海里处护航,并分成多个小组,在越南船只驶向钻井平台时靠近越南执法船,围堵、排挤、冲撞越南执法船,并将越南执法船的活动范围逼退到10海里以外。

美国是南海问题另一个麻烦制造者。过去几年,美国还能克制一下自己,最近几年越来越放肆。面对敌人疯狂的挑衅,中国保持高度警惕,迅速转入强势反击,最有影响力的是2016年中国在南海举行军事演习全面对抗美国航母战斗群,并迫使其撤向菲律宾以东水域。2017年中国战机驱离美国侦察机时,在对方飞机上方"翻跟头",2018年美记者登本国军机闯入南部海域后,中国军机连发6次警告驱离。可以看出中国现在维护南海主权的决心和行动越来越强。

此外,从2013年年初开始,极端分裂主义分子在新疆地区制造恐怖袭击事件接连不断;2014年3月1日,极端分子还在中国昆明制造恐怖袭击事件,他们打出的口号就是将新疆从祖国分裂出去;美国不断公开干涉中国内政,2016年美国多艘航母战斗群齐聚南海,妄图逼迫中国接受南海仲裁;恐怖袭击和军事威胁同时进行,等等。这一切都表明,我国的国土安全形势严峻,必须引起警惕和重视。

三、军事安全

军事安全有着非常广泛的内容,主要包括军队安全、军人安全、军纪安全、军备安全、军事设施安全、军事秘密安全、军事信息安全、军事工业安全、军事活动安全等。威胁和危害军事安全的因素有自然的也有社会的,有国外的也有国内的,有军外的也有军内的。在不同时代、不同情况下,对一国军事安全构成威胁与挑战的主要因素会有所不同。就我国当前来说，威胁和危害军事安全的内部因素主要是军队内部的腐败，外部因素则是美国战略重心东移对中国军事造成的压力和挑战。

军队腐败是军中大敌，是瓦解军队战斗力、损害军事安全的腐蚀剂。进入改革开放新时期后，在市场经济大潮的冲击下，一些军队干部的世界观、人生观、道德观、价值观发生畸变，他们把手中的权力变成牟取私利的工具，大肆进行权钱交易、权权交易、权色交易，不仅使自己堕落为罪犯，而且在军内外造成极为严重的不良影响，严重削弱了人民军队的革命意志和战斗力。

长期以来，美国不断加大对中国的施压，大力推进军事部署东移，从南海、东海及朝鲜半岛入手，在中国周边大量部署高精尖设备，建立与巩固其军事基地，强化与日韩等国的军事安全联盟。在当前的战略再平衡中，美国还在澳大利亚部署军队，提高与亚太国家军演频率，并就提供军援、使用军事基地、部署先进战舰等加紧与菲律宾、越南、日本等国磋商合作。如此频繁与重大的军事行动，不仅对中国国家安全构成严重威胁，而且直接威胁和危害到中国的军事安全，造成新的军事安全压力。

与此同时，近年来，一些在校大学生被境外间谍盯上，并利用小恩小惠或以搞研究项目合作为名向大学生套取军事情报。这些在校大学生最初给对方提供信息时并不知情，甚至有部分学生在觉察对方身份后，仍没有意识到自己的行为已经触犯了法律，继续因贪利而持续配合，直至被国家安全机关依法处理。据了解，在境外间谍组织通过各种手段策反在校大学生的案例中，境外间谍情报机关主要以积极兑现酬金的形式吸引和黏住学生，兼以要挟等手段，但并不直接与学生见面，且涉案学生多数是个体行为。

【案例1】 小徐是一名在校大学生，同时也是一名军事发烧友，在军迷圈子里小有名气。2016年3月的一天，大家正在群里讨论时，有一人突兀发问："谁有'两会'的资料？"我们知道，"两会"每年3月在北京举行，彼时2016年"两会"还没有召开。对方自称是为了学术研究，于是小徐就把自己了解到的有可能成为热点的话题进行了归纳分析并发给对方。没想到，对方表现出极大的兴趣，并主动支付150元报酬。

几天后，对方再次出现，但提出要所有关于军事基地方面的资料和飞机情况的"任务"资料，并表示相应的报酬会大幅提高至1.5万元。小徐意识到自己可能真的遇上了间谍之类的人员，事情远比自己想象的要复杂得多。可这时，对方开始步步紧逼，常来询问事情核实的进度，并用金钱加以诱惑。小徐想起曾看过一个与自己经历相似的反间谍宣传片，意识到只有依靠国家安全机关才有可能摆脱困境，于是果断地拨打了12339。

国家安全机关介绍，小徐因为意识到事情的严重性，及时停止了和对方的交易，并积极向国家安全机关举报，才使事情没有发展到不可挽回的地步。同时，由于他所提供的信息没有涉及国家机密，因此并不涉嫌违法犯罪。

【案例2】 吴某系某大学在校生，在网上寻找兼职时，被伪装成"军事网站编辑"的境外间谍拉拢。在金钱的诱惑下，吴某根据对方要求，多次实地拍摄某沿海军港停泊军舰情况，并发送给对方。2015年3月，吴某在接受了当地国家安全机关敌情形势宣传教育后，深受触动，意识到自己的行为系间谍行动，已触犯国家法律，于是投案自首。国家安全机关鉴于吴某主动终止违法行为，并有自首和悔改表现，依《中华人民共和国反间谍法》（以下简称《反间谍法》）第27条对其免予处罚。

【小贴士】

如何判断间谍行为

根据《反间谍法》第38条的规定,间谍行为是指下列行为:

间谍组织及其代理人实施或者指使、资助他人实施,或者境内外机构、组织、个人与其勾结实施的危害中华人民共和国国家安全的活动;参加间谍组织或者接受间谍组织及其代理人的任务的;间谍组织及其代理人以外的其他境外机构、组织、个人实施或者指使、资助他人实施,或者境内机构、组织、个人与其相勾结实施的窃取、刺探、收买或者非法提供国家秘密或者情报,或者策动、引诱、收买国家工作人员叛变的活动;为敌人指示攻击目标的;进行其他间谍活动的。

提示:境外间谍利用我国大学生为其提供情报的惯用套路。

(1)拍摄照片。如果有人以杂志、报纸约稿等名义,找你拍摄敏感照片,并许诺重金,那就要小心了,你可能已经进入间谍策反的名单。

(2)请教问题。一些在国防、部队等机构工作的人员,更容易成为间谍瞄准的对象,间谍分子通常打着请教问题的名义,套取军事情报。

(3)网络兼职。在很多网上兼职背后,也藏着间谍的身影。尤其是一些在校大学生、中学生在网上求职或网聊过程中,被境外间谍盯上。

(4)打情感牌。除了经济利益的套路,不少人则是被情感牌拉下水,出于友谊或者感恩,死心塌地为境外间谍刺探军事情报。

四、经济安全

所谓国家经济安全,是指在经济全球化时代下,一国保持其经济存在和发展所需资源有效供给;经济体系独立稳定运行;整体经济福利不受恶意侵害和非可抗力损害的状态和能力。国家经济安全主要体现在以下几方面:一国经济在整体上主权独立、基础稳固、运行健康、增长稳定、发展持续;在国际经济生活中具有一定的自主性、防卫力和竞争力;不至于因为某些问题的演化而使整个经济受到过大的打击和遭受过多的损失;能够避免或化解可能发生的局部性或全局性的危机。

经济安全问题伴随着主权国家的诞生而产生。"冷战"结束后,经济因素在国际关系中地位上升,经济和科技为核心的综合国力竞争成为各国,尤其是大国之间竞争的焦点。经济全球化加速全球贸易、投资和金融自由化,使各国经济相互依存程度加深,利益关系趋于复杂,经济竞争趋于加剧,贸易摩擦增加,经济安全风险加大。在此背景下,许多国家重新思考和权衡经济安全、军事安全和政治安全之间的相互关系,提升经济安全在国家总体战略中的地位,并从国内国外两条战线保障国家经济安全。

例如,当前的国际国内局势正在发生深刻的变化。美国公布减税计划,特别是美国奉行"美国优先"的单边主义政策,大规模挑起对华贸易战并变本加厉地对中国高科技产业实施打压等;同时,我国改革开放进入深水区,国内经济运行深层次矛盾开始显现,国内楼市新政频出,金融监管再度升级等,这些不确定因素的影响都使我国经济安全形势变得比以往更加复杂和严峻。

【案例】

力拓"间谍门"案

2009年,澳大利亚力拓集团驻上海办事处的胡士泰等4名员工,在中外进出口铁矿石谈判期间,采取不正当手段,通过拉拢收买中国钢铁生产单位内部人员,刺探窃取了中国国家秘密,对中国国家经济安全和利益造成重大损害。而另一主角谭以新,凭借首钢国际总经理助理、矿业进出口公司总经理的身份,向力拓提供大量商业机密,从中获取巨额回扣。胡士泰、谭以新是这场力拓间谍门的两个主角,两人分别毕业于中国两个最著名的高等学府——胡毕业于北京大学;谭毕业于清华大学。

胡士泰从北京大学历史系毕业后,前往澳大利亚留学,后加入澳大利亚国籍,后又荣升为力拓上海首席代表、哈默斯利铁矿石中国区的总经理。其在华首要任务就是充当商业间谍,深入国内三、四线城市的小钢厂挖掘原材料库存的周转天数、进口矿石的平均成本、吨钢单位毛利、生铁的单位消耗等各种"机密信息",使用各种违法手段,窃取中方商业情报、铁矿石价格谈判底线,致使中方与澳方在铁矿石谈判中屡屡受挫,常处于被动地位。中方由于谭以新成为内鬼,在明知要吃暗亏的情况下,还得被迫与铁矿石谈判商勉强签订买卖协议,使中国钢铁企业在近乎讹诈的进口铁矿石价格上多付出7 000多亿元人民币的沉重代价,而这笔不小的数字相当于"澳洲10%的GDP"。

2010年,上海市第一中级人民法院对被告人胡士泰等非国家工作人员受贿、侵犯商业秘密案作出一审判决,分别以非国家工作人员受贿罪、侵犯商业秘密罪,数罪并罚判处被告人胡士泰有期徒刑10年,并处没收财产和罚金人民币100万元。

力拓"间谍门"案中的这两个所谓名校高才生,只不过是商业间谍露出的冰山一角。此案件暴露出的是他们虽然受过高等教育,但由于缺乏国家安全意识,为了一己之利,置国家利益于不顾,令国家遭受重大损失。

五、文化安全

国家文化安全是指一国的观念形态的文化(如民族精神、政治价值理念、信仰追求等)生存和发展不受威胁的客观状态。随着我国改革开放的不断深入,物质文明和精神文明建设不断取得进步,人民的物质文化和精神文化生活水平也相应地得到空前提高;但改革也带来了一些不可避免的负效应。新旧体制交替的剧烈变化,打破了人们以往的心理平衡,各种思想空前活跃起来,这既包括正确思想,也包括错误思想;既包括先进思想,也包括落后思想甚至腐朽思想。各种思想的活跃,特别是社会上腐朽思想泛滥,如通过电影所传播的西方腐朽、堕落的或不适合我国国情的生活方式,加上大学生个体的自控力较弱,不可避免地影响着中国当代大学生的世界观、人生观、价值观的形成,也导致了大学生中犯罪人数的增多。

除了上述意识形态对大学生侵蚀外,一些邪教和迷信活动也开始在部分大学生中寻找市场。邪教组织以迷信活动作掩护,冒用宗教名义散布歪理邪说、蛊惑蒙骗学生,进行各种违法犯罪活动,扰乱正常的学校秩序,危害大学生的身心健康,构成了较大的现实危害。愚昧迷信和伪科学的浊流也伴随而来,一些文化糟粕、封建迷信也沉渣泛起,偷偷地向学校渗入。

当威胁国家文化的不良因素增多,特别是威胁到国家先进文化的存在,影响到文化健康发展趋势之时,长期发展形成的中华民族优秀传统文化就会处于危险的状态。因此,要用动态、战略的眼光看待国家文化安全,既要立足于当前危险,维护优秀文化的生存安全;又要着眼于威胁文化健康发展的隐性因素,确保文化的长治久安。根据国家安全法的要求,坚持社会主义先进文化前进方向,继承和弘扬中华民族优秀传统文化,培育和践行社会主义核心价值观,防范和抵制不良文化的影响,掌握意识形态领域主导权,增强文化整体实力和竞争力。

大学生是未来肩负祖国建设重担的重要群体,也是先进文化的推进者和践行者,大学生的文化修养水平和文化安全意识应该走在社会的前列,为社会作出表率。但在多元文化背景下,当代大学生的文化安全意识现状总体不容乐观,大致表现为以下五个方面。

(1) 文化危机意识淡薄。目前,大学生普遍缺乏文化危机意识,缺乏对我国文化深入了解。有关调查结果显示,大学生群体对文化安全及我国文化安全现状的认识不够,有 68.8% 的大学生对文化安全了解程度为"不太了解"或"完全不了解";有 35% 的大学生认为我国的文化安全状态是"非常安全"或"比较安全"。

(2) 传统文化意识淡薄。传统文化意识包括两个方面:一方面是对我国优秀的传统文化的认知;另一方面是对我国传统价值观的继承。我国优秀传统文化是中华民族经过数千年积淀留下来的宝贵财富,但当今不少大学生的传统文化意识淡薄,主要表现为:第一,忽视我国传统节日,如清明节、端午节、中秋节、重阳节。传统节日被单纯误认为是休闲假期,节日中蕴含的文化内涵全然被忘记。第二,诚信意识缺失。部分大学生为了追求高分,不惜违背我国传统价值观,养成了抄袭作业、考试作弊的不良习惯。第三,自我意识膨胀,部分学生缺乏奉献意识,不愿意牺牲自己利益来维护集体利益。第四,享乐主义盛行,学生之间攀比之风盛行,缺乏吃苦精神,等等。

(3) 文化创新意识淡薄。文化创新不是一朝一夕便能做到的,而是需要在生活、学习过程中不断积累并养成创新意识,不受固定思维束缚并敢于挑战权威。部分大学生只注重学习老师课上所讲授的知识,课下不愿做进一步拓展,满足于一知半解;学校丰富的图书资源不去充分利用,习惯重复使用他人现成的结论和数据,作业和论文抄袭现象屡禁不止。

(4) 辨别西方文化糟粕的意识淡薄。经济全球化以来,国家与国家之间往来越来越频繁,各国之间不仅经济上联系密切,而且文化上交流不断。文化中有先进文明,同时也有不少文化糟粕。如西方文化强调个人至上,忽视公共利益;把人与人之间看作纯粹的金钱关系;西方文化还崇拜武力和暴力;一些低级的脱口秀、无聊的电视剧、暴力倾向影片、个人主义、低俗音乐和夜总会、黄赌毒等文化现象屡见不鲜。不少当代大学生辨别西方文化的意识淡薄,不能够做到"取其精华、去其糟粕",而是"崇洋媚外、盲目接受"。少数大学生误认为来自西方发达国家和地区的文化都是优秀的、引领时代潮流的文化,甚至把盲目信奉西方文化视为一种时尚。

(5) 内心空虚信奉邪教和迷信。一些大学生在学习和生活出现问题时,容易困惑、迷茫,甚至会导致思想、信念的缺失,从而给迷信留下了传播的空间。而一些迷信观念也趁机流传,它们迎合了大学生寻求安慰的心理需求,用一些传统迷信来误导学生,并得到了一部分学生的认可,使封建迷信势力寻找到了赖以生存的土壤。而邪教组织正是抓住了大学生对迷信容易接受的这一心理特点,披着"宗教"迷信的外衣,乘虚而入,胡乱编造一些歪理邪说,给大学生虚构了一些虚无缥缈的心理追求,制造一些永远都琢磨不透的神秘疑团,以此来满足大学生的好奇心和心理的畸形追求。一些大学生一遇到问题就求神拜佛、烧香磕头、祈求神的庇佑,试图用算命测字预知前途凶吉的大有人在。

六、社会安全

社会安全是指针对社会事件的安全措施、对策、知识等。社会安全事件一般包括重大刑事案件、重特大人为灾害或自然灾害事件、恐怖袭击事件、涉外突发事件、金融安全事件、规模较大的群体性事件、民族宗教突发群体事件、学校安全事件以及其他社会影响严重的突发性社会安全事件等。中央党史研究室副主任李忠杰教授(2012)认为,当前影响中国社会安全的因素主要有四类:一是自然灾害可能造成社会秩序混乱、公众利益受损;二是社会灾难直接造成的对公众利益的伤害和对社会秩序的冲击;三是社会公共卫生事件引起较大的社会恐慌心理;四是直接由于社会因素如群体事件、网络与信息安全事件而造成的社会不稳定,甚至社会动荡。其中第四类事件具有强烈的社会性和政治性,这类事件主要包括恐怖袭击事件、民族宗教事件、经济安全事件、涉外突发事件和群体性事件等。这类突发事件除一部分是敌对矛盾外,大部分是人民内部矛盾。一旦发生可能会造成重大人员伤亡、重大财产损失,对部分地区的经济社会稳定、政治安定构成重大威胁,并有重大社会影响。

当下意识形态斗争的主阵地在网络,而网络的受众主体是包括大学生在内的青年人。很多境内外势力都在想方设法通过网络培养他们价值观的认同者,甚至培养对现有政权的反对者和颠覆者。如今,容易在网络上被敌对势力利用的一些不安定因素有:一是贪污腐化、权力滥用;二是贫富差距过大;三是大学生就业风险与压力增加;四是社会结构的固化与底层上升渠道堵塞等。这些社会问题如果解决不好,再经过网络进行放大、歪曲和煽动,很容易引发恶性事件,直接影响社会安全乃至国家安全。例如中东的"阿拉伯之春"、法国的"黄马甲运动"等,都是从某些社会不满现象开始,经过网络发酵,形成以青年为参与主体的社会安全事件,直至造成了社会动荡和政权更迭。因此,大学生特别需要保持清醒的政治头脑,提高警惕加以防范。

【案例】 2013年6月7日傍晚发生的厦门公交车起火案件共造成47人死亡、34人因伤住院。厦门市教育局副局长郭献文说,在车上共有15名中等职业学校学生参加当年高等教育职业学校招生统一考试,考点在集美的厦门工商旅游学院。这些学生参加完考试后从集美赶回来,其中受伤7人,有8名考生确认遇难。据警方调查公布的结果,这是一起人为纵火导致的惨剧。犯罪嫌疑人陈水总,厦门本地人,1954年生。警方深入、细致地侦查和技术比对,并在其家中查获遗书,证实陈水总因自感生活不如意,悲观厌世,而泄愤纵火。

七、科技安全

从狭义上讲,科技安全是指国家科学技术发展的一种安全态势,这种态势体现了在国际大环境下,国家通过政治、军事、外交、经济、科技等手段,使国家科学技术系统既通过与国际环境的开放式作用和系统内部的协调运行达到功能优化,又保证该系统不招致来自内部和外部的威胁,并以此维护国家利益。从广义上讲,科技安全是在一定的社会环境条件下,特别是国际大环境中以国家价值准则为依据的对科技系统与相关系统相互作用所决定的国家安全态势的一种动态描述。科技安全包括科技成果安全、科技人员安全、科技产品安全、科技设施安全、科技活动安全和科技应用安全。科技安全最关键的是科技保密,是科技秘密的安全问题。

科技安全是当代国家安全的关键。随着科学技术的迅猛发展,科技竞争已经成为国际竞争的焦点,与此同时,科技安全问题日益凸显。科技安全战略已经成为国家安全战略不可或缺的组成部分,科技安全对经济发展、社会进步产生着极其重要的推动作用,是国家其他领域安全的技术基础,对国家安全发挥着关键作用。具体表现在以下几方面:第一,科技和科技安全广泛渗透于国家安全的各种领域、各个要素和各个因素之中。国家安全体系及其任何部分都有科技安全问题存在。第二,科技和新科技安全不仅对当代国家安全在整体上起决定作用,而且对当代国家安全其他领域和内容都起决定性作用。第三,科技与科技安全的丧失,对国家安全是毁灭性打击。

【案例】 某外国语学院大学生吕某,学习非常努力,经常与外教玛丽交流学习情况,玛丽外教也对她特别关照。在玛丽的引导下,吕某将父亲的科研资料拿来翻译,并交给外教评判,父亲知道后非常生气,严厉批评了吕某,并在父亲的指导下,吕某向国家安全机关进行了反映。经过调查,证实了玛丽以外教身份收集我国科技情报的违法事实。

八、信息安全

信息安全是指信息系统(包括硬件、软件、数据、人、物理环境及其基础设施)受到保护,不受偶然的或者恶意的原因而遭到破坏、更改、泄露,系统连续可靠正常地运行,信息服务不中断,最终实现业务连续性。此外,信息安全还要包括:保证信息的保密性、真实性、完整性、未授权拷贝和所寄生系统的安全性。信息系统一旦受到破坏,国家安全信息泄露,则会对公民、法人和其他组织的合法权益造成损害,对社会秩序和公共利益造成损害,会对国家安全造成特别严重的损害。

国家安全法首次明确了"网络空间主权"的概念。根据法律规定,国家建设网络与信息安全保障体系并加强网络管理,防范、制止和依法惩治网络攻击、网络入侵、网络窃密、散布违法有害信息等网络违法犯罪行为。根据英国《简氏战略报告》(2013)和其他网络组织对各国信息防护能力的评估,我国被列入防护能力最低的国家之一。据统计,目前,95%与互联网相连的网络管理中心都遭受过境内外黑客的攻击或侵入,其中银行、金融和证券机构是黑客攻击的重点。由于种种原因,我国信息化关键技术、设备大部分都依赖于国外进口,国内政府部门和企业对外国品牌的电子产品、信息技术产品过分依赖。据报道,在涉及政府、海关、邮政、金融、铁路、民航、医疗、军警等国家关键信息基础设施的建设中,均有美国"八大金刚"(思科、IBM、谷歌、高通、英特尔、苹果、甲骨文、微软)的影子。此外,我国计算机及网络信息系统使用的主要操作系统和芯片、数据库、路由器等核心技术,以及互联网领域的核心基础服务等,也都掌握在美国企业手中。发生在2018年的"中兴通讯"事件充分暴露了我国在芯片开发上的软肋,类似这种情形还有不少,这无疑是对我国的信息安全构成了潜在威胁。总之,国家信息安全面临的威胁众多,传统的保密手段已经远远不能保障国家涉密数据的安全,涉密单位对可以综合应对多方威胁的国家信息安全保障平台的需求日益凸显。

我国用于防范信息安全风险的主要技术在未来一段时间整体上仍会依赖于国外,因而我国需要特别重视研发具有自主知识产权的防御性技术,包括具有过滤功能的中间件技术、入侵检测技术、加密技术等,以增强发现、监测、防护、处置能力。如在跨境数据流动中,涉及安全的信息服务应该进行安全风险评估,同时进行相关数据业务的安全性检测,给公众营造一个可信的环境,建立安全可信的机制,包括保障机制、防范机制、检测机制等。大学生要增强使命感,不畏艰难,努力学习相关领域的技术和知识,为国家信息安全摆脱对外国的依赖作出自己的应有贡献。

【案例1】 2014年8月2日,名为"××神器"的手机病毒开始通过网络大面积传播。电信运营商及时发现并采取应急措施,阻拦威胁短信千万余条,尽管如此,仍有上百万手机在半天内受到感染。病毒会向受感染用户手机的通讯录自动群发短信,诱骗其他用户点击,该病毒会将短信记录转发至某固定手机号码,获取个人隐私和网银短信验证码等,受害用户个人信息安全受到极大威胁。

【案例2】 2014年5月小米科技官方数据库泄露涉及800万小米论坛注册用户,泄露的数据可进入小米账户,通过小米云服务可得到手机号及设备信息。

九、生态安全

所谓生态是指一切生物的生存状态,以及它们之间和它们与环境之间环环相扣的关系。生态安全则是指一个国家赖以生存和发展的生态环境处于不受或少受破坏与威胁的状态。通常包括两重含义:一是指生态系统自身是否安全,即其自身结构是否受到破坏,功能是否健全;二是指生态系统对于人类是否安全,即生态系统所提供的服务是否能满足人类生存发展的需要。生态系统的完整性和健康的整体水平,决定了生物生存与发展的不良风险最小以及不受威胁的状态。改革开放以来,我国整个经济社会得到了快速发展,也就是我们的经济社会的发展取得了举世瞩目的成绩。但是,资源紧缺、环境污染严重、生态系统退化等形势日益严峻,也是我们必须承认的一个事实。经济的快速发展与环境的日益破坏的趋势并存,这是一个客观的存在,而且十分严峻。所以,生态的安全问题已经成为关系人民福祉和民族未来的大事。

产生生态安全问题的原因很多,但主要还是受经济和教育发展水平等因素的影响,我国公民的生态意识薄弱,意识不到保护生态环境的重要性及必要性。在今天的中国,一部分人仍然在为温饱努力,生活奋斗的目标就是一切向钱看,丝毫不在乎在赚取经济利益的时候对生态环境造成的污染和破坏,甚至某些地方政府为了追求政绩也对这种为了谋取经济利益而破坏生态平衡的做法放任自流,不予管制,这种做法也变相造成了对生态环境破坏的恶性循环。公民的生态意识薄弱导致公民在赚取经济利益的同时意识不到其应该对环境承担的责任,光污染不治理,最终造成对生态环境的极大破坏。

生态安全是事关大局、对国家安全具有重大影响的安全领域。生态安全是其他安全的载体和基础,同时又受到其他安全的影响和制约。当一个国家或地区所处的自然生态环境状况能够维系其经济社会的可持续发展时,它的生态就是安全的;反之,生态环境一旦遭到严重破坏,生态不再安全,必然影响社会稳定,危及国家安全。因此,国家生态安全本身就是一项重大的系统性工程,必须在国家层面注重顶层设计。只有针对关键问题,整合现有各类重大工程,构建生态保护、经济发展和民生改善的协调联动机制,发挥人力、物力、资金使用的最大效率,才能最终实现生态安全效益的最大化。

【案例】

我国不少地区大气污染严重

大气污染是指大气中一些物质的含量达到有害的程度以致破坏生态系统和人类正常生存与发展的条件,对人或物造成危害的现象。2014年伊始,正当人们沉浸在"天蓝、地绿、水净"的美丽中国美好构想中时,北京市气象台于13日10点35分发布了北京气象史上首个雾霾橙色预警。这也揭开了新一年我国大面积雾霾的篇章。而PM2.5作为雾霾天气和现今空气污染的直接凶手,因其粒径小,可以很容易地附着在一些细菌病毒和有毒的化学物质上,通过人们的日常呼吸进入人体呼吸道及肺部,从而引发疾病。这也使广大市民和政府更加认识到了雾霾的严重性及其危害,而这种雾霾天气就是我国大气污染的最主要表现。

十、资源安全

资源安全在国家安全中占有基础地位。所谓资源安全是指一个国家或地区可以持续、稳定、及时、足量和经济地获取所需自然资源的状态。资源是资财的来源,是人类生存与发展的不可或缺的自然物质。今天人们所赖以生存和发展的自然资源分为五种:土地资源、水资源、矿产资源、生物资源和气候资源。遗憾的是,目前,中国五种资源形势都不乐观,而且资源的有效整合状况不理想。中国人口密度达130人/平方公里,是世界平均人口密度的3.2倍。相应的人均土地资源,水资源、生物资源和矿产资源都非常有限。再加上中国地形地貌崎岖不平,山地多平地少,不仅农业土地利用困难,而且交通受许多山脉阻隔,工业和交通事业建设与运行成本也很高。

资源安全在我国是一个比较突出的现实问题,社会各界对资源安全问题的关注也越来越高。其原因是多方面的,一是资源对于人类生存与发展的贡献是基础性的、不可替代的,由此自然资源往往被称为人类生存和发展不可或缺的基础。二是资源供给的有限性。自然资源往往在数量、质量等方面有其极限或限制,不可能随心所欲、永无止境地索取。三是我国经济持续高速或较高速增长,给并不厚实的自然资源基础和生态环境带来了日益沉重的压力,也就是说自然资源对于社会经济发展支撑能力往往呈削弱之势。我国淡水、石油、天然气、耕地等战略性资源,虽然总量居世界前列,但人均水平均远低于世界平均水平,而且这些资源也是危机层出不穷。四是自然资源开发利用保护不当引发的生态环境问题日益严重,水、大气、土壤污染的影响广泛而深远。五是自然资源,特别是战略性资源的国际争夺愈演愈烈,并成为主导国际关系、地缘政治的主要因素。资源外交、资源军事等应运而生。六是自然资源开发利用引发的社会、政治、民族等问题日益显现,"资源诅咒"或"资源陷阱"在部分国家、地区,特别是资源富集区或资源输出地时常发生。这些问题不解决,就会成为制约我国经济发展的阻力。显然,实施资源安全保障战略,提升我国资源安全水平,对我国高质量发展和深化改革开放具有十分重要而深远的意义。

【案例】 我国的水存在两大主要问题:一是水资源短缺;二是水污染严重。有资料显示,我国是一个干旱缺水严重的国家。人均淡水资源仅为世界平均水平的1/4,在世界上名列110位,是全球人均水资源最贫乏的国家之一。人均可利用水资源量仅为900立方米,并且分布极不均衡。20世纪末,全国600多座城市中有400多个城市存在供水不足问题,其中比较严重的缺水城市达110个,全国城市缺水总量为60亿立方米。

据监测,全国废污水排放量由1980年的315亿吨增加到2002年的631亿吨。多数城市地下水受到一定程度污染,并且有逐年加重的趋势。日趋严重的水污染不仅降低了水体的使用功能,进一步加剧了水资源短缺的矛盾,而且还严重威胁到城市居民的饮水安全和健康。

——引自《水资源短缺和水污染严重是我国"水"存在的主要问题》,环保频道-浙江在线 epmap.zjol.com.cn 2015-03-20

十一、核安全

广义的核安全是指对核设施、核活动、核材料和放射性物质采取必要和充分的监控、保护、预防和缓解等安全措施,防止由于任何技术原因、人为原因或自然灾害造成事故发生,并最大限度减少事故情况下的放射性后果,从而保护工作人员、公众和环境免受不当辐射危害。狭义的核安全是指在核设施的设计、建造、运行和退役期间,为保护人员、社会和环境免受可能的放射性危害所采取的技术和组织上的措施的综合。该措施包括:确保核设施的正常运行,预防事故的发生,限制可能的事故后果。

当传统石化能源日益枯竭引发能源循环再生危机,且环境污染灾难频现引发治理困境之时,包括核能在内的新能源替代方案成为人类社会共同的期待。但是自诞生之日起,核能所产生的安全威胁几乎与其带来的益处一样深远。核能是一把双刃剑,如果我们人类能够正确合理地使用好这一项资源,核能便可以为我们创造无限的价值。但是如果人们在使用的时候出现了什么问题,核能很可能就会给世界造成无法挽回的伤害。

人类利用核能的历史伴随着诸如切尔诺贝利、日本福岛等诸多惨痛的事故,让人们看到了核能在给人类带来福祉的同时,也会造成巨大的人间惨剧。切尔诺贝利核电站是苏联时期在乌克兰境内修建的第一座核电站,曾经被认为是最安全、最可靠的核电站。1986年,由于操作人员违反规章制度,核电站的第4号核反应堆在进行半烘烤实验中突然失火,引起爆炸,8吨多强辐射物质泄漏,其辐射量相当于400颗美国投在日本的原子弹,尘埃随风飘散,致使俄罗斯、白俄罗斯和乌克兰许多地区遭到核辐射的污染。2013年8月,日本福岛核电站发生严重泄漏事件,核厂储存槽泄漏出约300吨高度污染的核辐射水。直到今天,福岛仍没有人涉足。更令国际社会不得不警钟长鸣的是,21世纪以来恐怖主义在全世界范围内蔓延,一旦恐怖分子掌控了核武器,后果不堪设想。

核安全作为国家安全体系的重要组成部分,事关国家安全、生态环境安全和人民健康。作为我国核安全领域的根本法《中华人民共和国核安全法》已于2018年1月1日实施。核安全涉及不同层面,既包括实施科学有效管理,发展先进安全核能技术,也包括妥善应对核恐怖主义和核扩散。完善核安全政策举措,发展现代化和低风险的核能技术,坚持核材料供需平衡,加强防扩散出口控制,深化打击核恐怖主义的国际合作,是消除核安全隐患和核扩散风险的直接有效途径。

【案例】1986年4月26日凌晨1点23分,苏联乌克兰地区切尔诺贝利核电站的一声爆炸,造成了人类和平使用核能历史上一次最大的惨剧。30多年过去了,它仍然是人们心头久久挥之不去的阴影。自1986年切尔诺贝利核事故发生后,离核电站30公里以内的地区被辟为隔离区,很多人称这一区域为"死亡区",辐射500万人,消除污染需800年。如今,这里仍被严格限制进入。隔离区外有一个检查站,持有自动武器的军人在这里值勤,欲进入隔离区的人必须具备合法手续和有效证件,18岁以下的未成年人则绝对禁止进入。所有从隔离区出来的人,还必须在专门仪器上接受检查,如果身体遭受辐射超标,必须采取相关措施。切尔诺贝利核事故被称作历史上最严重的核事故,普里皮亚季城因此被废弃。

第三节 大学生维护国家安全的责任与义务

国家安全不仅关乎国家的兴亡,还关乎每个公民的切身利益。维护好国家安全,既能保护国家利益,也能保护个体利益,而一旦国家安全受损,我们就有可能付出巨大的代价。大学生作为中国特色社会主义事业的建设者和接班人,更应成为国家安全和利益的自觉维护者。因此,大学生要主动承担起维护国家安全的责任义务并努力做好以下几点。

第一,大学生要树立正确的国家安全观。国家安全涉及国家社会生活的方方面面,是国家、民族生存与发展的首要保障。国家安全法规定,公民和组织则应履行遵守宪法、法律法规关于国家安全的有关规定,及时报告危害国家安全活动的线索,保守所知悉的国家秘密等维护国家安全的义务。公民和组织支持、协助国家安全工作的行为受法律保护。邓小平指出:"国家的主权、国家的安全要始终放在第一位。"当代大学生站在推进社会发展的前沿,肩负国家复兴大任,应该深切关注国家安全与发展,树立国家安全和利益高于一切的观念和意识,维护国家安全,做国家安全的忠诚卫士,这是大学生自身健康成长成才必备的政治素质和应有的高尚品格。因此,大学生要居安思危,把国家安全放在高于一切的地位,积极参与国家安全教育活动,承担起维护国家安全的责任。

第二，大学生要增强敌情观念和国家安全防范意识。大学生应站在国家利益与国家安全的高度，学会运用科学的立场、观点和方法，从纷繁复杂的国际斗争形势中认清敌对势力对我们进行渗透、颠覆和破坏的险恶用心和真实面目，克服麻痹思想，保持清醒头脑，增强责任意识。在对外交往中，既要热情友好，又要内外有别、不卑不亢；既要珍惜个人友谊，又要牢记国家利益；既可争取各种帮助、资助，又要不失国格、人格。除此之外，大学生还要积极配合国家安全机关的工作。我国宪法和国家安全法规定，中华人民共和国公民有维护祖国的安全、荣誉和利益的义务，不得有危害祖国的安全、荣誉和利益的行为。为此，每个同学应深刻认识到，维护国家的安全和利益，不仅是国家安全机关的神圣职责，也是每个公民和组织应当履行的法定义务。它主要包括：公民和组织应当为国家安全工作提供便利条件或者其他协助；公民发现危害国家安全的行为，应当直接或者通过所在组织及时向国家安全机关或者公安机关报告；在国家安全机关调查了解有关危害国家安全的情况、收集有关证据时，公民和有关组织应当如实提供，不得拒绝等。

第三，大学生要努力维护和践行国家安全有关法律、法规。改革开放以来，我国先后制定了大批有关国家安全和国家安全工作的法律、法规、规章及其他规范性文件，初步形成了较为完整的国家安全法律的体系框架，为依法开展国家安全工作，防范、制止和惩治危害我国国家安全的违法犯罪行为提供了有力的法律武器。大学生应努力学习、掌握维护国家安全的有关法律、法规，明确什么是危害国家安全的行为，公民和组织维护国家安全的义务和权利，以及危害国家安全的法律责任等，进一步增强法律意识和国家安全意识，增强维护国家安全的责任感、义务感和荣誉感。大学生要自觉了解自己的祖国，培养自己的爱国主义情怀，保持对祖国的自豪感与认同感，重视自己作为公民的道德感和责任感的培养，主动承担起对祖国未来的责任。大学生要真正认识到，如果不尊重自己的国家，不尊重国家的历史和曾经取得的成就，就意味着毁灭自己的未来。

第四，大学生要加强对主流意识形态的学习。我国主流意识形态的内容为马克思主义意识形态，包括毛泽东思想和中国特色社会主义理论体系及其最新成果。这些成果是马克思主义中国化的重要成果，是引领大众树立科学价值观的指导思想，也是当前社会普遍认同的主流思想。但是，部分大学生对于我国积极倡导的主流意识形态并没有发自内心地认可，对主流意识形态的观念缺失也是大学生缺乏文化安全理念的主要原因。大学生作为我国社会高素质人才集体的重要组成部分，对于我国意识形态安全和文化安全具有重要的意义。由于教育体制和年龄的原因，多数大学生涉世未深，没有过硬的明辨是非的能力，同时对许多新鲜的事物具有极强的好奇心，最重要的是主流意识形态思想并没有占据思想、文化的主要地位，以上种种原因都为西方意识形态和文化渗透提供了可乘之机，大学生群体成为西方意识形态和文化渗透的主要对象。因此，大学生意识形态安全和文化安全教育问题作为维护国家意识形态安全的重要组成部分，已经成为不容忽视的重要问题。对大学生来讲，大学时期是一个非常重要、非常特殊的时期，在这一时期内大学生的价值观还没有完全定型，任何带有政治色彩的信息都会影响到大学生的价值取向。大学生要努力提升意识形态和文化鉴别能力，这是增强大学生文化安全意识的关键所在。大学生具备了意识形态和文化鉴别能力才能树立文化危机意识，继承我国优秀传统文化，辨清西方外来文化，这将有利于形成良好的大学文化氛围。除此之外，大学生要培养自身的文化创新能力,培养自身分析问题、解决问题能力,最终形成正确的主流意识形态和文化安全意识,为国家安全作出自身的贡献。

第五,大学生要加强网络素养,提升维护国家安全的自觉性和内控力。强化大学生网络行为的自觉、自律意识,是网络时代大学生国家安全意识教育的重要内容。网络和智能手机的普及标志着新媒体时代的到来,新媒体时代为人们了解信息提供了全新的渠道,人们通过网络、手机等新媒体工具可以不分地区、不分国界地了解感兴趣的信息。网络信息的开放、快捷、隐秘、广泛、虚拟等特征,使网络信息污染成为一个难以避免的严重问题。大学生情感体验丰富,接受新生事物快,因此也快速步入网络生活并走在了前列。但大学生的人生观、价值观多数处于不稳定状态。在缺乏正确理想信念指导时,求知欲与敏感性导致大学生容易迷信、盲从网络上的"新思潮",沉迷于低俗情绪或情感中。由于大学生对于新鲜事物具有极强的好奇心,尤其是对西方的文化感兴趣,例如好莱坞电影、西方节日等。在喜欢涉猎新鲜事物的大学生尽情地享受西方节日带来的新鲜感的同时,带有西方色彩的价值观念已经开始影响到大学生的价值观,中西文化的价值观不断在大学生的内心中进行碰撞,造成当代大学生的价值观多元化。作为当代大学生,要确立自己远大的人生目标,加强自我修养教育,健全人格,提高自我心理调适能力,培养自己优秀的意志品质,增强自我约束能力,保持健康的情绪,从而增强抵御网络环境负面影响的能力,不断提升自己维护国家安全的自觉性和内控力。

综上所述,有国家就必须确保国家的安全。无论社会制度、社会形态有什么不同,国家利益永远是全社会最高、最根本的利益所在,相伴而生的维护国家安全也永远是全社会的首要任务。所以,每位大学生都应该成为国家安全和利益的自觉维护者。

【本章思考题】

1. 国家安全的主要内容包括哪些?
2. 大学生为什么应该做国家安全和利益的自觉维护者?
3. 少数大学生走上危害国家安全违法犯罪道路的原因是什么?
4. 作为当代大学生,应该如何履行维护国家安全的责任和义务?

第二章 学业安全

【典型案例 1】

2015年12月18日上午10点10分左右,清华大学化学系(何添楼)二楼一实验室发生火灾事故,师生第一时间报警,消防车及救护车紧急赶到现场进行处置。现场明火扑灭后,发现一博士后实验人员死亡。

【典型案例 2】

湖南环境生物职业技术学院发布通告,决定对学业成绩没有达到要求的22名学生进行清退。另外,还有40名学生留级。这是说得好听的,直白一点说,就是开除了22名学生。原因不是违反校规校纪,也不是闯了大祸,很简单,考试不合格。

【思考与研讨】

1. 以上案例分别反映出当代大学生在学业安全方面存在哪些问题?
2. 对大学生来讲,学业安全为什么很重要?
3. 你将如何充分利用上大学的机会,圆满完成学业?

第一节 基本概念

一、学业

本章所讲的"学业"是指大学生在上大学期间所要学习的课业。大学生在校期间最具经常性的活动就是参加学校根据人才培养计划而安排的各类课程的学习活动,主要包括公共课、理论课、实验课、体育课、军训、实习实训、自习等。不同的专业有着不同的内容和知识结构体系,大学新生入校后首先要做的就是了解自己的专业,了解自己所学专业对学业的要求。具体来讲就是要搞清自己在学校完成所有本专业学业并达到毕业标准,是采取学分制还是学年制,具体有哪些要求,本专业的公共课、必修课和选修课都有哪些,如果希望通过辅修课程改变原来的专业方向,一般有哪些规定,等等。以下是与学业相关的一些常见概念。

1. 学年制、学分制、学年学分制

(1)学年制。学年制是以学年为计量单位来衡量学生学业完成情况的教学管理制度。实行学年制的高等学校,其学年和学时根据不同专业的培养目标各有不同的规定,既规定一定的修业年限,又规定一定的教学时数。每一学年的课程,包括必修课程和选修课程的门类与教学时数,都有严格的规定。优点是整齐划一,便于管理,能保证专业知识的系统性、完整性、逻辑性和本专业的基本训练,有着明确的目标控制和严格的过程管理,有利于保证一定的培养规格和质量。缺点是课程多、缺乏灵活性、学生负担重、管得过死,不利于因材施教;人才培养规格统一,不利于调动学生的积极性和主动性,限制个性发展。

(2)学分制。学分制是把规定的毕业最低总学分作为衡量学生学习量和毕业标准的一种教学管理制度,学生的学分积累只要达到标准要求,就可以申请提前毕业。学分制源于美国,美国的哈佛大学首先采用学分制,哈佛大学医学院于1894年在选课制的基础上创建了学分制。到了20世纪初,美国绝大多数高等学校都陆续推行了学分制。学分制克服了学年制缺乏灵活性的缺陷,鼓励学生充分发挥主动学习的精神,使优秀生可以提前毕业。

(3)学年学分制。所谓学年学分制是指大学既规定某一院系或专业的学习年限,又规定学分总数和每一学期的学分数,学习优秀的学生可以通过多选课来扩大知识面,充分发挥自己的能力,但是学生必须在规定的学习年限毕业而不能提前毕业。这样它在学分制精髓的基础上吸取了学年制教学管理模式中行之有效的内容,把学分制与学年制有机地结合起来。

中国的大学在20世纪30~50年代初,曾实行美国式的学分制,50年代初起采用苏联大学的学年学时制。改革开放以来,为了适应现代科学技术发展的需要,我国一部分大学开始试行学分制,但绝大多数大学至今还是实行中国式的学年学分制。

2. 必修课、选修课、公共课

与学分制相对应的是大学选课制度。

(1)必修课。大学必修课程是指高等学校中学习某一专业的学生必须修习和掌握的课程,此类课程是保证培养专门人才的根本。通常包括公共课、专业基础课和专业课。专业基础课是指同专业知识、技能直接联系的基础课程,它包括专业理论基础课和专业技术基础课。

(2)选修课。选修课是指某一专业的学生根据自己的需要及受教育程度的限制,有选择地学习的课程。但这种选择是有限制的,即只能在专业考试计划规定的课程内选择。

(3)公共课。公共课是指每个大学生进入大学必学的课程,具体分为两部分:第一部分是文化类公共课;第二部分是思想政治类理论课。

二、学业安全概述

学业安全是指大学生在校期间能正常参加专业课程学习,正常完成实验课、体育课、军训、实习实训等规定内容,在规定学年内的学业成绩达到学校人才培养目标要求,通常用成绩(分数)表示。安全完成学业,意味着学生在德、智、体、美和实践能力上基本掌握了学校所制订的人才培养方案中所规定的学习内容。根据教育部和学校的有关规定,达到标准就意味着符合人才培养要求,可以顺利毕业,取得国家承认的相应证书和文凭。需要注意的是,安全顺利完成学业,不仅要求学生投入精力,努力学习,保质保量完成各类规定的学习任务,而且要求学生在使用配套的教学资源,如教室、实验室、操场、图书馆以及相关的设备设施等时,也能遵守学校相关使用规定,做到安全无事故,不会因人为原因造成自己人身伤害和财产损失。在教育教学场所展开学习活动,会面临不同程度的安全隐患,如果学生不加以重视并做好预防,就可能会受到伤害,如果受伤害较重,甚至可能会影响到在大学期间安全顺利完成学业。

现实中,大学生的学业安全问题主要体现在不少学生对按规定顺利完成学业的重视程度不足。如部分同学大量透支大学生活的资本,他们没有明确的学习目标和计划,对学业既不能从长远方面进行规划,也不能进行短期目标设定。这些大学生很少会考虑大学期间要做什么,怎么做才算好。他们有一种厌学情绪,把学习视为苦差事,千方百计逃课;上课不认真听讲,或睡觉,或聊天,或玩手机;上课不做笔记,课后又不复习;为应付上交作业,他们习惯于抄袭别人的作业,抄袭现成的文章。还有一些大学生没有抱负和理想,无求知欲和上进心,即便学校设有物质和精神奖励,这些同学仍然表现出毫无兴趣、无动于衷。还有一些同学有问题不会主动与老师交流,他们甚至从来没有和自己的老师说过话。也有些学生甚至整学期都沉迷于网络、手机微信或沾染上其他恶习,导致学业荒废。到考试时,他们则寄希望于作弊和抄袭。

2017年7月7日《人民日报》针对大学生的学业情况曾发文怒斥:《沉睡中的大学生:你不失业,天理难容》。文中提道:上课时,"清醒没有发呆的多,发呆没有睡觉的多,睡觉没有玩手机的多;下课时,自修没有吃零食多,吃零食没有看连续剧多,看连续剧没有玩游戏多。"考试时,"不给范围就不会考试,给了范围也只是复印同学准备的答案。"文章折射出当下一些高校大学生的学习状态。如果对此不引起重视,任凭这样的风气发展下去,将会有不少学生因不能达到学校各项人才培养要求而无法完成自己的学业,从而荒废了大好年华。

第二节 学业、学籍安全隐患及处分机制

一、学业安全与学籍安全

学业安全主要体现为在校期间的学业成绩能否达到学校规定的标准。如果顺利通过

相关科目的考试或考核,也就意味着学生在知识结构上基本掌握了学校制订的人才培养计划所要求的内容和标准。为了保证在大学期间顺利完成学业,大学生要有积极向上发展的心理状态和学习动机。

部分大学生之所以对专业不感兴趣,对课程有厌倦感,原因之一就是学习兴趣和学习结果无法与自己的社会定位和成就感形成联系,现实与未来职业选择脱钩。我们知道,学习动机是引起并维持个体学习行为以满足学习需要的心理倾向,是推动学生学习的内在动力。为了提升对学业的重视程度,大学生一方面要思考清楚自己未来想要从事什么职业,自己现在应该学好什么才能达到这个职业的要求,在明确这些问题的过程中,通过比对所选职业对相关能力的要求,明确自己在能力素质和知识架构方面有哪些优势和劣势,差距在哪里,据此来确定自身需要作出哪些努力。另外,大学生要主动培养自己的学习兴趣,学会在学习中找到乐趣,做到真正的自己想学,而不是被迫学。只有自己想学,才能达到最高的学习效率,收到最好的效果。同时,大学生还要利用好自己的课余时间,多做点与学习有关的阅读,扩大视野,激发兴趣,不断提高自己的文化素养。

学籍安全是指一名学生属于某学校的一种法律上的身份或者资格处于一种稳定的、受到国家和校方正式承认的安全状态。影响学籍的因素不仅有学业成绩,也有个人综合表现,特别是大学生个人如果出现了严重违法乱纪等行为,触犯了法律等,极有可能会被开除学籍,从而断送了自己的前程。当然,学生违反校规、校纪,应该以教育为主,处分为辅。开除学生的学籍必须合法、有理、有情,还要有依据。

现实中,除开除学籍之外,学校一般还有其他一些针对犯错误学生的处分,如批评、警告、记过、记大过、留校察看等。所有这一切都是在保留学籍的前提下的处分,都是一种教育的辅助手段,也就是说,学校作出这样的处分仍然是为了挽救学生,继续完成对学生的教育义务;而开除学籍则不同,是学校单方面终结与学生共同达成的上述契约关系,不再履行对学生的教育义务。

根据教育部颁布新修订的《普通高等学校学生管理规定》第51条规定,对有违反法律法规、本规定以及学校纪律行为的学生,学校应当给予批评教育,并可视情节轻重,给予如下纪律处分:警告、严重警告、记过、留校察看、开除学籍。

学生若违反法律规定或违反学校的规章制度,无论受到什么样的处分,特别是要记入个人档案的处分,都会对自己的继续深造、学业安全、就业安全等带来一定负面影响,因此大学生要珍惜上大学的机会,重视学业安全和学籍安全,不要因一时痛快而断送自己的大好前程。

二、学业预警机制

在我国高等教育从"精英教育"转变为"大众化教育"的现实背景下,受各种因素的影响,不少学生的学习积极性下降,因逃课、沉迷网络等而导致学业不能正常完成的现象时有出现。为了避免由于各种原因造成将学习成绩落后的学生一棍子打死,给学生一次改正的机会,高校中普遍对学生的学业和学籍建立了预警机制。这种预警机制是指学校依据学生管理规定和各专业人才培养方案的要求,通过对学生每学期的学习和学业达标情况进行分析,对可能或已经发生学习问题、频繁逃课、经常不交作业、完成学业困难的学生进行警示,告知其这样下去可能会产生不良后果,帮助学生及时端正态度,改正错误,争取顺利完成学业的一种危机干预制度。建立预警机制的目的是提高教育教学质量和纠正学生不当的学习行为,减少因学生学业问题而引发的矛盾,帮助学业出现问题的学生合理安排学习进程从而最终完成学业。由于学业预警机制更加人性化,也更加具有包容性和弹性,因此,学业预警机制在各高校普遍受到重视和广泛采用。学业预警机制的具体内容如下。

学业警告不属于处分,是指学生经补考后仍不及格的课程(含不申请补考课程)的学分,一学期达到10学分以上(含10学分)或者各学期累计达到15学分以上(含15学分),给予学业警告。各学期累计达到20学分以上(含20学分)且门数达到6门以上(含6门)的,给予降级处理,编入下一年级管理。

通常,学业警告根据学生学业问题的严重程度,会有不同的分级:如学业预警、留级预警、退学预警等,具体如下。

1)学业预警

几乎所有高校都会制订学业预警管理办法。学业预警是指在学生考试和考核成绩管理工作中,针对学生学习中出现的取消考核资格、考试作弊、缺考、课程不及格等情况,及时提示、告知学生本人及其家长由此可能会产生的不良后果,并有针对性地采取相应防范措施,形成学校教育和家长教育的合力,帮助学生顺利完成学业的一种信息沟通和危机预警制度。例如,某高校公布的学业预警管理方法如下。

第三条 学生在校学习期间,出现下列情形之一,将受到学业预警:

(一)在校学习期间,一学期内取消考核资格、作弊、缺考、不及格课程达到或超过5门;

(二)在校学习期间,一学期内取消考核资格、作弊、缺考、不及格的专业课程达到或超过4门;

(三)在校学习期间,一学年内取消考核资格、作弊、缺考、不及格课程累计达到或超过8门;

(四)在校学习期间,一学年内取消考核资格、作弊、缺考、不及格的专业课程累计达到或超过6门。

在学期初的补考中违纪、作弊、缺考的课程,计入上学期期末考试违纪、作弊、缺考门数。

第四条 每学期开学后,由教务处根据上学期或上学年学生学业情况确定学业预警学生名单,经学校分管教学领导同意后,向相关学生发出学业预警通知。

……

2)留级预警

每所大学关于留级的规定可能会略有不同,当出现在校学生逃课太多、挂科太多、学分修不够等情况时,除了个别学校直接勒令其退学外,多数高校出于对学生的前途考虑,往往允许进行重修,也就是所谓的留级。但是,由于高校大学生留级会给高校、社会、家庭及学生本身带来许多无形的压力,不仅给学校的形象、声誉、招生、就业等带来一定的负面影响,也给学校的安全稳定埋下了隐患,尤其是使学生及其家庭承受着巨大的心理压力和经济压力,于是，不少高校也纷纷设计了高校大学生留级预警机制。留级预警是一种警示制度，这一预警机制的建立，主要是根据学生一学期或一年挂科累计欠学分较多的具体情况来进行预警和干预，属于事实性、结果性预警。通过警示，提醒这些学生要意识到问题的严重性，从思想上引起对学习的重视，督促他们及时改善学习态度和方法，尽快通过重修不及格科目，争取考试及格，使学分尽快达到要求，从而避免事实上的留级。

3）退学预警

少数大学生从高中毕业考上大学后心态上就开始过于放松，而一些高校、家庭的学业指导又不到位，使得这些学生在目标不清晰的情况下失去学习动力，导致厌学；加之，少数大学生沉迷网络，屡教不改，因此出现了挂科、无法修满学分的现象。学校对这类情况通常都会给予相关学生学业警示处理，包括退学预警处理。有些高校对专业学习确有困难的学生，采取提醒并指导其及时转换至适合自己的专业继续学习的方法；或者对在本科专业学习有困难的学生允许其转为专科；也有的学校对在本校完成学业有困难的学生，争取开展试点，允许其转入低于当年相同生源地学生同段投档分数线的学校或转入成人教育学院继续完成学业；还有的高校对于那些达到退学条件的学生，允许其申请自费重新试读，等等。这些尽量使学生继续学习的做法都属于某种退学预警的措施，有助于防止学生自暴自弃，找准自己的学习目标与方向，重新发力，早日学有所成。

三、退学处理

当然，如果一些学习基础较差的学生无法顺利完成学业，或者是有的学生受到多次警示后仍然不思改进，或者严重触犯了国家或学校相关规定并造成重大不良后果，就必须作退学处理。我国教育部新修订的《普通高等学校学生管理规定》（2017年修订版）（教育部令第41号）对退学处理作出了如下规定。

第三十条　学生有下列情形之一，学校可予退学处理：

（一）学业成绩未达到学校要求或者在学校规定的学习年限内未完成学业的；

（二）休学、保留学籍期满，在学校规定期限内未提出复学申请或者申请复学经复查不合格的；

（三）根据学校指定医院诊断，患有疾病或者意外伤残不能继续在校学习的；

（四）未经批准连续两周未参加学校规定的教学活动的；

（五）超过学校规定期限未注册而又未履行暂缓注册手续的；

（六）学校规定的不能完成学业、应予退学的其他情形。

学生本人申请退学的，经学校审核同意后，办理退学手续。

第三十一条　退学学生，应当按学校规定期限办理退学手续离校。退学的研究生，按已有毕业学历和就业政策可以就业的，由学校报所在地省级毕业生就业部门办理相关手续；在学校规定期限内没有聘用单位的，应当办理退学手续离校。

【案例】2018年10月27日，"985"名校华中科技大学发布一则通告，决定把18名学生的本科学历转成专科，原因是考试成绩不合格。考试不合格的原因是，这18个学生考入华中科大之后，完全沉迷于玩游戏，学习上无法自律，自己完全约束不了自己，补课、休学、留级都没用,学校只好作出该处理。

四、开除学籍

开除学籍是高校对违反学校规定的学生所作出的最严厉的处罚规定。它对学生的影响巨大,几乎是剥夺了学生的受教育权利。由此可知,大学生如果不思进取,不努力学习,抱着侥幸混学分的心理,甚至严重触犯法律或违反学校规定,都可能面临被开除学籍的处理,这是学校、学生本人和亲人都不愿意看到的结果。因此,大学生要珍惜上大学的机会,从入学起就要了解并熟悉教育主管部门和学校有关学业问题的相关处理规定,不辜负家长和学校的期望,养成努力学习的好习惯,争取早日成为国家有用之才。

以下列出的是教育部新修订的《普通高等学校学生管理规定》(2017年修订版)(教育部令第41号)有关纪律处分的相关规定。

第五十二条 学生有下列情形之一,学校可以给予开除学籍处分:

(一)违反宪法,反对四项基本原则、破坏安定团结、扰乱社会秩序的;

(二)触犯国家法律,构成刑事犯罪的;

(三)受到治安管理处罚,情节严重、性质恶劣的;

(四)代替他人或者让他人代替自己参加考试、组织作弊、使用通信设备或其他器材作弊、向他人出售考试试题或答案谋取利益,以及其他严重作弊或扰乱考试秩序行为的;

(五)学位论文、公开发表的研究成果存在抄袭、篡改、伪造等学术不端行为,情节严重的,或者代写论文、买卖论文的;

(六)违反本规定和学校规定,严重影响学校教育教学秩序、生活秩序以及公共场所管理秩序的;

(七)侵害其他个人、组织合法权益,造成严重后果的;

(八)屡次违反学校规定受到纪律处分,经教育不改的。

此外,大学生还需要特别注意,考试作弊、组织替考除了要面临开除学籍的处分,还要面对刑事处分。这是因为现阶段考试作弊、组织替考等行为日益严重,已经到了非刑法制止不了的程度。《中华人民共和国刑法修正案(九)》在《刑法》第二百八十四条后增加一条,作为第二百八十四条之一:在法律规定的国家考试中,组织作弊的,处三年以下有期徒刑或拘役,并处或者单处罚金;情节严重的,处三年以上七年以下有期徒刑,并处罚金。

高校开除学生学籍的处分规定也要注意不得有违上位法。从实践情况看,高校开除学籍处分规定在违反上位法的问题上具体有三种情形,三种情形的相似之处都是学校擅自扩大了开除学籍处分的适用范围。

第一种情形是改变了原来的适用条件。例如,某大学把在课程作业或者其他未正式发表的学术成果中有剽窃、造假等违反学术规范的行为作为开除学籍处分的事由,某位同学违反了这一规定被开除。该案后来被送至最高人民法院,高院指出,被剽窃、抄袭的研究成果是指高等学校学生的毕业论文、学位论文或者公开发表的学术文章、著作。该校的规定无疑改变了法律条文中"剽窃、抄袭他人研究成果"的适用条件。不过很遗憾,被开除的学生最终并未回到学校就读。

第二种情形是高校"参照"了法律条文制定的校规。如某高校规定:"本条例没有列举的违纪行为,但确须给予处分的,可参照本条例第四条至第十九条中相似条款给予处分。"而该校规定的第四条至第十九条中有大量开除学籍的处分条款。这种参照适用的规定方式会扩大高校开除学籍处分的事由,给高校避开法律约束、滥用开除学籍处分权提供机会,使教育部《普通高等学校学生管理规定》失去了对高校制定规定的约束。

第三种情形是学校通过增设无关事由以达到扩大约束的效果。如某高校规定:"由他人代替或者代替他人参加校级以上体育竞赛的,给予开除学籍处分。"而法律规定是"由他人代替考试、替他人参加考试……及其他作弊行为严重的"。法律规定的适用条件是"考试",而校规增设的"校级以上体育竞赛"属于无关事项,将无关事项增设为开除学籍处分的事由,自然扩大了开除学籍处分的适用范围。

第三节 课堂心理安全

一般来说,大学生为完成学业,参加课堂教学活动,除了面临教学场所环境安全问题外,还要面临来自个体自身的课堂心理安全问题。

一、课堂心理安全概述

学生课堂心理安全主要是指学生在课堂教学过程中的一种心理感受。这种心理感受表现为对课堂教学的认同,内心情绪的稳定,远离课堂教学带来的焦虑和恐惧,积极的课堂参与情绪,对任课教师的接纳、信任,对课堂良好秩序的维护,对课堂学习有一定的把握和预见性,对自身学习能力和人际交往能力的自信等。

学生课堂心理安全本身是一种主观心理状态,它来自多种经历和体验。它既是被特定的课堂环境影响所表现出来的内心体验,如严肃或活泼的课堂气氛往往会带来不同程度的安全感受;也是随人际关系的建立所表现出的安全感,因为在课堂上学生个体需要建立起师生、同学之间的人际关系,师生在教学中所表现出的情绪或精神状态,良好的课堂心理氛围有助于刺激学生的学习动机,优化学生的学习行为,升华学生的情感体验;此外,课堂心理安全感还是学生自我能力和水平认知的安全体验,师生群体的课堂情感流露也会影响到学生个体,教师对某些学生表现的赞赏和认可,都可增强这些学生的自信心。现实中,那些认为自己学习能力强的学生比较容易获得更多的课堂安全感。学生课堂心理安全感程度的高低对教学的影响如下。

1. 课堂心理安全感程度高的积极影响

课堂心理安全感程度高的学生往往有如下表现:一是具有积极的情绪和态度。有较强安全感的学生在课堂上表现活跃,积极配合任课教师,乐于回答问题,对待师生比较友好。情绪上表现为愉悦、轻松、精神饱满、稳定、坚强等;态度上对待学习认真、努力、坚持、负责,欣赏和接纳师生等。二是充满自信。安全感高的学生比较自信,学习能力和其他能力都比别人强,即使处于相对弱势,也能坦然接受现实,在课堂上表现得落落大方、实事求是。同时,对相关课程有着浓厚的兴趣,喜欢思考,思维活跃,学习动力比较足,上课注意力集中,能积极参与课堂讨论。三是自我认同感强。安全感强的学生自我认同程度高,能客观地看待自身和外界环境,热爱学习,有明确的学习和人生目标,喜欢在追求目标的过程中体验学习的酸甜苦辣,与师生之间保持融洽的人际关系,尊重别人也尊重自己,不卑不亢,有强烈的荣辱观。四是有归属感。心理安全感程度高的学生个体归属感较强,他们认同班集体,认同课堂环境,把自己当作学习团队中的一分子,并有积极的行为倾向,维护班集体的利益,尊重教师的劳动成果,愿意在课堂教学过程中承担相应的责任;能将自己融入这个班级和课堂教学环境中,与大家相互接纳、相互促进,享受集体的温暖。五是自觉维护课堂秩序,提高课堂效率。安全感强的学生会积极维护课堂秩序,遵守纪律,在任课教师讲授时认真做笔记,课堂讨论时积极参与,做练习时独自完成,有疑问时礼貌请教,并乐于帮助学习困难的同学,包容心强。学生安全感强,就容易维持良好的课堂秩序,教与学的效率就高。

2. 课堂心理安全感程度低的消极影响

课堂心理安全感程度低的学生往往有如下表现:一是内心充满恐惧、焦虑,学习压力过大。内心安全感不足的学生经常表现为对学习充满恐惧,害怕坐在课堂上,对即将开始的课堂教学感到焦虑不安,对课堂有强烈的逃离之念,对相关课程的学习感到巨大压力,学习非常被动,时刻担忧自己学不好,担心受惩罚,害怕让老师和家长失望。二是自卑、厌学。内心安全感不足的学生比较自卑,这可能来自他们对自己学习能力的自我否定,也有可能是遭受外部环境的否定,自卑感强,做事没有底气,害怕继续失败,没有勇气承担,因而讨厌相关课程的学习,总觉得技不如人,没有学习的优越感。上课既不愿意认真听课、做笔记,也不愿意参与课堂讨论。三是情绪波动大,有抗拒倾向。内心安全感不足的学生情绪波动强烈,在课堂上坐立不安,迫切希望下课或者课程结束,在课堂上表现出不耐烦、厌倦、憎恨、否定一切等。他们对任课教师或同学存在抵触情绪,反对一切,不服从、不配合、不参与,甚至在课外有诋毁班级或任课教师的倾向。四是排斥、疏远课堂教学和任课教师。内心安全感不足的学生不愿意上课,排斥课堂教学,否定任课教师的教学成果,出现迟到、早退、旷课等违纪现象,不尊重教师,见面不打招呼等。五是自我否定,怀疑外界。内心安全感不足的学生自我认知有偏颇,否定自己的能力,没有明确的学习目标和人生规划,怀疑外界,内心自我封闭,不善交际,人际关系较差。自我评价的缺失导致价值观偏离正常轨道,个人主义,以自我为中心,过分看重得失和名利,在小事上斤斤计较,得理不饶人。在课堂上的表现就是极度自我防御,害怕老师和同学嘲讽自己。六是破坏课堂秩序。安全感程度低的学生对课堂教学往往持否定和排斥的态度,因而不仅不愿意去接纳、投入教师组织的教学活动,反而可能在课堂上不尊重教师,破坏课堂秩序。

二、大学生课堂心理安全问题的成因分析

(1) 教师引导问题。教师以下行为容易导致学生在课堂上缺乏安全感:一是教师言

语不当,当场讥讽、嘲笑学生,使学生自尊心受到伤害,人格受辱,容易形成自我怀疑、否定、自卑、情绪低落、厌学等心理特征。二是教师对学生要求过高,课业负担过重,要求学生进步过急,不切实际,造成学生压力过大,学习没有乐趣可言,影响主观能动性发挥,被动、应付式地听课,甚至出现抄袭作业和试卷等舞弊行为。三是授课风格怪异,脾气暴躁。某些教师讲课风格另类,知识条理不清,天马行空,使学生难以理解,或动不动惩罚学生,就某些问题让学生难堪,使学生害怕上该课程,提心吊胆,久之学生愈加焦虑、恐惧和抑郁。四是教师对课程定位不明确。不知道该课程对学生有什么样的意义,有时过分重视,有时过分忽视,过分重视就施压,过分忽视就放纵,使得学生没有宽松和谐的学习氛围。

(2) 学生认知偏差。由于信息不对称或自身对课堂教学的评价过于片面,学生在认知上出现偏差。例如,有学生认为老师就是偏爱学习好的同学,给他们很多机会,对自己则不闻不问,因而态度偏激,情绪敌对,自暴自弃。或者该任课教师要求比较严格,就误认为过分,不以人为本;或者害怕在课堂受到惩罚,内心焦虑;或者认为自己能力不行,师生都看不起自己,从而越加封闭,容易悲观、自卑,甚至抑郁。

(3) 习得性无助。习得性无助是美国心理学家塞利格曼1967年在研究动物时提出的理论,是指生物有机体在经历某种失败后,产生消极的情感、认知和行为。学生在课堂教学中所表现出的习得性无助可以作如此解释,受到教师严厉批评和否定,在某个学习环节经历失败后,对该课程的学习没有进步的表现,没有获得积极的荣誉和夸奖,因此会产生消极的心理,自我评价过低,对周围环境缺乏信心,不愿意进取和努力,导致厌学、不愿意听课或在课堂搞一些干扰他人的活动。

(4) 过分自我保护。学生在课堂上过分自我保护有可能来自自尊心的保护,也可能是对某些缺陷的掩饰,也有可能是面临课堂外部环境的威胁从而强化自我保护,避免受到伤害或惩罚。自我保护意识强的学生比较敏感,在课堂上时刻警惕,情绪紧张,心态不能放松,表现为不能在一个和谐和宽松的氛围中快乐地学习,总是担心自己受到批评或指责,无心学习。

三、课堂心理安全隐患的防范

本书第八章第四节"大学生心理安全问题的防范"有详细阐述,这里不再赘述。

第四节 教室设备设施安全

一、教室设备设施安全隐患

到教室上课并参与学习活动是大学生在校期间最主要的学习形式。如今的教室普遍配备有很多先进的教学设备和配套设施,如投影仪、计算机、幕布、扩音机设备、空调设备、吊扇等。此外,不少教室还安装了吊顶、吸音板等。这些设备设施在为开展教学活动提供现代舒适的优越条件的同时,也会带来一些安全隐患,如果管理不当或使用不当,都可能会造成某些人身伤害或财产损失。这些配套设备常见的安全隐患有:教室内电源开关、插座松动;线路老化出现漏电;学生缺乏安全用电常识导致触电;有些学生私自在教室内给笔记本电脑或手机充完电后,忘记切断电源,造成火灾隐患;有的学生自带 U 盘到多媒体设备上拷贝教学课件,结果把病毒也带到设备上,等等。

学校教学楼的上下楼梯也存在一定的安全隐患。课间休息、课间操、放学时分,楼梯间经常能看到学生你推我搡,互相拥挤,个别同学还会在教室里或楼道胡打乱闹。如果后面的同学推搡前面的同学,而前面的同学又没有思想准备,稍不留神就会摔倒。加之现在近视现象普遍存在,戴眼镜的同学越来越多,撞击中也会造成对眼睛的伤害,有的甚至会造成终身残疾。

二、教室设备设施安全隐患的防范

为了确保同学在教室上课安全,同时也是为了学生安心上好每节课,在上、下课期间,大学生应该注意以下安全防范事项。

(1)在教学区,大学生不要从高处往下跳,比如跳楼梯,也不要爬敞开式楼道的护栏,不滑扶手,不做有危险的活动。无论教室是否处于高层,都不要将身体探出阳台或者窗外,谨防不慎发生坠楼的事故。注意不要趴伏在低矮的阳台扶栏上,更不能推搡扶栏边上的同学,避免坠楼事故的发生。

(2)不在教室或楼道中追逐、打闹,不要相互扔东西,以免造成人身伤害或损坏公物。不做剧烈的运动和游戏,防止磕碰受伤。在楼道内或上下楼梯时不奔跑,特别是当地面有水的情况。开展体育活动、课间游戏要到运动场去。

(3)未经允许,不要自作主张使用教室内的各类设备,特别是不许违反操作规程使用电子教具,不在教室使用大功率照明灯或电取暖器;不要使用已经明显损坏的电源插座、电线、照明设备等。不要在教室多媒体设备上使用自带的、未经过杀毒处理的各类外围设备,以免影响正常教学。

(4)在教室或教学楼道内需要登高打扫卫生、取放物品时,要请他人加以保护,注意防止摔伤。

(5)不要带易燃物如打火机、火柴、烟花爆竹、小鞭炮等危险物品进教室,杜绝在教室内吸烟、玩火、燃放烟花爆竹等行为。

(6)参加教学活动期间不要带锥、刀、剪等锋利、尖锐的工具,图钉、大头针等文具不能随意放在桌子上、椅子上,防止有人受到意外伤害。

(7)遇到教学设备发生故障,要及时断开电源,并通知学校有关部门的人员到场进行处置,不要自己处理,避免发生事故。

(8)教室的课桌内除了放书籍课本、学习用品外,不要存放其他任何贵重物品(如现金、钱包、首饰、手表、手机、计算器等),以免被盗。

第五节　实验课安全

　　实验室是高校开展实验教学活动的主要阵地,是支撑科学研究工作的重要场所,覆盖学科范围广,参与学生人数多。实验教学任务量大,仪器设备和材料种类多,使用频繁,潜在安全隐患与风险复杂。从实际情况看,由于管理和操作等原因,很多高校安全事故都发生在实验室,造成了不少人员的伤害和财产的损失,教训深刻。因此,加强实验课安全教育非常必要。所谓实验课安全是指学生在参加学校组织的实验教学活动过程中,确保不出现故障和意外,不造成人身伤害和财产损失,顺利安全完成实验教学任务,达到实验教学目标要求。

一、实验教学简介

　　实验教学是人才培养的重要一环,通常是指学生在教师的指导下,使用一定的设备和材料,通过控制条件的操作过程,引起实验对象的某些变化,从观察这些现象的变化中获取新知识或验证知识的过程。在物理、化学、生物、地理和自然常识等学科的教学中,学生常常需要参与实验教学活动。

　　实验教学活动一般有下列步骤:①教师事前做充分准备,进行先行实验,对仪器设备、实验材料要仔细检查,以保证实验的效果和安全。②在学生开始实验前,对实验的目的和要求、依据的原理、仪器设备安装使用的方法、实验的操作过程等,通过讲授或谈话作充分的说明,必要时进行示范,以增强学生实验的自觉性。③小组实验尽可能使每个学生都亲自动手。④在实验进行过程中,教师巡视指导,及时发现和纠正出现的问题,进行科学态度和方法的教育。⑤实验结束后,由师生或由教师进行小结,并由学生写出实验报告。

　　随着高校教育经费投入的增加,学校实验室建设规模和水平也在不断提升。实验室承担的教学科研任务日益繁重,学生在实验室从事实验活动的安全也面临更大挑战。据统计,"实验室安全事故 90% 以上都是由于人为主观原因引发的。"[①]因此,作为大学生,安全顺利地完成实验任务,至关重要。

二、实验课存在的主要安全隐患

　　大学生在高校参加实验教学活动过程中面临的安全隐患主要分为两类:其一是主观隐患:如对于实验教学设备使用可能造成的危害认识不足,人身防护不足,操作规范掌握不到位,缺少必要的应急预案。其二是设备、物品隐患:如设备装置或放置区域存在隐患;危险化学品、生物危害物及废弃物保管、处理措施不及时、不规范;部分重点部位未安

---

① 周利刚.高校实验室安全教育模式探讨[J].实验室研究与探索,2013,32(8):238-240.

装自动监测报警装置；部分警示标语、装置使用说明未能较好放置；实验室存在电路隐患和通风隐患等。

实验室中主要危险源包括以下几方面。

（1）危险化学品。实验室易燃易爆物品保存不当或打碎洒落；试剂混存、存放没有分类等都可能会发生危险。另外，药品包括大量危险化学药品和玻璃制品，即使最安全的化学药品也有潜在危险。

（2）电、设备。设有加热设备和电器开关，存在火灾和触电的危险。

（3）微生物。微生物存在致病菌污染的危险。

（4）高压容器。如高压灭菌锅。

（5）实验过程常见安全隐患。实验过程中违反操作规程，实验过程粗心大意；实验过程缺少专人指导；实验项目缺少防火措施等都是安全问题发生的重要原因。

（6）搬运或使用实验设备、试剂等过程中不谨慎，也容易导致事故的发生。

【案例】北京市消防总队通报，2018年12月26日9时34分，北京市119指挥中心接到报警，北京交通大学东校区2号楼一实验室发生爆炸，消防部门立即调派8个消防中队、30部消防车赶赴事故现场处置。同时，北京市公安、应急管理、教育、卫生等部门和海淀区政府工作人员赶赴现场开展救援和应急处置工作。10时20分，火情得到控制。经核实，北京交通大学市政环境工程系学生在学校东校区2号楼环境工程实验室进行垃圾渗滤液污水处理科研实验期间，实验现场发生爆炸，事故造成3名参与实验的学生死亡。

三、实验安全隐患的防范

（1）加强实验室的安全是每个学生的共同责任。大家都有义务同心协力来维护实验室安全。除了自己要以身作则外，还要知道其他人的实验可能发生的危险。若发现其他人的实验或操作可能会造成危险，应迅速地、友善地告知当事人或老师，以免发生意外。

（2）实验过程中，要按照规范步骤或教师的指导进行操作。不要随意摆弄实验设备设施，以减少故障及危险，延长其使用寿命，如果所使用的仪器不能正常工作或发生故障，还要在登记簿上注明并通告管理负责人修护，以免他人不知情使用，造成危险及加重仪器的损坏程度。实验过程中发生的意外灾害往往会波及其他设备乃至实验楼或教学楼，甚至会危及人的生命安全。所以，大学生除了自己必须遵守实验安全操作规范外，还要注意周围可能存在的安全隐患。

（3）实验结束后，要自觉按要求将实验仪器设备恢复原状并放好，关闭电源，特别是把危险品做好防护处理，检查完毕后，通知实验课老师并得到允许后，方可离开实验室。

（4）学校需要健全教学实验室安全责任体系，要对实验教学过程中使用的危险化学品，建立采购、运输、储存、使用和处置等全流程安全监控制度。此外，还要建立教学实验室安全定期评估制度，及时发现问题，切实消除隐患。建立完善实验用废弃物处置备案制度，协调有资质的企业及时进行处理。

（5）实验室要制订实验室安全应急预案。通过制订安全应急预案，完善教学实验室安全应急组织架构，同时根据实验项目变化加强动态修订，以提高安全应急的能力。此外,还要完善教学实验室安全急救设施和个人防护器材配备,一旦教学实验室发生事故,就要按照相关规定启动应急预案,妥善开展应急处置,信息及时报送,全力保障师生生命财产安全,防止事态扩大和蔓延。

【案例】 2016年9月21日,位于松江大学园区的东华大学化学化工与生物工程学院一实验室发生爆炸,两名学生受重伤。校方向各大院系发出紧急通知,要求迅速对所有实验室开展安全检查,吸取教训,防患于未然。

第六节 图书馆学习安全

一、图书馆基本配置及安全隐患

图书馆是学校的文献信息中心,是广大教职员工和学生学习的重要场所,也是易燃物品的集中地。图书馆收藏的各类图书、报刊、音像资料、光盘资料等,绝大多数是可燃物品,图书馆每天要接待大量的流动读者群体,一旦发生火灾,后果不堪设想。此外,图书馆作为学校的公共场所,也是大学生物品被盗易发生地点。

目前,多数高校的图书馆主要有学生进行学习和阅览的两个区域:一是普通阅览室;二是电子阅览室。

(1)普通阅览室。高校的普通阅览室一般会拥有种类比较多的纸质图书资料,部分高校历史悠久,其图书资料甚至是极为难得的珍贵资料、史料,研究价值极高。甚至用于藏书的部分建筑物都具有重要的文物价值。纸质图书资料的安全隐患主要来自火、水等方面,其中火是头号敌人,由于图书馆储存大量文献属易燃物品,吸烟、用电不当、电器周围存放易燃物品、人为携带火种、电线老化短路等都会引起火灾。水患也不容忽视,自来水管、暖气管道、降雨引起的进水以及洪水等都会对文献资料造成一定的威胁。

(2)电子阅览室。如今,电子阅览室已经在高校普及,在给大学生提供查阅资料方便的同时,也存在一些安全隐患。电子阅览室的安全威胁主要来自信息窃取、信息破坏、信息中断三种形式。所谓信息窃取,如同盗窃图书馆文献一样,在没有取得应用资格条件下,利用文献信息资源,这是一种违反知识产权法的违法行为。而信息破坏是对提供服务用的电子信息进行有意识的攻击,对电子文献进行更改和消除,从而破坏文献资源利用的一种行为。信息中断是指由于使用者有意或无意的行为使文献信息流中断。电子阅览室的这些安全隐患给学生正常查阅资料带来困难,如由于无法检索和查阅到自己急需的重要资料而难以完成作业或论文等,甚至会影响到学业完成的质量。

二、图书馆安全隐患防范

1. 图书馆防火

防火是维护图书馆安全的首要任务,火是无情的,它不仅吞噬人的生命,还吞噬人类的精神财富。因此,到图书馆学习或阅览时,应严格遵守图书馆的规定,不准在馆内任何地方吸烟,不存放易燃、易爆及放射性物品;不在可燃物上使用电热器具,电器易发热部位做好隔热处理。不经允许不乱动室内电器设备、线路和消防器材等。

图书馆公共区域的电源插座是仅供笔记本电源适配器使用的,一定要服从馆内要求,严禁使用插座为充电宝等电池设备充电,严禁使用大功率电器。

如遇突发事件,务必沉着冷静,服从管理人员指挥,按照已设置的安全疏散路线有序撤离。避免集中从同一楼梯疏散,谨防楼梯狭窄造成拥堵、践踏等次生事故的发生。

图书馆发生火灾时,可以采取以下逃生自救方法。

(1) 火势初起时,立即用灭火器等消防工具灭火,同时拨打火警电话"119"。

(2) 迅速关闭图书馆书库与阅览室之间的安全防火门,防止火势蔓延。

(3) 疏散撤离在阅览室看书学习的学生和其他人员。

(4) 沿着消防通道和疏散方向的指示标记,撤到安全区域。

(5) 烟气较大时,用手绢、衣袖等捂住口鼻减少熏呛。

2. 图书馆防盗

图书馆是公共场所,人员出入频繁,这也给不法分子作案提供了机会。图书馆的防盗问题需要引起高度重视。当今大学生是消费的主流群体,持有各种高端设备、数码产品等贵重物品的学生比比皆是,但与此同时,青年学生的安全意识仍然存在很大的问题。不少大学生经常自带笔记本电脑到图书馆学习,也有一些同学会利用图书馆座位附近的电源为自己的电脑或手机充电,而在他们离开借(还)书时,或办理其他事宜时,不经意间就会把电脑或手机落在座位上,这也成为不法分子下手偷窃的机会。因此,大学生进入图书馆后,要妥善保管个人证件、手机、钱款等贵重物品,防止丢失、被盗、诈骗,如有遗失,要尽快上报有关部门,及时调取录像,尽快排查作案者。

第七节 体育课安全

一、体育课安全隐患

体育是学校教育的重要组成部分。由于自身的特点(运动、器械)或其他各种因素,体育课存在风险,隐含着伤害,运动伤害事故(尤其是运动性损伤)偶有发生,成为学校体育教育过程中的不安全因素,一旦出现运动事故,将会给学生心理、生理带来巨大的伤害。

部分大学生体育安全防护意识比较淡薄,缺乏运动安全知识和自护方法,是造成体育活动中安全事故的根本原因。在大学生的体育活动中,我们经常碰到这种现象,无论任何运动,任何动作,学生都想尝试,无所畏惧。虽然他们对体育运动的安全要求比较熟悉,但从总体上说,他们在运动安全知识与防范技能方面还比较欠缺,他们的防范意识不强烈,防护行为不规范,而且还不屑做或不能坚持做运动前的各项准备活动,再加上大学生本来就好冲动,表现欲较强,喜欢挑战和盲目做一些高难度动作,发生意外伤害也就不奇怪了。

二、课余时间锻炼身体安全隐患

伴随国家对综合素质人才的不断重视,越来越多的大学生开始发现,没有一个良好的体质,是不能在社会中顺利生存发展的。所以,越来越多的大学生经常自主进行体能训练。这些看似简单的体能活动一旦出现训练不当,也会给大学生带来不必要的身体损伤。据调查,大学生运动损伤主要发生在体育课,其次是课余训练,学校组织的比赛排在第3位。有些体育训练项目要求比较高,运动强度比较大,加上有些学生急功近利,因此,在运动过程中比较容易受伤。学校组织的比赛,如篮球赛,本身具有对抗性,运动强度也较大,所以受伤概率也相对较大。

据调查,大学生运动损伤发生的部位主要以踝关节、膝关节、腰部为主,其中踝关节的损伤最为严重,其次是胫、腓骨膜炎。由于身体各部位都有解剖生理学上的弱点,膝关节、踝关节主要是扭伤、韧带拉伤;腰部主要都是腰肌劳损。由于场地的原因,发生胫、腓骨膜炎的现象也较多。

三、大学生体育安全隐患

(1)因缺乏运动医学知识而发生运动损伤。由于某些体育训练没有专业教师的指导,学生又没有系统地学习过运动医学知识,加上学生在运动时自我保护意识不强,缺乏前期运动准备等,使得在体育训练时发生运动损伤概率较大。

(2)准备活动不足或准备活动不当容易导致受伤。首先,准备运动不充分在造成运动损伤的原因中占比最大。进行充分的准备活动是大学生正常训练的基础,也是减少运动损伤最有效的方式之一。因为不充分活动身体,肌肉、韧带没有充分得到活动,力量、柔韧和伸展性都不够,最容易使身体各部位受伤。其次,准备活动的内容与量如果没有根据训练目的内容、依据个体机体状况而定,没有针对性,并且对运动中负担较大和易受伤的部位如果没有充分地做好准备活动,损伤的概率将大大提高。此外,准备活动的量太大,使身体过于疲劳,在正式运动时身体机能就很难进入最佳状态。

(3)运动训练负荷过大容易造成运动损伤。在运动训练过程中若运动负荷超过人体所能承受的极限,机能下降也容易造成运动损伤,反复积累则易造成劳损。训练负荷过大违反循序渐进的原则,若长期疲劳得不到放松则可能造成肌肉坏死等严重后果。所以,在训练过程中,体育老师要帮助学生尽量避免运动负荷过大而造成伤害。

(4)训练组织方法不当造成运动损伤。合理安排运动训练是减少运动损伤的有效手段,体育教师在运动训练中应遵循循序渐进的原则,对待不同体质、不同身体状态的学生,制订不同的训练方案,不能操之过急、急功近利,造成不必要的运动损伤。学生应按教师要求,科学合理地安排训练计划,准备活动也应根据训练内容而定,既要有一般性准备活动,又要有专项准备活动。

(5)其他原因。由于个别学校资金短缺造成运动场地、保护设施、运动器材等质量不高,很容易发生训练事故。此外,天气状态不同,如炎热的夏天或寒冷的冬天,如果对应措施不当,都可能会导致大学生在体育运动过程中发生意外。

【案例】 山东某学校上体育课,授课内容为篮球。讲解内容结束后进行分组练习,正当学生在练习时,一个篮球架突然向前翻倒,在该篮下练习的一位同学躲闪不及被篮板砸中头部,不幸身亡,还有一位同学的手臂被砸伤。

【案例分析】 这起体育安全事故是由多方面原因造成的。第一,学校负主要责任,主管体育工作的负责人对体育场地器材安全检查不够,篮架固定不牢固是直接原因。第二,体育教师也负有一定责任,在体育课上课前对所需场地器材检查不够,没能及时排除事故隐患。因此,在体育课前一定要进行常规的安全检查,特别是场地器材,以避免或减少体育课中安全事故的发生。

四、大学生体育安全的防范措施

(1) 要重视体育活动中的自我保护。体育活动中的自我保护是预防伤害事故的一项关键性措施,学生要按照体育老师的要求,逐步提高自我保护和互相保护能力,在体育活动中及时把自己身体上的不适症状报告老师。与此同时,学生务必按要求进行体检和伤病调查,以预防为主,积极采取相应的保护措施,力争把运动损伤发生率降到最低,把损伤消灭在萌芽状态。学生在做一般的运动时应注意保护好膝、踝、腕部等易受损部位,必要时应该准备护腕、护膝、宽腰带等。在做一些难度大或较剧烈的运动时,要有自我保护的意识,确保把风险降到最低。

(2) 运动前后要做好准备和整理活动。大学生一定要做好运动前的准备活动,根据不同项目的活动特点,相应地采用适宜的准备活动,以提高人体各部机能中枢的兴奋性,保证运动时工作效率的不断提高,良好的准备活动可以使身体各运动器官、内脏和神经系统做好充分准备,避免肌肉、韧带损伤或撕裂及其他损伤。课程结束后要进行一定的放松活动,使紧张的肌肉、关节松弛下来。

(3) 要注意改善运动环境和条件。学校要不断改善运动器材和设施,加强场地器材管理,重视陈旧器材的维修。学校职能部门要定期检查体育设施的安全牢固可靠情况,如焊接是否结实,保护拉线是否牢固,绳索是否风化,场馆的通道是否畅通,台阶是否牢固、有无塌陷,操场是否平整等,排除易导致伤害事故的因素,防止劣质运动器材给学生带来伤害。

(4) 要注意个人运动装备的安全性。大学生参加体育活动的衣服要宽松,不应穿戴有口袋的制服,身上不要佩戴金属徽章,携带别针、小刀和其他尖利或硬质物体等。有条件的可要求学生穿着运动服和平跟软底鞋。

(5) 大学生要严格遵守体育课要求。大学生要严格按照教师的练习方法、技术规格和动作要求去积极练习和运动,同时,应减少易伤动作的练习,杜绝不科学的、随心所欲的盲目运动。在体育课过程中要避免打闹、涣散现象,要做到令行禁止,否则没有安全保障。

(6) 要积极参加学校体育课关于运动损伤知识的理论课学习,通过体育课,了解体育运动的安全隐患,加强自身易伤部位的训练。学生要掌握一些受伤护理方法,以便能够及时护理,减少受伤痛苦,尽量避免留下后遗症。

【案例】 海南省某学校体育课,在准备阶段,体育老师安排了全场足球比赛作为课前的热身活动。热身中因学生急于求胜,其中的一个学生在争抢球时动作极不规范、横冲直撞,结果造成另一个同学左腿胫腓骨骨折,在医院住了半个多月,严重影响了伤者的正常生活和学习。

【案例分析】 这起体育安全事故是由于人为的原因造成的。首先,该体育教师忽略了人体运动的一般规律,在没有热身的情况下进行了强度较大的足球比赛,根据体育教学、训练的特点,准备活动应遵循循序渐进原则。其次,该体育教师在组织这项比赛时,忽略了该阶段学生的争强好胜的心理特点,对可能出现的安全事故考虑不周。最后,该教师在比赛前对参赛学生的安全提醒和警示不够,没有严格要求学生遵守比赛规则。以上三个方面的疏忽是造成这次体育意外伤害事故的主要原因。

第八节 军训安全

一、军训

大学生军训就是借助部队军事化训练和管理的理念,对大学生进行基础军事训练。军训的目的是培训学生勇于面对困难、克服困难的能力,培养遵守纪律的品质和较强的执行力,提升沟通和协作能力,全面提高学生的思想政治觉悟,增强学生组织纪律观念,培养艰苦奋斗的作风,提高学生的综合素质等。军训不仅仅能锻炼人的身体,更重要的是能培养一个人的意志和纪律性,现在的学生大多过于自由散漫,不懂得何为纪律,何为规章制度。因此,通过军训去规范学生的一些行为,很有必要。

《中华人民共和国兵役法》规定:"高等院校的学生在就学期间,必须接受基本军事训练。"国家教育部和总参总政 1994 年新修订颁发的《普通高校学生军事训练大纲》中规定:"军事训练要作为高等学校学生的一门必修课,列入学校的教学计划,训练成绩记入学生档案。""军训一般在一、二年级进行,时间为 4~5 周"。军训是学生接受国防教育的基本形式,军训给大学生带来不一样的生活,使他们能在其中体验到军中生活的快乐。军训的主要内容包括国防教育和分队队列训练,一般采取竞赛、会操、阅兵等方法进行。军训是为了锻造青年血性与坚韧意志,强调在军训中使大学生养成优良的作风。

二、军训安全隐患

在高等院校开展军训过程中,也暴露出一些安全隐患。从国内媒体报道来看,大学生的体质引起关注,不堪军训强度的大学生大有人在。有调查显示,大学生体质总体处于逐年下降的趋势。

1. 猝死

军训中的运动性猝死虽是小概率事件,但一旦发生将产生严重后果和恶劣影响。猝死的诱因主要是死者生前有基础性疾病,如先天性心脏病等。在运动性猝死发病前,通常会有短暂的心绞痛,或是感到咽部梗噎、咽东西费劲,有的人会头晕、心慌、恶心、胸闷、出汗、浑身无力。新生在军训过程中猝死的新闻频见报端,令人扼腕叹息。

2. 中暑

学生在军训过程中发生中暑也比较常见。通常,学校新生开始军训都是安排在开学季,这时正值夏季,也是非常热的时候,此时进行体能上的训练可能会导致部分学生中暑。中暑是由于人们在高温、高湿、日晒的环境下,机体产生热量蓄积,大量出汗导致体温调节发生障碍,体内水和盐的代谢失去平衡而造成。中暑的先兆症状是:面色苍白、大量出汗、头昏、耳鸣、眼睛发花、注意力不能集中、口渴、心慌、胸闷、脉搏加快、全身无力。严重者:恶心、呕吐、四肢抽搐、呼吸困难、突然昏倒,甚至昏迷不醒。轻症中暑除中暑先兆的症状加重外,还会出现面色潮红、大量出汗、脉搏加快等表现,体温升高至38.5℃以上。重症中暑可分为热射病、热痉挛和热衰竭三型,也可出现混合型。有的学生是中暑敏感体质,甚至会伴随出现呕吐、发烧等症状。

3. 皮肤损伤

皮肤损伤也是军训中常见的现象。在高温下活动,容易导致日光性皮炎和痤疮,如果本身皮肤就有炎症,更需要注意卫生和保护。部分学生在训练后,不注意及时把身上的汗擦干,结果让身上积汗液,这样也会不利于皮肤的保护。此外,一些人理解上也有问题,认为天热训练时应该穿短袖衣服,这样会凉爽一些,其实这种观点是错误的。在训练中最好穿舒适、轻便的棉质衣裤,尽可能让衣服遮住身体的大部分,才能有效防止晒伤。

4. 有意逃避军训

有一种倾向也要引起注意,那就是个别大学生有意逃避军训。他们在还没有正式训练前,就已经准备好请假条了。为了躲避军训,个别高校的贴吧内甚至流传军训请假攻略。例如,一位学生用图文并茂的方式手把手教新生如何用乳胶、水粉笔、面巾纸等在手臂上制造"伤口";另一位学生则出招说可以在军训前吃催吐药,造成生病假象,并列出了12种药物;还有学生则说,其他方法都太复杂,不如军训时装晕,不过要演得逼真才能骗过教官,最好的办法是"直挺挺"晕倒等待。

【案例】 2010年9月10日,湖北经济学院大一新生徐迅在军训的第一天不幸猝死。当晚6点半,新生们吃罢晚饭后再次开始军训,先是站军姿,10分钟后,教官开始教唱《团结就是力量》。随后,徐迅被点中出列演唱,由于不记得歌词,他唱了一半后返回队列。入列时,徐迅突然说头有点晕。接着,他蹲了下来,突然昏倒在地,不省人事。

三、军训安全问题成因分析

(1) 学生体质太弱。军训是锻炼人的,通过一定强度的训练也可以磨炼人的意志。虽然大学开展军训的实际强度已经打了不少折扣,但不少学生的身体依然弱不禁风。冰冻三尺非一日之寒,学生身体素质堪忧,也并非短时间内造成的,而是多年应试教育结下的恶果。高考的一考定终身,使得每个学子在高中阶段都不愿意落后,都在拼命学习,都在透支自己的身体健康,极少参加身体锻炼。这般现实之下,突然参加军训,再赶上气温高点,运动多点,湿度大点,原本体质较弱的大学生很难扛得住。另外,大学生自身可能也有一些自己还没有察觉的疾病,如低血糖、低血压等,一旦训练过度,就会出现头晕甚至不省人事的情况。

(2) 教育方法不当。军训原本是为了增强学生体质,磨炼意志,锻炼抗挫折品质,培养团结协作精神,形成良好纪律观念,学会用纪律来约束自己,用修养来规范自己。但由于教育方法不得当,造成学生对军训的认识出现偏差,导致部分学生有意逃避军训。其原因是多方面的:一方面,个别家长对军训的认识不够,教育子女军训是可有可无的,不要太当回事;另一方面由于家庭教育的错位,把孩子教育成了衣来伸手、饭来张口的小公主、小王子,导致有些同学怕苦怕累,认为军训除了晒黑了脸,累了一身汗,没有其他收获;此外,有的军训往往是走形式,老师和教官没有真正讲明白、讲清楚军训的目的和意义,对家长、学生缺乏有效细致的沟通、讲解,导致家长、学生缺乏对军训的足够重视。

(3) 安全防范措施不当。大学生在军训时出现头晕、心慌、恶心、胸闷、出汗、浑身无力现象时,往往不被重视,误认为这是运动或训练过程中的正常反应,有的甚至认为这正表明平时缺乏锻炼导致身体变差,更加坚定了继续运动、加大运动量的信念,结果导致悲剧的发生。因此,军训前学校要对学生的健康状况排查摸底,尤其要进行心功能的检查,凡患有心肺血管功能疾病、传染病、皮肤病、精神心理疾病等不适宜参加较高强度训练的学生不应参加军训。要组织学生学习安全常识,提高自我保护意识和处理紧急情况的技能。教育学生重视身体发出的信号,避免在极端的天气下进行极限运动。有基础性疾病或身体较差的学生应主动向学校汇报自己的身体状况,以便教官心中有数,避免出现带病训练的现象。此外,学校应在训练场地设医务人员值班,准备必要的急救药品、急救箱,一旦发生猝死,在急呼"120"的同时,第一要务是进行现场抢救,及时施行心肺复苏。

四、如何确保军训安全

(1) 调整好心态。大学新生参加军训首先要调整好自己的心态,懂得军训是一次身体素质提高的过程,也是大学四年开头的第一课,不要因军训的大强度感到压抑,甚至因此发牢骚。应该积极参与,利用军训的机会迅速结识同学,多与大家交流沟通,争取给同伴和老师留下好的印象。

(2) 要量力而为。大学生在中学阶段多忙于紧张的学习,缺乏必要的身体锻炼,导致绝大多数人身体素质较差。军训时,如果感觉头晕、眼花、要晕倒,学生切忌硬挺着。正确的办法是立即喊报告或拽一下同学的衣角,原地坐下,待眩晕过后再到阴凉地休息一会儿。尽量避免直挺挺地倒下去,以免猝然倒地引发摔伤。

(3) 补水补盐。军训时身体内水分消耗极大,盐分也会随着汗液挥发很多。学生一定要记得补充足量的水,最好每天能喝一两杯盐水,以保证人体机能正常的水分需要,避免因盐分失衡出现低钠血症。

(4) 加强营养。一些高校的军训可能会安排在部队进行,在部队吃的是大锅饭,可能不如家里的饭好吃,但是保证卫生和营养。学生不管爱吃不爱吃,都应该吃饱,不能挑食,以免能量不够,致低血糖晕倒,影响身体健康。军训期间要注意安排调整好自己每天的伙食,保证军训需要的营养要求,达到肉、蛋、奶以及水果、蔬菜等元素成分的均衡摄入量,避免在十多天的高强度军训中因营养不良拖垮身体。

（5）军训时可以根据自己身体的具体情况带一些药。如平时容易大便干燥的,可以带点温和的润肠药,忌猛烈的泻药;怕得腹泻的带点黄连素;晕车的,带点乘晕宁;防备虫咬的,可以带点清凉油、绿药膏之类;也可以带点藿香正气水以防中暑等,因人而异,不一而足。

（6）大学生在军训活动中应及时把自己身体上的疾病或其他不适报告教官。与此同时,学生务必按要求在入学前认真进行体检,及时做好相应的预防和保护措施,把军训安全事故发生率降到最低。

（7）注意个人卫生和防护。军训一般安排在9月,这一时节,一些地区的气温还是很高的,特别是有些地区还多闷热天,加之高强度的训练,出汗多是在所难免的。在军训阶段大家一定要注意个人卫生,勤洗脸洗发,衣服也要隔一两天换洗一次。因为出汗后,头发、衣服隔天就会产生汗味,很难闻,自己觉得不舒服,也会影响他人。另外,防晒霜也少不了,尤其是女生参加军训期间,更要记得每天去操场前涂抹防晒霜,以免晒伤皮肤。

（8）冲凉要小心。大热天军训刚完身体还在出汗时别急着去冲凉,小心引起感冒。想冲凉要等汗液排完后进行。

（9）要注意休息质量。军训期间一定要抓紧时间午休,晚上要按时睡觉,保证睡眠,确保第二天有充沛的体力。不要因聊天说笑而耽误睡眠,影响第二天军训。

（10）军训期间忌喝咖啡。咖啡中含有咖啡因,有兴奋神经的作用。学生军训过集体生活,已经很新鲜很兴奋,晚上经常聊天睡不着觉,如果再喝上一杯咖啡,入睡就更困难了。睡眠不好,势必影响第二天的军训。

（11）军训过程防范中暑。一旦在军训时发觉自己或周围同学出现面色苍白、大量出汗、头昏、耳鸣、眼睛发花、注意力不能集中、脉搏加快、全身无力等中暑症状,应马上向教官报告,并转移到阴凉通风的地方休息。此时应口服十滴水或藿香正气水、人丹之类防暑药物,以及口服凉盐开水或白开水。如果情况严重应马上送医院。

第九节　社会实践安全

一、社会实践活动

所谓社会实践活动通常是指大学生按照学校培养目标的要求,利用节假日等课余时间参与社会政治、经济、文化生活的教育活动。社会实践活动是学校教育向课堂外的一种延伸,也是推进素质教育进程的重要手段。主要包括:校外实习、社会调查、深入基层提供服务等。参加社会实践有助于当代大学生接触社会,了解社会,同时也是大学生学习知识、锻炼才干的有效途径,是提高学生各方面综合素质最直接、最生动的形式,解决了许多在校园、在课堂不能解决的问题和矛盾。

大学生之所以需要在校外参加社会实践活动,一是由于教学计划内安排的实践环节时间有限,再加上学校的实践活动条件有限,难以实现实践育人的教学目标;二是社会实践活动的教育内容、方法、途径也不同于教学计划内的实习,具有特殊的教育作用。通过参加社会实践活动,大学生可获得以下实实在在的好处。

(1) 有利于大学生通过接触社会了解国情,增强社会责任感和使命感。现代大学生大多是在书本知识中成长起来的,对我国的国情、民情知之甚少,而社会的复杂程度,远不是读几本书、听几场讲座、看几条新闻就能了解的。参加社会实践是大学生增长见识、提升思想高度、树立服务社会意识的有效途径。参加社会实践活动,有助于在校大学生更新观念,吸收新的思想与知识。参加社会实践可让学生学会如何将所学的知识应用到将来的工作中,增强社会责任感和使命感,提高踏入社会所需要的能力。

(2) 有利于大学生正确认识自己,对自身成长产生紧迫感。社会是另一个学习和受教育的大课堂,在那片广阔的天地里,既能让大学生的人生价值得到体现,更为大学生将来参与更加激烈的竞争打下更为坚实的基础。通过广泛的社会实践活动,学生可看到自己综合素质和市场需求之间的差距,看到自身能力和知识储备上存在的不足,比较客观地去重新认识、评价自我,逐渐摆正个人的位置、明确个人与社会、个人与大众的关系。明确自己的奋斗目标,为在激烈的社会竞争中立于不败之地奠定了一定基础。

(3) 有利于大学生对理论知识的转化和拓展。大学生以课堂学习为主要接受知识的方式,这对大学生来说非常重要,但学习理论知识并不代表大学生就具备了实际技能,还需要增强运用知识解决实际问题的能力。社会实践可以使大学生接近社会和自然,获得大量的感性认识和许多有价值的新知识,同时促使他们把自己所学的理论知识与接触的实际现象进行对照、比较,继而把抽象的理论知识逐渐转化为认识和解决实际问题的能力。

(4) 有利于加深大学生与社会各阶层人的感情。大学生参加社会实践是引导学生走出校门,走向社会,接触社会,了解社会,投身社会的良好形式;参加社会实践活动拉近了大学生与社会的距离,也让大学生在社会实践中开阔了视野,增长了才干,在与社会的接触过程中,进一步了解了基层人员的具体工作和生活情形,了解了他们的喜怒哀乐,从而也加深了与社会各阶层人们的感情。

二、参加社会实践活动安全隐患及防范

本书重点介绍大学生到基层参加实习如何做好安全防范工作。实习是指实践性学习,它是高等院校某些专业教学环节的重要组成部分,是学生进行理论联系实际,培养独立工作能力的重要实践教学环节。实习的目的是让学生更好地提前融入社会。实习一般分为校内实习和校外实习两种。条件比较好的高校一般会在校内建设仿真实习基地,供大学生实习使用。还有部分高校一般是将学生安排到社会进行实习,往往是通过学校统一联系和安排,组织学生到合作单位进行实习;也有不少高校是直接由学生自己联系实习单位的。

（一）实习的安全隐患

所谓实习安全隐患是指学生在实习过程中可能会遇到的一系列问题。主要有以下安全隐患。

（1）实习操作安全隐患。大学生开展实习有时会到一线从事一些简单、安全的手工劳动，或者是操作一些简单的设备。开始时，一些大学生不认真听企业安全生产管理人员有关安全操作的讲解，对生产作业设备设施感到新鲜，出于好奇心可能还会摆弄一些设备或电器，甚至不知不觉地走到危险机器作业区，这种情况很容易造成意外人身伤亡事故。

（2）生活设施安全隐患。大学生到企业参加实习，有时会被安排在用人单位住宿，如果不熟悉宿舍区的消防设备情况，不留意阳台、走廊、窗台等防护栏高度，以及不注意检查电线、插座、电灯等用电设备是否正常工作，就可能会面临安全风险。例如有的同学发生触电，有的同学面对突发火情，不知消防设备在哪，手足无措等。

（3）饮食安全隐患。由于开展实习的合作单位周边饮食环境比较复杂，无牌小食品店、卫生条件差的廉价餐馆、流动摊档等比较多，一些无良商人使用地沟油和变质食品，以低价销售问题食品。大学生如果不注意卫生，贪图便宜，很可能发生食物中毒，造成不必要的人身伤害。

（4）外出发生被盗、被抢或与他人发生冲突。大学生外出实习，要面对复杂的社会，由于缺乏警惕，或者是由于过于暴露自己的财物，有可能会交友不慎，遭遇被盗、被抢的情形。还有可能是因为个性、价值观等原因，不适应社会的要求和规范，导致与他人发生冲突。

（5）出行安全隐患。一些向大学生提供社会实践活动的实习单位，周边环境复杂，人员混乱，社会治安问题较多。如果学生利用休闲时间出入这些地方，往往会遇到一些安全问题，如遭遇抢劫、被盗、打架斗殴等。

【案例】 来自网络的信息：2018年11月11日，北京地铁八通线管庄站，一名张姓女大学生带了一把水果刀要进地铁，被安检员发现后，她依旧想要强行进入地铁站，民警对她进行警告，并提出要检查她的身份证。结果她拿着手机，直接贴着民警的脸进行拍摄。然后，她突然飞起一脚，猛踢民警的裆部！随后，民警把她带到地铁的警务室。没想到，她在走廊里，竟然又扇了民警耳光！更嚣张的是，在审讯室里，这名女生先是叫嚣"最多拘15天"，然后，她又讨论了人生的意义："最多拘留15天，其次罚款，其次警告"，并称人生总要有第一次的尝试。

据了解，这名张姓女大学生，马上就要毕业，目前正在实习单位实习。她还畅想着被"拘留15天"以后，继续微笑面对生活。可惜，最后她迎来的结局是：涉嫌妨害公务，刑事拘留。面对即将被刑事拘留的结果，张某的反应真是雷人，还惦记着卸妆。

刑事拘留意味着什么？意味着不仅要接受公安机关的行政处罚，检察机关将会提起公诉，张某可能被处刑罚入狱。对于还没有离开校园步入社会的她，这样的尝试可不光彩。大学生上学期间留下刑事拘留记录，大学毕业证算是没戏了。要想找工作，也开不出"无犯罪记录证明"了。美好生活泡汤了。在笔录时，张某也意识到了问题的严重性，说应该配合执法,不应该顶撞民警,并道歉。但显然有些晚了,事实再次证明,法律法规非儿戏,执法机关的权威不容挑衅。真的应了那句话,不作,就不会死!

【思考与研讨】

本案例张姓女大学生的行为有什么不妥?为什么开始时她没有意识到问题的严重性?你如果遇到此类事,将如何处理?

(二) 实习安全隐患的防范

大学生到校外参加实习之前,为了提高安全防范意识,提高自我保护的安全责任意识,一定要与学校相关部门签订《外出实习承诺书》(见附件1)、《大学生外出实习安全协议书》(见附件2),并仔细认真阅读承诺书和安全协议书中的内容,清楚外出实习时的安全注意事项。在具体实习过程中,要做好以下安全防范工作。

1. 实习过程中的财产安全防范

(1) 在外实习的大学生要记住,实习期间不要随身携带大量现金,贵重物品一定要注意看护好,不交他人保管。也就是做到财不外露,不要逞一时之快而自我暴露。

(2) 提高自我安全保护意识。在外人际交往很重要,交往中也不要因为一时的义气而暴露自己,辨别交往对象的真面目,不要急急忙忙,逞一时之快。

(3) 外出实习最好与同学结伴而行,相互照应,途中要注意保管好自己的物品。

(4) 在实习旅途中不要与初相识的人来往,不要接受不相识的人给的食物、饮料、香烟等,防止拐骗、抢劫、伤害等案件的发生。

(5) 大学生出行时一定要避免夜间外出或单独外出,外出时有3～5人同行。特别提醒的是,外出时,不要进入网吧、歌厅等具有安全隐患的场所,以免掉入各类陷阱。

(6) 要注意往返途中安全,如果遇到紧急情况,要冷静处理,及时和学校取得联系。在实习期间要注意自身形象,体现大学生的素质,做一个懂文明有教养的人,避免与陌生人发生冲突。

(7) 在实习期间发现当地有亟待解决的问题但又超出自己的能力范围时,要及时与带队老师或班主任取得联系。

2. 实习过程中的劳动安全防范

(1) 实习前要了解所在的作业场所和工作岗位存在哪些风险,可能发生哪些事故,如何防范和施救。实习过程中要遵守规定,不违反操作规程等。杜绝在作业车间乱拉插头给手机、iPad等自用设备充电;严禁在作业车间、仓库等地方吸烟等。

(2) 为了确保实践活动安全,大学生到了企业后,首先要积极接受安全生产教育和培训,认真听取企业安全生产管理人员介绍该厂的规章制度,尤其是安全规章。严格遵守制度规范,服从安排,虚心学习,明确岗位责任和要求,不串岗,避免到危险机器作业区,防止造成意外人身伤亡事故。

(3) 女同学有权享有特殊保护。

3. 实习过程中的生活安全防范

(1) 为了确保在实践活动单位的生活安全,大学生到达单位后,要先认真、仔细查看宿舍区的消防设备情况，留意阳台、走廊、窗台等防护栏高度，检查上自天花板、墙壁上的风扇、电线、电灯等用电设备是否正常工作，下至地板瓷砖、卫生间瓷砖的防滑情况，宿舍门窗是否可完整有效使用；留心床铺的安全性。发现问题，及时报告处理。不在宿舍内乱拉插头，不攀爬防护栏等。

（2）为保证安全，大学生在外出实习期间，一般情况下不准离开实习所在单位，如有特殊情况确实需要外出，需向学生组长提出申请，并报带队老师，将前往地点和预计返回大概时间告知老师或同学，获得批准后方可离开单位，并尽量保持一定的联系。一旦外出，注意保管好随身携带的贵重物品。

（3）为防止发生饮食安全问题，预防食物中毒，减少不必要的人身伤害，同学们务必坚持卫生安全第一的原则，不要随意去卫生条件差、没有健康保障的餐馆用餐，坚持在实践活动合作单位内部饭堂用餐，不挑食，不偏食。

附件1：外出实习承诺书（范本）

为确保学生有效地完成教学实习，××机电工程学院与实习学生就教学实习期间的安全达成如下共识，并签订本安全承诺书。

一、严格遵守国家法律法规、院纪院规，坚决服从实习老师的安排。尊重实习单位的领导和职工，虚心向他们学习。严格遵守操作规程和安全制度。

二、服从领导，听从指挥，不迟到、不早退、不缺勤、不擅离职守。实习期间无特殊情况不得请假，有特殊情况者按学校规定程序审批。一天以内须经带队老师、指导老师书面批准；一天以上要经实习单位领导书面批准，否则按旷课论处并记入实习鉴定表和课程成绩。

三、团结友爱，文明礼貌，尊敬师长，严禁酗酒闹事、打架斗殴以及其他不文明行为。做到同学之间互相关心和帮助，使实习小组成为一个团结坚强的集体。做文明人、讲文明话、干文明事。

四、顾全大局，虚心接受指导教师和带队教师的指导，不许随便议论实习单位的有关问题，如有意见和建议，应向带队老师汇报后按组织系统反映。

五、爱护公共财物，不得擅自动用实习单位的仪器设备和实习用品。实习结束时，要归还借用的一切财物，损坏东西要赔偿，手续要办妥。

六、注意交通安全，遵守交通规则，防止交通事故。并且注意防盗、防骗，提高自我保护意识，保持高度警惕性。未经批准，学生一律不准离队单独活动，不准离队外宿，按时就寝。

七、培养勤俭节约的优良习惯，杜绝铺张浪费，节约水电，不准私自使用电炉、煤炉等。

八、坚决不参与社会上各种不良活动和聚会；不准进出舞厅、游戏厅、录像厅、网吧；杜绝打架斗殴、拉帮结派、偷盗财物的现象发生。

九、不得到江、河、湖、海中游泳或洗澡。

十、衣着整洁，朴素大方，发型端正，男生不穿背心、拖鞋，女生不穿背心或吊带，不得身着奇装异服进入工作场所或会议室。

十一、实习期间一定要注意饮食卫生。

十二、不做有辱国家和学校形象、声誉的事情。

十三、凡违反上述规定造成个人人身安全事故和损失的,由个人负责。造成集体和国家损失的视情节轻重,按照学校单位规定或国家有关法纪、法规处理。

十四、在外实习期间,一切行动听指挥,否则,课程成绩按不及格处理。

承诺人：×××

日期：××年××月××日

附件2：大学生外出实习安全协议书(范本)

甲方：×××学院计算机系　　　　　　　　　　（以下简称甲方）

乙方：学生　　　　身份证号码：　　　　　　　（以下简称乙方）

为了确保实习的顺利进行,增强学生的安全意识,圆满完成实习任务,双方协议如下。

一、甲方责任

1. 甲方在参加实习前,对乙方进行交通安全、生产安全等教育。

2. 甲方在实习期间不定期派老师了解学生实习情况,与实习单位进行协调沟通,进一步对学生进行安全教育。

二、乙方责任

1. 乙方应认真履行实习期间的各项安全要求,严格遵守学校和用人单位的各种规章制度、安全操作规程,一切在师傅指导之下工作,严禁盲目擅动,严禁违规操作,确保安全。

2. 乙方严禁在工作的时间内外出游玩,要严格遵守劳动纪律,确保自身安全,以防意外事故发生；严禁一切危险、违法活动；严禁进网吧、歌厅等与学生身份不符的场所,谨慎交友,注意自身防范。

3. 乙方应与实习单位协商在实习期间签订用工合同,若未签订合同产生相关用工纠纷,甲方无须承担任何经济和法律责任。

三、违约责任

1. 乙方属自主选择实习单位,如出现意外安全事故由乙方自己负责处理。

2. 如果乙方(学生)因违反本协议以及学校、用人单位的其他一切安全制度、安全条例、操作规程,由自身原因而引起的人身伤亡事故,由乙方自己承担全部责任。

3. 乙方(学生)实习期间,确需中途离开单位或终止工作,必须提出书面申请,征得系部同意批准,并跟实习单位办理有关手续后方可离开。否则,由此引发的一切安全责任,由乙方承担。

四、其他约定

1. 学生实习期：××××年3月1日—××××年6月1日。

2. 学生应在"大学生外出实习安全协议书"发出之日起,10日内将协议由本人、家长签字后,用书信形式将签字原件发给本班班主任。

3. 以上未尽事宜,视情况双方协商处理。

【本章思考题】

1. 大学生如何做才能确保自己的学业、学籍安全？
2. 在教室、图书馆、实验室等处进行学习都应该注意哪些安全问题？
3. 如何在上实验课过程中确保安全？
4. 为确保上好体育课，应注意采取哪些安全措施？

第四章
校园饮食、社团活动、防火、防灾安全

【典型案例】

2007年9月16日上午,在甘肃省电力公司首届运动会开幕式开始前,兰州电力职业学校气球方队100名学生手持约1600个氢气球,部分气球氢气泄漏并相互摩擦引起静电而发生爆炸,致使98名学生被灼伤,其中:中度灼伤41名、轻度灼伤57名。据初步调查,甘肃省电力公司首届职工运动会筹备组委托兰州弘兴中天文化传播公司承接运动会气球灌充任务,而该公司没有气球灌充、释放资质,并且违反国家和甘肃省气象部门有关规定,擅自灌充氢气球;运动会筹备组虽然向兰州弘兴中天文化传播公司提出了"气球方队双手各持氢气球整齐挥动行进"的要求,但没有对灌充好的气球进行验收;兰州电力职业学校违反《施放气球管理办法》和甘肃省气象部门有关规定,没有向有关部门申报,擅自在运动会上施放氢气球;运动会筹备组、兰州电力职业学校在运动会气球方队入场前,均没有对气球进行安全检查。

【思考与研讨】

1. 本案例暴露了组织校园活动过程中的哪些安全问题?
2. 大学校园还存在哪些安全隐患?

第一节 大学生饮食安全隐患及防范

一、饮食安全及隐患

古人言:"民以食为天。"食以安为先,饮食卫生安全是学校一项基础性和保障性的工作,关系到学校师生的身心健康,关系到学校正常的教育教学秩序,关系到学校和社会的稳定。安全的饮食可以使学生保持身体健康,心情舒畅,以饱满的精神投入各项繁重的学习活动中。因此,国家主管部门把高校饮食安全工作作为饮食安全管理工作中的重要环节,通过建立严格的饮食安全法规,加强高校饮食卫生安全教育,确保并有效维护师生身体健康和生命安全。这是坚持以人为本,全面建设社会主义和谐社会的必然要求。

大学生饮食安全问题中最突出的问题就是容易引发食源性疾病。所谓食源性疾病是指通过摄食进入人体的致病因子使人体患感染性或中毒性的疾病。常见的有食物中毒、肠道传染病、人畜共患传染病、寄生虫病以及化学性有毒有害物质所引起的疾病,另外,像食物引起的过敏性反应、暴饮暴食导致的胃肠炎、酒精中毒等也归入食源性疾病范畴。食源性疾病分为两类:一类是由食品中生物或化学因素引起的食物中毒;另一类是由食品中生物因素引起的感染性腹泻。已报道的食源性疾病致病因子有250种之多,其中大部分为细菌、病毒和寄生虫引起的感染性疾病。目前,已知有200多种疾病可以通过食物传播,而毒素、金属污染物、农药等有毒化学物质可引起中毒性疾病。食源性疾患是饮食安全的直接表现形式,其发病率居各类疾病总发病率的前列,也是当前世界上最突出的卫生问题。对于大学生这一特殊的社会群体,如果校园内发生食源性疾病,将会给学校和社会造成极大的负面影响。

随着高校后勤社会化改革的不断深入,高校食堂餐饮和饮食销售点的卫生安全管理工作显得更加重要。高校食堂向大学生提供的餐饮卫生质量的好坏直接关系到每一位就餐师生的健康和生命安全。在国家日益强盛、人民生活质量大幅提高的今天,高校饮食卫生安全面临新的严峻考验。如何确保高校饮食卫生符合安全发展要求,满足师生不断提高的饮食需求,是构建和谐稳定的校园环境,保证学生在高校毫无后顾之忧、安心学习的大事。

多年来,随着高等教育改革的不断推进,为应对社会发展及广大学生就学所需,各高校普遍大幅度地增加了招生规模,多数院校的在校学生人数成倍上升,绝大多数高校的师生人数达到了万人以上的规模,有的高校师生员工甚至达数万人。这一发展的巨大变化给高校确保饮食安全带来了新的挑战和压力。作为饮食供应重要部门的高校食堂,责任重大。如果学校的就餐条件和管理落后,适应不了学校发展的需要,就不可避免地会产生诸多饮食安全隐患,从而容易引发学生饮食卫生安全事故。

【案例】 新京报快讯(记者刘洋 实习生陈怡帆):2018年7月4日晚开始,上海理工大学多名学生反映在学校食堂就餐后食物中毒。上海理工大学表示注意到部分同学出现呕吐、严重腹泻并集中到医院就诊的情况,在群内晒就诊病例的序号就达五六十人。杨浦区疾控中心也应邀赶到学校协助排查。7月6日,学校将重点怀疑的第五食堂关闭。

该校在总结经验教训的基础上提示,夏季气温较高,各类病原微生物生长繁殖加快,食物易腐败变质。为有效预防和减少疾病发生,要求同学们注意食品安全,多食用清淡食物。

二、饮食卫生安全隐患

目前,虽然高校饮食卫生安全工作取得了明显的成绩,但是仍有一些高校领导对饮食卫生安全问题不够重视,食堂设施卫生条件达不到卫生标准要求,管理上也存在不少漏洞,乃至高校饮食卫生安全事件时有发生,这也让高校学生成为全社会食物中毒事件的较高发群体之一。在高校,与饮食安全密切相关的地点主要有学校的食堂、对外餐厅、小卖部、超市以及学校周边商圈的餐馆、流动小吃摊位等,这些地方都是饮食卫生安全问题的高发区。所以,高校饮食卫生安全面临的形势仍然十分严峻。

(1) 管理不到位导致安全隐患。由于高校管理层在认识上不重视,饮食卫生安全的法治意识淡漠,学校饮食卫生安全一般排不上议事日程,少有能做到开学有安排,期末有检查的管理层,致使一些饮食卫生安全管理制度不能得到有效执行。也有不少高校将食堂承包出去,但对承包后的食堂管理又很少过问,而食堂管理人员本身对相应的饮食卫生安全法不熟悉,缺乏基本的饮食卫生知识,管理水平不够高,难以达到规定的要求。一些承包经营者的思想不够端正,缺乏饮食安全意识,部分经营者对于食堂的管理跟不上,监管不严,过于放任。在物价上涨的时候,在利益的驱动下,为了降低成本不惜购买不符合卫生要求的一些原材料,简单处理后便供师生食用。同时,在食品加工操作过程中使用的容器、设备等一般都跳过消毒的过程,直接清洗,甚至有的在看不出来的情况下并不清洗,这就导致安全隐患频频出现。由于高校食堂的后勤社会化管理缺乏监管,加上繁琐复杂的承包制度和经营者过于追求营利目的等原因,为饮食安全埋下了隐患。

(2) 饮食原料采购存在许多隐患。不少高校的学生食堂对饮食原料采购没有设立饮食供应商准入制度,导致很多不符合准入条件的供应商混入其中,构成了食堂餐饮原材料的安全隐患。激烈的市场竞争和采购环境,给饮食业带来无尽的利益诱惑。一些不正当的交易、不法商贩售卖的伪劣产品、假冒产品、"三无"产品等不同程度在高校大行其道。再加上近年来一些进入高校的餐馆老板为了短期的利益而采购过期变质的饮食和不洁餐具,都严重威胁着广大师生员工的身心健康,甚至是生命安全。当前的原料也存在很大的问题,一些不法商家为片面追求经济效益,不在乎饮食是否危及人们的健康,忽视产品的信用价值,在蔬菜叶面喷施农药、化肥过多,导致残留物超标,乱用、滥用食品添加剂,致使食物中毒事件时有发生,严重降低了饮食的安全性。

(3) 就餐环境问题。高校食堂就餐环境包括了食堂设施、食堂从业职工健康状态和具体就餐环境等,这些环节不同程度都存在一些安全隐患。如不少高校食堂设施陈旧,灯光较暗,座位偏少,就餐高峰期食堂人员拥挤,学生无法安全就餐。不少买断承包权和经营权的高校食堂,为减少投入,提高效益,食堂的建设和改造不符合饮食卫生量化分级管理要求,设施和人员配备不合理,管理不规范等问题非常突出。还有一些承包出去的餐厅为了节约成本,不按规定对食堂从业人员进行定期健康检查,为传染病的发生埋下了隐患。

(4) 饮食加工质量问题。长期以来,媒体和公众在关注饮食卫生安全问题上,主要把注意力集中在假冒伪劣产品上,而忽略了饮食生产加工和消费过程中因接触化学、物理以及生物污染所引起的卫生安全问题。而后者的危害以及在饮食卫生安全中的影响范围远远超过了假冒伪劣产品。因此,在监督机制有待加强的大环境下,有必要对高校学生开展饮食卫生安全教育,以提高学生的饮食卫生安全意识。有调查显示,高校学生对学校食堂饭菜的评价普遍不高,接近50%的学生觉得学校食堂的饭菜贵,一些餐饮承包户为了获得最大限度的利润,使有问题的食品进入学校食堂,不少同学在食堂饭菜中吃到过异物,还有同学曾吃到过过期的饮食,如过期大米、已经变味的肉和蔬菜等,说明高校食堂的饭菜质量还存在不少安全隐患。

(5)学校周边饮食摊位形成安全问题高发区。近年来,高校校园周边的小摊贩由于品种多样、价格低廉,深受高校学生的欢迎。然而其脏、乱、差的卫生条件存在极大的隐患,是发生群体性食源性疾病的高危因素。一些学生喜欢买一些"三无"小食品,在校外流动小饮食摊买饭、就餐。小商贩多数没有卫生许可证,而且收完钱的手直接接触饮食,存在极为严重的安全隐患。有研究显示,经常校外就餐者的肠道致病菌和条件致病菌检出率较高。由于是在校外无证、无照经营的摊贩或流动商贩处购买的食品,一旦发生消费纠纷或者食物中毒等饮食安全事件,大学生将很难追偿或索赔,合法权益无法保障。

(6)饮食安全隐患引发其他社会问题。高校饮食的主要消费群体是大学生及教职工,其中,学生占绝大多数。由于高校食堂具有餐饮原料品种多样化、工艺流程复杂、即食性强、烹调方式多样及可控性不强等特点,众口难调。与此同时,师生用餐时间高度集中、人数骤然增多等因素也会给食堂餐饮安全增加压力。这些环节搞不好都会使学生产生不满情绪,一旦出问题,很容易引发矛盾和冲突。尤其是学生群体对市场行情及饮食成本不熟悉,但对学校饮食价格很关注且敏感,对学校食堂餐饮的期望值很高,追求高质量的餐饮服务,若有不符合其心理期望值的现象,部分同学可能会上网宣泄,甚至放大负面效应,极易造成不良影响。

三、校园饮食安全对策

(1)加强供应商管理。在食堂采购过程中根据高校食堂的需求特点,了解供应商的行业评价并对其进行全面分析,因地制宜,作出细致的考察,选出符合要求的供应商。同时,需建立对供应商的日常评价机制,在与供应商建立合作伙伴关系的过程中发挥积极作用,从而达到提高工作效率和保证饮食安全质量的目标。对供应商的日常评价可以采用抽样调查的形式,如定期检查冷藏车运输环境、饮食合格证等,从而确保食堂餐饮饮食安全,解决队伍整体素质不高的问题,目前,高校饮食部门正式职工越来越少,而农民工所占比例却越来越大,这导致了饮食部门队伍的整体素质较难提高,在实际工作中,员工因违规操作而引发的安全事故时有发生,存在严重的安全隐患。各校饮食社会化进程不均衡,改革的政策方案不同,使得各校对饮食办伙的支持力度差异较大。

(2)进一步完善学生食堂的饮食安全监管。高校在完善和健全学生食堂管理机制时,要加强多方监督。同时,强化高校有关部门及工作人员的职责。高校饮食安全保障工作分为采购、保管、加工、供应等环节,各个环节都具有各自的工作内容和特殊要求,各环节之间既相互独立又密切相连。因此,必须按照各高校卫生管理的要求,建立饮食采购、储藏、加工、供应等全过程的饮食安全检测监控体系。学校有关部门要明确其在学生食堂饮食安全监管中所担任的角色以及具体职责,并在其规定的职权范围内加强对高校学生食堂在饮食安全问题上的监督和管理,明确相关管理流程。学生团体及个人也应该广泛参与到饮食安全监管过程中来,积极主动地监督食堂餐饮工作。学生可以通过参与座谈会、维持就餐秩序等活动进行监督,在活动过程中如发现餐饮安全问题,应及时主动地向高校后勤管理部门反映问题,提出改进意见,以便更好地促进食堂餐饮安全管理工作的改进。

(3) 实施统一集中的食材采购制度。大米、白面、豆油、蔬菜、水果等,这是每天都不可或缺的主要食材,学校应该成立一个采购部门,对饮食进行统一采购。采购人员要能够积极地寻找当地安全可靠的食材和供应商,食材好,价格合理,这样就可以避免一些不正规的食材流入高校食堂。

(4) 学生尽量不吃散装饮食,特别是无防尘、防蝇、温控设施和日光下暴晒的散装饮食。因为各类饮食的成分都很复杂,经过日晒、光化、发热分解,会引起内部变化而变质。例如,有包装的糕点,经日晒水分蒸发不出来,容易产生霉变;含油饮食经日晒会发生"酸败";酒和饮料经日晒,会发生脱色、沉淀,出现絮状物;啤酒经日晒会发酵产气,引起变质或爆炸等。总之,露天销售的饮食在保质期内也可能发生变质。要谨慎选购包装饮食,认真查看包装标识,看饮食的包装是否完整,厂名、厂址和商标等标识是否齐全,是否清楚标明生产日期、保质期,产品是否合格。任何饮食需特别关注四个要件:厂名、厂址、生产日期、保质期。

(5) 学生不买不吃"三无"饮食。在选购饮食时,务必做到以下几点。

① 不去无证无照经营的饮食店购买食物。在选购饮食时,尽可能选择在大中型商场、超市、粮油专卖店、饮食安全示范店和证照齐全的饮食店等正规店铺购买。

② 不要购买饮食标签内容不全的饮食。因为标识内容不全、不清楚的包装饮食,一般都不是正规饮食生产企业生产的,存在安全隐患的可能性比较大。

③ 感觉不好的饮食不能买。感觉不好的饮食是指存在变味、变色、沉淀、混浊、杂质、絮状物、结块、异物、发黏、返砂、污秽不洁、混有异物、油脂酸败、霉变生虫、腐败变质等现象的饮食。

④ 假冒伪劣的饮食不能买。假冒伪劣的饮食是指一些不法分子为牟取暴利对饮食采取掺兑、替代、抽取、粉饰、混充、假冒等手段,使饮食质量降低,有的甚至带毒,严重危害消费者的健康。

⑤ 露天经营的饮食不能买。露天经营的饮食一般情况下无防蝇防尘设施、无饮食专用器具,其饮食极易受到污染,直接影响消费者的健康。

⑥ 过期饮食不能买。购买饮食时,一定要注意标签上的生产日期和保质期。一旦过期,饮食质量就会发生变化,甚至会变质,食用后可能会影响到消费者的健康,还可能会发生食物中毒事件。

(6) 学会利用法律武器保护自己。根据法律相关规定,经营者销售明知是不符合饮食安全标准的饮食应承担法律法规责任。比如销售明知是过期、变质、掺假掺杂、假冒伪劣等不符合饮食安全标准的饮食,经营者除接受工商部门的处罚外,消费者可以依据《中华人民共和国饮食安全法》,要求经营者支付 10 倍价款的惩罚性赔偿。因此,如果学生购买的饮食是过期变质、假冒伪劣等不符合饮食安全标准的饮食,可以就近到辖区工商所、消费者协会或分会、消费维权投诉站、12315 消费者申诉举报联络站举报、投诉或申诉。流通环节饮食安全监管职能部门是工商行政管理部门,工商行政管理部门维护消费者的合法权利,有义不容辞的责任。当你买到不合格饮食后,应该按照以下三点来维权。

① 可以当场要求经营者退货,退货的同时可主动向工商部门12315机构和消费者委员会投诉、举报,以便追根溯源,消除隐患,及时查处。

② 向经营者索取购货凭证、发票。

③ 造成危害后果的,可以要求经济赔偿,甚至追究其法律责任。

【小贴士1】

如何判别伪劣饮食

人们在日常购物时难以识别伪劣饮食,伪劣饮食防范"七字法"以通俗易懂易记的方式引导消费者强化饮食安全自我防范,以期使伪劣饮食因无人购买而退出市场。防范"七字法"即防"艳、白、长、反、小、低、散"。

一防"艳"。对颜色过分艳丽的饮食要提防,如目前市面上出现的草莓像蜡果一样又大又红又亮,咸菜梗亮黄诱人、瓶装的蕨菜鲜绿不褪色等"问题水果"。

二防"白"。凡是饮食呈不正常不自然的白色,十有八九会有漂白剂、增白剂、面粉处理剂等化学品。

三防"长"。尽量少吃保质期过长的饮食,3℃储藏的包装熟肉禽类产品采用巴氏杀菌的,保质期一般为7～30天。

四防"反"。就是防反自然生长的食物,如果食用过多可能对身体产生影响。

五防"小"。要提防小作坊式加工企业的产品,这类企业的饮食抽样合格率较低,触目惊心的饮食安全事件往往出现在这些企业。不去校门口等卫生条件较差的马路摊位上买饮食,尽量少吃油炸、烟熏、烧烤的饮食,这类饮食如果制作不当会产生有毒物质。

六防"低"。"低"是指在价格上明显低于正常市场价格水平的饮食,价格太低的饮食大多有"猫腻"。

七防"散"。散就是散装饮食,有些集贸市场销售的散装豆制品、散装熟食、酱菜等可能来自地下加工厂。

【小贴士2】

保质期和保存期的区别

保质期是指最佳食用期,在标签上规定的条件下,保持饮食卫生质量和营养的期限。在此期限内,饮食完全适于销售,并符合标签内容和产品标准中所规定的卫生质量;超过此期限,在一定的时间内饮食仍然是可以食用的。保存期是指推荐的最终食用期,在标签上规定的条件下,饮食可以食用的最终日期;超过此期限,产品的质量可能发生变化,饮食不再适用于销售和食用。

第二节 社团活动安全隐患及防范

高校学生社团是大学生依据兴趣爱好自愿组成、按照章程自主开展活动的学生组织,是学生开展思想、学术、科研、文体、社交活动的主要阵地,同时也是学生自我塑造、自我管理、自我教育的有效途径。高校学生社团在加强校园文化建设、提高学生综合素质、引导学生适应社会、促进学生成才就业等方面发挥着重要作用。随着社会发展和教育改革的深入，大学生社团在发展的同时暴露出了值得引起重视的新情况、新问题，如网络社团出现、跨校活动增多、活动的个性化和社会化增强等。如何在新形势下确保大学生的社团活动安全开展，已成为目前高校安全工作的一项重要内容。

一、社团活动及安全隐患

大学生社团通过利用自身优势，开展灵活多样的活动方式，积极创造成员与社会的联系机会，使社团本身成为带动学生走向社会的桥梁和成员与社会交往的渠道，为其成员提高交际能力提供了广阔空间，从而达到帮助成员从学校走向社会和服务社会的目的。因此加强大学生社团、社交活动建设已成为校园文化建设的重要内容，而增强大学生社团、社交活动的规范性、安全性也应成为目前高校大学生安全工作的重点。大学生社团通常存在以下安全隐患。

（1）大学生社团组织成立时随意性较大。目前很多高校社团缺乏专业指导和有效管理，大学生社团成立时没有明确的方向性和严格的组织性，设团、废团随意性很大，成立之初就潜藏着非法性等安全隐患。根据我国现行法律规定，社团必须向当地民政部门登记。但目前多数高校学生社团的登记、注册均由校团委负责，并且没有向学校安全保卫部门备案。

【案例】 某市公安部门对某校学生自发组织的"聚英会"依法劝散。"聚英会"最初由学生黄某等三人于高考前夕成立于其中学，初衷是振兴家乡经济、实业报国；"如果时机成熟的话，以后还有可能往政治方向发展"。黄某等人进入大学以后，通过各种途径暗中发展会员，并规定会员必须有大专以上学历，以学习经济、法律的同学和老乡为主；会员要写申请、填表格以表自己实业报国的心愿。该组织到劝散时已横跨几个省、市，会员达20余名。他们还制定了"聚英会"章程，以谋求组织的进一步发展壮大。因为该组织没有按照成立社会性团体的要求办理有关手续，"聚英会"被依法劝散，主要负责人被公安机关传唤，其他成员也受到了不同程度的教育处理。虽然黄某等人的动机与愿望是好的，但这种举动恰恰是合情而不合法。

（2）不少学校相关管理部门缺乏对学生社团的宏观指导，很少有专业指导老师进行监督和指导，难以使大学生社团活动从产生之初就进入健康、合理、合法的发展轨道。而学校有关管理部门没有给予足够重视，相关指导老师也因事务繁忙，彼此推脱，不少学生社团活动几乎没有校方老师参加，造成学生社团活动随意性太大，影响了学生社团积极作用的发挥。

【案例】 某校学生相当活跃，组织成立了很多学生社团，因此校园社团活动频繁，各个社团之间经常因为争占活动场所、发展会员、争取学校经费等问题发生争执，甚至矛盾激化，大打出手。此外，一些社团不加区别地请所谓的专家到学校给社团开讲座，而一些所谓的专家则利用这个机会，肆意宣讲反党、反社会主义、丑化共产党领导的言论，鼓吹西方资产阶级思想，甚至美化邪教"法轮功"，宣扬国家分裂主义等，企图破坏国家的安定统一和社会的安全稳定。

（3）目前大学生社团活动的自身建设和学校的宏观指导脱节严重,学校的社团工作往往一放就乱,一抓就死,无法做到有的放矢。大学生社团本身是学生自发组织的业余团体,正是由于这种自发性、以及宽松的管理特点,部分成员纪律观念淡薄,工作随意性大,再加上缺乏学校的宏观指导作保障,不能及时完善社团自身建设,结果导致社团各部门间缺乏凝聚力和可持续发展的动力。

【案例】 某高校学生许某组织了一个旱冰俱乐部,这个以兴趣、爱好和时尚潮流为基础的社团很快吸引了一大批学生参加。其中有少数滑冰健将,但更多的是初学者。起先他们选择在校园宽阔的水泥路上进行活动,最后因为人多,活动场地移至图书馆门前的大广场。但因人多嘈杂,加之所携带的音响设备发出的高分贝噪音影响了图书馆内学生的学习,很快在图书馆学习的学生纷纷向学校进行反映。在学校保安进行管理时,该团负责人态度强硬,据理力争,但最后该社团还是被勒令解散,其主要负责人还受到了通报批评。

（4）法律意识和安全意识淡薄。缺少必要的安全教育,存在较多安全隐患。如学生参加社团,例如跆拳道社团、足球协会之类身体对抗较强、危险性较高的社团,未意识到危险发生的可能性。某些企业以赞助为幌子,在校园里销售商品,逃避检查和税收,甚至招摇撞骗等。

（5）社团过于娱乐化。社团开展的各项活动应符合自己的特点,符合大学生的审美情趣,但一些社团把其作为一个俱乐部,开展的各项互动都是娱乐性的,没有发挥其在校园文化中应有的作用。

二、社团安全对策

如何在新形势之下维护大学生的社团活动安全,已成为目前高校安全工作的一项重要内容。

（1）加强大学生社团组织建设,建立规范、合法的社团生成机制。大学生成立和参加某社团必须遵循合理、合法的程序。

① 向学校相关学生社团管理部门了解有关规定。

② 向学校的社团管理部门提供相关的申请材料,包括社团名称、宗旨、活动内容、活动范围、组织机构和负责人以及成员情况、经费来源和其他需要说明的事项等。

③ 提交申请,经学校有关职能部门审批同意后才可成立社团组织;社团负责人必须在规定的时间内到有关部门注册。

④ 社团干部、负责人必须按照自荐、成员选举和学校考察的方式产生,确保其能有效地领导、组织社团活动。

⑤ 社团成员入团必须经过该团负责人的审核批准,登记注册后发给其会员证,并规定成员的权利和义务。

⑥ 社团编印刊物必须经学校批准并接受学校管理。每期刊物都应报管理部门备案,并且只限于校内张贴、散发。在校内张贴海报和通知也应按照学校相关管理办法张贴在指定和许可的地方。根据国家对刊物的有关规定,校内刊物不得向社会散发和张贴,否则

视为非法刊物。

（2）要加强大学生社团活动的安全性、有效性管理,必须建立健全合理、规范的工作机制和管理机制。

① 社团组织活动,应提前一周上报社团业务主管部门或登记管理部门,说明活动的目的、内容、方式、人数、时间、地点以及主办单位、负责人等,经学校审批后方可举行。如果邀请校外人员来校参加活动或者举行校际外联活动,必须事先上报请求学校同意。

② 确保活动经费来源的合法化。大学生社团活动经学校批准后,应该视其性质向学校有关部门申报经费,从社团的成员会费中筹集活动经费,要确保足够的经费并保证其来源合法化。

③ 务必注意活动场地的财产安全和活动安全问题。大学生社团活动一般分为室内活动和户外活动两种形式。室内活动应该注意活动地点的构造情况,做好防火、防漏电等安全预防工作。户外活动则必须警惕天气等自然因素引起的安全问题,并在活动开展前上报校团委和校保卫处,并递交一份活动的安全分析和安全保障措施书面材料,由两个部门进行实地考察审核后方可举行。

（3）提高社团法律意识。在高校就读的大学生大都是年满18周岁的完全民事行为能力人,应当对自己的行为负责。学校不对学生负有超出一般范围的安全保障义务。因此不论社团是否有免责条款,都不需要承担责任。在社团活动时发生意外伤害,要确定当事人的责任,例如两个学生踢球时,一方把另一方的腿踢断了,这就是民事赔偿责任,体育竞技中也是这样的。

（4）管理制度的健全与否是一个团体组织成败的关键。一个组织松散的大学生社团在活动的经费、内容、范围、方式和地点等重要因素上势必缺乏周密考虑。高校学生社团应转变以前那种无所谓的态度,不要以为只要开展了活动就行,不把社员的根本利益放在首位,社员的主人翁地位就无法得到真正的体现。

（5）开展健康向上、丰富多彩的社团活动。社团是校园文化的重要组成部分,通过社团开展活动,能够为学生课余生活提供更为广阔的活动空间,也有利于树立良好的学风和校风,从而为校园文化建设作出一定的贡献。例如通过讲座,能获取学科前沿的最新研究成果;通过模拟法庭活动,可以使学生提前体验职业角色;利用英语角,可以锻炼学生英语口语能力;通过小品表演,可以提高学生的艺术欣赏水平,等等。所有这些,都补充了其他学生活动在校园文化建设方面的不足。

第三节　校园防火安全隐患及防范

一、校园防火基本概念

俗话说"水火无情"。因某些原因引发火情并失控时,搞不好就会导致火灾的发生。所谓火灾是指在时间和空间上失去控制并造成一定危害的燃烧现象。大学发生火灾一旦失控,破坏力极大,不仅会影响正常的教学、科研秩序,还会造成重大人身伤害和财产损失,同时还会造成恶劣的社会影响。正是由于学校的特殊性,校园防火显得尤为重要。根据学校的特点,校园防火的重点是在实验室、图书馆、教室、学生宿舍、食堂、教职工宿舍等场所。这些地方一旦失火,火势蔓延速度快,尤其是化学实验室,存放大量的易燃易爆化学物品,稍有不慎,就会引起火灾或爆炸。

二、校园火灾隐患

校园内的各类建筑物,包括教室、宿舍、食堂、图书馆等都是学生顺利完成学业的重要物质保证,但这些建筑物也存在许多火灾隐患。

一是用电设备多、可燃物多。虽然校园建筑物大都采用钢筋混凝土结构,但建筑物内部一方面使用大量的教学、实验和生活用电设备,需要配套相应的电线、管道和电力设施;另一方面,建筑物内部装饰材料和学习生活配套设施等都采用木材、塑料等制品,这些都是有机可燃物质,增加了建筑物内的火灾可能性。再加上管理上的疏忽大意,一旦发生火灾,这些电线、设施和材料等就像架在炉膛里的干柴,将会迅猛燃烧。尤其塑料制品在燃烧时还会产生有毒气体,给疏散和扑救工作带来很大的困难和危险。

二是建筑结构容易产生烟筒效应,助力火势。高校里的现代化教学楼、图书馆和学生公寓等很多都是高层建筑。这些高层建筑中的楼梯井、电梯井、管道井比较普遍,通风管道纵横交错,延伸到建筑的各个角落。如果发生火灾,火焰沿着竖井和通风管道迅速蔓延,会危及整个大楼。

三是疏散困难,容易造成重大伤亡事故。无论是教学楼、实验室、图书馆,还是学生公寓,都是师生出入比较集中的地方,特别是上下课期间人员流动性比较大。由于种种原因,他们可能对建筑内的环境、安全疏散设施和逃生通道不熟悉,一旦发生火灾,由于烟雾弥漫、心情紧张,很容易迷失方向,大批师生在遇到险情逃生时,可能会集中拥挤在通道中,造成秩序混乱,给疏散和施救工作带来很大困难,因此往往造成重大伤亡。

四是致灾的因素多。若学生在学生公寓私自乱拉电线、使用大容量电器用品、离开公寓时忘记关闭电源等,都容易引发火灾,再加上学生自己的棉被、衣物、蚊帐等物品在宿舍随意乱放,还有书籍、纸质学习材料等,这些都是易燃品,一旦遇到失火,很容易蔓延。同样,图书馆存有大量的纸质图书资料;电脑机房有大量的计算机设备;化学实验室有大量的易燃化工用品和试剂等,这些条件导致火灾隐患增多,也极容易出现险情。

【案例】 2008年11月14日,上海商学院的一间女生宿舍发生火灾,导致4名大学生因此失去了年轻的生命。经灾后调查发现,这起火灾的发生,原因是该宿舍女生违反相关规定,操作用电设备不当所致。4名花季少女为此付出了生命的代价,教训十分深刻。

三、火灾隐患的防范

防止火灾发生的关键,是做好火灾的预防工作。同学们只要认真贯彻消防法规,自觉遵守消防安全管理规定,就能有效预防火灾的发生。

1．学校防火的基本措施

学校防火可采取以下基本措施。

（1）控制可燃物。用非燃或不燃材料代替易燃或可燃材料；采取局部通风或全部通风的方法，降低可燃气体、蒸汽和粉尘的浓度；将能相互作用发生化学反应的物品分开存放。

（2）隔绝助燃物。就是使可燃性气体、液体、固体不与空气、氧气或其他氧化剂等助燃物接触，即使有着火源作用，也因为没有助燃物参与而不致发生燃烧。

（3）消除着火源。就是严格控制明火、电火并防止静电、雷击引起火灾。

（4）阻止火势蔓延。就是防止火焰或火星等火源窜入有燃烧、爆炸危险的设备、管道或空间，或阻止火焰在设备和管道中扩展，或者把燃烧限制在一定范围不致向外延烧。

2．大学生如何防范火灾隐患

（1）严格执行《中华人民共和国消防法》。按消防法规范自己的行为，从国家、集体利益出发，顾全大局，严防各类火灾事故发生。

（2）要严格遵守学校有关公共场所的防火规定。大学生要主动学习学校有关防火的制度规定，不得在宿舍、实验室、图书馆等重要公共场合使用大功率电器。因为大功率电器极易引起电线超负荷，造成电流增加，电线发热，超负荷越多，发热也越快。电线绝缘层允许温度一般为60℃，如果线路长期超负荷运行，线路发热量增大，绝缘层加速老化，当温度大于250℃时，绝缘层会发生自燃，并与电线分离，造成短路而发生火灾事故，进而造成人身伤害和财产损失，严重影响大学的正常教育教学活动，也影响大学生的正常学习与生活。

（3）加强公共场所的防火意识。大学里的教学楼、图书馆、餐厅、机房、实验室、学生公寓等都是全体师生日常学习和生活的地方，属于公共场所。这些地方人员流动频繁、密度大，因此，这里的安全涉及公共利益。公共场所管理松散，部分师生防火意识不强，室内装修使用可燃物质、有毒材料，用电量高，高热量照明设备多，空间大等诸多因素，都会形成严重的火灾隐患。这些地方一旦有重大火灾发生，极易造成人员伤亡特别是群死群伤。因此，同学们在公共场所滞留时，应掌握如下防火知识和方法：清醒认识公共场所的火灾危险性，时刻提防。大学生要养成在公共场所不吸烟、不私自乱搭电线、不使用大功率设备的好习惯。

（4）树立防范意识。大学生进入学校公共场所后，要主动关注和了解所处场所的情况，熟悉防火通道。同时，要了解电源开关、消防设备、灭火器等的具体位置，善于及时发现初起火灾，作出准确判断，能及时扑救的要及时扑救，形成蔓延时要立即疏散逃生。

四、发生火灾时的应急处置办法

一旦发生火情，如果时间允许，要在冷静分析起火原因的基础上，及时做好如下事项。

（1）如果是由于违规用电引起电路着火，应迅速关掉电源，千万不能往电器、电线上泼水。一定要先将火源分离开，搬走可燃、易燃、助燃的物品；然后用干粉或气体灭火器、湿毛毯等将火扑灭,切不可直接用水扑救。

（2）如果是衣服、织物或小家具着火,要迅速到室外或卫生间等有水源的地方取水浇灭,切记不要在寝室中乱扑乱打,以免引燃其他可燃物。

（3）当发现电线冒火花时,不可盲目接近,特别是不要用手直接触摸电线,以防发生触电事故,应先关闭电源总开关或通知楼管,断电后用含氟、溴的化学灭火剂(1211)喷向火焰,让灭火剂参与到燃烧中去,中断反应达到灭火的目的。

（4）如果是燃气火灾,首先要关闭电源、可燃气体、液体等设备的开关,拆除与火源相邻的易燃建筑物,用水或二氧化碳来冷却,或将灭火剂直接喷射到燃烧物上,降低燃物温度;或用石棉毯、湿淋袋、黄沙、泡沫等不燃或难燃的物质覆在燃烧物上,封闭火源。

如果发现火势无法控制,人又处在危险中,建议采取以下行动。

（1）火灾初起时要迅速撤离火灾现场。在火场中,不要盲目行动,要搞清自己所在的楼层,回忆楼梯和楼门的位置、走向;分析周围的火情,不要盲目开窗开门,不然会助长火势。同时,也不要盲目乱跑、轻易跳楼,否则容易造成不应有的伤亡。另外,人的生命最重要,不要因害羞或顾及贵重物品,把宝贵的逃生时间浪费在穿衣服或寻找、搬运贵重物品上。千万不要浪费时间去取贵重物品,应坚决果断、毫不迟疑地离开起火房间。已逃离火场的人,一定不要重返险地。撤离到安全区域后,如发现还有人没有撤出来,不要贸然返回,应等待消防人员的营救。

（2）突遇火灾时要保持冷静。发现火灾时,首先要强令自己保持镇静,千万不要盲目地随人流乱冲乱撞、相互拥挤。除了及时向学生保卫部门报警求救外,撤离时要注意朝明亮处或外面空旷地方跑,要尽量往楼层下面跑,若通道已被烟火封阻,则应背向烟火方向离开,通过阳台、窗台等通往室外的出口逃生。火场逃生时,烟雾弥漫中,一般离地面30厘米仍有残存空气可以利用,可采取低姿势逃生,爬行时将手心、手肘、膝盖紧靠地面,并沿墙壁边缘逃生,以免错失方向。可采用毛巾、口罩蒙住口鼻,匍匐撤离,以防止烟雾中毒或窒息。另外,也可以向头部、身上浇冷水或用湿毛巾、湿棉被、湿毯子等方式将自己的头、身体裹好后,再冲出去。

（3）火灾时千万不要乘坐电梯。规范标准的建筑物,都会有两条以上的逃生楼梯、通道或安全出口。发生火灾时,要根据情况选择进入相对较为安全的楼梯、通道。火场逃生过程中,要一路关闭所有你背后的门,以降低火和浓烟的蔓延速度。除可利用楼梯外,还可利用建筑物的阳台、窗台、屋顶等攀爬到周围的安全地带;沿着下水管、避雷线等建筑上的凸出物,也可滑下楼脱险。千万要记住,高层楼着火时,不要乘普通电梯。因为电梯井直通大楼各层,烟、热气等很容易涌入,由于烟囱效应的作用乘客难以承受烟熏火烤,在高温下电梯会失控甚至变形,救火时,水容易流到电梯内,在水渍的作用下,会造成触电的危险,乘客很容易被困在里面,危及生命。

（4）尽量找到安全避难场所等待援救。如果发现被烟火围困,尽量待在阳台、窗口等易于被他人发现和能避免烟火近身的地方。在白天可向窗外晃动鲜艳的衣物等;在晚上可用手电筒不停地在窗口闪动或敲击东西,及时发出有效求救信号。当被火势逼到阳台、楼顶时,既无出路又无退路,但生命暂时不受严重威胁时,要让自己冷静,坚守此地,等候消防人员救援,不要轻举妄动。在被烟气窒息失去自救能力时,应努力滚到墙边或门边,既便于消防人员寻找、营救,也可防止房屋塌落时砸伤自己。人多时要相互安慰,稳定情绪。在无法突围的情况下,不要向床下或壁柜里躲藏。要设法向浴室、卫生间之类既无可燃物又有水源的空间躲避。进入后立即关闭门窗,打开水龙头,撕下身上的衣服浸湿塞住门窗的缝隙阻止烟雾侵入。如必须从烟火中冲出楼房,要用湿毛巾、衣服等衣物包住头脸,尤其是口鼻部,低姿行进,以免受呛窒息。根据消防部门的资料表明,在火灾中丧生的人,受烟雾中毒、窒息而死的比例高于烧死的比例。有的是烟雾中毒、窒息失去知觉后才被烧死。因此,被困时防烟雾中毒、防窒息是自救的第一步。

(5) 极端情况下冷静逃生。当火势发展到猛烈阶段,有计划的撤离难以付诸实施时,只能随机应变冷静地进行自救。如果高层、多层建筑发生火灾,非跳即死的情况下不得不跳楼时,可迅速利用身边的绳索或床单、窗帘、衣服等自制简易救生绳,并用水打湿后,从窗台或阳台沿绳滑到下面的楼层或地面逃生。即使跳楼也要跳在消防队员准备好的救生气垫或4层以下才可考虑采取跳楼的方式,还要注意选择有水池、软雨篷、草地等的地方跳。如有可能,要尽量抱一些棉被、沙发垫等松软的物品。选择往楼下的石棉瓦车棚、花圃草地或枝叶茂盛的树上跳,以减缓冲击力。如果身上着火,千万不能奔跑,否则会越烧越旺。正确的做法是赶紧设法脱掉衣服或就地打滚,压灭火苗,能及时跳进水中或让人向身上浇水就更有效。如果有其他人在场,可用湿麻袋、毯子等把人身上的火包起来,切不可用灭火器直接向身上着火的人喷射,因为药剂会引起伤口感染。

【小贴士】

几种常用灭火器的使用

灭火器是一种可由人力移动的轻便灭火器具,它能在其内部压力作用下,将所充装的灭火药剂喷出,用来扑灭火灾。灭火器结构简单,操作方便,使用面广,对扑救初期火灾有一定效果。因此,在学校的建筑内,几乎到处可见,已成为高校的常规灭火设备。

1. 干粉灭火器

使用方法:取出灭火器后,颠倒几下,撕下封签。拔出安全栓,距离火源3米左右,将压把按下,对准火源根部,顺风进行操作。

适用范围:适宜扑灭油类及一般物质引起的初起火灾,对固体、液体、气体所产生的火焰也都有效果。

2. 二氧化碳灭火器

使用方法:取出灭火器后,颠倒几下,撕下封签。拔出安全栓,距离火源2米左右,将压把按下,对准火源根部,顺风进行操作。需要注意的是,使用时要戴手套,以免皮肤接触喷筒和喷射胶管而冻伤。使用二氧化碳灭火器扑救电器火灾时,如果电压超过600伏,应先断电后灭火。

原理:降低空气中氧气浓度,造成火焰窒息;另外还有降温的作用。

适用范围:这种灭火器更适用于扑灭初起火势,主要用于一些精密的仪器、仪表发生的火灾。

3. 泡沫灭火器

使用方法:使用时,用手握住灭火器的提环,平稳、快捷地提往火场,不要横扛、横拿。灭火时，一手握住提环，另一手握住筒身的底边，将灭火器颠倒过来，喷嘴对准火源，用力摇晃几下，即可灭火。

适用范围：因为泡沫中含97%的水分，所以不能扑救电器火灾（水有导电性）、忌水物质火灾（与忌水性物品接触能燃烧）以及贵重物品、仪表火灾（留有污迹），它更适宜扑灭油类及一般物质引起的初起火灾。

第四节 自然灾害安全隐患及防范

自然灾害是指由于自然异常变化造成的人员伤亡、财产损失、社会失稳、资源破坏等现象或一系列事件。它的形成必须具备两个条件：一要有自然异变作为诱因；二是要有受到损害的人、财产、资源作为承受灾害的客体。许多自然灾害，特别是等级高、强度大的自然灾害发生以后，常常诱发出一连串的其他灾害接连发生，这种现象叫灾害链。灾害链中最早发生的灾害称为原生灾害；而由原生灾害所诱导出来的灾害则称为次生灾害。自然灾害的发生是不可避免的，各类灾害事故对人的生命和财产具有极大的破坏性。大学生要想正确应对各类自然灾害事故，就要注意灾害的防范，平时要掌握一定的逃生常识，从而在面对突如其来的灾害时，才能有效减少或避免伤害。以下介绍几种经常发生的自然灾害。

一、雷电灾害及防范

（一）认识雷电

雷电是大自然中静电放电过程，是雷云接近大地时，云和云之间以及云和大地之间放电，迸发出光和声的现象。雷电是常见的自然现象，它实质上是天空中雷暴云中的火花放电，放电时产生的光是闪电，闪电使空气受热迅速膨胀而发出的巨大声响是雷声。人们在雷雨天容易遭受雷击，致受伤甚至死亡。雷电一般产生于对流发展旺盛的积雨云中，因此常伴有强烈的阵风和暴雨，有时还伴有冰雹和龙卷风。积雨云顶部一般较高，可达20公里，云的上部常有冰晶。冰晶和水滴的破碎以及空气对流等过程，使云中产生电荷。云中电荷的分布较复杂，但总体而言，云的上部以正电荷为主，下部以负电荷为主。因此，云的上、下部之间形成一个电位差。当电位差达到一定程度后，就会产生放电的效果，这就是我们常见的闪电现象。雷电或雷击可能造成设备或设施的损坏，造成大规模停电、停产，也可能引起火灾爆炸，导致巨大经济损失和人员伤害。因此，大学生在遇到雷电天气时，一定要认识其危害，加强自我保护。

（二）雷电的危害

（1）雷电对人体会产生伤害。当人遭受雷电击的一瞬间，由于电流的直接作用和超压或动力作用,以及高温作用,电流迅速通过人体,重者可导致心跳、呼吸停止,脑组织缺氧而死亡。另外,雷击时产生的是火花,也会造成不同程度的皮肤灼伤。雷电击伤,亦可使人体出现树枝状雷击纹,表皮剥脱,皮内出血,也能造成耳鼓膜或内脏破裂等。

(2)雷电可能会给电力系统等带来破坏。雷电流高压效应会产生高达数万伏甚至数十万伏的冲击电压,如此巨大的电压瞬间冲击电气设备,足以击穿绝缘体使设备发生短路,导致燃烧、爆炸等直接灾害。

(3)雷电还可能给建筑物造成破坏。雷电流高热效应会放出几十安至上千安的强大电流,并产生大量热能,雷击点的热量会很高,可导致金属熔化,引发火灾和爆炸。雷电流机械效应主要表现为被雷击物体发生爆炸、扭曲、崩溃、撕裂等现象,导致财产损失和人员伤亡。

(三)雷电安全防范

(1)室内防范雷电。如果雷雨天气时你正好待在室内,这并不表示你一定会平安无事。打雷时,首先要做的就是关好门窗,防止雷电直击室内或者球形雷飘进室内。雷雨天尽量停止使用电器,拔掉电源插头;不要打座机或手机;不要靠近室内金属设备(如暖气片、自来水管、下水管);不要靠近潮湿的墙壁。

(2)室外防范雷电。遇到雷雨天气,建议做好以下防范措施。

① 如果遇雷暴天气外出时应穿塑料材质等不浸水的雨衣,最好穿上防水胶鞋,这样可以起到绝缘的作用。

② 雷雨天气尽量不要在旷野行走,更不要在大树底下避雨,在打雷时最好离大树5米远。

③ 雷电交加时,如果在空旷的野外无处躲避,应该尽量寻找低凹地(如土坑)藏身,或者立即下蹲,双脚并拢,双臂抱膝,头部下俯,尽量降低身体的高度。

④ 如果手中有导电的物体(如铁锹、金属杆雨伞),要迅速抛到远处,千万不能拿着这些物品在旷野中奔跑,否则会成为雷击的目标。

⑤ 遇到雷暴天气时,在户外不要接听和拨打手机,因为手机的电磁波也会引雷。

⑥ 打雷时严禁接近一些正在作业的电力设施。

⑦ 遇到突然的雷雨,当头发发硬竖起来时,应该蹲下,降低自己的高度,同时将双脚并拢,减少跨步电压带来的危害。

⑧ 对雷击导致"假死"的人员要及时抢救。大量的雷击抢救实践证明,遭受雷击后,有一部分呈死亡状态的人还未真正死亡,即使心脏停止跳动,呼吸停止,也往往是一种暂态现象,通常称为雷击"假死"。辨别的方法是观察受害者的身体是否出现紫蓝色斑纹,若未出现,说明还未真正死亡,应迅速通知学校医生或急救中心医生就地抢救,通常采取的方法是人工呼吸和体外心脏按压法。对雷击导致"假死"人员的抢救,往往需要一段较长的时间,切不可半途而废。

特别提醒,人在遭受雷击前,会突然有头发竖起或皮肤颤动的感觉,这时应立刻躺倒在地,或选择低洼处蹲下,双脚并拢,双臂抱膝,头部下俯,尽量降低自身位势、缩小暴露面。

二、地震灾害及防范

(一)地震灾害

地震灾害是指由地震引起的强烈地面震动及伴生的地面裂缝和变形,使各类建筑物倒塌和损坏,设备和设施损坏,交通、通信中断和其他生命线工程设施等被破坏,以及由此引起的火灾、爆炸、瘟疫、有毒物质泄漏、放射性污染、场地破坏等造成人畜伤亡和财产损失的灾害。

地震就像刮风、下雨、闪电一样,是地球上经常发生的一种自然现象,在看似平静的地表之下,时刻隐藏着杀机。地震是威胁人类安全的重大自然灾害,具有突发性强、破坏性大、难以预测、防不胜防、次生灾害多样等特点,一旦发生,波及面广,造成损失大。地震灾害易引发水库溃坝、山体滑坡、地面塌陷、房屋倒塌、人员伤亡等后果。因此,切实增强防震意识,最大限度地减少因地震灾害引发的人身伤害和财产损失非常必要。此外,地震除了引发直接灾害以外,一般还会有次生灾害。次生灾害一般是指强震过后,以震动的破坏后果为导因而引起的一系列其他灾害。例如,地震发生后,可能引起火灾、毒气污染、细菌污染、放射性污染、滑坡和泥石流、水灾;沿海地区可能遭受海啸的袭击;冬天发生的地震容易引起冻灾;夏天发生的地震,由于人畜尸体来不及处理及环境条件的恶化,可引起环境污染和瘟疫流行,等等。

【案例】 2008年5月12日14时28分,四川汶川县(31.0°N,103.4°E),发生震级为8.0级的地震,直接严重受灾地区达10万平方千米。截至2008年7月4日12时,四川汶川地震已造成69 225人遇难,374 640人受伤,失踪18 624人。紧急转移安置1 500.634 1万人,累计受灾人数4 624万人。

(二)地震灾害的防范

一些高校地处地震灾害较为频繁的地区,如云南、四川等地。一旦发生地震,大学生首先不要惊慌失措,应注意以下防范事项。

(1)一旦发生地震,尽快关闭室内的火源和电源。如果是夜间,需要照明,要用手电筒,不能用明火。如果在街上行走时发生地震,要注意保护头部,以防异物砸伤。地震时房屋倒塌会产生大量的灰尘,许多人因此窒息而死,最好将皮包或柔软的物品顶在头上。

(2)如果教室、宿舍等学习生活场所楼层较高,大学生千万不要跳楼、跳窗,也不要在教室或宿舍里乱跑,更不可贸然外逃逃生,因为时间来不及。盲目乱跑,不仅不能逃生,还极易发生踩踏挤伤事件。大学生切记要降低重心就近隐藏,要用浸湿的手帕、毛巾等捂住口鼻以免中毒。如果教室、宿舍等学习生活场所是平房,或者是楼房的一楼、低楼层,可迅速从门窗逃出,撤离到校园中的开阔地带,如操场等地。如果来不及逃出,迅速就近躲在课桌下面或者墙根下,双手抱头或者用书包保护头部。外逃时注意用被子、枕头、安全帽护住头部。

(3)在高危建筑中,地震摇晃剧烈时若要走动,应该抓住某些固定物以免被晃倒。若无坚实的家具,应立即站在门口并设法保护好头部。地震时应记住"向黑不向外"的原则,不能逃到阳台或窗外。要用口罩或者毛巾、衣服(用水浸湿、拧半干后更好)等捂住嘴和鼻子,闭上眼。

(4)选择易形成三角空间的地方躲避,紧靠墙边脸朝下,趴在地上,两手抱头,双目紧闭,用鼻子呼吸,等待地震平息。室内安全地点有:卫生间、厨房、储藏室等狭小空间,承重墙(注意避开外墙)。

(5)发生地震时,要迅速离开变压器、电线杆等危险设施、设备和围墙、狭窄巷道等,跑向比较开阔的空旷地带。服装是保护我们的关键,可盖住头部以免被震落的屋顶灯、高处放置物砸伤。

(6)从高楼向下转移时,千万不要跳楼,也不能乘电梯。主震后一般会有余震,要在两次地震的间隙迅速撤离,以防余震和火灾等并发灾害。在电梯中的人,应该立即在最近楼层停下来并马上离开。

(7)上课过程中如果突发地震,要听从老师安排,室内学生不要撤出,室外学生不要回教室,就近"蹲下、掩护、抓牢"。注意避开高大建筑物、危险物。

(8)如果是处在山坡上,千万不要跟随滚石往山下跑,而应躲在山坡上隆岗的背后;同时还要远离陡崖,防止滑坡、泥石流的威胁和伤害。

(9)若自己被埋压,不要慌,尽量设法找到周围存在的空隙,要扩大和稳定生存空间,设法用砖石、木棍等支撑残垣断壁,等待救援,以防余震发生后,生存环境进一步恶化。

(10)如被埋压时间过长,身边没有食品,要想办法用一些东西,例如纸张、衣服等填充胃部,以免出现消化性出血。同时要节约饮用自己的尿液,以保持身体的水分。更先进的办法是,把空气吞入食道,迫使胃部充满气体,以免胃液消化自身组织。

三、强风灾害及防范

(一)强风的概念

强风一般是指近地面层风力达8级(平均风速17.2米/秒)或以上的风。它通常是一种突发性的灾害,强风威力很大,往往很短时间就会对人类的生产、生活等造成较大危害,是一种灾害性天气。强风一旦形成,摧枯拉朽,极有可能刮倒学校的树木或临时建筑,吹坏学校的玻璃,给大学生的安全带来威胁。从实际情况来看,学校受强风影响最大的地段有如下几个。

(1)学校高层建筑之间的狭长通道。由于狭管效应,高层建筑之间的风力比其他地方更大。不仅更容易造成建筑物的破坏,如墙皮、玻璃、窗户、楼道门等被大风吹落,还会出现高空坠物,很容易砸伤人,或引起更大损失。行走在其间也有可能造成摔伤等危险。

(2)学校危旧房屋、宣传栏、腐朽树木等,在强风的作用下,这些物体有可能倒塌,砸伤行人。

(3)学校施工工地附近。施工工地的物品相对缺少固定措施,更易被大风吹散。在附近行走，很容易被随风刮来的建筑器材或材料砸伤。

(二) 强风灾害的防范

（1）平时要留意天气预报，做好防风准备。一旦出现强风时，大学生要停止户外活动，尽快进入室内或防风安全地带。也可进入混凝土建筑的地下室或半地下室躲避，最好不要去简易房内或楼顶上。

（2）大风天往往湿度低、天气干燥，容易诱发火险。而一旦发生火情，强风又会加重火势，增加火灾危害。因此，大学生要养成良好习惯，不在学校用火、不随意烧纸、不乱扔烟头。

（3）室外遭遇大风时，应远离大树、电线杆、简易房等，以免被砸、被压或触电。此外，大学生还要尽量远离施工工地，若无法避开时，应快速通过，避免被建筑器材或材料砸伤。

（4）大风天里灰尘、细菌肆意流动，人体皮肤更易沾上细菌。因此，学生外出宜戴口罩、纱巾等防护用品，每天做好皮肤的清洁工作。

四、暴雨、冰雹灾害及防范

(一) 暴雨、冰雹的概念

暴雨和冰雹是一种比较极端的自然现象，其发生主要是受到大气环流和天气、气候系统的影响。但暴雨、冰雹对社会的生产、生活是否造成重大灾害，则取决于社会经济、人口、防灾抗灾能力等诸多因素。雨季中，暴雨和冰雹会经常出现。暴雨和冰雹的主要危害有：在暴雨和冰雹来袭时，教学设备设施若有一处漏电就可能造成触电事故。此外，暴雨和冰雹还会导致江河湖泊水位暴涨，冲毁道路、桥梁、房屋、通信设施、水利设施，引起各种设备及建筑设施倒塌事故；冲垮堤岸堤坝，造成江河水库决口，酿成大灾；引起山洪暴发、山体滑坡和城市内涝，直接威胁人民生命财产安全；造成严重水土流失，影响生态环境，等等。暴雨和冰雹不仅会造成物资财产的损失，还会造成人员伤亡。

(二) 暴雨、冰雹灾害的防范

（1）防触电。暴雨来势凶猛，一旦室内进水，雨水浸湿导线及各种电气设备，其绝缘性受到影响，加之高温，容易导致老化、破损，极易使电气设备外壳带电。潮湿的物体、空气也容易导电，若有一处漏电就可能造成触电事故。这时，应当立即切断各种电器的电源，防止积水带电伤人。同时切记留心观察，远离电线、电器等设施，以防漏电导致人员伤亡。

（2）提前做好防范工作。在暴雨多发季节，注意随时收听收看天气预报预警信息，合理安排生产活动和出行计划，尽量减少外出。另外，暴雨、冰雹灾害和事故具有演进性和规律性，有一个由渐变到突变的过程。为预防暴雨、冰雹灾害事故发生，避免、减少伤害，平时就要认真遵循规律，积极做好预防工作，把灾害、事故化解在演进的过程中。暴雨来临前，学生应配合学校仔细检查教室、宿舍、实验室等房屋，尤其应注意及时抢修房顶和门窗,防止雨水淋坏教学设备设施;预防雨水冲灌使房屋垮塌、倾斜。如发现问题隐患,要尽快告知有关部门及时处理。

(3) 处事不要惊慌。暴雨、冰雹灾害往往会让人们产生极度恐慌的心理。暴雨袭来,猝不及防。为避免或减少其造成的伤害,应做到:处乱不惊,保持头脑清醒。为防止暴雨发生时雨水灌入室内,学生可因地制宜采取放置挡水板、堆砌土坎或其他有效措施,将其拒之门外。有生命危险时,设法保护人身安全,条件许可时,及时报警,防止事态进一步扩大,同时积极参与救助,或耐心等待救援。

(4) 远离危险地段。如果学校离山体较近,为避免泥石流、滑坡等地质灾害所带来的伤害,学生一定要尽量远离危险山体,谨防险情发生。如在行走或骑车过程中突遇暴雨,学生应当心路面或低处积水过深,尽量绕行,切莫强行通过。

综上所述,大学校园是大学生学习与生活的主战场。校园安全不仅是校园稳定的基础条件,更是大学生个体健康成长、全面发展的必要条件。如今,大学生活动、交流、学习的领域越来越宽广,校园环境也变得越来越好,但是校园安全形势不容乐观,大学生的校园学习、生活存在诸多安全隐患。各类天灾造成大学生的意外伤害呈上升趋势;学生食物中毒、学生公寓火灾等危害人身安全的事件也时有发生。这一切都需要引起高校和在校大学生对校园安全的重视。

【本章思考题】

1. 你所在的大学校园会受到哪些自然灾害的威胁?应该如何做好防范工作?
2. 你所在高校饮食安全存在哪些安全隐患?如果有问题,你认为应该如何改进?
3. 发生火情时,为确保人身安全,应该如何正确处理?

第五章

大学生住宿安全

【典型案例】

2013年3月10日,海南大学海甸岛校区23栋学生宿舍6楼的小陈上完网后下楼买东西,回来时,发现笔记本电脑不见了,更让他吃惊的是,同宿舍的4台电脑全部都不翼而飞。

后来,小陈才听说,当晚被盗的,并不只是他们宿舍,隔壁一间宿舍也同时被盗走4台电脑。当时有两男子进宿舍盗走8台电脑后,下来时被学校巡逻的保卫处工作人员盘查,在盘查过程中,这两名形迹可疑的男子拔脚就跑,在追捕中,一男子被抓获,当场追回被盗的其中4台电脑,另外一男子侥幸逃脱。后来,公安机关介入调查。

3月25日,海南师范大学桂林洋校区学生宿舍被盗电脑7台和数码相机1台。接连发生的30余起海口高校学生宿舍系列被盗案件,涉及3个高校4个校区,涉案金额10多万元。

2014年1月某日下午,某高校一同学违章使用电热杯烧开水,时逢宿舍临时停电,该同学在未断电源的情况下,离开宿舍。晚上宿舍重新供电,致使书桌被烧,宿舍浓烟弥漫。经紧急扑救,才避免了一场火灾。

【思考与研讨】

1. 大学生宿舍通常存在哪些安全隐患?
2. 你是否已经注意到你们宿舍目前存在的安全隐患?

第一节 大学生住宿安全的概念

学生宿舍是大学生学习、生活的重要场所,是大学生成长非常重要的环境影响因素。随着我国高等教育的快速发展,高校招生规模成数量级增长,需要住校的学生数量也急剧攀升,学生宿舍安全已成为学生管理工作中的重要组成部分。大学生在校期间,有一半以上的时间是在学生宿舍中度过的。舒适安全的宿舍不仅是学生在学校期间调整和休息时的"家",而且也是大学生毫无后顾之忧地投入各项学习活动的基本保障。因此,大学生住宿安全关系着每个大学生的切身利益,关系着大学生的生命财产安全,甚至关乎大学生是否能够顺利毕业。因此,住宿安全对大学生来说意义重大。

(1) 学生宿舍是同学相互之间进行思想交流的重要场所。学生宿舍既是大学生上学阶段的家,又是课堂之外学习场所的延伸,是学生交流的主要阵地。相对于校园其他的公众场合,宿舍是大学生的私人空间,在宿舍里面交谈或者做事都较少有顾忌,这时候他们的语言和行为都更趋向于真实的自我。大学生是一个思想活跃、反应敏捷的群体,他们已经初步具备一定的价值判断能力和是非观念。共同的专业和学习要求,再加上宿舍里的朝夕相处,自然会有很多共同的话题。由于宿舍特有的轻松、自由、随意的气氛,加上大学生普遍乐于接受各种社会文化、思想潮流、理论学说,在思想自由交流过程中,同学之间的各种思想和观念相互影响,使宿舍成为大学生张扬个性、形成观念、发展智力和交流信息的重要场所。

(2) 学生宿舍是大学生相互影响的重要场所。大学生来自五湖四海,共同在一个相对狭小的空间里生活,需要学会适应其他同学的个性、生活习惯。学生宿舍成为大学生走入社会之前最重要的社会交往场所,这里是他们学会如何友善地与人相处,学会宽容和与人沟通的第一课堂。同学之间在生活中也相互影响,往往使得同一宿舍成员逐渐培养出共同的志趣和爱好,形成相近的思想观念和行为特征。如在学生管理中常常发现学习成绩好、要求上进的同学往往住在同一个宿舍;而生活自由散漫、学习成绩差的同学也往往住在同一个宿舍,这种"人以群分"的现象很大程度上是相互影响的结果。

(3) 学生宿舍是学习的重要场所。学生宿舍也是学生自习的重要场所,即使经常去图书馆、教室自习的同学也总会有一定的时间留在宿舍看书。在电脑日益普及的今天,学生在宿舍用电脑学习和上网的时间也逐渐增多,学生宿舍的学习功能也更为突出。社会进步的新趋势、高等教育的普及和不断发展,学生群体特征的多元化,特别是现代社会的家庭大多是独生子女,上大学后要离开父母去其他的城市独自生活,学生的学习、生活很多时间是在宿舍内进行的,受社会环境、家庭背景、校园文化、个人素质、安全知识等诸多因素的影响,必然会在大学生宿舍安全方面带来一些正、反两方面的影响,这在客观上要求大学生加强自身对宿舍安全的重视。

第二节 大学生宿舍用电安全隐患及防范

一、宿舍用电安全隐患

就当前的情况来看,个别大学生宿舍违反学校用电规定的情况还是时有发生的。主要的问题是在宿舍里乱拉电线,任意增加宿舍内电器的容量。虽然宿舍管理员再三强调寝室是严禁使用违禁电器的,但这似乎成为纸上规定,并没有真正落实到实际生活中,学生在寝室里使用大功率电器的现象屡禁不止。如有的学生在宿舍私装一些常见的禁用电器,包括热得快、电热杯、电水壶、电火锅、电炒锅、电磁炉、微波炉、电炉子、电手炉、电热毯(褥)、电熨斗、电直板、电烙铁、暖手器、烘鞋器、电取暖器(红外取暖器)等,这些都会造成安全隐患。

此外,学生在宿舍私自拆装、改造室内原有的电源和网络线路及采用技术手段逃避检查而使用的各种大功率电器,是造成安全隐患的另一个原因。若管理员发现学生偷偷使用违规电器,但在学生的恳求之下并未没收,也没做出相应的处理,就会在无形之中助长了学生使用违禁电器的风气。

还有一种安全隐患就是电(线)路老化。学校只是检查大功率电器,只是用限电、断电的方式解决问题,却没有考虑过从根本上解决问题。例如,2016年,南京某大学在一个月内发生3起宿舍火灾,当时就有不少同学将矛头指向电路老化。然而,有学生告诉记者,直到2018年,学校仍未对校内宿舍线路进行大规模排查和维修。

学生一旦触电会产生危险。人体组织中有60%以上由含有导电物质的水分组成,因此,人体是个导体,当人体接触设备的带电部分并形成电流通路的时候,就会有电流流过人体,从而造成触电。触电时电流对人身造成的伤害程度与电流流过人体的电流强度、持续的时间、电流频率、电压大小及流经人体的途径等多种因素有关。触电事故发生后,严重电击会引起肌肉痉挛,使触电者有可能从线路上或带电的设备上摔落;但最多的是被"吸附"在带电体上,导致电流不断通过人体。人体在一般的情况下,可承受20毫安以下的交变电流和50毫安以下的直流电。但如果触电的持续时间过长,即使电流小到8毫安左右,也可使人死亡,即便生命没有受到死亡的威胁,也会导致人体和脑部的重创从而留下后遗症。

二、宿舍用电安全的防范

大学生在学校宿舍要时时注意用电安全,严格遵守校园及公寓"安全用电"相关制度。

(1) 自觉遵守学校的规章制度,在宿舍内不使用大功率及违禁电器、不私拉乱接电线,不存放易燃易爆物品。要主动认识并了解总电源开关的具体位置和基本操作要求,学会在紧急情况下切断总电源。

(2) 养成良好习惯,不要用手或导电物(如铁丝、钉子、别针等金属制品)去接触、探试电源插座内部,不用湿手触摸电器,不用湿布擦拭电器。

(3) 电器使用完毕后应拔掉电源插头,插拔电源插头时不要用力拉拽电线,以防止电线的绝缘层受损造成触电;电线的绝缘皮剥落,要及时更换新线或者用绝缘胶布包好。

(4) 发现有人触电要设法及时关断电源,或者用干燥的木棍等物将触电者与带电的电器分开,不要用手去直接救人;如自己不懂,在遇到紧急情况时,应及时呼喊宿舍管理人员或老师相助,不要自己处理,以防触电。

(5) 使用安全电器,应到正规商店购买电源插座、台灯,认准安全标志、出厂证明和检验合格证。

（6）不私自改装电源线路和私接电源。在宿舍不得使用热得快、电炒锅、电水壶、电热毯等危险电器；禁止使用违禁电器，同时要及时制止或举报其他同学使用类似威胁大家安全的电器。

（7）离开宿舍前要拔掉所有电器电源插头。室内无人时，不准使用电器，插座不能处于连接状态。

（8）宿舍内坚决不点蜡烛、酒精和其他明火；不准在寝室内，尤其是在床上吸烟。

（9）不得在灯具上拴蚊帐，晾晒衣物，悬挂装饰物；不准将电线缠绕在床头和在电器上悬挂各类易燃物品。

（10）宿舍出现用电故障和发现电线损坏、裸露、漏电等现象应及时向公寓管理中心人员报修，学生不得擅自拆修，必要时应紧急切断电源。

三、发现有人触电后的应急处理措施

触电急救首先是使触电者脱离电源，具体可以采取以下方法。

（1）如果电源开关或插销在触电地点附近时，要立即拉开或拔出插头，断开电源。

（2）如果电源开关或插销距离较远时，可用有绝缘柄的电工钳等工具切断电线，从而断开电源，还可以用木板等绝缘物插入触电者身下，以隔断电流的通道。

（3）若电线搭落在触电者身上或被压在身下，可用干燥的绳索、木棒等绝缘物作为工具，拉开触电者或排开电线，使触电者脱离电源。

（4）发现有人触电时不要惊慌，切记，触电者的身体这时是带电的，鞋的绝缘也可能遭到破坏，所以救护触电者千万不得直接接触触电者的皮肤，也不能抓触电者的鞋。如果触电者的衣服是干燥的，又没有紧缠在身上，可用一只手抓住触电者的衣服，拉离电源。

第三节　大学生宿舍火灾隐患及防范

一、造成宿舍火灾的主要原因

学生宿舍是学生的"家"，一旦发生火灾，特别是在夜间，将对学生的生命、财产安全构成严重的威胁。但是，目前大部分学生认识不到问题的严重性，常抱有侥幸心理。分析历年来学生宿舍火灾的原因可以发现，学生宿舍火灾主要是违规用电、违章使用明火、吸烟等原因造成的，具体如下。

（1）宿舍中的易燃物品多且摆放随意。高校学生宿舍普遍都堆放着大量的书本、被褥、衣物、化妆品、小装饰品等易燃物品，并且摆放混乱，有的甚至存放有啤酒、白酒、酒精、油、摩丝等易燃物。特别是女生宿舍，这种现象尤为突出。一旦遇到明火或者局部过热，极易引起火灾。还有些学生在宿舍或厕所焚烧杂物，也极易造成火灾。东西摆放不当，也会引发火灾，如阳光直晒可以使打火机一类的易燃物品自燃。

（2）违章用电现象普遍。随着科技的发展，学生购置笔记本电脑、充电器等电子设备已经是很普遍的现象，拥挤的宿舍里常常是由一个插座引出电线，"节外生枝"，乱拉电线现象严重。有的是低负荷的软电线，有的电线甚至超期服役，严重老化。多数学生由于受经济条件限制，往往还会购买价低质劣的"热得快"等电器在宿舍使用。这些都极易造成电线短路引发火灾。

（3）违章使用明火现象日益突出。在一些管理不善的高校内，宿舍内用酒精炉、电炉等明火做饭的现象越来越突出，还有的学生过生日点蜡烛，这些行为都可能会由于操作不当引燃周围可燃物，造成火灾，火灾隐患非常严重。

（4）吸烟引发火灾呈上升势头。有不少高校的学生吸烟，在男同学中更是屡见不鲜。有的学生抽完烟后将烟头乱丢，一旦未熄灭而掉到废纸篓、垃圾堆或者其他易燃物上面，很容易引起火灾。

（5）宿舍管理措施落实不到位。随着我国在校大学生人数的增多，部分高校人满为患，但管理措施落实不到位，许多相关的配套设施都未能及时跟上，特别是一些高校的学生宿舍还是老房子，甚至是木质结构，电线老化严重，极易因漏电而引发火灾。

（6）人为纵火。最近几年国际、国内安全形势严峻，恐怖活动时有发生，一些学生或社会人员出于各种原因，报复社会，制造事端，也会将大学生宿舍作为人为纵火的目标。

学生宿舍中易引发火灾的用品有以下几种。

（1）热得快。热得快电线或插座易起火，水壶里的水烧干后引起电线起火。

（2）劣质电线。花股线的外皮易破损引起短路起火。

（3）在床头使用台灯。将台灯放在床头，有的甚至夹在蚊帐里，当台灯罩里的热量得不到及时散发时，就容易引起蚊帐或被褥起火。

（4）电茶壶。电茶壶功率过大，且易引发火险。

（5）蜡烛。学生公寓内禁止使用蜡烛等明火照明，使用蜡烛等易引起火险。

（6）劣质应急灯。此类应急灯存在电线过细、绝缘不可靠、酸液外漏等隐患。

（7）电炉、电炒锅等。

【案例】 2008年11月14日早晨6时10分左右，上海商学院女生宿舍602室冒出浓烟，随后又蹿起火苗，屋内6名女生被惊醒，离门较近的2名女生拿起脸盆冲出门外到公共水房取水，另4名女生则留在房中灭火。然而，当取水的女生回来后，却发现寝室门打不开了。因为火场温度高，木制的寝室门被烧得变形，被火场的气流牢牢吸住了。

不一会儿，大火越烧越旺，4名穿着睡衣的女生被浓烟逼到阳台上。蹿起的火苗不断扑来，吓得她们惊声尖叫。隔壁宿舍女生见状，忙将蘸过水的湿毛巾从阳台上扔过去，想让被困者蒙住口鼻，争取营救时间。宿舍楼下，大批被紧急疏散的学生纷纷往楼上喊话，鼓励4名女生不要慌乱，等待消防队员前来救援。可是，在凶猛的火魔面前，4名女生逐渐失去了信心。又一团火苗蹿出后，一名女生的睡衣被烧着了，惊慌失措的她大叫了一声，从6楼阳台跳下，摔在底层的水泥地上。看到同伴跳楼求生，另两名女生也等不及了，顾不得楼下男生们"不要跳，不要冲动"的提醒，也纵身一跃。3名同伴先后跳楼，让最后一名女生没了主意。她在阳台上来回转了好几圈后，决定翻出阳台跳到5楼逃生。可她刚拉住阳台外栏杆，还没找准跳下的位置，双臂已支撑不住，一头掉了下去。与此同时，滚滚浓烟灌进了隔壁601寝室,将屋内3名女生困在阳台上。所幸消防队员接警后及时赶到,强行踹开宿舍门,将女生们救了出来。此时,距4名女生跳楼求生不过几分钟时间。

【案例分析】 据知情者介绍,事发前一晚,602室女生曾用"热得快"烧水,晚上11时宿舍断电,6人均忘记将插头拔掉。清晨6时恢复供电后,"热得快"开始自行加热,10分钟后,高温引发了电器故障,迸发出的火星不巧落在了女生们晾挂的衣物上,最终酿成事故。据了解,起火的宿舍楼建于2000年,楼内有消防栓,不过大楼内部及公用卫生间内无自动喷淋器。

二、宿舍火灾隐患的防范措施

防止火灾发生的关键,是做好火灾的预防工作。大学生要认真贯彻消防法规,自觉遵守消防安全管理规定,预防宿舍火灾的发生。

(1) 要积极配合学校有关部门排查并消除宿舍火灾隐患,排查时要对可燃物及时清理,以消除火灾隐患,并管理好火源,防止引燃可燃物品,排查各种隐患后对所存在的隐患要仔细分析并制订具体的措施,重点是防止火灾的发生。此外,要经常检查灭火器及灭火设施的完好及配备情况,对过期的灭火器要及时更换。

(2) 认真遵守有关宿舍安全管理规定。在宿舍时要使用安全电器,认准安全标志、出厂证明和检验合格证。不得在宿舍使用热得快、电炉、电炒锅、电茶壶、电热毯等大功率危险电器;在宿舍内不可使用蜡烛等明火,不焚烧信件杂物。离开宿舍前拔掉所有充电器,拔掉所有电源插头。宿舍内提倡不吸烟,如吸烟请及时熄灭烟头,不随地乱扔烟头,更不把烟头扔到垃圾桶内。

(3) 大学生宿舍要禁用易燃物品,包括:烟花爆竹、液化气罐、煤油炉、酒精炉、汽化炉、蜡烛、固体酒精等易燃、易爆、易腐蚀、剧毒危险品。为了大家的安全,要及时制止或举报其他同学使用类似的危险用品。

(4) 大学生要了解发生火灾时的逃生常识。每个人都要熟悉自己工作和生活场所的消防安全环境,如安全出口的位置、疏散通道的位置,平时是否保持畅通。此外,还要留意宿舍楼内的消防器材放置地点和使用方法,熟悉宿舍楼内的安全通道,以防万一。同时,还要学会并掌握正确的躲避、逃生、自救与呼救方法,遇到火灾,要迅速向学校保卫处报警。报警时要讲清起火宿舍名称、地址、着火部位、着火物质、火情大小、报警人的姓名及报警使用的电话号码,然后,派人在路口迎候学校保卫部门来人处理。

(5) 面对突如其来的火灾,头脑要冷静,并理性逃生。在逃离火场时,可选择用湿毛巾掩住口鼻呼吸,以减少火场中有毒有害气体的吸入;在通过无火的浓烟时,可在无烟的地方将透明的塑料袋充满空气套住头,以避免吸入有毒烟雾和气体。若逃生途中经过火焰区,应先将衣物弄湿或以湿棉被、湿毛毯等裹住身体,迅速通过火场,以免身体着火。火场逃生过程中,要一路关闭所有背后的门,以减少火和浓烟的蔓延。如果在火灾中被困在建筑物内无法逃生时,等待救援应选择靠近马路的有窗户的房间或者离安全出口、疏散通道较近的房间。

第四节　大学生宿舍被盗隐患及防范

一、宿舍被盗隐患

大学生宿舍极易成为盗窃犯罪的目标,除了来自校外的窃贼,学生宿舍发生内盗的事件也逐年增多,主要有以下原因。

(1) 校园的开放式管理,使得小偷出入学生宿舍变得容易且难防,学校管理存在漏洞等。在每年新生入校期间,犯罪嫌疑人掌握了学生活动规律,有时会装扮成新生模样进入大学生宿舍,一旦被发现,就会谎称是在找同学,然后乘人不备,混入宿舍作案。有的同学在寝室内私自留宿外来人员,引狼入室,以致被盗。

(2) 个别大学生的自律意识比较差。虽然法制教育早已纳入高校教育计划,是大学生的必修课,但部分同学却忽视政治思想、道德、法律教育等方面素质的提高,平时表现松散,学业上不思进取,敷衍了事,对违法违纪的界限十分模糊,贪图小利,以身试法,频繁盗窃同学财物,直至步入违法犯罪的境地。

(3) 学生素质参差不齐。大学生来自全国各地,素质参差不齐,极少数在入校前就有不良行为或习性,加之大学生的物质生活水平大幅提高,手机、笔记本电脑等贵重物品在学生中的拥有量逐年提高,部分学生依靠家庭经济优势超前消费,个别同学受扭曲价值观的影响,相互之间盲目攀比,当钱不够消费时就萌生了偷盗的动机。此外,多数大学生对自己的财产缺乏保护意识和技能,也给作案人以可乘之机。

(4) 大学生缺乏安全防范意识。由于大学生缺乏社会经验,他们的安全防范意识往往十分淡薄,自我保护能力差。大学生心理发育尚未健全,还缺乏社会经验,对周围的人也缺乏必要的戒备心理,他们觉得在校园里,有学校专人管理比较安全,从而产生一种依赖心理。不少学生在宿舍没有养成随手关门、锁门的习惯;夏季习惯开门休息,甚至夜间睡觉也不关门锁窗,离开宿舍时图省事不锁门;还有一些同学将高档贵重物品如笔记本电脑、手机、掌上电脑等随意乱放,甚至存在现金不及时存入银行,还将存折密码告诉他人,存折与身份证放在一起等行为。这些做法一方面可以诱发犯罪,另一方面也给不法分子提供了可乘之机,这些都是导致宿舍失窃发生的重要原因。

【案例】 2003年1月至3月,某高校保卫处陆续接到同学手机在寝室内被盗的报案10余起。保卫部门经过布控和蹲守,终于将正在实施盗窃的嫌疑人于某抓获。经审讯,于某交代其均是利用早晨6—7时这个时间段溜入学生宿舍,看准有人去洗漱、其他人正睡觉而门未锁的时机溜门入室,将放在明处的手机迅速盗走,作案屡屡得手。

二、宿舍防盗的基本对策

防盗的基本方法有人防、物防和技术防范三种。

（1）人防。主要通过保安巡逻、设置宿舍值班人员以及对陌生人进行盘查等形式，防止窃贼得逞，这种方法仍是目前预防和制止盗窃犯罪最为有效、可靠的方法。

（2）物防。主要是通过设立一些防盗设施，如使用贵重物品保险柜、门禁系统、保险门及安装护栏、安全锁等方式阻止发生盗窃，这是一种应用最为广泛的基础防护措施。

（3）技防（技术防范）。现代高新技术，如监控设备、红外感应、人脸识别、报警器等可以及时发现盗贼行窃、替代人员守护且不会疲劳和懈怠，是一种可长时间处于戒备状态的更加隐蔽可靠的防范措施。

从一定意义上讲，宿舍就是学生的家，大学生的财物绝大多数都存放在宿舍，为预防宿舍中的财物被盗窃，要注意做好以下防范措施。

（1）同学之间要相互关照，随手关窗锁门，即使是夏天学生在宿舍也要关好门，遇见不明人员要勤查勤问，多留一个心眼，不要怕麻烦，注意及时与宿管老师沟通。

（2）要养成随手关窗、随手锁门的习惯。随手关窗、随手锁门可有效防止盗窃犯罪分子乘虚而入。最后一个离开宿舍的同学，一定要有对自己、对其他同学高度负责的责任感，要关好窗户锁好门，千万不要怕麻烦。不要认为离开宿舍的时间短，嫌麻烦而疏忽麻痹，给不法分子留下可乘之机。

（3）要养成保管好钥匙的习惯。个人财物最好锁起来，同时要注意妥善保管好钥匙，包括宿舍、箱包、抽屉等处的各种钥匙，不能随便借给他人或乱丢乱放，以防"不速之客"复制或行窃。如果门钥匙是和柜箱锁的钥匙连在一起的，用完后要及时拔下；浴池洗澡或公共活动脱衣时，谨防别有用心的人借机盗窃钥匙等。一旦有钥匙丢失，要马上换锁，以确保安全。

（4）要保持宿舍良好秩序。不能把宿舍变成聚会、聚餐、打牌、会客等交际娱乐场所。如若不然，宿舍来往的人员复杂，宿舍安全的隐患就会增多。警惕宿舍楼内的陌生人，不论是借口找人、借故维修还是兜售商品等，一定要留心观察其行踪，仔细盘问，发现问题及时报告。

（5）不随意留宿他人。大学生因在宿舍违规留宿造成被盗的例子很多，应该从中吸取教训。应禁止陌生人随意出入宿舍，保管好自己的财物。如果违反学校学生宿舍管理规定，随便留宿不知底细的人，就等于引狼入室将会后患无穷。发现嫌疑人，应立即组织同学进行堵截，力争拿获。不要随便留宿非本宿舍人员，特别是不要留宿不知底细的人。

（6）假期中要加强宿舍管理。离校时要将贵重物品交学校统一管理，关好窗，锁好门，特别是留校的同学要严格遵守宿舍管理规定。对贵重物品如手机、快译通、照相机等，不用时最好锁起来，以防被顺手牵羊。

（7）发生被盗事件，要保护现场，立即报案。宿舍一旦发生财物被盗，要立即报告学校保卫部门或当地派出所，同时封锁和保护现场，不准任何人进入。不得翻动现场的物品，切不可急急忙忙地去查看自己的物品是否丢失。如果发现个人财物、存折等被窃，一方面尽快到银行挂失；另一方面要配合有关部门的调查取证，实事求是地回答公安部门和保卫人员提出的问题，积极主动地提供线索，不得隐瞒情况不报。这对公安人员准确分析、正确判断侦查范围和收集罪证，有十分重要的意义。

（8）发现形迹可疑的人应提高警惕，多加注意。盗窃分子到宿舍行窃时，见管理松懈、进出自由、房门大开，便来回走动、窥视张望、伺机行事，待摸清情况、瞅准机会后就撬门开锁或明目张胆入室盗窃。遇到这种可疑人员，同学们应主动上前询问，如果来人确有正当理由一般都能说清楚。但有些也会找各种借口进行搪塞，诸如找人、推销商品等。如果来人说不出正当理由又说不清学校的基本情况、疑点较多且神色慌张，则需要进一步盘问，必要时可由交值班人员处理。如果发现来人携有可能是作案工具或赃物等证据，则必须立即报告值班人员和学校保卫部门。

（9）主动配合学校的安全检查。同学们应积极参加宿舍的安全值班，主动配合学校的安全检查，经常进行自检自查，协助学校保卫部门做好安全防范工作，积极举报各种违法行为和安全隐患。通过参加值班、巡逻等安全防范工作，不仅可保护自己和他人财物的安全，而且还可增强安全防盗意识，锻炼和增长自己在社会实践方面的才干。

三、个人重要物品的防盗措施

（1）现金。最好的现金保管办法是将其存入银行。尤其是数额较大时，更应及时存入银行并加密码。密码应选择容易记忆且又不易解密的数字，千万不要选用自己的出生日期做密码。这是因为，一旦存折丢失很容易被熟悉的人冒领。特别要注意的是，存折、信用卡等不要与自己的身份证、学生证等证件放在一起，更不应将密码写在纸上，与存折一起存放，以防被盗窃分子一起盗走后冒领。在银行存取款时，核对密码要轻声、快捷，切忌旁若无人、大声喊叫。发现存折丢失后，应立即到银行挂失。

（2）各类有价证卡。各类有价证卡如食堂就餐卡、购物卡、活动卡、公园卡、公交卡和理发卡等最好的保管方法，就是放在自己贴身的衣袋内，袋口应配有纽扣或拉链。密码一定要注意保密，不要告诉他人。如果参加体育锻炼等活动必须脱衣服，应将各类有价证卡锁在自己的箱子里，并保管好自己的钥匙。

（3）贵重物品。如笔记本电脑、手机、黄金饰品、随身听等，较长时间不用的应该带回家中或托给可靠的人代为保管。暂不使用时，最好锁在抽屉或箱（柜）子里，以防被顺手牵羊、乘虚而入者盗走。寝室的门锁最好是能防撬的，易于翻越的窗户要加防盗网，门锁钥匙不要随便乱放以防丢失。在价值较高的贵重物品、衣服上，最好有意地做上一些特殊记号，即使被偷走将来找回的可能性也会大一些。

第五节　大学生宿舍暴力隐患及防范

一、大学生宿舍暴力

大学生宿舍暴力是指大学生在宿舍对同学做出的能导致严重后果的暴力行为。大学生宿舍暴力事件经常会在全社会引起强烈反响。大学生暴力事件的主要形式包括了同宿舍同学之间因矛盾而相互敌视、吵架、打架，甚至走极端，如用投毒和利器伤人等方式置人于死地。

大学生正处在价值观逐渐成熟的重要阶段，价值观最不稳定也最容易产生偏差，加上对大学学习生活环境的不适应，极易产生心理问题。如果大学生的价值观念产生偏差，心理问题得不到及时解决，不能恰当处理与宿舍同学之间的关系，就有可能发生大学生宿舍恶性伤人事件。大学生宿舍暴力事件实际上也是大学生不良宿舍人际关系的极端状态。

宿舍是学生课余生活的主要场所，由于同宿舍的学生接触频繁，相互间的缺点也最容易暴露，也最容易引起冲突。目前的大学生大都是独生子女，他们争取独立、自主、自由的观念更为强烈，他们的需求呈现出个性化、差异化和多样化等特点，由于他们不少人多年在家庭中处于中心或优越地位，一旦独立出来与他人相处，就会因为家庭背景、生活习惯、性格心态、价值观等的不同，引发宿舍同学之间的矛盾冲突。这种矛盾冲突如果处理不得当，就很容易产生一系列的心理问题与恶性事件，严重影响学生的在校生活质量、心理状态以及良好和谐的宿舍氛围。

【案例】2004年2月23日云南省昆明市公安局接报，在云南大学学生公寓一宿舍柜子内发现4具被钝器击打致死的男性尸体，4名受害学生均为马加爵的同学，从而引发了轰动全国的"马加爵事件"。马加爵为广西壮族自治区宾阳县宾州镇人，因打麻将与同学发生纠纷，就产生积怨，并产生报复杀人的恶念，经过周密策划和准备，先后将4名同学残忍杀害，主观上具有非法剥夺他人生命的故意，客观上实施了非法剥夺他人生命的行为，已构成故意杀人罪。在整个犯罪过程中，马加爵杀人意志坚决，作案手段残忍，杀人后藏匿被害人尸体并畏罪潜逃，犯罪行为社会危害极大，情节特别恶劣，后果特别严重，最后依法受到严惩。

【案例分析】马加爵平时与自己的父母沟通几乎是零。性格一贯内向、好胜和自卑。一般来说，自我封闭、缺乏交往的人思想都比较狭隘，容易钻牛角尖。如果钻研学习，成绩就会直线上升。马加爵就是如此，上初中时他从成绩平平一跃成为优秀生，获得数学竞赛第一名，全国物理竞赛第二名，因而带动全班的学习氛围。上高中时曾因迷恋电脑而荒废学业，一旦醒悟，只用一个月的苦读又上升到全校第四名，并考入重点大学。这次因琐事与同学产生积怨，说明紧张的宿舍关系会让学生处于压抑、烦躁和焦虑的情绪中。长期处在这样的情绪中会使学生敏感、不易相信他人、难以集中精力，矛盾激烈时会导致冲突甚至心理疾病。案例中，引发宿舍冲突的看起来是一件普通的小事，却反映出当前很多高校学生宿舍普遍存在的问题。这些问题一旦解决不好，就可能引发严重后果。

二、宿舍"冷暴力"

宿舍暴力中发生"冷暴力"的现象十分突出。"冷暴力"实质是一种对他人的精神虐待方式，是一种隐形暴力，它不是通过殴打或辱骂方式处理，而是表现出冷淡、轻视、放任和疏远，甚至排挤对方，无视对方的存在，显著特点是没有语言和情感的沟通或者是将沟通降低到最小程度，敷衍应付对方。研究显示，大学女生跟同宿舍同学的"冷暴力"冲突明显高于男生。大学女生宿舍"冷暴力"就是因某些原因排斥宿舍室友,在日常相处中以"冷对"的方式处理与对方的矛盾。

发生"冷暴力"时,受排挤一方会因受到冷落和轻视而感到在宿舍没有归属感,甚至会产生恐惧而情绪消极,这会给他们造成严重的精神和心理压力。尤其是宿舍其他成员抱团参与对其中一人的冷暴力的情况,受排挤的同学心理常常会更难以承受这样的压力,极端者甚至还会有自杀倾向。同时,实施冷暴力的一方由于某种原因排斥某室友,这也显示了她自己心理的不平衡,不得不在日常相处中处于警戒或伪装状态,压抑自己的正常情绪,精神和心理自然会负担很重。

宿舍"冷暴力"通常有这样几种情况:两个人之间的"冷战";一人与宿舍其他人的"冷战";宿舍内多个小团体之间发生"冷战"等。"冷暴力"就如同物理学中的"力"一样,有作用力就会产生反作用力,从而双方相互作用,甚至两败俱伤。当这种力相互作用强烈时,"冷暴力"就可能转向"热暴力"。

三、大学生宿舍容易引起暴力行为的主要原因

(1)家庭贫富差异。家庭条件好的学生自小生活环境优越,养尊处优,在与同伴交往过程中,均选择与自己家庭条件相似或相同的人,而家庭条件相对较差或贫困的大学生也是只与相似处境的宿舍同学交往。较为贫困的学生多数人际交往比较自卑和被动,有困难也很少与同学交流,由此容易引发人际关系的交流阻碍。

(2)城乡地域的差异。城市中成长的大学生视野相对开阔,人际交流频繁,而在农村成长的大学生受地域、环境的局限,接触新鲜事物少,学校设备设施条件差,交友、交际有限。所以有些城市学生认为农村学生见识少、土气、乡巴佬,而农村学生则认为前者自私、霸道、冷漠,地域差异有时也会引起宿舍间的人际冲突。

(3)独生子女家庭的差异。有心理专家指出,当前独生子女大学生心理问题比较突出。由于独生子女在众多长辈的宠爱中长大,容易形成以自我为中心的心理,更多地考虑自我利益,却很少考虑到他人感受的性格特点,很难站在别人的角度上去思考问题。这些性格特点就极易引发宿舍中的人际关系矛盾。

(4)性格习惯差异。有的学生比较爱干净,自用物品摆放整齐,有的学生不拘小节,物品随便乱扔;有的同学喜欢安静独处,有的同学喜欢热闹和大声说话;有的同学善言谈,有些同学爱高谈阔论;有的同学谦虚内敛,有的同学自命不凡;北方人说南方人斤斤计较,南方人说北方人粗鲁,等等。这些习惯不同的学生被安排在一个宿舍也容易产生矛盾和冲突。

(5)缺乏有效的沟通能力和包容精神。目前的大学生大部分是独生子女,他们自尊心极强、做事有激情,但缺少沟通、包容、换位思考的意识,导致他们在与他人交往的过程中只考虑自己,不懂谦让,容易产生矛盾。

(6)社会环境因素。社会环境对大学生心理具有潜移默化的影响。经济快速发展的同时,也产生了一些不良思想,对大学生的价值观和行为意识产生不良影响。例如,暴力文化已经深入社会生活的各个层面,不仅在书刊、报纸、玩具、影视作品中存在,而且通过

网络、游戏等更是被大肆传播。对自控能力较差的大学生而言,暴力手段有时会成为他们遇事的第一选择。

(7) 心理健康问题。报复与残暴心理是影响最为恶劣的心理问题,是由自卑与敏感、嫉妒与狭隘等心理问题并行发展又由其转化而成的严重心理问题,也是造成大学生宿舍恶性事件发生的最直接的心理问题。综观所有的大学生宿舍恶性事件,犯罪者都是出于报复心理最后采取了残暴行为。这种不健康的心理深刻反映出某些大学生没有保持完整统一的人格品质,尚未形成健全的人格。

【案例】 某大三女生,是校学生会干部,在宿舍里和舍友关系不太好,但却对学生会的工作很投入,常常以办公室为"家"。平时,为了不影响舍友休息,她每每是中午就洗澡洗衣服,做完一切杂事,午觉起来后就离开宿舍,直到深夜才归舍,一天中仅有午休、晚上睡觉时才在宿舍,与舍友基本没有什么交流。舍友们嫌她深夜回来刷牙出出进进弄出响声影响大家休息,就合伙"整"她,她和舍友们的摩擦不断,日积月累矛盾升级。有一次她感冒了几天特别虚弱,那天深夜,她又因鸡毛蒜皮之事和某舍友吵起来,吵得声嘶力竭,千万委屈齐上心头,一气之下竟晕了过去,被舍友们送进了校医院。但醒后她一夜未眠,第三天中午她上街买了农药,晚上 7 时服药,幸亏被及时抢救才免去一场大祸。据舍友讲,在这之前,她把所有衣服洗得干干净净,东西收拾得整整齐齐,一双来不及洗的鞋也装好锁了起来。

【思考与研讨】
1. 根据所学知识,你认为本案中引起矛盾的主要原因是什么?
2. 如果不能解决矛盾,还将会引发其他哪些安全隐患?
3. 你认为该如何化解人际交往的矛盾?

四、大学生宿舍暴力的防范

(1) 培养自己积极乐观的价值取向。大学生要树立追求幸福的积极价值观,培养自己关注生活、热爱生活、理解生活的能力。追求幸福包括确定人生方向和奋斗目标,享受奋斗的过程及达到目标的成就感,同时要学会通过帮助和关怀他人感受幸福。学生要尽可能开阔自己的眼界,尽可能多地让自己懂得站在他人的角度思考问题,能够更好地理解和体谅他人,不再去计较一些琐事,心胸变得更加开阔。

(2) 提高自身对于心理辅导的重视程度。由于大学生心理问题有隐蔽性和动态性,所以一味依靠学校加强对学生的心理测验存在滞后性强的问题,很难起到实质的预防效果,只有大学生主动意识到心理健康的重要性并主动寻求心理辅导才能从源头上及时有效地遏制心理问题的发展。如果马加爵能够尽早认识到自己的心理问题并主动寻求心理辅导的帮助,也许就不会酿成最后的惨剧。看似作用不大的心理辅导实际上能够拯救许多学生的性命,为大学生扫除成长路上的阻碍。

(3) 同一宿舍的大学生要相互包容,团结友爱。俗话说"金无足赤,人无完人"。每个人都有自己的优缺点,大学生要学会相互包容,多看到他人的优点,互相取长补短,团结互助,共建和谐快乐的宿舍人际关系,这样做对大家都有好处。如果整天怄气,互相看不顺眼,只能激化矛盾,伤人害己,有时甚至会为此付出惨重的代价。

(4)大学生要树立遵纪守法意识。同学之间因各种原因产生矛盾,可以通过正当方式去处理和解决。如果用一些极端方式对待,就有可能触犯法律,如对同学的恶意侮辱行为,也会构成犯罪。侮辱罪是指以暴力或其他方式公然贬低他人人格,破坏他人名誉,情节严重的行为。其主体为一般主体,其主观上是故意,客观上表现为以暴力或其他方式公然贬低他人人格、破坏他人名誉的行为。其客体是公民的人格、尊严和名誉权。网上曾经曝光的女生集体欺辱同宿舍女生的图片,就构成了侮辱罪。

第五节 大学生宿舍疾病传染及防范

一、大学生宿舍疾病的传染

宿舍是大学生在校期间接触最密切的地方之一,特别是同宿舍的同学,朝夕相处,友谊深厚,有时甚至到了吃喝不分的程度。如此亲密的关系也为一些传染性疾病的传播提供了机会,如风疹、肝炎、幽门螺旋杆菌、流脑、麻疹、流感等传染病比较多发,如果对患病的学生不加以适当防范,同宿舍的同学就有可能被传染上疾病,这将对其他学生的健康造成很大的伤害。重大疾病的传染不仅会影响学生正常的学业,甚至可能会造成终身伤害。

【案例】 中国青年网西安2018年12月21日电:12月20日,一学生家长向中国青年网反映,其在西安医学高等专科学校就读的儿子陈斌(化名)感染出血热,经过3天抢救无效,于12月17日死亡。

家长认为,儿子患病和宿舍鼠患肆虐有直接关系。儿子陈斌今年20岁,2017年考入西安医学高等专科学校。2018年12月12日,儿子在校期间出现发热、意识不清等症状,12月14日在同学陪同下前往西安医学高等专科学校附属医院就诊,附属医院在询问病史、查体、检查后初步诊断:发热原因待查,流行性出血热疑诊,告病重,并将血样送至西安市鄠邑区人民医院进一步检查,确诊为出血热。流行性出血热病毒是以鼠类为主要传染源的自然疫源性疾病。

家长反映,儿子回家多次反映宿舍有老鼠出没,国庆放假当日,他们曾到学校,亲眼看到孩子床铺到处是老鼠屎尿。在有可能出入老鼠的通道发现,宿舍隔壁垃圾桶敞开、垃圾遍地,老鼠、蚊蝇肆虐。12月20日,记者联系到了陈斌的同学,该同学反映从2018年开学起,他们宿舍就有许多老鼠屎,陈斌所在宿舍也是如此,并抓住过一两窝老鼠。国庆期间,陈斌宿舍还用粘鼠板粘住过4只老鼠。对此问题,他们曾多次向辅导员和宿管人员反映。

陈斌出事后,学校开始做消毒工作。陈斌宿舍的其他人已于12月14日晚搬离原宿舍。稍晚两天,陈斌隔壁宿舍又发现了许多老鼠。目前,学校对全校餐厅、公寓楼、教室等公共区域进行了多次消毒,并严格落实管控责任。

二、大学生宿舍疾病传染的防范

（1）从学校来讲，需要做好对住校学生的健康监护工作，按规定日期组织学生进行体检，切实做到"早发现、早报告、早隔离、早治疗"。同时，学校还要加强学生宿舍卫生的监督与管理，保持宿舍通风透气和清洁。此外，还要加强宿舍的卫生检查，尤其是对厕所等易造成甲肝等传染病传播的环境进行定期检查，厕所里要保证有水供应保洁使用。发现患上传染病的同学后，学校应迅速向全体师生公布病情、感染源及其采取的防护措施，让广大师生了解情况，安定人心，维护学校稳定，树立战胜传染病的信念。

（2）养成良好的个人卫生习惯是预防传染病的关键。大学生要主动学习一些健康教育常识，增强健康意识，更多地了解传染病的传播途径、各种临床症状、预防措施等，从而切断传染病的传播途径。大学生要勤晒被子，勤换洗衣服，不要与他人共用毛巾、牙刷等洗漱用品。大学生在宿舍和学校其他地方都要养成不随地吐痰、不乱扔垃圾、打喷嚏或咳嗽时掩住口鼻等好习惯。大学生还要做到经常洗手，对自己的餐具要保持清洁卫生状态。就餐时，最好使用自己的餐具，注意在用餐前最好先用开水消毒，尽量不要与他人共食同一份饭。此外，同学之间不要共用餐具或水杯，同学聚会时最好采取分餐制，实在不能分餐，一定要用公筷、公勺夹菜，不要在餐桌上用自己的筷子在公用餐具中夹菜或取菜，也不要互相夹菜。

（3）患传染病后要及时隔离。学生一旦发现自己或其他同学患上传染性疾病，应及时就医并向学校请假，不得带病上学，避免疾病的传播，不然对他人的健康会造成危害。要按医生要求进行必要的治疗，以便能够尽快康复，让疾病远离自己。如果需要进行隔离治疗，一定要遵医嘱，经医院诊断排除传染病后才能回校上课。学校对患传染病的学生所在寝室及所涉及的公共场所要进行消毒，与传染病人密切接触的同学、老师要进行隔离观察，防止疫情扩散，迅速切断传染源。患传染病的同学在医院接受治疗期间，禁止任何同学、老师前往探望。

（4）发现传染病及时医治。学生宿舍内一旦出现传染病，要让患病同学立即戴防护口罩、手套，到学校隔离室休息，请医务人员作初步检查，需转医院治疗的立即转至传染病医院。学生出现传染病症状的，班主任要立即通知其家长，由家长陪同去医院，家长不能到校的，由班主任护送去医院（护送人员都要穿好防护服、戴口罩、手套等）。

（5）要保持宿舍室内通风良好。宿舍的通风能够减少宿舍本身的异味，也能够减少环境内的细菌滋生。好的环境能够让人更加舒适，因此，要保持宿舍的清洁卫生环境。大学生要加强锻炼身体，不要整天待在宿舍打游戏或者待在图书馆内看书。要多选择到室外运动，增强自身体质，预防疾病。

（6）学校要加强宣传教育。学校需要利用多种形式加强对肺结核、沙眼、风疹、麻疹等传染病的防控宣传工作，充分利用科普宣传材料、板报等渠道宣传春季呼吸道传染病的预防措施，使全体师生从思想上高度重视传染病的防治工作，正确认识传染病对人类的危害，采取有效措施，控制预防各类传染病的传播。

第七节　大学生宿舍其他安全隐患及防范

一、宿舍其他安全隐患

除了上述安全问题外,大学生宿舍还存在其他一些安全隐患,如果不注意,也会造成人身伤害,如宿舍墙壁、家具或其他物品因质量问题或安装不当造成脱落伤人,水管漏水导致损坏学生财物,楼道护栏偏低,踏板断裂,风扇坠落等。

【案例1】　2018年4月,就读于兰州某大学的李月就不幸"中招"。住上铺的她在下床时,爬梯的踏板突然断裂。李月的胳膊被蹭伤,出现大块瘀青。

次日,维修师傅来到现场。他提醒李月,爬梯太薄了,厚度只有1毫米左右,焊接不牢固,长时间使用肯定出问题。

无独有偶,媒体报道显示,2017年8月29日,浙江大学一名大一新生从上铺摔下,昏迷不醒。经诊断,其颅骨骨折,有脑水肿和脑挫伤。

【案例2】　就读于某师范大学的王鑫睡梦中从上铺掉下来,在附近医院缝了好几针。虽然王鑫将这归咎于"自己睡觉不老实",但其实在大学校园,"坠床事件"时有发生,有学生指出,问题的关键在于高低床护栏太低,最多20厘米。但根据《GB/T 3328—1997家具床类主要尺寸》规定,有床垫的高低床安全护栏,要达到38厘米。

【案例3】　2018年7月,来自广东某理工学院的常湘被宿舍忽然掉下来的风扇"吓傻"了。在她提供给记者的照片上,一台电扇落在地上,连接风扇的4根电线散落各处,甚至压垮了上铺的蚊帐。

【案例4】　"宿舍环境真的太复杂了!"北京某工科院校研一学生张柚发出感慨。她所在的4号住宿楼不算太旧,最多才12年的"工龄",但宿舍内部的环境却是让她"不吐不快"。宿舍每4人一间,有独立卫生间,但卫生间没有窗户和排气扇,常有严重异味,还时常有小虫子出没。此外,加上潮湿等问题,虫子问题已经从厕所蔓延至全宿舍。

二、学生宿舍其他安全隐患的防范

(1)学校对学生宿舍装修、家具采购、房屋结构等都要严格把控质量关,坚决防止以次充好、假冒伪劣产品进宿舍。与此同时,宿舍管理部门除了要定期进行检查修理外,还要对随时出现的各种安全隐患及时采取措施解决,不要延误。

(2)大学生要增加安全责任意识。一旦发现宿舍出现异常情况或有安全隐患迹象等问题,要及时通报宿舍管理人员,及时进行修理,排除隐患,不要采取事不关己,高高挂起的态度。

(3)大学生要爱护宿舍公物,不要随意拆卸室内承重墙、宿舍家具或其他配套设施。

(4)大学生不要在宿舍内私自搭建承重架子,以免发生倒塌或其他危险结果。

(5)大学生不要在宿舍内以太大的动作上下床,以免发生家具倾倒砸伤同学或自己的情况发生。

【案例】 王某所在宿舍入住了8名来自不同地方的同学。王某来自城市,家境较好,喜欢玩游戏、听歌,属于典型的"夜猫子"。朱某来自湖南某山村,喜欢学习,习惯早睡早起。因为王某经常晚睡,且做事我行我素,性格较张扬,所以与宿舍其他同学关系紧张。2014年6月,临近考试,宿舍人都想早睡早起好好复习,尤其是朱某。但某天的深夜12时多,王某还在宿舍开着音箱听评书,其他同学多次劝阻无果,朱某更因此与之发生争执。因王某使用不文明语言,朱某一气之下捡起桌上的饮料瓶扔向王某,王某随即用板凳砸向朱某,致使其受伤。后经医院检查,朱某左肩关节脱臼。因王某并未主动送朱某去医院,宿舍其余6名同学回宿舍后,质问王某并要求其赔偿朱某住院的相关费用。由于双方语气和情绪都比较激动,气愤之下其余6人与王某发生了肢体冲突。

【案例研讨】 个别学生宿舍平时为了一些琐碎的小事经常会发生吵架,互不相让,搞得相互之间很不友好,宿舍气氛紧张。A同学喜欢中午午休,B同学不喜欢午休,午休时间喜欢在宿舍看书听音乐或者聊天,弄得A同学无法好好休息。每天早上A同学都起得很早,其他同学说吵醒了他们,对A同学有意见。A同学还是个很讲究卫生的人,可有的同学很邋遢,果皮、瓜子壳随地扔。A同学生活在里面感觉很不舒服,好多次想跟其他同学沟通,可最后还是不欢而散,无法解决问题。最后A同学实在没办法,跟辅导员提出要换宿舍,可辅导员说这不是解决问题的根本途径,A同学该怎么办呢?

【思考与研讨】 请根据上述案例,分析A同学遇到了什么问题?并分析其成因,根据所学知识,提出帮助他解决问题的办法。

【本章思考题】

1. 大学生宿舍如何防范火灾?
2. 大学生宿舍如何避免"冷暴力"?
3. 你认为应该如何构建安全和谐的宿舍生活?

第六章

人身安全

【典型案例】

陕西理工大学的一名大三女生被室友暴力欺凌长达4个月的校园暴力事件,一时间受到社会各界广泛关注。该名女生不仅受到身体上的伤害,还被室友经济勒索。据了解,受害人贺某和施暴者张某不仅是同寝室的舍友,还是同班同学。自2016年9月至2017年1月10日的4个多月的时间里,张某多次通过暴力伤害贺某。事发之后,被害人贺某精神上陷入抑郁状态,其母亲王女士从春季过后一直在学校附近租房为女儿陪读,贺某的父亲每月也要来学校一两次。

据受害人母亲王女士说:"我以前以为女儿和张某关系很好,因为她俩从大一开始就住同一寝室。自己都不敢相信女儿会被张某欺凌。"王女士还说:"2016年9月,由于张某的校园饭卡丢失了,之后她就和女儿共用一张饭卡吃饭,两人每月消费有1 500元左右,其间张某让我女儿先帮忙垫上,她拿到生活费后,只还给我女儿很少的一部分,两人一直就这样持续到11月。后来张某不但不归还我女儿的饭钱,还以女儿损坏了她老乡的电脑为由,敲诈女儿2 000元。"

在2016年12月12日这天,张某打了受害人贺某4次。其中一次是在宿舍楼的天台上,将被害人的眼睛打伤,张某还威胁受害人贺某:不能说是被打伤的,要说是自己摔伤的。王女士从女儿口中得知,张某还有一次在学校的水房里多次用脚踹她的下体,甚至还用衣服架戳她下体;另外一次是在宿舍,由于宿舍没人,张某直接勒着她的脖子,用水果刀在她胸口比画着威胁贺某。

王女士还说:"以前每个月都会给女儿打1 000元生活费,但是这些钱都被张某控制了,张某只给女儿300元的生活费。300元女儿连吃饭都不够啊,只有向同学借钱。2017年1月10日学校就放假了,但是我女儿一直到14日下午才回家,后来才知道她是因为脸部和眼睛被张某打伤了,怕被家人发现,一直不敢回家,就在西安待了4天。当时问女儿是怎么回事,女儿骗我们说是在学校楼梯上摔的。"

王女士说:"后来才知道原来是张某威胁我女儿不能将此事告诉我们,所以女儿才不敢说是被她打的。一直到第二天,她才说是和同学闹矛盾了,舍友打的,随后,我们带女儿去医院检查,诊断是鼻骨骨折、多处软组织挫伤。"想到女儿在学校的如此遭遇,王女士不禁落泪。

【案例分析】

从整个事件的经过我们可以看出,被害人贺某多次被施暴者张某殴打,索要钱财。虽然身体上的伤害后来只确认为轻微伤,没有达到刑事立案的标准,但是根据我国的《中华人民共和国治安处罚法》依旧可以要求施暴者承担民事赔偿责任。造成精神上的损害的,可以请求精神损害赔偿。

最重要的是,施暴者张某有对被害人贺某索要财物的行为,这很可能构成敲诈勒索罪。敲诈勒索罪是指以非法占有为目的,对被害人使用威胁或要挟的方法,强行索要公私财物的行为。《中华人民共和国刑法》(以下简称《刑法》)第二百七十四条规定:敲诈勒索公私财物,数额较大或者多次敲诈勒索的,处三年以下有期徒刑、拘役或者管制,并处或者单处罚金。像上述案例中,张某的行为就构成对贺某的多次敲诈,而且钱财数额较大,完全可以按照敲诈勒索罪来追究刑事责任。所以我们生活中一定要遵守法律,不能违反法律欺凌他人。遇到不法侵害时,更应该勇于运用法律武器来保护自己。

【思考与研讨】

1. 你认为高校里有哪些因素对大学生人身安全构成威胁?
2. 如何做才能确保大学生在大学期间的人身安全?

第一节 人身安全基本概念

所谓人身安全有广义和狭义之分。从广义上讲,人身安全是指包括人的生命、健康、行动自由、住宅、人格、名誉等不受威胁与伤害,处于没有危险的状态;从狭义上讲,人身安全是从刑法意义上界定的,是指作为自然人身体本身的安全不受侵害。

本书是从广义角度谈大学生人身安全。从以上人身安全广义定义可以知道,大学生的人身安全不仅是指自己的身体和生命不受到威胁与伤害,如有效避开自然灾害、意外事故、暴力打劫、相互斗殴等的伤害;而且也指在其心理、人格和名誉上也不受到伤害,如不会受到无端人格攻击、排挤、孤立和冷暴力等。只有这样才能使学生在校期间做到安心学习,愉快地过好大学生活每一天。

人身安全是所有安全中最重要的。大学并不是生活在完全封闭的象牙塔里,所以一定要对安全问题抱有一定的重视。大学生在校期间都希望获得一种安全感。具体来说,安全感是一种心理感受,是个体对所处情境的心理体验,表现为人们需要获得保护、内心安定、不受威胁、消除恐惧和焦虑的情绪等。著名心理学家马斯洛曾指出,人们心理的安全感(psychological security)指的是一种从恐惧和焦虑中脱离出来的信心、安全和自由的感觉,特别是满足一个人现在或将来各种需要的感觉。马斯洛在他的需要层次理论中将人们的需求从低到高划分为五个层次,最低层次为生理需求,当这种需求满足后,第二层次就是对安全的需求,这种需求此时就成为人们最主要的需求。也就是说,人们在大体上满足维持自身生存的最基本要求,包括饥、渴、衣、住等方面的要求后,都会有一种求稳定、被保护、远离恐惧和混乱,以及对稳定结构和顺序的需要与渴望,当未来不可预测或者是稳定的环境和社会秩序受到威胁的时候,人们对安全的需求就会更加强烈。

第二节 校园暴力对大学生人身安全的威胁及防范

一、校园暴力及威胁

暴力行为是以人身、财产为侵害目标,采取暴力手段,对被害人的身心健康和生命财产安全造成极大的损害,直接危及人的生命、健康与自由的一种行为。一般来说,暴力行为有的直接表现为暴力犯罪,如凶杀、伤害、抢劫、爆炸、强奸等行为。

所谓校园暴力是指发生在学校校园内、学生上学或放学途中、学校的教育活动中,由老师、同学或校外人员,蓄意滥用语言、躯体力量、网络、器械等,针对师生的生理、心理、名誉、权利、财产等实施的达到某种程度的侵害行为,也称校园欺凌。发生在校园的严重暴力行为同样也是一种犯罪行为,校园暴力犯罪主要表现为:是以侵犯公民人身权利和财产权利为主的犯罪,严重时还可能会危害到公共安全,妨害社会管理秩序。校园暴力犯罪的主体一般是教育行政管理人员、教师、学生以及校园其他人员。

校园暴力事件虽然为数并不很多,并且大都发生得较隐蔽,但其负面影响是极大的。近年来,因不法之徒的违法犯罪侵害引发的大学生生命安全受到伤害的事件时有报道。例如勒索钱物、恃强凌弱、打架斗殴、流氓滋扰、寻衅滋事、殴打或性侵害女生以及抢劫、盗窃等校园暴力现象,这已不是少数学校的个别现象。归纳起来,较突出的校园暴力行为有如下几种。

(1)敲诈勒索。敲诈勒索是指以非法占有为目的,对被害人采用威胁、要挟、恫吓等手段,迫使被害人交出财物的行为。威胁、要挟、恫吓的方法没有限制,既可能是明示的,也可能是暗示的;既可以使用语言文字,也可以使用动作手势;既可以直接通告被害人,也可以通过第三者通告被害人。威胁、要挟、恫吓的结果,是使被害人产生恐惧心理,导致被害人不得不为了保护自己更大的利益而处分自己数额较大的财产,比如直接交付或默许行为人取得财产。敲诈勒索现象近年来较为常见。这类暴力活动常常以团伙形式出现,有组织有计划地针对他们早已了解好的目标。近年来,抢劫犯罪日益增多,罪犯也逐渐呈低龄化趋势,学生逐渐成为犯罪分子进行敲诈勒索的首选对象。

(2)聚众斗殴。聚众斗殴是指为了报复他人、争霸一方或者其他不正当目的,纠集众人成帮结伙地互相进行殴斗,破坏公共秩序的行为。一些大学生由于受社会的不良现象和一些粗俗港台影视片影响,崇拜那些"草莽英雄""黑社会老大",还有一些同学大讲"哥们儿义气",在学校拉帮结派,常因一些小事聚众斗殴,这类暴力事件涉及人较多,造成的危害也较大。

(3) 故意伤害。故意伤害是指故意伤害他人身体的行为。故意伤害情节严重的将构成故意伤害罪,故意伤害罪是侵犯公民人身权利中最常见的一种犯罪。在大学生的犯罪类型中,打架斗殴、故意伤害等人身伤害的犯罪是仅次于盗窃犯罪的第二大类案件。这类学生法治观念淡薄,缺乏个人修养,自控能力差,好意气用事,常在聚餐时酗酒,因而丧失理智,引发事端,直至造成打架、斗殴等人身伤害案件的发生。部分学生唯我独尊,缺乏起码的法律意识,在个人利益得不到满足或个人的利益受损时,甚至采取了恶性故意伤害手段。

(4) 抢劫。抢劫是指行为人对公私财物的所有人、保管人、看护人或者持有人当场使用暴力、胁迫或者其他方法,迫使其立即交出财物或者立即将财物抢走的行为。抢劫行为与侵占、偷窃等其他窃盗种类的犯罪不同的是,抢劫带有暴力的成分。这里的所谓暴力,是指行为人对被害人的身体实行打击或者强制胁迫行为。较为常见的是有殴打、捆绑、禁闭、伤害,甚至杀害等。

(5) 性侵害。性侵害是指加害者以威胁、权力、暴力、金钱或甜言蜜语,引诱胁迫他人与其发生性关系,或在性方面造成对受害人的伤害行为。性骚扰和性侵害是危害大学生身心健康的主要问题之一。由于两性的社会地位和角色不同,相对而言,性骚扰和性侵害的对象常以女性为多。一些不法分子使用暴力、胁迫或其他危险的方法对女大学生的身体直接实施侵害或以侵害相威胁,主要以寻衅滋事、骚扰等人身侵害的方式实施,此类侵害在实施过程中又极易转化为伤害、强奸等极为恶劣的违法案件,对女大学生造成极大的身心伤害。女大学生生理上和"性别角色"方面形成的固有柔弱特质,使得在此类案件中女大学生与男生相比处于更易受到侵害的弱势地位。此类侵害不仅对女大学生受害者的身体造成伤害,同时给她们的心理造成极大的伤害,使其产生挥之不去的恐惧阴影,甚至会产生轻生的念头,对以后的生活造成重大的不良影响。

(6) 故意杀人。故意杀人是指故意非法剥夺他人生命的行为,是中国刑法中少数性质最恶劣的犯罪行为之一。通常杀人手段残忍,如使用放火、爆炸、投放危险物质、使用凶器等危险方法进行杀人。在大学校园,故意杀人的常见原因有:图财害命、因私复仇、情场失恋、迷信入魔、寻衅斗殴、嫉妒生恨等。

【案例】 2016年,北京大学医学部大三学生崔某被利器砍死,事发现场在北京世纪坛医院南区教学楼。事后,死者的一个同学被警方带走。据了解,此前两人都追求过同一个女生,曾为一些过节大打出手……

(7) 人身侮辱。人身侮辱是指使用语言、肢体动作或者以其他方法,公然贬低、损害他人的人格,破坏他人名誉的行为。情节严重时,需要用刑法处理。当侮辱行为引起了被害人精神失常甚至自杀身亡等后果,被害人无法告诉或失去告诉能力的情况时,人身侮辱行为就构成了严重危害社会秩序罪。

二、校园暴力产生的原因

校园暴力的形成原因是多方面的。

第一,从社会角度看,当前我国正处于社会转型期,各种矛盾凸显,多元利益冲突集中爆发,严重冲击着社会公众的是非观和价值观,产生了一定的社会失范现象。特别是网络中一些暴力内容的放大和传播,树立了"坏榜样",对孩子产生严重的不良影响。

第二,从学校角度看,不少学校教育仍以分数为主要考核指标,学生评价标准单一,学习成绩好便一切都好。成绩差的学生往往得不到同学和老师的认可与关心,使得他们自暴自弃,这往往是日后产生欺凌行为的一个重要因素。同时,学校关于处理有欺凌行为的学生的校规校纪仍不规范,存在很多漏洞。

第三,从家庭角度看,家庭结构缺陷和家庭教育不当,造成一些学生以欺负弱者为乐趣,看到其他同学对自己惧怕而得意忘形,这也是导致校园欺凌不断抬头的重要原因。

第四,从学生爱面子角度看,有的同学遇到矛盾时,不愿意吃亏,认为忍让就是没了面子、失了尊严,最终寄希望通过使用暴力摆平,从而导致矛盾不断升级、不断激化。

第五,从个人心胸狭隘角度看,一些大学生占有欲强烈,一旦情感受挫,就会因情生恨,或者是因为争风吃醋,恼羞成怒,控制不住自己的情绪,常常会采取极端手段进行报复,导致恶性伤人事件发生。

第六,从社会不法分子角度看,一些不法分子了解到一些大学生对自己的财物管理警惕性不高,外出花钱大方,出手阔绰,于是就把敲诈、勒索、抢劫财物的对象瞄准了大学生,甚至不惜以暴力相威胁。

第七,从学生虚荣心太强角度看,一些大学生心理承受能力弱,受不了别人的冷眼和歧视,或者是容不得别人比自己强,导致由嫉妒生恨,最后铤而走险,采用暴力手段进行报复。

第八,从学生心情浮躁角度看,校园暴力的产生也与大学生自己心情浮躁有关,恨不得一下子就奔向成功的彼岸。而现实中来自各方面的压力使得期望又难以很快实现,最后因不满、失意而积聚起来的破坏力是很大的,导火索可能就是平常人看起来很正常的一件事,但在他看来就是很大的事了,一旦觉得自己受到伤害时,本能地就会产生愤怒的情绪和攻击性,从而可能会对他人产生暴力倾向。

【案例】 据央视网2008年10月30日报道:2008年10月28日晚6时40分左右,中国政法大学教师程春明正在法大端升楼201教室做课前准备,要为学生讲授"比较法总论"。离开课还有2分钟时,付成励手持菜刀冲入教室,向程春明右颈部砍了1刀,程春明当场倒地。随后,付成励走出教室,并拨打110电话报案:"我杀人了。"当晚6时57分,43岁的程春明经抢救无效死亡。

在接受讯问时,案发前就读于中国政法大学政治与公共管理学院的付成励说,因女友提出分手,他怀疑是程春明从中作梗。女友曾经说过和程春明发生过关系,因此,他认为女友要求分手,应该和程春明有关。付成励说:"杀程春明的原因有两点,一是要报复,二是要杀一儆百。老师应当为人师表,老师有不轨的行为,而学校又不处理,只能杀一儆百来解决问题。"案发时,付成励只有22岁,这名大学生对自己的行为表示认罪但是"不后悔"。付成励的女友在中国政法大学攻读硕士研究生,有消息称,其女友表示两人分手原因是"性格不合"。

三、校园暴力的防范

大学生是校园暴力的主要受害者,但同时也是防止校园暴力的主要力量。对学生来说,让"暴力"远离校园,应该从自身做起。

(1) 加强思想道德修养。大学生要加强个人修养,珍惜学习机会,做到心胸开阔,遇事冷静,以理服人,除了自己注意人身安全外,大学生也不要因冲动而对他人采取暴力行为,不要意气用事,做一些违法违纪的蠢事。要知道,在校园实施暴力行为也是要承担法律责任的。

(2) 遇事要沉着冷静。遭遇敲诈、暴力威胁时一定要保持冷静,尽量说好话,稳住对方,说明自己没带钱,可以谎称约定时间地点再交,避免正面冲突。然后立即报告学校和公安机关。警方会及时采取行动抓捕作案人。如发现其他同学被敲诈、勒索,要及时拨打110报警,并通知老师。

(3) 做好防范准备。为防范遭遇抢劫和暴力威胁,同学们在外出时最好结伴同行,相互帮助。遭遇抢劫和暴力威胁时要尽量纠缠。可利用有利地形和身边的砖头、木棒等足以自卫的器械与作案人对峙,使其短时间内无法近身,以便引起他人的注意,获得及时援助,同时对作案人造成心理压力。实在无法与作案人抗衡时,可以看准时机向人多、灯亮的地方或社区奔跑。

(4) 要远离暴力。大学生要多学习先进健康的文化,不看暴力、迷信的书刊和影视片,不做可能导致他人身体受到伤害的突然动作;不欺负、歧视弱势同学;不在校外留宿;不散布他人隐私或有可能导致他人精神受到伤害的玩笑;不参与打架斗殴;不骂人、不说脏话;不强行向他人索要财物;不携带管制刀具或器械;不要执迷于哥们儿义气,纠集他人或参与他人组织的结伙滋事、扰乱治安活动;不故意毁坏他人或学校的财物等。

(5) 养成举止文明、自尊自爱、尊重他人、团结互助的良好品德。大学生应该宽宏豁达,不应为一丁点儿小事僵持不下,斤斤计较,甚至拳脚相加,做出有损自己人格的事情。每个同学都要树立充满正气的价值观,这样才会在学校形成充满正气的氛围,这就要求我们同学按大学生守则要求自己,养成举止文明、自尊自爱、尊重他人、团结互助的好品德和好习惯。从根本上铲除校园暴力滋生的土壤。

(6) 养成善于观察的好习惯。学校僻静的角落、厕所或楼道拐角都是校园暴力的多发地带,同学们在这些地方活动时尤其要注意,最好结伴而行。当有人,尤其是陌生人约自己到校内外偏僻地方去时,一定要坚决拒绝;当不法分子到来时,一定要想办法逃脱,并积极寻求帮助。另外,要多留意身边发生的事,很多暴力事件的信息可以从校园同学间的交流中得到。为了保障我们自身的人身安全,避免施暴人对同学们打击报复,同学们可以通过短信、书信的形式向学校领导、老师匿名举报。

（7）冷静应对暴力。如果遇到校园暴力，一定要保持镇静，不要惊慌。采取迂回战术，尽可能拖延时间，有勇有谋地保护自己，争取求救的机会。必要时，向路人呼救求助，采用异常动作引起周围人注意。人身安全永远是第一位的，不要去激怒对方。当自己和对方的力量悬殊时，要认识到自己有保护自己的能力，以及通过理智和有策略的谈话或借助环境来使自己摆脱困境。如果自己和对方力量差距不是太过悬殊，可以考虑使用警示性的语言来击退对方。但要避免使用恐吓性的言语，以免反而激发对方的逆反心理。

（8）依法维权。由于校园暴力事件的随机性，许多同学对其产生了恐惧和焦虑的心理。一些同学不敢把事情告诉家长和老师，更不敢报警，甚至警方破案后也不敢出面做证，成为"沉默的羔羊"。忍气吞声往往会导致新的暴力事件的发生，自己或发现他人遭遇紧急情况时，一定要在第一时间向家长、老师或警察求助，采取最有效的救助措施。

（9）大学生在学校任何场合都不要和同学们发生争执与矛盾，要学会处理人际关系，控制自己的情绪，把精力投入到学校的生活、学习和工作中。实际情况表明，大部分的学生暴力事件都是由最初的日常纠纷引起的，纠纷是大学生暴力事件的直接动因，有大学生因情生恨的，有学习上相互不服气的。

四、校园暴力造成严重后果的刑罚

由于校园暴力有特殊之处，即它发生在我国教育、教学活动的专门机构里及其附近，一旦校园暴力发生，其波及面广，影响深，范围大。对于个人来说，可能是一辈子挥之不去的阴影。对于社会来说，可能是一代人、几代人难以磨灭的记忆。所以需要刑法对校园暴力及与之相关的行为予以强制性的规范。只要校园暴力行为后果达到一定的人身伤害程度，触及刑法的规定犯罪行为，就要依法追究刑事责任，除非符合刑法免责规定。

1. 刑事责任

同学间因挑衅生事、辱骂、互殴、群殴等行为有可能触犯的法律是过失致人死亡罪（《刑法》第二百三十三条），故意伤害罪（《刑法》第二百三十四条），过失致人重伤罪（《刑法》第二百三十五条），非法拘禁罪（《刑法》第二百三十八条），侮辱罪（《刑法》第二百四十六条），聚众斗殴罪（《刑法》第二百九十二条），寻衅滋事罪（《刑法》第二百九十三条），组织、领导、参加黑社会性质组织罪（《刑法》第二百九十四条）等。

同学间以保护、借钱为名向同学勒索财物或以其他不正当的手段获取财物有可能触犯的法律是抢劫罪（《刑法》第二百六十三条）、盗窃罪（《刑法》第二百六十五条）、抢夺罪（《刑法》第二百六十七条）、敲诈勒索罪（《刑法》第二百七十五条）、绑架罪（《刑法》第二百三十九条）。现在还有些学生认为自己是未成年人，即使是犯罪也不用负刑事责任。我们知道，根据《刑法》的有关规定，已满16周岁的罪犯应当负刑事责任。已满14周岁不满16周岁的人，犯故意杀人、故意伤害致人重伤或者死亡、强奸、抢劫、贩卖毒品、放火、爆炸、投毒罪的，应当负刑事责任。校园暴力的施害人如达到法定年龄，则法院应对犯罪嫌疑人加以刑罚，以维护法律的公平正义。我国刑事诉讼法采取国家追诉主义的原则，由检察官代表国家，向法院提起公诉。

2. 民事责任

因故意或过失侵害他人的人身权和财产权依法应负损害赔偿责任。由侵权行为引发的损害赔偿称为民事责任。民事责任旨在保护受害人的身体财产不受不法侵害。

根据《中华人民共和国民法通则》（以下简称《民法通则》）和《最高人民法院关于确定民事侵权精神损害赔偿责任若干问题的解释》的有关规定，当九种人格权利遭受不法侵害时可以向人民法院起诉请求赔偿精神损害。这九种人格权是生命权、健康权、身体权，姓名权、肖像权、名誉权、荣誉权，人格尊严权、人身自由权。被害人因侵权行为致死，其家属因此在精神上受到极大的打击，可以依法提起精神损害赔偿，要求支付赔偿金。精神损害抚慰金包括：致人死亡的，为死亡赔偿金；致人残疾的，为残疾赔偿金；行为人因过失或故意不法侵害他人身体，致使被害人残疾或死亡，根据我国《民法通则》和《最高人民法院关于贯彻执行〈中华人民共和国民法通则〉若干问题的意见》中的相关规定，致被害人残疾的应当赔偿被害人医疗费、伤残生活补助费，致被害人死亡的应当支付丧葬费。

总之，只要是涉及以上法律法规的校园暴力事件，那么该事件的肇事者都需要承担起相应的法律责任，而作为该事件的受害者是有权要求肇事者支付赔偿金的。由此可见，校园暴力所触及的刑事罪名非常多，希望大家可以仔细地阅读与了解，强烈禁止校园暴力的发生。

五、几种常见的人身伤害犯罪

1. 故意杀人罪

本罪是指故意非法剥夺他人生命的行为，侵犯的客体是他人的生命权利，其主体是一般主体。凡年满 14 周岁的人犯此罪，都要承担刑事责任；在主观上有杀人的故意；其在客观上表现为非法剥夺他人的生命的行为。

2. 过失致人死亡罪

本罪是指行为人由于过失致使他人死亡的行为，其主体是一般主体，在主观上表现为过失，其在客观上表现为过失致人死亡的行为，其客体是公民的生命权利。教师、行政人员在体罚学生时因过失而致学生死亡的，便犯此罪。

3. 故意伤害罪

本罪是指故意非法伤害他人身体的行为，其主体是一般主体。年满 16 周岁的人应当为其故意伤害行为承担刑事责任。已满 14 周岁不满 16 周岁的，故意伤害致人重伤或死亡的应负刑事责任。主观上是故意，其在客观上表现为非法伤害他人身体的行为，其客体是他人的健康权利。

4. 过失重伤罪

教师惩罚学生，学生之间的肢体冲突因过失可能致学生重伤而犯过失重伤罪。过失主观上表现为疏忽大意。

5. 侮辱罪

本罪是指以暴力或其他方式公然贬低他人人格，破坏他人名誉，情节严重的行为。其主体为一般主体,其主观上是故意,其客观上表现为以暴力或其他方式公然贬低他人人格、破坏他人名誉的行为。其客体是公民的人格、尊严和名誉权。网上曝光的多名女生集体欺辱一名女生的行为,可构成本罪。

6. 抢劫罪

本罪是指以非法占有为目的,以暴力胁迫或其他方法强行劫取公民财产的行为。其主体是一般主体,已满14周岁未满16周岁的人犯此罪应负刑事责任;其客体是复杂客体,行为人不仅侵犯公民财产所有权,同时又侵犯被害人的人身权利,甚至造成伤害或死亡;其主观方面表现为故意、非法占有公民财物的目的;其在客观方面表现为对公民财物的所有人、保管人、保护人当场使用暴力、胁迫或其他方法迫使其交出财物的行为。这是校园暴力中多发性犯罪。

7. 敲诈勒索罪

本罪是指以非法占有为目的,实施暴力或其他损害造成威胁、强行勒索财物,若数额较大,就构成此罪。本罪多表现为高年级学生敲诈勒索低年级学生,在校学生勾结校外人员以团伙形式敲诈勒索其他学生,或学生内部自组帮会敲诈勒索其他学生财物的行为,是一种常发性校园暴力。

六、相关治安处罚规定

《中华人民共和国治安管理处罚法》关于侵犯人身、财产权利的行为和处罚有如下规定。

第四十条 有下列行为之一的,处10日以上15日以下拘留,并处500元以上1 000元以下罚款;情节较轻的,处5日以上10日以下拘留,并处200元以上500元以下罚款:

(一)组织、胁迫、诱骗不满16周岁的人或者残疾人进行恐怖、残忍表演的;

(二)以暴力、威胁或者其他手段强迫他人劳动的;

(三)非法限制他人人身自由、非法侵入他人住宅或者非法搜查他人身体的。

第四十二条 有下列行为之一的,处5日以下拘留或者500元以下罚款;情节较重的,处5日以上10日以下拘留,可以并处500元以下罚款:

(一)写恐吓信或者以其他方法威胁他人人身安全的;

(二)公然侮辱他人或者捏造事实诽谤他人的;

(三)捏造事实诬告陷害他人,企图使他人受到刑事追究或者受到治安管理处罚的;

(四)对证人及其近亲属进行威胁、侮辱、殴打或者打击报复的;

(五)多次发送淫秽、侮辱、恐吓或者其他信息,干扰他人正常生活的;

(六)偷窥、偷拍、窃听、散布他人隐私的。

第四十三条 殴打他人的,或者故意伤害他人身体的,处5日以上10日以下拘留,并处200元以上500元以下罚款;情节较轻的,处5日以下拘留或者500元以下罚款。

有下列情形之一的,处10日以上15日以下拘留,并处500元以上1 000元以下罚款:

（一）结伙殴打、伤害他人的；

（二）殴打、伤害残疾人、孕妇、不满14周岁的人或者60周岁以上的人的；

（三）多次殴打、伤害他人或者一次殴打、伤害多人的。

第四十四条　猥亵他人的，或者在公共场所故意裸露身体，情节恶劣的，处5日以上10日以下拘留；猥亵智力残疾人、精神病人、不满14周岁的人或者有其他严重情节的，处10日以上15日以下拘留。

【案例】 上海某体院的女研究生遭到男生暴打。女研究生称，因课堂讨论时反驳男学霸观点，并提出不同意见，课后被尾随并遭到报复。一名男生竟然肆意殴打女生，他竟然还是一名学霸，未来社会的精英，接受了这么多年的教育，竟然没有任何法律意识和法制观念。最后警方介入。

【思考与研讨】

1. 你认为这名男生的行为是什么原因造成的？你认为同学之间应该如何处理不同观点和意见？

2. 你认为这名男生应该受到怎样的刑事或治安处理？依据是什么？

第三节　不良生活习惯对人身安全的威胁及防范

一、什么是不良生活习惯

所谓不良生活习惯是指所有有碍健康的习惯。大学生常见不良习惯有：学习和休息没有规律性，经常熬夜，白天逃课或上课打瞌睡；过度沉溺于不良嗜好，如沉迷于手机、网游、打牌、酗酒等；饮食没有规律，食品营养欠科学，等等。大学生在大学期间如果长期处于学习和生活没有规律的状态，对一些不良生活习惯又不加以控制，很可能会引发对人身的伤害。

【案例1】 2012年12月10日上午，上海杉达学院大二男生小汤完成篮球课前的热身操练后，在无冲撞的情况下突然向前倒地，经抢救无效不幸离世。

【案例2】 上海东华大学一男生在参加千米体测时倒在终点线上再也没能起来。在2013年11月18日的广州马拉松赛上，21岁的大三学生小陈在冲刺中倒地，经抢救无效去世。

【思考与研讨】

为什么大学生频频出现类似的悲剧？

二、不良生活习惯对大学生人身安全造成的危害

（1）学习和休息不规律导致健康和学业受到严重影响。上了大学之后，大学生自己可支配的时间多了起来，很多人一时间又不会合理分配时间，导致该休息的时候不休息，经常熬夜。一些人沉溺于玩手机、看电影、聊天等，而且经常熬到深夜，长此以往，引起恶

性循环,不仅影响身体健康,甚至可能会导致运动意外伤害。通宵熬夜的结果就是在第二天上午上课时,要么因起不来床而逃课,要么是在上课时睡觉。这种不规律的生活最终会导致学习成绩下滑,多门挂科,无法顺利按时完成学业。医学研究表明,睡懒觉或不规律睡觉容易使大脑皮层抑制时间过长,日久天长,可引起一定程度人为的大脑功能障碍,导致理解力和记忆力减退,还会使免疫功能下降,扰乱机体的生物节律,使人懒散,产生惰性,同时对肌肉、关节和泌尿系统也不利。

(2) 娱乐无节制导致上瘾并沉迷其中。大学生精力旺盛,又处于长身体、长知识的重要阶段,良好的生活习惯是确保顺利度过大学阶段的重要基础。随着社会的发展,校园周围娱乐场所明显增多,特别是校园周边KTV如雨后春笋般涌现。多元文化影响着大学生的成长。本来,适当的休闲娱乐可以给大学生的生活增添生活情趣,缓解压力。但是部分学生经常光顾KTV、电子游戏室等娱乐场所,无节制地沉迷其中,或是疯狂打游戏,或是考试前突击熬夜读书,这样做的结果对身体都是很大的消耗,对学生的学业和健康也是非常不利的,由此引发的一些悲剧发生在本应活泼好动、朝气蓬勃的青年学子身上,不禁让人感叹。

(3) 饮食欠科学导致身体处于亚健康状态。相当一部分大学生由于夜里睡得晚、早晨起得迟,来不及吃早饭便去上课,在课间饿的时候随便买些饼干之类的零食充饥;有的大学生索性取消了早饭,养成了常年不吃早饭的不良习惯;还有的男生经常酗酒、暴饮暴食,再加上经常熬夜、休息不足、缺乏运动等,这些都违反了正常的饮食和休息规律。这些无节制的生活习惯将会使原本就有高血压家族病史的年轻人,提早患上高血压。长期保持这类不良生活习惯的学生,更容易促使病情恶化且很快进发脑卒中、心脏疾病或肾衰竭等。要知道,大学生正处于长身体的关键时期,对营养的需求比其他人都多,因此保持饮食规律、平衡营养与膳食等都显得尤为重要。

三、不良生活习惯的防范

大学生是民族的希望、国家的未来。良好的生活习惯不仅能促进个人的身心健康,而且也能对社会的未来发展产生积极的影响。因此,为了我们国家更好地发展和进步,当代大学生应该改正自身不良生活习惯,努力培养健康的生活方式。

(1) 学生要积极参加学校组织开展的各类有益于形成良好生活习惯的活动。大学生活应该是多姿多彩的,在校期间,大学生应积极主动参加学校组织的各种有益于学生养成良好生活习惯的活动,如各种有益健康的文体活动,包括:文娱表演、体育竞技、心理知识竞赛、保健知识讲座等,让自己的课余时间过得丰富、充实而有意义,使自己融入这种积极向上的氛围中。学生在良好的校园环境中努力学习,积极进取,有利于增强集体观念,培养广泛的兴趣和爱好,避免孤僻的生活方式。

(2) 做好规划,培养良好的生活习惯。良好的生活习惯,可催人上进,促进机体健全发展。大学生不良的生活习惯既容易贻误自己,也容易害了他人。因此,要规划好自己的学习和作息时间,培养自己有一定规律性,哪个时间段该做什么一定要始终坚持,不要过于任性和随意。大学生要合理安排作息时间,形成规律的作息制度。早睡早起,神清气爽。研究表明有规律的生活能使大脑和神经系统的兴奋与抑制交替进行,促进身心健康。

（3）进行适当的体育锻炼和文娱活动。大学生在学习之余参加一些文体活动不但可以缓解紧张的学习生活,还可以放松心情,增加生活乐趣。因为运动改善了心肺功能,使血液中养分氧气传输得更快、更多、更充分,特别是有氧运动可以使人们变得更加年轻。体育活动时,与肌肉运动有关的脑细胞处在兴奋状态,使大脑皮层管理思维的部分得到了休息,有利于缓解脑力疲劳。运动还能锻炼神经系统对于疲劳的耐受能力和对外界环境的适应能力,提高大脑皮层细胞的活动能力,使人更加富有活力。每天有适量的运动,还能促进良好的睡眠,提高机体的免疫功能,增强心肌的功能,加快血液流速,从而大大改善大脑、心脏本身和全身的血液循环,改善消化器官功能,加快新陈代谢的进行,使体质健壮,精力充沛,从而减少神经衰弱等慢性病的发生。

（4）要科学合理安排饮食。我们应该合理安排饮食,营养学家研究表明,早餐吃饱、吃好,可维持血糖水平。三餐要合理。要养成良好的饮食习惯,切忌暴饮暴食,提倡不吃或少吃零食。一日三餐中每餐的热能分配以早餐占全天总热能的30%、午餐占40%、晚餐占30%较为合适。改正生活陋习,也会延缓高血压的发病期并避免所有并发症的发生。

第四节　性侵害对大学生人身安全的威胁及防范

一、大学性侵害及其危害

对大学生进行性侵害主要是指以女大学生为目标,以暴力、胁迫或其他手段,违背其意志,占有或玩弄女性的行为。对女大学生的性侵害,不仅使被害人的身心受到创伤,而且还会使被害人的人格尊严受到污辱,从而导致女大学生精神崩溃,甚至导致自残、自杀等严重后果。

二、大学性侵害的主要表现形式

1. 暴力型侵害

实施这类性侵害的主体大多是校外人员,他们在与女大学生的交往过程中,经常采用欺骗手段以取得她们的信任。一旦女学生处于孤立无援的状态下,他们就会使用凶器、殴打等暴力方式迫使被侵害对象就范。如果在性侵害的过程中遭到受侵害人强烈反抗,或者施暴者害怕事情暴露,犯罪分子还可能会采取剥夺被侵害人生命的手段。

2. 胁迫型侵害

这类性侵害主要是指作案主体利用自己的权势、地位、职务等,对女学生采用利诱、威胁、恐吓,如曝光隐私、毁坏名誉等手段,对其实行精神控制,使她们不能反抗,或者在对方有求于自己的情况下,给女性以某种许诺,迫使其不能反抗而就范。

3. 网恋型侵害

网络技术的迅猛发展,给在校的大学生提供了更多与陌生人交往的机会。时下,上网聊天、结识网友已成为高校的一种时尚,作案人在网络聊天中往往利用花言巧语给那些正处于感情迷茫时期的女生以最大的诱惑。在女学生看来,那些人就是她们要找的"梦中情人",因此容易上当受骗。某高校女大学生仅凭在网上聊天,与一男网友日久生情并约定见面。孰料,该男子竟然是曾因强奸罪被判刑,且至今仍有多起案件在身的逃犯。女大学生被这网友骗至一民宅后遭到蹂躏,而且在其后的16天里,女大学生更是生活在人间地狱,男网友把其光着身子锁在屋中,后来警方侦查和介入,才将其解救出来。

4. 社交型侵害

这类性侵害的主体大多是熟人,是指在自己的生活圈子里发生的性侵害,与受害人约会的一般是同学、同乡、朋友,有的甚至是男朋友。受害人在受到伤害后,往往出于各种考虑而不敢揭发。一个人生活在社会中,总要与人交往,生活在大学校园里的女大学生也不例外。现代大学开放式的管理模式给了大学生许多交往空间,但由于其自身社会经验的缺乏,在社会交往活动中容易成为犯罪分子侵害的对象。在现实生活中女大学生可能会受到侵害的主要情形有以下几种。

(1) 家教。家教是许多女大学生在大学期间参加的一项社会实践活动。从事家教既可以增强学生的社会实践能力,同时也能获得一定的经济收入。但有的女大学生找家教工作不是通过正规的中介机构去联系,而是仅凭路边张贴的招聘广告就自己上门去联系。有时,女同学只注重报酬的多少,却对客户的家庭成员、社会背景等情况并不关注,甚至毫无警惕意识。

(2) 求职。在竞争日益激烈的今天,女大学生想找到一份理想的工作并不容易。于是,她们总想通过各种途径去推销自己,托熟人、找关系,以求工作单位找得更好一点,这种急于求成的心理往往毫不掩饰地写在脸上,作案分子利用此机会,凭借三寸不烂之舌,将自己吹嘘得无花乱坠,取得女大学生的信任和崇拜,然后找机会对女大学生进行侵害。

(3) 交友。大学生离开了父母和家庭,来到一个陌生的环境,更加迫切希望得到心灵上的慰藉。因此在大学生活中,同学之间建立纯真无邪的友谊是其不可缺少的一部分。但在实际生活中,许多大学生容易把异性间的友谊错当成爱情,特别是那些性格活泼,言谈举止轻浮、暧昧的女生更容易使男生产生误解。

三、大学生性侵害犯罪的主要特征

1. 作案目标的选择性

虽然女性都可能成为性侵害的目标,但犯罪分子从犯罪意念产生、犯罪得逞的风险以及作案后逃避打击等方面考虑,他们通常选择以下人员为侵害的目标。

(1) 长相漂亮、打扮前卫者。犯罪心理学表明,一个犯罪分子在实施犯罪之前都具有一个犯罪意念,即一个人产生非法需求欲望的动力。根据弗洛伊德的性心理学说,在性犯罪当中,感官刺激是性犯罪的主要犯罪意念。娇美白皙的面容、曲线优美的身材、前卫暴露的衣着等往往都是给人很大的感官刺激,加速了犯罪欲望动力的产生。因此,在性侵害中,长相漂亮、打扮前卫的女生要比相貌平平、穿着朴素的女生比例高。

(2) 单纯幼稚、缺乏经验者。大学生往往相当缺乏社会交往方面的经验,只看到了社会美好的一面,忽视了社会阴暗的一面,信守人本为善的信条而对人性丑恶的一面知之甚少。于是在与有着丰富社会阅历的人打交道时就显露出许多单纯幼稚的言行,这恰好成为那些心怀叵测的人攻击的弱点,使这类女生更容易成为他们的猎物。

(3) 作风轻浮、关系复杂者。现代高校与社会的接触已越来越紧密,社会上的各种诱惑也时时冲击着在校的大学生。面对各类高薪"陪侍"兼职的诱人广告,一些追求物质享受、迷恋纸醉金迷生活、思想过分开放的女大学生开始蠢蠢欲动,她们频频出入那些歌厅、舞厅等高档娱乐场所,结识那些所谓的成功人士,最后却成为被侵害的对象。

其他易受到性侵的女性还有:文静懦弱、胆小怕事者;身处险境、孤立无援者;贪图钱财、追求享受者;精神空虚、无视法纪者,等等。

2. 作案手法的多样性

前面我们已经在性侵害的表现形式中谈到了性侵害的各类作案手法,如以暴力、胁迫的手段以及通过家教、网恋、求职等方法去侵害女大学生,以下的几种手法也是性侵害中经常出现的。

(1) 以谈情说爱为由。这种手法具有一定的隐蔽性,一般不容易为被害人所防备。女大学生在选择恋爱对象时,不太注意考察对方的人品、修养及内涵,而是过多看重相貌、身材、言谈、穿戴等外在因素,在遇到那些以玩弄女性为目的的恋爱高手时,往往容易被假象所欺骗,遭到性侵时也只好是"哑巴吃黄连——有苦说不出来"。

(2) 酒后下手。这种手法常常发生在熟识的同学、朋友、老乡聚会以及有些女大学生有求于人的场合。犯罪分子通常是先与女学生交往一段时间,获得好感并取得她们的信任,然后在吃饭场合提出请女学生喝酒。由于酒精能刺激麻痹人的神经系统,使人的思维过程受到干扰而变得神志不清、自制力下降,从而使犯罪分子轻易得手。

【案例】 女生谢某结识一位在学校附近打工的老乡袁某,袁某多次提出要与谢某发生性关系都遭到拒绝。一次袁某带谢某参加老乡聚会,酒桌上大家频频向其两人敬酒,谢某为了不扫大家的兴趣,只得勉强应酬,结果醉得一塌糊涂。早已对谢某垂涎三尺的袁某于是将其带到自己的出租屋内,强行与其发生了性关系后逃之夭夭,留给谢某的只有伤心的回忆和惨痛的教训。

(3) 利用特殊身份进行性侵。一些犯罪分子利用女生有求于自己或爱慕虚荣的机会,提出各种诱人的承诺,然后对女生下手。例如,个别教师丧失应有的基本职业道德和操守,败坏师德师风,严重损害教师队伍整体形象和职业声誉,利用自己的导师身份对女学生进行性侵,以致对女生身心健康造成极大损害,产生极为恶劣的社会影响。例如,2018年的第一天,华裔女学者罗茜茜实名举报了12年前她的博士生副导师、当时的北京航空航天大学博士生导师、长江学者陈小武。据报道,陈小武曾对罗茜茜以及另外6名女性学生进行过性骚扰,随后事件持续升温,陈小武对女学生性骚扰的事情引发舆论持续关注。2018年1月11日深夜,北京航空航天大学通过官方微博通报处理结果称,现已查明,陈小武存在对学生的性骚扰行为,经研究决定,撤销其研究生院常务副院长职务,取消其研究生导师资格,撤销其教师职务,取消其教师资格。

【案例】

厦门大学博导吴春明以指导论文为由诱奸女学生

2014年10月14日21时30分,厦门大学官方微博发布了《关于对吴春明处理情况的通报》。通报说,吴春明利用师生关系与女学生发生不正当性关系和对女学生性骚扰,经研究,决定给予吴春明开除党籍、撤销教师资格处分。通报指出,经过3个月的多方取证和深入调查,现查明,吴春明与一名女研究生多次发生不正当性关系,并对另一名女研究生有性骚扰行为。根据《中国共产党纪律处分条例》《中华人民共和国教师法》《中华人民共和国教师资格条例》《中华人民共和国高等教育法》等法律法规,经研究,决定给予吴春明开除党籍、撤销教师资格处分。

3. 受害者为面子而羞于报案

由于性侵害案件客体的特殊性,涉及被侵害对象人格、名誉的损害,加上中国传统世俗的偏见,所以许多女性在遭到性侵害后都采取延迟报案或不报案的态度,致使犯罪分子更加肆无忌惮地对其他女性实施加害行为。

【案例】 某高校女生夏某与王某在学校附近合租了一套房子,王某因参加了一项社会实践活动没有回家,周边居住的一个无赖看在眼里,一天晚上趁夏某熟睡之机翻阳台进入将夏某强奸。事后夏某想去报案又有些犹豫,害怕一旦让人知晓自己的名誉就完了,她抱着反正无人知道的思想就将此事埋在心里。那个无赖见事后没有任何动静,尝到"甜头",他决定再次铤而走险,当他第二次翻入室内作案时王某又成了牺牲品。虽然犯罪分子终被绳之以法,但带给两位女大学生的心灵伤害却永远难以抹平。

四、女大学生预防性侵害的措施

(1)在思想上要树立防范性侵害的意识。在社会中,女性作为性侵害的特殊客体容易遭受侵害。因此女大学生在校内校外的各种活动场合,要随时注意遭受性侵害的可能性,提高自我保护的警觉性。只有树立防范意识,才能根据一些预警性的性侵害信息及时采取防卫措施,有效地保护自己。如在社会交往中对朋友、同伴那些肮脏下流的笑话、淫秽暧昧的语言、挑逗暗示的动作采取强烈的排斥态度,要及时打消他们的侵害念头,从而防止受到侵害。

(2)在生活上要注意仪表言行得体。前面已经谈到,女性性感的时装、大面积的身体暴露都会给那些本无意实施强奸的犯罪分子感官上以极大的刺激,加速他们犯罪欲望的产生。因此女大学生的穿着打扮要符合自己的身份,大方得体,以朴实无华为好,不要盲目追赶潮流,使自己浓妆艳抹、前卫妖艳。在言行举止方面,女大学生要懂得自尊自爱,不要与男性过分随便、亲昵甚至暧昧,在喝酒、跳舞中不要有轻佻、挑逗性动作,使加害人误解,从而将自己置于一种潜在的危险环境中。

（3）时刻要保持一份警惕。性侵害犯罪作为一种特殊的犯罪行为，犯罪分子往往注重作案环境的选择以求作案的"成功率"，减少作案风险，所以女大学生对自己的生活、居住环境要加倍关注。晚上尽量不要外出，有事外出也要尽早回来，夜晚外出或在校内行走最好结伴而行，行走时要选择行人较多、路灯较亮的明亮道路行走，经过树林、建筑工地、废旧房屋、桥梁涵洞等处时要特别小心。在学校公寓或校外租房处就寝时，要避免独处，特别是节假日期间，晚上睡觉时要关好门窗，拉上窗帘。

（4）谨慎交友，尽量避免与异性独处。根据调查表明，有63%的性侵害是发生在相互认识的熟人中间。因此，女大学生在与同学、老乡及朋友（网友）的交往过程中要注意对方交往的目的，留意对方日常言行中表现出来的人品、道德修养。当发现对方时常有过分亲昵、挑逗等轻佻言行时，要及时果断地终止来往。在与朋友交往中时刻应注意观察和提醒自己，不要轻信好话，不要单独跟新朋友去陌生的地方；控制感情，不要在交往中表现轻浮；控制约会环境，不要到偏僻人少的地方；不要过量饮酒，不接受价值过高的馈赠；对过分的言行持反对态度等。

（5）有选择地适当参加社会活动。女大学生应慎重参加如家教类的活动，即使要参加也要通过学校及有关部门去联系，切忌自己通过小广告或者自行推荐去选择服务对象。在参加之前，要对家教对象的基本情况有个大致的了解，不要只图报酬高、嫌手续烦琐而贸然前往。

（6）校外活动要做好必要的防范准备。女生到校外时，首先要了解环境，尽量在安全路线行走，避开荒僻和陌生的地方。到校外时，女生衣着不可太露，不要过于打扮，切忌轻浮张扬。如果是晚上外出时，应结伴而行。同时要注意周围动静，不要和陌生人说话，不可随便享用陌生人给的饮料或食品，谨防有麻醉药物。如有人盯梢或纠缠，尽快向大庭广众之处靠近，必要时可呼叫。拍拖时，不要为了浪漫而到一些不安全的地方，如人迹罕至的荒野或河边，在这些地方很容易被强暴，而女生也有受到身心伤害的危险。女孩外出，随时与同学、朋友保持联系，不要在外开房留宿。

五、受到性侵害时的防卫措施

（1）遇事要沉着冷静。女大学生在遭受性侵害之际，一定要控制情绪，保持头脑清醒。如可以采用转移话题、寻找新的关注点等方法，弱化对方情绪。只有设法使自己沉着、冷静，才能明白性侵害者意图，与其周旋，从而找出摆脱困境的方法。如果被害人处于危险时惊慌失措、大喊大叫，进行本能的反抗或逃避，反而会助长犯罪分子的攻击性，导致性侵害，甚至暴行的发生。

（2）反对态度要坚决明确。有时性侵害行为是性侵害者错误地理解了被害人的意思后发生的。因此，女大学生遇到别人要对自己进行性侵害时，应当恰当而且坚定地表明自己的态度，用口头或肢体语言表示自己坚决反对的态度，阻止性侵害行为的发生。切不可怯懦、求饶、退缩甚至屈就。明确表示自己坚决的拒绝态度，能够有效防止熟人之间的性侵害行为发生，也能够使一些陌生的性侵害者丧失信心，放弃性侵害的企图。

(3) 机智反抗。女生大都身单力薄，容易成为不法分子的伤害对象。因此，女同学深夜尽量不要一个人走夜路；如果遇到意外，不要一味硬拼，不要着急，要冷静思考应对措施，在有限的条件下，与犯罪分子进行周旋，使用智慧来摆脱坏人，从而避免受到伤害。在遭到性侵害时，被害人要注意了解性侵害者的弱点和周围环境，以及一切可以利用的积极因素，采取恰当的措施进行反抗，尽可能地结合自己平时生活中积累的经验和知识，予以防范。如尽量用赞扬的话语将其优点给挖掘出来，唤起侵害人人性中善良的一面，使其行为向好的方面转化，避免性侵害行为发生。

【案例】 某高校女生晚上回校时，在一偏僻处遇到一中年男子欲行不轨，该女生假装同意，并让对方先脱下衣服，当那名男子将裤子脱到脚踝处时，该女生猛然将其推倒在地，那男子因裤子绊住了双腿，一时站不起来，女生乘机跑开了。

(4) 采用暴力手段正当防卫。女大学生在遭受性侵害时，可采取一些暴力防卫措施，特别是对犯罪分子身体薄弱部位进行有效的攻击（如脸部、腹部、下身等处），使性侵害人的身体产生伤痛，从而终止侵害行为，同时为被害人逃脱或获救创造条件。

【案例】 某高校女生在路过学校附近的小山林时，一男青年见四周无人，冲上来企图强奸这名女学生，在反抗过程中，该女学生死死咬住歹徒的舌头不放，歹徒疼得拼命挣扎，等他挣脱开时，一块舌头已经掉下来了，没有占到任何便宜的歹徒捂着嘴夺路而逃，该女生马上赶到派出所报案，警察在附近的医院将正在就医的歹徒抓获。

(5) 抓住时机迅速脱身。大学生遇事要做到不慌张、机智、勇敢。犯罪心理学表明，性犯罪的主体在实施犯罪过程中，心理变化有一个从冲动到后悔再到恐惧的过程，一旦侵害行为得逞，激情消退，侵害人会产生后悔、自责心理。所以女大学生在这时要抓住一切有利时机，为自己脱身创造条件。

六、发生性侵害后的应对措施

(1) 及时报案不要拖。女大学生遭遇性侵害事件后，要打消顾虑，及时向有关部门报案，不能因为害怕名誉受损，将苦果自己咽下去，否则会使犯罪分子逍遥法外，也使更多的女性受害。

(2) 配合调查要积极。性侵害发生后，在报案的同时，被害人要将侵害的有关物证保留好，并将犯罪分子的体貌特征、衣着打扮、口音、携带物品、受伤状况等情况如实地向有关调查人员反映，为公安机关破案提供线索。

(3) 尽快从阴影中走出来。女大学生遭遇侵害后，经常会表现出意志消沉、精神萎靡、心理负担加重等状况，整天生活在被侵害的阴影中，久而久之，会产生厌世情绪，有些甚至会抱着破罐破摔的心理，走上自甘堕落的道路。还有自尊心较强的女生会由于悲愤产生强烈的报复心理，发誓要除掉加害人。正确做法是，作为有知识、有文化的女大学生不要深陷痛苦不能自拔，一定要在吸取教训的同时，及时调整心态，放下包袱，尽快从阴影中走出来。

【本章思考题】

1. 在大学校园内,主要有哪些行为会构成对大学生的人身伤害?
2. 校园暴力主要有哪些?分别对大学生人身安全构成怎样的威胁?
3. 如何有效防范性侵害对大学生人身安全的威胁?
4. 你认为校园暴力形成的原因有哪些?应该如何防范?

第七章

大学生财物安全

【典型案例】

2016年8月23日,正是新生报到的时候,某高校大一新生张婷(化名)遇到3个学生模样的男子,3人自称是来看同学的,分别来自香港大学等3所高校。3人告诉她,几人住在喜来登饭店,因钱花光了,所以面临被赶出来的境地,其中一"男生"李龙(化名)说,想和叔叔联系打钱过来,希望能借用张婷的银行卡。张婷想,遇到有困难的人理应帮助对方。张婷于是告诉对方:"我卡里有5 100多元钱,你们打在我卡里吧。"李龙当即便与叔叔联系,在电话里,李龙把对张婷说的话说了一遍,然后说打3万块钱到卡里,并将张婷的卡号在电话里说了。随后,李龙3人让张婷陪同一起去提款机上看钱到了没有。但是查询了数次都发现钱没到账上。李龙3人提出拿卡在校外提款机上进行查询。于是,张婷又和3人来到校外提款机上查询,钱还是没到。李龙顺手拿过卡说:"奇怪,怎么还没到账?"随后又将卡还给了张婷,之后3人借故离开了。3人离开后,张婷觉得这几个人有点奇怪,于是拿出银行卡检查,却发现这张卡并非自己的那张,急忙到银行查询,发现这是张废卡,而自己卡上的钱早已不翼而飞。她这才明白自己被骗了,立即向派出所报了案。

【思考与研讨】

本案例中,自称来自香港的学生是怎样骗取张婷钱财的?如果是你遇到这种情况,你认为该如何做才能避免上当受骗?

第一节 大学生财物安全基本概念

所谓大学生的财物安全主要是指大学生在学校期间所带的现金、存折、购物卡、学习及生活用品等不受非法侵害、不受损失的状态。大学生常用的财物包括:现金(银行卡、购物卡、存折)、书籍、计算机、计算器、手机、照相机、自行车、衣物等。其特点是：时尚现代、互相通用，多数物品无特殊印记，体积小、价值高、精美实用，便于学生在学习、生活、娱乐活动中随身携带。

财物是大学生学习、生活的物质基础，只有确保财物安全才能保障大学生踏实学习，心情舒畅地顺利完成学业。大学生涉世不深，不善于保管自己的钱物，又长期处于集体生活状态，因此，大学生的财物就成了盗窃、抢劫、诈骗、敲诈勒索等不法分子侵害的重点对象。目前，校园发生的各类案件中，侵害大学生财物案一直高居首位。对大学生财物构成安全威胁的主要有：盗窃、抢劫、诈骗、丢失、损坏等。大学生财物一旦受到侵害，不但给家庭带来一定负担，而且给大学生的学习、生活、心理造成一定影响。为了保障自己能专心致志地学习、愉快地生活，大学生有必要学会、掌握保障自己财物安全的常识。

绝大多数大学生社会阅历不深，防范意识不强，而且单纯善良，同情心强，易被不法分子的花言巧语所蒙蔽，从而成为抢劫、盗窃、诈骗等不法侵害行为的重点关注对象。据统计，发生在大学生中的抢劫、财物失窃和上当受骗导致财物损失的案件占发生在学生身上的治安案件的75%以上。而这些案件绝大多数是由于大学生自身安全防范意识淡薄、思想麻痹、财物保管不当、轻信他人、交友不慎所导致的。由此发生的案件，有些造成学生的财物损失，有些甚至危及大学生的生命安全。

第二节 大学生财物被盗及防范

盗窃是指以非法占有为目的，秘密窃取公私财物的行为。大学盗窃案件是指以大学生的财物为侵害目标，采取秘密的手段进行窃取并实施占有行为的案件。盗窃犯罪是高校中常见的一种犯罪行为，它是侵害学生财物的主要形式之一。

一、校园盗窃规律与特点

任何事物都有其规律性，作为大学生这个特殊群体，财物被盗窃也有一定的规律性，只有正确认识其规律性，才能更好地做好防范工作，保障自己财物的安全。从盗窃的实际情形来看，归结起来，盗窃分子偷盗学生财物的规律和特点如下。

（1）被盗的时间有讲究。宿舍被盗主要是在上午上课时间，特别是第一、二节课，因为这段时间里安排的都是主干课程，学生绝大多数都会在教室上课，宿舍此时没人，盗窃容易得手。另外，大家都去上晚自习或参加学校举办的文体活动时，宿舍往往也会没人，此时也容易发生被盗事件。还有，在夏秋两季宿舍发生盗窃的情形也较多，这是因天气热，学生都习惯开窗（有的还开门）睡觉。这种情形也极易导致坏人乘虚而入。此外，开学之初宿舍被盗案件比较多。因为刚开学，同学们都带有现金，所以窃贼都会选择这一时间段作案。考试结束临近放假时，由于毕业生离校，一般比较混乱，不法分子往往也会乘机浑水摸鱼。在放假期间，宿舍无人，也很容易发生撬门扭锁盗窃案件。

（2）被盗的场所有重点。从发生被盗的场所看，宿舍是最容易发生被盗事件的。第一是几个不同院系的同学安排住一个宿舍,或一个宿舍楼内安排几个不同院系的同学混住的,容易发生盗窃。这是因为同学之间来自不同院系,相互不熟悉,给盗窃分子浑水摸鱼创造了机会。第二是位置偏僻的宿舍也容易发生被盗,由于这些宿舍位置比较偏,不易被人发现,作案后窃贼容易逃离。第三是管理松懈的宿舍,盗窃分子进出学生宿舍没人监管,容易得手。第四是一些大学生经常活动的场所,如学校的图书馆、阅览室、校医院、教室、餐厅、健身房等也是窃贼经常光顾的地方。因为在这些场所人员流动量相对大,情况复杂,许多同学互不相识,是扒窃、偷包案件的多发地带。在这些地方,经常会出现大学生去卫生间或室外活动,或者是聚精会神看书或打饭,不经意就把他们的学习用品、手机、提包等放在座位上的情形,此时往往也容易发生财物被盗事件。

(3) 盗贼有内有外。一是内盗,一般是指盗窃作案分子为校内学生及学校内部员工所实施的盗窃行为。根据有关资料的统计,在高校发生的盗窃案件中,内盗案件就占一半以上。作案分子往往利用自己熟悉盗窃目标有关情况的优势,寻找作案最佳时机,因而易于得手。这类案件极具隐蔽性和伪装性。二是外盗,是指盗窃作案分子为校外社会人员在学校实施的盗窃行为。他们利用学校管理上的漏洞,冒充学校人员或以找人为名进入校园内,盗取学校资产或师生财物。三是内外勾结盗窃,即学校内部人员与校外社会闲杂人员相互勾结,在学校内实施的盗窃行为。这类案件的内部主体与外部人员都有一定的利害关系,往往结成团伙,形成盗、运、销一条龙。

(4) 盗窃方式多样化。一是顺手牵羊式。偷盗者在宿舍楼内自由光顾,趁主人不备时,顺便将能轻易得手的物品盗走。二是偷盗者乘虚而入。趁室内无人,房门无锁,乘机入室行窃。三是偷盗者撬门扭锁。趁宿舍无人之机,利用携带的专门工具,以破坏手段撬开门锁行窃。四是翻窗入室。通过一些没有防护栏或防护栏不结实又易于攀登的窗户和门顶通气窗,乘无人或学生深夜熟睡之机,翻窗入室行窃。五是偷盗者溜门入室。趁一些学生上厕所之机或天气炎热开门睡觉溜门入室行窃。六是住一层的同学不关窗户,偷盗者趁无人或学生熟睡之机,从窗外利用竿子将室内的衣物钓出。七是偷盗者偷配钥匙。趁学生睡觉或不备,将放在床、桌上或柜锁上未拔下的钥匙偷走偷配;有的谎称自己忘带钥匙借门上的钥匙而偷配;还有的是利用公共活动脱衣之机,偷盗钥匙偷配等,而后再寻机行窃。另外还有监守自盗、里勾外连等行窃方式等。

(5) 以贵重物品为盗窃目标。盗窃分子进入室内作案的主要目标是现金,包括存折、消费卡和汇款单等;其次是手机、电脑主件、相机等高价值又方便携带的物品;最后是价值较高的衣物。盗窃分子进入室内后,往往是先开抽屉,其次是翻箱倒柜,最后是翻褥子枕头。老练的盗贼往往搜寻快、细、准,放在枕芯里、褥子下、抽屉底部的现金,也难逃其"毒手"。现在的大学生,往往有照相机、手机、笔记本电脑等贵重物品,有的一次从家中带来或寄来上千元甚至上万元的生活费,一旦被盗,不仅会使生活、学习受到很大影响,往往还会影响情绪,分散精力。如2001年4月1日,某学院学生邓某偷盗同寝室同学赵某存放在一块儿的身份证和银行卡,套取了现金1 300元。

(6) 盗窃脱身花样多。盗窃行为一旦被人发现以后,盗窃者主要的脱身伎俩一般有以下五招:一是推说是找人或串门,如同学信以为真,不认真盘问,就被其蒙混过关。这类情况多发生在新生报到、学生开学或放假时期。二是趁只有一两个人发现,还未曾对其形成合围之势,立即逃之夭夭。这类情况多发生在学校举办大型活动或上课期间。三是有些作案分子因深入宿舍偷盗,一时逃不出来,往往是先逃出发现者的视线,躲藏在厕所、阳台、楼梯拐角等处,然后从容离去。这类情况多发生在学生下课或大量学生返回期间。四是装出一副可怜模样,哀求私了放过他(她)。五是铤而走险,掏出凶器相威胁。这类情况虽不经常发生,但在捉拿盗贼时,同学们对这一招应有必要的思想准备,防止发生意外。

【案例】 2002年9月6日,某学院沈某某的一本工商银行存折被同寝室同学张某某偷走,由于其将密码写在纸上并夹在存折内,被取走了现金500元。

【案例分析】 此类案件均属于内盗,占所有盗窃案件的70%以上,大都与被侵害人对财物的保管不善有很大的关系。他们缺乏必要的安全防范措施,如将贵重物品随意乱放,银行卡、存折密码不保密,有的作为备忘录将密码登记在明显位置或夹带在存折内,有的将密码告诉同寝室的同学或者要好的朋友,还有的将证件(身份证等)和存折、银行卡存放一块儿。

二、防范大学生财物被盗的措施

(1) 认识犯罪分子盗窃行为的规律,增强防范意识。为了确保大学生财物安全,大学生要增强防范意识,加强学习有关财物安全防范知识,主动了解校园内针对大学生财物犯罪的基本活动规律和特点,掌握必要的安全防范常识、方法和技能。

(2) 不给盗窃分子提供作案机会。大学生要养成离开宿舍后随手关好门窗的习惯;不在宿舍留宿外来人员;初入大学,同学相互间还没有很了解之前,最好要保持一定的距离;一旦发现形迹可疑的人应加强警惕,多加注意;自己的钱物和钥匙不要乱丢乱放,也不要随意借予他人。一旦发生盗窃案件,应立即报告学校保卫部门,注意保护现场,并积极配合学校保卫部门做好案件调查工作。

(3) 预防现金被盗最好的办法是不要随身携带或在宿舍存放,特别是从家往学校带数额较大的款项时,可以通过邮寄、电汇、汇款"直通车"或办理银行卡等形式。如果是随身携带现金,特别是大额现金,应在到校后及时存入驻地附近银行,并且加密。个人银行卡密码不要透露给任何人,身份证和存折、银行卡不要放在一起,重要财物要保存好。

(4) 对存折和各种购物卡,应妥善保管,并严防密码失密。同时,要严格保管好自己的身份证。最好不要将自己的生日、手机或家庭电话号码、学号作为自己的存折或信用卡的密码,防止被他人发现盗取。

(5) 防范宿舍内的财物被盗窃。具体请参考阅读本书第五章第四节的内容。

(6) 预防自己的财物在公共场所被盗,具体应注意几点:一是在公共场所学习或活动时,最好不要随身携带现金和贵重物品;二是在公共场所如若必须携带贵重物品,一定要按规定将所带物品和包件妥善保管,切不可随便乱扔乱放,能随身携带最好随身携带;三是购物时如需携带现金,不要放在外边口袋里,外边口袋可只放少许零用钱。点钱时注意观察,谨防扒手盯上。

(7) 遇到被窃后要及时报警。大学生财物被盗窃后,应立即拨打"110"报警。如果是在校内应立即向保卫处报案;在校外,应立即向当地派出所报案。有被盗现场的(如宿舍等),应在报案的同时保护好现场。切忌发现被盗后,急于清点自己的东西,而立即翻动箱子、柜子、抽屉等破坏现场;如果存折、银行卡、汇款单被盗,应立即带身份证到银行、邮局挂失,同时到公安机关报案,并实事求是地向公安机关提供被盗的相关情况,协助公安机关破案。

第三节　大学生遭遇抢劫及防范

抢劫是指使用暴力胁迫或其他方法,强行劫取公私财物的行为。为了达到非法占有他人财物的目的,抢劫者在实施抢劫过程中,有时往往还伤害财物所有人或保管人的人身安全,因此,抢劫对被抢劫者的财物乃至人身安全具有较大的危害性。大学抢劫案件则是指以非法占有为目的,以大学生为侵害目标,使用暴力、胁迫或其他的方法强行劫取财物的行为。

一、对大学生实施抢劫的规律和特点

从校园发生抢劫的实际情形来看,归结起来,对大学生实施抢劫的规律及特点如下。

(1) 抢劫具有暴力性。由于大学生涉世不深,缺乏社会经验,遇险被抢劫后大多数不敢反抗,往往成为犯罪分子选择的对象。大学生遭遇抢劫常遇到使用暴力或威胁使用暴力。被抢劫案件在一定情况下往往容易转化为凶杀、伤害、强奸等恶性案件,造成被害人精神和肉体上的伤害,甚至危及生命安全,严重影响大学生正常的学习和生活,具有更大的危害性。

(2) 抢劫时间具有一定规律性。从大学生遭抢劫的时间看,一是午休或夜深人少之时;二是学生上晚自习或上课,绝大多数人员相对集中而校园及其周边人员较少时;三是严冬夜长昼短,天气寒冷,室外活动人员较少时;四是新生刚入学报到的一段时间内等。特别是经常发生在行人稀少、夜深人静及学校开学特别是新生入学时,具有一定的规律性。因为在行人稀少、夜深人静时,同学们往往孤立无援,而犯罪分子却人多势众,易于得手;学校开学时,同学们一般带有一定数量的现金,特别是新生入学时,有的新生及家长还带有较大数额的现金,为犯罪分子所垂涎。

(3) 抢劫地点具有隐蔽性。从大学生遭抢劫的地点看,绝大多数抢劫发生在校园及其周边大学生经常路经或活动的地带。例如,偏僻或人少的地方、黑暗的小道、树林、建筑工地、小山、闲置孤立的旧房屋、临时搭建物,或校园周边地形复杂、人少及夜间无路灯的地段等。因为这些地方犯罪分子比较容易隐藏,不易被人发现,得手后也容易逃脱。

(4) 抢劫目标具有一定选择性。从大学生遭抢劫的对象看,一是单独一人携财物返校的学生;二是单独晚归的学生;三是独自游离的学生;四是在学校周边租房居住或打工具有一定活动规律的人员;五是遭抢劫者多数是女生、个别性格懦弱的男生或处于谈恋爱

中的男女生。犯罪分子抢劫的主要目标是穿着时髦、携带贵重财物、单身行走及在无人地带谈恋爱的大学生情侣等。

（5）抢劫者具有劣迹性。从抢劫大学生的作案人员看，除了个别是流窜作案外，多数是学校及其周边的暂住人员、不务正业的无业人员。这些抢劫者要么是曾经因为违法犯罪受到过处罚，即有违法犯罪记录；要么是曾经受过劳动教养，或者与劳动教养程度相当的处罚，总之是劣迹昭彰。这些人作案老到狡猾，下手又快又狠。

（6）抢劫手段具有多样性。从大学生遭抢劫的伤害案件来看，抢劫者作案时间不分昼夜，作案手段凶残、多样化。如蒙面抢劫、利用凶器抢劫等。此外，虽然抢劫分子初始动机是抢劫财物，但是在实施抢劫的过程中，不单单是财物遭侵害，往往还会转化为人身伤害。

二、如何防范抢劫

（1）大学生平时不要随身携带太多现金和贵重物品。如果购物需要携带现金，最好是结伴前往。如果独自外出或活动，特别是携带较大数额现金和贵重物品归校，要尽量避开偏僻、人少、视线不良、遭劫无援的时间段和地点，如果乘车，最好乘公交车，不要搭乘摩的等私人交通工具。

（2）如果独立在外租房实习、兼职，不得不晚出早归或早出晚归时，要警惕自己的行动规律被有不良企图者所掌握。如果不得不晚归，最好向同学或室友发一个短信告知一下你的时间、地点以及将要乘坐的交通工具等。

（3）大学生一旦遭抢劫，最重要的就是保持镇定，克服畏惧、恐慌心理。冷静分析自己所处的环境，针对当时的具体情况，灵活采取不同的对策。总的原则：一是如果条件允许，周围环境有利，存在制胜的可能，就要在保证人身不受伤害的前提下，设法保住财物；同时可根据不法分子的心理，理直气壮地攻心和说服，从心理上予以震慑，使其得到部分财物后，终止继续作案。或者是坚决勇敢地面对并设法制伏歹徒，这样不但保护了自己的财物，也使不法分子不能再继续危害他人。二是如果自己明显处于弱势一方，无能力反抗，暂时无法脱身，就不要蛮干、以卵击石。可按不法分子的要求交出部分财物，同时以恰当的话语使不法分子心理满足，尽量麻痹松懈其心理，寻机逃脱，以保住人身免受损害。同时要及时报案，使不法分子及时得到严惩。三是如果财物及人身均受到伤害，自己又无法制服不法分子，能脱逃的最好迅速跑掉，暂无法脱逃的，要利用身边的有利地形和能够利用的东西与其抗衡，大声呼救，在抗衡、对峙、周旋过程中，一方面等待外援，另一方面寻机脱身。同时留意案犯的特征，如身高、年龄、体态、发型、语言口音、衣着等，设法掌握不法分子的犯罪证据，为以后破案打击犯罪奠定基础。

（4）尽量避免现金操作。要学会使用网上银行或电话银行，从银行取现后应先观察有无可疑人员后再走。现在的大学校园里面都会有校园一卡通，这张卡是在学校里面必不可少的，同时也是同学们最容易丢失的，建议同学们买个卡套把一卡通套上，一方面可以保护卡，另一方面也会减少丢失的概率。还有，最好不要在一卡通中一次充值太多，以防止其他人一天之内花光你的所有钱。外出时不要把所有银行卡都带在身上，最好只带一张银行卡，里面的活期存款够自己应付可预见的花销并略有富余即可；情况紧急时在有把握的前提下抛弃或毁掉银行卡,但要注意千万不能被抢劫者发觉,否则极有可能招致更大的伤害。

第四节　遭遇诈骗及防范

诈骗是指用虚构事实或隐瞒真相的手法,获得公私财物的行为,也是大学生财物遭受侵害的常见形式之一。

一、大学生容易受骗上当的主要原因

很多大学生之所以受骗上当,除了不法分子的贪婪、凶狠、狡猾外,也与大学生自身思想单纯、疏于防范有关。一般而言,具体原因如下。

1. 大学生财物防范观念淡薄

一是大学生对社会的多样性、问题的复杂性体验不深,防范意识、防范观念淡薄,对自己的财物安全缺乏应有的警惕性、戒备心。因此,当诈骗分子伪装身份,投其所好,略施骗术时,便会轻易上钩。二是涉世不深,缺乏社会经验。一些骗子骗术并不高明,可屡屡得手,在常人看来本不该发生的问题,在大学生身上却屡见不鲜。例如,网上交友后约会,有的被骗钱,有的被奸污,甚至有的被杀害,不能不说跟大学生缺乏社会经验有关。三是感情用事,轻信他人。例如,有的轻率交友,毫无戒备地将自己家庭、同学的情况、联系方式告诉对方,结果使家庭、同学被骗。有的轻信"老乡、朋友",热情留宿,造成全宿舍被盗等。

2. 求人心切

求别人帮助本无可非议,但求人帮助也是有原则的。如果为求得某种帮助而不问青红皂白,难免受骗上当。从大学生被骗的实际情况看,主要有以下几种：一是想挣钱,轻易相信骗子给开的丰厚的空头支票;二是急于想找个理想工作,想出国,或想成名,盲目轻信骗子花言巧语的许诺;三是上进心强,爱慕虚荣,总想出人头地而又无戒备;四是老乡观念强,哥们儿义气浓,好感情用事而缺乏防范意识。

3. 爱贪小利

大学生受骗,不少人是因开始贪小利占便宜,授人以柄所致。有的是吃了人家的嘴软,拿了人家的手短;有的是因小利违法、违规、违纪后怕受处理而受制于人;有的因贪小利丧失道德,爱慕虚荣,怕丢面子,使苦水往肚子里流;有的因贪小利无辜受害蒙冤,不知道该怎么保护自己的权益等。

二、不法分子诈骗的手段和特点

从诈骗分子诈骗大学生的实际案例来看,归结起来,对大学生实施诈骗的手段及特点

如下。

1. 伪装身份,骗取信任

随着高校与社会联系的不断加强,大学生为了认识社会、适应社会而进行各种人际交往是必要的,但在社会交往过程中,有的大学生忘记了社会的多样性和复杂性,被某些心怀叵测的人的表面现象所蒙蔽而上当受骗。骗子为达到行骗的目的,总是千方百计地以各式各样的身份将其真实身份掩盖,先骗取信任,继而行骗。例如,在大学校园里假冒老乡、同学、政府工作人员,以及利用名人效应等骗取信任并诈骗财物。有时,他们会以学者,有知识、讲文明等好人形象示人,外表西装革履,风度翩翩,以此假象骗取学生的信任;有时,他们假装富人以骗取信任。此时,他们经常以"高档""名牌"装束打扮包装自己,在与学生接触交往过程中给人少许甜头,表现出其出手阔绰,造成和富人打交道不会让你吃亏的印象,甚至感到跟他交往,说不定还可以得到他的帮助。有时,他们会利用名人骗取信任。由于名人的知名度、透明度都比较高,所以骗子总是以认识名人,能与名人说上话、帮上忙为由,使你相信他能帮助你实现某种愿望。有时,骗子还会利用"有权人"的形象骗取大学生的信任。他们往往会称自己是某某大官,某某领导的秘书或同学、朋友等,使你感到,只要攀上他,就算攀上了高枝,将来就会飞黄腾达。

【案例】 2016年2月26日下午,某学院高某某在连接南北校区的简易马路上遇到3名开着小车的年龄约30岁的青年男子,他们谎称自己是外地人,在附近遇到了麻烦,手机和银行卡在此地不能用为名,承诺给高某某种种好处,要求高某某提供帮助,并将一台山寨手机抵押在高某某手中,借高的手机(价值1 300元)与家里联系,再借高某某的银行卡从家里汇钱过来,在多次查询中记下了密码,之后将高某某的银行卡和手机调包逃之夭夭,很快在异地将高某某账上的7 800元现金取走。

【案例分析】 本案例就是一些骗子针对同学们热情善良、乐于助人的特点进行的诈骗,他们往往以其家里亲人发生意外,本人物品被窃,或本人有困难,因故绕行等理由,急需部分现金,无奈"哀求"相助,以此骗取信任。他们还有的会利用大学生的单纯、热情奔放、广交朋友的特点,兜售"在家靠父母,在外靠朋友","多交朋友多条路,朋友多了路好走"等理念,以交朋友骗取信任。有的利用老乡骗取信任。他们兜售"亲不亲乡音分,最相亲故乡人"的理念,利用老乡观念与大学生套近乎,骗取信任。还有的甚至扮演"弱者"形象骗取大学生的信任。

2. 投其所好、以利诱之

针对大学生的各种需求心理,投其所好,诱其上钩,以期行骗,是诈骗分子的又一重要手段。常见的有以下几种情形。

(1) 以能安排工作相许。针对大学生就业难和想找个好工作的心理,以及一些大学生缺乏基本的警惕性,忽视了这方面的安全问题,不法之徒往往以某某机关、热门单位的招工人员,或某某名人、有权人员的同学、亲戚、朋友,能帮助联系安排工作,或有能力成为名人相许诱大学生上钩,利用假招聘诱使毕业生失去金钱,甚至人身自由。

(2) 以能帮助办理出国手续相许。针对许多大学生想出国深造的心理,不法之徒往往以能廉价帮助办理出国手续,到某国某名牌大学深造为由,诱大学生上钩。

（3）以能帮助发财相许。针对人们想发财的心理，他们往往诈称不投资、不费劲、无风险，转手就能帮助挣到多少万元钱很快暴富，诱大学生上钩。（许多被骗传销的大学生正是此种类型。）

（4）以能帮助得到一定便宜相许。针对个别大学生想占便宜的心理，有的发短信，告诉你的手机号中了大奖；有的称能帮助买某种紧俏商品；有的甚至以假货佯装"赃物"等，使大学生感觉少花钱买到了好货、真货，得了大便宜，以此诱大学生上钩。

（5）以签合同骗取信任。诈骗分子为了获得大学生的信任，便堂而皇之地以某种理由与你签订合同（或协议），要求按合同履行义务，而后会得到相当可观的好处，当你按合同条款履行义务后，等待对方回报时，已人无踪影，方知合同完全是假的，为时已晚。

3. 抓住弱点，拉人下水

诈骗分子在与大学生接触中，设法使大学生犯错误，只要是进了他们的圈套，他们便抓住大学生的弱点，逼大学生就范，继而行骗。常见手段有以下几种。

（1）在经济上使你受控。诈骗分子为达到其施骗的目的，总是先以利诱之，给你一定的好处和甜头，如有的同学参与赌博，先让你赢，尝到一定的甜头，接着让你输。没钱暂赊与你，你输到一定程度，又无钱偿还时，只好受制于人，受诈也就由此开始。

（2）在法律上使人做违法的事。诈骗分子为达到施骗的目的，设法使你违法、违规、违纪，逼你就范，以期进一步施骗。如有的大学生参与传销，有的大学生当"枪手"，当学生觉悟后想洗手不干时，他们便以违法要受到法律（校纪）制裁相威胁，迫使你不得不继续干下去。

（3）在道德上拉你"下水"。为达到诈骗的目的，在道德上拉你"下水"，逼你就范，以期行骗。如有的大学生到一些娱乐场所坐台服务，先以丰厚的待遇诱之，继之拉你"下水"，当你想洗手不干时，为时已晚。

（4）制造事端，使你蒙冤。制造事端嫁祸于你，使你有口难辩，只好蒙冤受骗，这也是诈骗分子常用的又一伎俩。例如，有的诈骗分子故意在大学生前边丢弃钱包，当大学生捡起后，便诈以昧财；有的故意以撞坏东西为由要求赔偿，有的男女合伙诈骗，女的当众诈称学生耍流氓，男的上来帮腔，甚至动手，周围不明真相的群众有时也上来指责，使你有口难辩，逼你蒙冤就范。

（5）利用学生过度追求物美价廉心理。随着社会生活日益新潮和多样化，一些学生在购买日常的生活用品、紧俏物资等商业活动中，一味苛求物美价廉，而对推销人的认识和推销过程缺乏必要的安全意识和经验，常常被骗，枉费钱财。

4. 利用网络，设下陷阱

在沿用传统手法的基础上，随着科技的发展，一些不法分子开始实施智能诈骗，特别是利用网络诈骗的现象也越来越多。由于网络具有虚拟性、开放性、快捷性，网络施诈具有复杂性、隐蔽性，不法分子便设法利用网络骗财、骗色等。常见的情形有以下几种。

（1）网聊与网恋。网络具有开放随意、虚拟自由、神秘刺激的魅力，备受人们的青睐，一些人热衷于上网聊天甚至网恋。一些不法之徒正是利用网聊或网恋寻找猎物，常常会根据对方的需求、好奇、单纯和轻信心理，诱你上钩，继之施以奸、掠。

（2）网络传销。与传统传销相比，网络传销扩散范围更广、速度更快，而且传销的产品也不仅限于化妆品、药品等实物，还包括计算机软件、各种信息等。交钱入会，靠发展下线的入门费敛财。

（3）网上销售。一是网络购物。实物与网上宣传不符，采取低价诱惑的手段推销二手货或残次品，不承担"三包"责任，退货条件苛刻。二是网络邮购。在虚假宣传的基础上，诱你支付邮购商品费用，而后携款而逃，或者发假货，或者称原来的产品已没有，需增加费用，诱消费者再次上当。三是高价回收。介绍某个项目或产品如何赚钱，要求参与者花巨资买回生产资料、产品，他们负责回收。但到回收时，却以质量未达标，或交货期延误等为由拒收等。

（4）股市黑手。主要是股票营业部的人员内部搞鬼，在网上披露虚假信息、哄抬股价，欺骗大学生跟风炒股，等上当受骗的投资者把股价抬上去后，就开始倾销股票。

（5）中大奖等。一是网上发 E-mail 给你，告诉你中了大奖。接着让你汇几元钱去确认一下，或者让你支付手续费、税费、保险费等，诱你支付了费用后，便没了下文。二是收发 E-mail 赚钱。常以能挣美元为诱饵，但结果是忙活了好一阵子，挣的钱还抵不住上网费。遇到网络不通时则更惨，赔上钱让广告商去赚钱。三是你传信息他赚钱。在电子邮件里告诉你在一定的时间内把此信息复制多少份给其他的人，并给你寄去少量的钱款，还给你列出一数学计算方法，告诉你多久以后将得到一笔可观的收入等，使你受骗。

（6）链接陷阱。告诉你下载某软件可获得"推广费"，当连接这些下载软件时，该软件能偷偷关闭用户与 ISP（互联网服务提供商）的连接，而接上国外的长话拨号台，使用户支付巨额国际长途话费。

（7）点击广告条。要求你上网时打开广告商给的一个广告条，在网上浏览时阅读（显示）广告，广告代理商则会根据广告在你机子上的显示时间或点击次数计算，支付给你一笔报酬，通常没有下文。

（8）上网赚积分换奖品。其赚积分的方法有注册网站、浏览网站、介绍下线等几种。奖品是实物，你需用钱买。然而，作为中介的国内网站从中一般会赚取令人咋舌的高额利润。

【案例】

谎称在娱乐节目中奖实施诈骗

2017 年 7 月底，蒋同学收到短信称，他被《奔跑吧兄弟》节目选为场外中奖人，奖励 18 万元和电脑一台，他没有理对方。过了几天，对方又打来电话，自称是法官，说当天为领奖最后一天，如果他不把手续费交到浙江电视台，电视台就会起诉他。之后，对方发来一个账号，他心里害怕就通过支付宝转到对方账户 12 000 元，不料再也联系不上对方，这才发觉被骗。

【案例分析】 抽奖活动一般采取电视抽奖、现场抽奖或到现场兑奖等方式进行，所需个人所得税均已从奖金中直接扣除，不会要求中奖者事先支付，千万不要相信所谓的中奖短信或电话。

不法分子对大学生实施的常见诈骗财物方式有：投其所好，引诱上钩，利用大学生急于找到工作、考证或出国深造等心理，应其所急，施展诡计而骗取财物；言语蛊惑，伺机作案,想办法与受害者拉关系、套近乎,或表现出相见恨晚而故作热情,或表现出大方慷慨而以朋友相称,骗取信任,了解情况,寻机诈骗财物等。由于大学生涉世不深,思想单纯,易于感情用事,社会经验不足,缺乏防范意识和分辨能力,诈骗分子往往就把诈骗的目标瞄准了年轻的大学生。因此,大学生为确保自己财物安全,就必须防止被骗。

三、如何防范诈骗

(1) 要真正树立个人财物安全防范意识。作为新时期的大学生,在搞好学业的同时,要关心和参与校园安全建设。调查中发现,有的同学反映曾经碰到过诈骗现象,只是没有上当罢了,而有的则因诈骗数额较小,根本没有报案。大学生一旦受骗要及时报案。如发现对方有实施诈骗的可疑行为,要沉着冷静,拖延时间,尽量配合公安保卫部门抓获犯罪嫌疑人,使违法分子受到应有的法律制裁。在现实生活中,美与丑、正义与邪恶始终是存在的。我们虽然不能草木皆兵,但戒备心理是必不可少的。遇事要多问几个"为什么",多动动脑筋,不要盲目轻信,必要时还可进行调查研究,弄清一些基本情况,三思而后行,不草率行事,然后再作决策。切忌麻痹疏忽,草率决策,鲁莽行事。

(2) 交友要有原则。大学生广交朋友,这无疑是好事。但物以类聚,人以群分,交朋友就必须择其善而从之。要广泛结交那些志同道合、道德高尚的人,切忌感情用事,头脑简单发热、单凭感情用事,善恶不分,去结交那些低级下流之辈、偷鸡摸狗之流、吃喝嫖赌之徒、游手好闲之人等。一味"跟着感觉走",往往容易上当受骗。对于那些慕名和打着"朋友""老乡"的旗号找上门来的人,要善于察言观色,不要轻易"掏心窝子",更不能言听计从,受其摆布利用。对于那些"来无影,去无踪"的上门客,要谨慎小心,尽量不为他们提供单独见面的时间和空间,更不能随意留宿,以免给诈骗分子可乘之机。对提出需要帮助的人要多一分警惕,在准备助人为乐、奉献爱心的同时,要确实搞清对方的真实身份和意图,提高警惕性,不能轻信花言巧语,不能头脑发热、盲目同情。

(3) 在日常生活中不要贪图小利。诈骗分子施骗惯用的主要伎俩就是投其所好,以利诱之。俗话说:"苍蝇不叮无缝之蛋。"只要大学生树立正确的人生观、价值观,不贪占不义之财,保持洁身自好,骗子就无机可乘,被诈骗就可以避免。例如,大学生外出做家教和勤工俭学时,要通过正当的途径,确实将对方情况搞清楚,对社会上招聘大学生的广告要客观冷静地进行分析和调查,特别是对那些待遇优厚、诱惑力极强的广告要多问几个"为什么",防止招聘陷阱。

(4) 个人及家庭的资料要注意保密。在大学里过集体生活,免不了与他人相互交往,但与人交往要有分寸,在不充分了解对方时,不要轻易将个人和自己家庭的资料和盘托出。有的同学总是大大咧咧,有的将个人或家庭信息到处乱写乱扔,有的在存取现金时输入密码也不注意回避,更有甚者将密码直接告诉他人。殊不知有时是"说者无意听者有心",一些网络诈骗中,有些诈骗分子就是利用这些途径获取受害人详细资料的。

(5) 一旦发现上当受骗,要及时报告公安机关。特别是不要因自己的某些短处掌握在诈骗分子手里,或者是怕暴露隐私不敢报案。如果那样,骗子就会抓住你的弱点,更加得寸进尺、肆无忌惮,对你继续施骗或转向诈骗他人。

第五节　校园贷陷阱及防范

一、校园贷基本概念

校园贷款是近年来P2P网贷平台发展最迅猛的产品类别之一,是专门针对在校学生发放的各类贷款总称,包括助学贷款、校园创业贷款和校园消费贷款等。其中,校园消费贷款平台发展最快。校园贷通常分为三种。

第一种是专门针对大学生的分期购物平台,如趣分期、任分期等,部分还提供较低额度的现金提现。

第二种是P2P贷款平台,用于大学生助学和创业,如投投贷、名校贷等;

第三种是阿里、京东、淘宝等传统电商平台提供的信贷服务。

从目前来看,导致悲剧发生的多为校园不良借贷。不良贷款主要指那些通过采取虚假宣传、降低贷款门槛、隐瞒实际资费标准等不合规手段诱导学生过度消费或给学生带来的恶意贷款。不法贷款方向没有还款能力的在校学生发放贷款(现金或购物),且在还款期限等方面未考虑学生还款来源及可能性,对学生极其不负责任,违背了金融业务的适当性原则,是风险和问题的根源。

数据显示,我国现有高校在校生已超过3 700万。参考之前支付宝透露的高校生消费统计表,如果每人每年有5 000元的潜在消费需求,那么,校园信贷的市场规模或将达百亿级别。然而,由于贷款机构良莠不齐,"裸条借贷""暴力催收""高利放贷"等与校园贷相关的负面事件成为"瓶中的妖怪",让人谈之色变。为了吸引学生"下水",各平台也无所不用其极。

二、校园贷的虚假宣传

"校园贷"以其小额度、低难度的审批手续,深受大学生青睐,但由于缺乏管制,乱象滋生。加之受众均是涉世未深的大学生——对金钱的需求高、自身能力却不足,更加助长了各类乱象。一些不良校园借贷商出于抢占市场和竞争的需要,会隐瞒或模糊实际资费标准、逾期滞纳金、违约金等。调查显示,约六成的平台费率不明确,逾期后每日费率最高与最低相差达60倍之多。无良贷款商还通过虚假宣传、过度诱导,甚至采用类传销方式推广,致使校园攀比之风盛行,学生非理性或被引诱借款。他们的虚假宣传和过度诱导内容有以下四种:一是宣传其借款门槛低、放款速度快,几乎任何人都能轻易借到钱;二是宣传其费用不高,但把很多隐藏、变相的费用加以掩盖,包括逾期利息、违约金等;三是用极富挑逗性的语言和图片宣传借钱的好处,鼓励、诱导学生借款消费;四是校园代理人无资质。校园贷的许多代理人由在校大学生担任,其并没有金融行业方面的相关从业资格。以上是几个典型的不良校园贷款特征,希望引起大学生的警惕和重视。

校园贷之所以盯上大学生，主要原因有以下几个。

第一，大学生是数量庞大的群体，人群集中度很高，利于快速开拓市场。

第二，大学生刚刚成年，没有社会经验，单纯且冲动，容易被物质刺激，消费潜力高。

第三，大学生身份稳定，在毕业前不大可能出现人间蒸发的情况。

第四，大多数学生没有金融常识，不了解还款方式等因素对真实贷款成本的影响。

第五，即便大学生无力偿还欠款，也可以子债父偿。如果你是家长，当催债公司上门，也要考虑到子女的安全和前途。

三、校园贷的主要形式及安全隐患

1. 高利贷

大学生在校期间可能遇到最多的是高利贷，如湖北武汉"爱上贷"，其"爱学宝"项目给出借人的收益率在20%左右，学生借款年利率在25%以上。还比如很多网络小额贷款，以很低的分期利率吸引大学生贷款，但实际上的利率要远远高于信用卡分期利率。《最高人民法院关于审理民间借贷案件适用法律若干问题的规定》第二十六条规定了法律应予支持的最高民间借贷利率为年利率24%。而一些网贷平台的贷款利率却远超这个数值，显然不符合法律法规的标准。为防止上当，大学生要充分了解高利贷的评判标准，注意详细了解利率、还款期限、逾期后果等信息，全面评估并制订合理的还款计划，坚决抵制高息贷或高利贷平台，误入陷阱时要及时报警。

【案例】 2017年3月，福建某大学生通过校园贷小广告借款800元，不料在利滚利的情况下背负的债务近20万元！

【案例分析】 关于高利贷最高法院作出了规定：借贷双方约定年利率未超过24%，应予支持；借贷双方约定利率在24%～36%系灰色地带；若借贷双方约定利率超过36%，则定为高利贷，不予支持。本案例以月息0.99%为噱头的校园贷款造成"低息"假象，加上平台服务费，却成为超过年利率24%的超高利息！若缴纳滞纳金，超过36%，变为非法高利贷。

2. 多头贷

这是另一种面向大学生的贷款方式，主要指因从多个校园贷平台进行贷款，形成一种"以贷还债"式的多头贷。大学生要高度警惕因"多头贷"极易产生的巨额还款压力问题。

【案例】 2016年3月，河南某大学生在诺诺镑客、名校贷等10多个校园金融平台贷款近60万元后，因过度借贷无力偿还而跳楼身亡。

【案例分析】 "多头贷"的问题不仅仅在于校园贷平台是否正规，更在于从多个校园贷平台进行贷款将直接导致的还款压力问题。

3. 传销贷

传销贷主要指不法分子借助校园贷款平台招募大学生作为校园代理并要求发展学生下线进行逐级敛财。大学生要了解传销诈骗的三个判断标准（是否需要上交会费；是否让发展下线；是否进行逐级提成），也要对各类以"校园贷款"名义进行的有关兼职代理保持警惕,谨防落入传销组织。

【案例】 2017年2月,吉林破获涉150余名大学生的传销式敛财类校园贷诈骗案,主人公小郑以兼职代理身份发展下线并进行逐级提成。

【案例分析】 案例中涉案学生既是受害者又是作案人,多数学生是在并不知情和利益驱使下被不法分子利用。

4. 刷单贷

刷单贷主要指不法分子利用大学生求职心理,以贷款购物刷单获取佣金名义进行的新型诈骗。大学生要高度警惕典型"贷款购物"刷单兼职骗局,求职时一定要选择正规、信誉高的单位,谨防"好心人"主动介绍工作行为。

【案例】 2016年上半年,南京陈同学受诱惑驱使从事"刷单"购手机活动,不料在使用方成功分期购买手机后,实际使用方拒不分期付款并消失。

【案例分析】 帮"刷单"买手机返佣金,手机实际使用方拒不分期付款,此种诈骗与以往刷单兼职诈骗如出一辙。

5. 裸条贷

裸条贷主要指不法债主通过要挟借贷者以裸照或不雅视频作为贷款抵押证据的行为。2016年,借贷宝10G裸条和视频外泄事件不断发酵,借贷宝更是悬赏100万找到源头,"校园贷"背后灰色交易链浮出水面。各大媒体间关于"裸条借贷"这一频发于大学女生与无良借贷者之间的"钱色交易"的各类报道层出不穷。部分高利贷团伙通过一些热门的网络借贷平台向女大学生提供"裸条放款",以超乎寻常的低廉利率诱惑女大学生来借贷,而借贷条件便是要求她们裸体手持身份证拍摄照片或视频,以作为"借条"抵押给放贷人,一旦逾期未能还款,接待人便"有权"将这些裸照流出。

女同学出于对自身声誉的爱护,往往会拼尽全力偿还款项。然而,知情人士爆料:无论还款与否,裸照都可能被传出,有非法组织更以此衍生出"肉偿还款"等灰色盈利链条。2016年爆出"裸条"借贷事件的借贷宝,其利率高得惊人,周利息30%,折算成年利率竟高达1 560%。大学生一旦陷入裸条陷阱,千万不要忍气吞声要主动报告自己的借贷信息,并及时进行报警,用法律维护自己的声誉和权利。

【案例】 2017年4月11日,福建厦门一大二学生因卷入"裸条"校园贷,不堪还债压力和催债骚扰,选择烧炭自杀。

【案例分析】 "裸条贷"往往给借贷者造成心理上的压力,致使借贷人不堪其扰而采取极端做法。

6. 培训贷

这种打着金融创新旗号的"培训贷"实为"校园贷"的新变种,专门坑骗涉世未深的大学生。大学生要树立正确消费观和金钱观,增强自我保护意识,对于涉及校园贷款的项目三思,并及时向学院或家人进行求助。

【案例】 上了3次课,学费加利息高达1.51万多元,天津理工大学学生徐盼盼感觉自己被人坑了。同样认为自己掉入深坑的,还有她的校友孙佳丽。她听了一堂课,背上了7 200元分期贷款,因为有一个月没及时凑齐钱还款,逾期40多天的各种罚金高达6 000

多元。大学生被校园贷逼跳楼的种种新闻,让徐盼盼的父亲心惊肉跳。这几天,这位老实的农民找亲戚凑齐了钱,一次性把女儿的贷款全部结清。而孙佳丽仍在没日没夜打工赚钱还贷,为了赚取1小时15元的收入,她不得不从下午放学后一直熬到深夜,有时候她觉得累得撑不下去,不止一次反问自己,"大学本来是美好的,可在我这儿怎么就成了噩梦?"

经调查发现,他们签署的合同五花八门,合同的甲方分别是几个不同的教育科技公司。按照合同所写,如果违约将交付20%的违约金,如果单方面终止协议,若选择一次性付款的,经甲方同意可退付课程费,需扣除已享受的课程服务费用和20%违约金;若选择其他支付方式,甲方不退课程费。而大部分学生当初被要求分期贷款,因此失去了退费的机会。其中不少学生,报名后一次课都没去上过,也没享受过任何服务,但公司拒绝退款,而贷款公司的催款电话却如期而至,让这些大学生苦不堪言。

【案例分析】 徐盼盼和孙佳丽的噩梦,其实都源自一种变相培训贷。套路如出一辙:先被学长拉去听自称成功导师的讲座;导师许下去名企实习或企业内推的承诺,画出一个"自强成才的美梦";随后经历数小时一对一的游说,大学生们签下几千元至几万元不等的培训合同,并被要求通过第三方网贷公司无抵押贷款交学费。

经调查,大学生们通常被推荐两种培训计划,分为短线和长线。其中短线计划是学生与培训机构签下会员服务协议,费用分4 900元和7 200元两个档次,机构承诺提供14个模块88个学时的课程,以及各种兼职和实习机会等福利。长线计划是学生、培训机构和贷款公司签下的三方投资协议,费用为1.28万元,要求毕业后按照实际月薪的不同比例还款,挣得越多就要还得更多。

国内多所高校的大学生的投诉都有类似的经历,有数百名学生都认为自己被诓骗陷入变相培训贷,想退费维权却处处碰壁,有苦难言。他们中大多数都是家庭条件较差,迫切渴望通过培训学点本事挣点钱,然而背上各种贷款后,他们不得不拼命兼职打工还贷,有的荒废了学业、挂了科;有的甚至由此陷入另一个刷课诈骗的骗局,一无所获还负债累累。此类校园贷诈骗实为诈骗分子通过虚假宣传方式诱骗学生参加贷款缴费。

从以上案例可以看出,高风险的校园贷极易将风险转嫁给家庭。因为大学生有旺盛的消费欲,但是没有稳定的经济来源,所以其还款来源往往来自家庭。特别是这些无良贷款方不文明的催收手段,给借款学生造成极大心理压力。例如众所周知的裸贷事件,再如"关系催收",学生借款时被要求填写数名同学、朋友或亲属的真实联系方式,如果不能按时还款,平台就会把其逾期信息告知该学生的关系圈,严重干扰和伤害借款学生。

四、如何防范校园贷陷阱

(1)大学生要学会理性消费。贷款前要再三考虑借款用途,主动学习一些逾期滞纳金、违约金、单利与复利等基本金融常识,增强甄别能力。同时考虑自己的偿还能力,一定要量入为出,合理、理性、适度消费,合理选择借款金额,注意规避逾期风险,按时还款,培养自己的信用意识。否则名誉钱财双双受损,得不偿失。警惕不要落入过度消费的陷阱,特别提醒同学们尽量不要办理"网上贷款"与"小额贷款",这势必会导致欠款的窟窿越补越大,最终难以承受。如确实需要办理,请事先向辅导员或保卫处、学生处、研究生院等学校相关部门咨询,以防被骗。

(2) 大学生要提高自我保护意识。妥善保管个人的身份证,不轻易对外泄露自己的家庭住址、宿舍住址、父母联系电话等关键信息及个人隐私,更不能贪图小利而帮助别人"刷单"或提供贷款担保,切忌答应他人以自己的名义通过网络借贷平台办理分期贷款。

(3) 大学生要多学习一些法律知识。同学们要知道哪些权利是受法律保护的,以及合法权益被侵害后如何维权。例如,学习包括合同法和侵权责任法、刑法等方面的内容,既可防止侵犯别人的权益,同时当自己的权益受到侵害时,必要时候可以用法律的武器保护自己的权益。

例如,被他人冒用信息而背负巨额债务的学生是否该承担法律责任,关键是要看学生对借贷行为是否知情,以及后续表现。如果学生最开始对别人冒用他个人信息的行为就是知晓的,并积极予以配合,那么他也同样需要对这笔贷款承担还款责任;而若是该学生对他人冒用自己个人信息的行为并不知情,并且放贷平台也存在审核信息不严的过错,那么学生就无须还款。

又如"裸条"借贷,即借款人向放贷人借款时,需要提供手持身份证的正面裸体照片作为"抵押"从而替代借条,同时视借款额度需要提供借款人亲人、朋友的联系方式;若借款人不能按期还款,放贷人则可以公开裸照或与借款人的亲朋联系,以此逼迫借款人还款。由于此类"裸条"借贷具有明显的威胁和胁迫性质,不仅放贷者讨要明显高于国家标准的非法利息属于敲诈非合法财物,而且以散布裸照施加精神强制讨要畸高利息的行为也符合以威胁或要挟的方法强行索要私人财物的要件,目的与手段均具有违法性,只要涉案金额达到了司法解释规定的要求,就可能涉嫌敲诈勒索罪。

(4) 大学生要走正规贷款渠道。市面上一些不良网络借贷平台采取快速下款、降低贷款门槛、隐瞒实际资费标准等手段,诱导学生办理"校园贷",学生一旦贷款,极易陷入"高利贷"陷阱。所以,尽量不参与才是最好的保护。大学生在加强抵制"不良校园贷"的同时,尽量从多个相对正规的贷款平台(如蚂蚁借呗、京东白条等)进行借款。

(5) 大学生要多一分警惕。学生在签订校园贷款合同时,要留意合同的规范性以及详细条款,对公章等信息需要再三确认比对;另外,要警惕和防范打着"中介"或者"代理"名义号称可以提早放款、提额或者减免利息的人员,选择信誉度良好、操作流程规范、审核机制健全的大平台,切莫一味贪图小利诱惑而最终身陷骗局。

【政策规定】 2017年4月10日,银监会发布《中国银监会关于银行业风险防控工作的指导意见》规定:"重点做好校园网贷的清理整顿工作。网络借贷信息中介机构不得将不具备还款能力的借款人纳入营销范围,禁止向未满18岁的在校大学生提供网贷服务,不得进行虚假欺诈宣传和销售,不得通过各种方式变相发放高利贷。"银监会表示,已经和教育部、人力资源和社会保障部联合印发通知:要求现有网贷机构一律暂停新发校园贷,对存量业务进行整改退出。

在监管重压下,校园贷业务平台数量也在急速减少。网贷之家的数据显示,截至2017年2月底,全国有74家互联网金融平台开展校园贷业务,相较于2015年的108家下降了34家。

【案例】 2017年8月3日,正在家放暑假的范泽一向家人称要返回北京学校,随即离家。据范泽一的家人回忆,就在他离家的当天下午,在其卧室内发现了一封遗书,称自己"一步错,步步错",并且说"我的心已经承受不住"。家人立即拨打范泽一的手机,但手机已无法接通。随后,家人立刻报警。

次日,范泽一父亲的手机就开始陆续收到数十条信息,信息内容都是追讨债务。其中一条为:账单今天3时前查不到全款,马上群发通讯录,贴吧通告学校领导及辅导员,并上传个人征信记录,后果严重,自己看着办!

范泽一的父亲还接到多个追债电话,电话里的人在谩骂之后都声称范泽一借了高利贷,现在联系不到他,所以向其家人追债。

8月5日,一具在水中的浮尸被人发现。DNA比对结果显示:溺亡浮尸就是范泽一本人。恢复后的范泽一手机里,有多个网络借贷平台的微信公众号。范泽一从2016年7月开始,从一个名为"速×借"的网络借款平台借了第一笔1 500元,随后就从另外一家网络借款平台借了3 000元钱用于归还"速×借"的钱,然后再从另外的借款平台再借出更多的钱用来归还上一笔欠款。除了"速×借"外,他还在"今×客""哈×米"等网络借款平台上借款。

范泽一的聊天记录显示,这些平台借款后,借款利息很低,但会收取高昂的"账户管理费"。以一家名为"青春×贷"的平台为例,2017年7月31日,范泽一从该平台借款了1 100元,约定的还款日期为2017年8月7日,该平台计算的利息被称为"息费",只有5元钱。但该平台为这笔1 100元的借款开列出了"快速信审费100元""账户管理费395元"。

各种威胁手段也是不良校园贷平台的常用手法。范泽一的手机里就有多条威胁性质的信息。而在另一段由讨债人发送标题为"山东催收团队"的视频中,多名赤裸着上身的男子正在殴打几名抱头蹲在地上的青年。

【思考与研讨】

1. 透过本案例,你认为应该吸取哪些教训?
2. 如果你遇到经济上的困难,你认为应该如何以最小的风险解决问题?

【本章思考题】

1. 大学校园内有哪些犯罪行为会构成对大学生财物安全的威胁?
2. 针对自己的贵重财物,你是如何做好安全防范的?
3. 为避免自己外出时遭遇抢劫,你认为应该做好哪些预防工作?
4. 校园贷都有哪些类型?其安全隐患是什么?
5. 如何使自己避免掉入校园贷陷阱?

第八章

心理健康安全

【典型案例1】

2009年元月某日早晨,某高校一女生被人发现死在校内的一个山坡上。经公安机关侦查,排除他杀的可能,认定是自杀。在整理遗物时发现她在日记上写道,她平时成绩很好,这次期末考试成绩下降,而同宿舍一名平时学习成绩不如她的同学这次却考得比她好,难以接受,整天抑郁寡欢、闷闷不乐,心理极不平衡,遂产生自杀行为。

【典型案例2】

2009年8月28日,某高校一名大二男生,竟在宿舍用床单将自己吊死在床头的栏杆上,他的尸体被同宿舍的室友发现。自杀的男生姓陈,宁德人,是厦门某高校机电科的大二学生,平时性格比较孤僻,不太爱讲话,喜欢独来独往,在同学中也没有什么好朋友,因上学期期末考试有5科不及格,因此在校复习准备补考。事发前,他曾经给自己的同学发过短信,短信的内容大体意思是,功课不及格,自己的压力很大,心情很郁闷。事发后,校方第一时间通知了他的家属。随后,小陈的两个姐姐来到学校,听到弟弟的噩耗,痛哭不止。

【思考与研讨】

1. 是什么导致以上两个案例中的大学生采取自杀方式结束自己的生命?
2. 你自己或周围的同学中是否有心理健康问题?你认为应该如何保持健康的心理?

第一节 大学生心理健康安全基本概念

当今社会的飞速发展,加上激烈的竞争,给人们带来了前所未有的巨大压力,这些压力无形中又以各种形式传导给了大学生。在这样的形势下,大学生会产生各种各样的心理问题,例如,情绪不稳定、心理压力过大、危机感过强、自我封闭等。通常情况下大多数学生能够依靠自身的力量调整心态,化解心理问题。如果不能及时清除心理障碍,很有可能发展为心理疾病,在行为上会容易走极端,从而给自己在大学的学业安全和生活安全带来负面影响。

一、心理健康的定义

心理健康定义:心理健康是指人们对于环境及人们相互之间具有最高效率及快乐的适应情况。这种适应性不仅要有效率,也不仅要有满足感,还要能愉快地接受生活的规范,也就是三者兼具。

心理健康是大学生正常学习、交往、生活各方面得到发展的保证。从现实情况和社会发展需要来看,作为大学生,除了具有良好的思想道德素质和科学文化素质外,还必须具有相应心理素质和适应能力。现代社会的特征是生活节奏加快、竞争意识增强,原有思维方式、行为方式、价值观念、择业观念以及道德规范都发生了巨大变化,要想尽快适应社会,重要的一条是提高心理素质和适应能力。实践表明,心理健康的人往往能保持平静的情绪、敏锐的思维、适应社会环境的行为和乐观的态度。

心理健康安全的定义:心理健康安全有广义与狭义的界定。广义上是指人们在心理上或精神上具有比较稳固的防线,这个防线能抵御外界力量所带来的心理刺激,有效防范各种心理险情的发生;狭义上是指人们面对所处内外环境的情形时所持有的一种追求平稳、不受威胁的应对性心理机制。

大学阶段是大学生一生当中人格发展与完善的关键时期。作为先进生产力的后备军,大学生应该全面加强自身素质的培养,而心理素质作为人的素质结构中的核心因素,对大学生的全面发展起着非常关键的作用。大学生活对大部分学生来说,是走向社会的开始。能否顺利融入校园社会,与学生是否具有健全的人格和良好的心理素质大有关系。由于在校大学生在生理方面正处于生长发育时期,面对来自各方面的较大压力,尤其是学习、就业等方面的压力,尽管他们有着较明显的自我意识,但自我保护、心理适应和社会协调能力却相对较弱。一些大学生在遇到困难和挫折的时候,往往心理无法承受,由此很容易产生一些心理上的疾病,如抑郁、焦虑、暴躁、冷漠、消沉,甚至自残、自杀等。对于大学生的这种现状,高校在健康咨询和心理帮助方面的工作都相对滞后,使得大学生心理问题在出现之后不能得到及时的解决,最终也会导致一些严重的后果发生。

当代的大学生是未来社会建设的主力军,是社会的栋梁,他们不仅需要有为社会做贡献的真才实学,更需要有良好的社会适应能力和健康的心理。目前,部分在校大学生的心理健康问题,严重地阻碍了大学生智力潜能的发挥,阻碍了他们学业的进步、优良道德品质的形成和人际的正常交往。从国际环境来看,经济全球化的迅猛推进,不同文明、文化、生活方式的融合与冲突、矛盾和困惑十分突出;从国内环境来看,随着社会主义市场经济体制改革不断深化,社会经济成分、就业方式、分配方式、利益关系、价值观念等日益多样化,社会思想空前活跃、多变和复杂;从科学技术的发展看,信息网络技术及传播手段发生重大变革,互联网已经成为高校学生获取知识和信息的重要渠道与表达思想、交流感情的重要场所,对大学生的心理产生重大影响;从高校教育自身来看,高等教育进入大众化阶段,大学生群体的规模、素质、结构及其社会地位发生了深刻的变化,交费上学压力大,自主择业不顺,家庭贫富差距大,不同背景同学之间矛盾等,都会引发当代大学生的心理困惑和问题。

二、心理健康的标准

良好的心理素质是保障学生安全的内在原因,健康的心理在很大程度上能杜绝心理性安全事故的发生。结合我国大学生的心理特征及其特定的社会角色,我国教育部确定了大学生心理健康七条标准。

(1)保持对学习较浓厚的兴趣和求知欲望。
(2)保持正确的自我意识,恰当地接纳自我。
(3)协调和控制情绪,保持良好的心境。
(4)保持和谐的人际关系,乐于交往。
(5)保持完整统一的人格品质,培养健全人格。
(6)保持良好的环境适应能力,正确认识环境并处理个人与环境的关系。
(7)心理行为符合年龄特征。

从以上标准可以看出,心理健康实际上表明了一个人在生理、心理上与社会处于相互协调的一种和谐状态。为了加深对大学生心理健康标准的理解,需要强调如下内容。

(1)心理健康意味着具有正常的认知能力。心理健康的大学生通常具备敏锐的观察力,强而持久的记忆力,良好的注意力以及思维能力,这些主要体现在学习和解决问题的过程中。其次,能充分认知自己,对自己的能力作出恰如其分的判断。

(2)心理健康意味着能正视现实、接纳他人。心理健康的大学生能够面对并正视现实,对周围的事物和环境有客观的认识和评价。能妥善处理生活、工作中的困难,他们乐于与人交往,接受并容纳他人,人际关系和谐,在社会中有较强的适应能力和较充足的安全感。而那些不敢面对现实或怨天尤人者,则无法适应现实,他们游离于集体生活之外,与周围的人格格不入,这都是心理不健康的表现。

(3)心理健康意味着能协调、控制好自己情绪。心理健康的大学生的积极情绪总是可以使其处于优势状态,虽然他们也会有消极的情绪体验,但对不良情绪能通过适当渠道加以宣泄,调整自己的心态,在社会允许的范围内不断改善自己待人处事的方式方法。

(4)心理健康意味着具有合理的行为。这是心理健康的具体表现,合理的行为是指行为方式与年龄特点和社会角色一致,并且具有一贯性和理智性。心理健康的大学生会尊重师长,善待同学,能做到行为端正。

(5)心理健康意味着具有健全的人格。健全的人格是指心理和行为和谐统一的人格,即气质、能力、性格、理想、人生观等各方面平衡发展。心理健康的大学生具有积极进取的人生观,能把自己的需要、愿望、目标、行为统一起来。

(6)心理健康意味着具备优良的意志品质。心理健康的大学生有着明确而合理的目标,在实现目标的过程中能排除各种困难并克制自己的不良欲望,表现出的是果断、坚韧、克制、有毅力。

三、心理健康的特征

一个心理健康的大学生应具备如下特征。

(1) 智力正常。智力通常叫智慧,也叫智能,是人们认识客观事物并运用知识解决实际问题的能力。智力包括求知欲、自控能力、创造力和沟通能力等多个方面。具备正常的智力水平是人们生活、学习、工作、劳动的最基本的心理条件。

(2) 情绪稳定与愉快。情绪稳定与心情愉快是心理健康的重要标志,它表明一个人的中枢神经系统处于相对的平衡状态,意味着机体功能的协调。情绪有积极情绪(如高兴、愉快、惬意、满意、激奋、有趣、欣慰等)和消极情绪(如悲观、失意、苦闷、悲痛、担忧、恐惧、愤怒、伤心、绝望等)之分,积极情绪能提高活动的水平,有利于身心健康,而消极情绪则降低活动的水平,不利于身心健康。心理健康的人,他的情绪是愉快和乐观的,这种乐观、愉快的情绪,是以对生活、工作和事业的正确态度为基础的。虽然也有悲、忧、哀、愁等不良情绪,但能主动自我调节,同时能适度表达和控制自己的情绪,使自己成为良好心境的主人。如果一个人经常愁眉苦脸、灰心绝望、喜怒无常,则是心理不健康的表现。

(3) 人格完整、和谐,行为协调统一。心理健康的人,其气质、能力、性格等人格构成要素的各个方面均能获得平衡的健全的发展。对前途充满信心,富有朝气,勇于上进;对自己从事的工作和事业,积极热情,认真负责,不怕困难,脚踏实地,表现出坚强的意志品质。一个心理健康的人,其行为受意识支配,思想与行为是统一协调的,并有着良好的自我控制能力。如果一个人的行为与思想相互矛盾,注意力不集中,思想混乱,做事杂乱无章,就是心理不健康的表现。

(4) 良好的人际关系。心理健康的人,善于与他人建立起良好的人际关系。在与人交往过程中能与人为善,容纳别人,乐于助人,富有同情心,关心别人的痛苦、欢乐、兴趣和爱好,真心相待,在社会生活中有自己知心的同学和朋友。人生活在社会中,就要善于与人友好相处,助人为乐,人的交往活动能反映人的心理健康状态,人与人之间正常友好的交往不仅是维持心理健康的必备条件,也是获得心理健康的重要方法。

(5) 良好的适应能力。人生活在纷繁复杂、变化多端的大千世界里,一生中会遇到多种环境及变化。一个人心理健康与否,主要是依据他对外界环境的适应来判定。心理健康的人,不管在什么环境中,都能应付自如,处变不惊;能自觉能动地去认识和改造环境,使自己的机体同环境关系保持协调平衡;在困难和挫折面前,能够自我安慰、自我解脱。

(6) 积极向上,愿意学习。心理健康的人,对人生有着积极的态度和高度的热情,他们孜孜以求,永不满足,具有坚忍不拔的毅力,不断超越自己,能以阳光进取的心态努力学习人生所需要的能力、知识、技能。

虽然人的心理健康也不一定在每一个方面都有表现,但只要在生活实践中,能够正确认识自我,自觉控制自己,正确对待外界影响,使心理保持平衡协调,就表明已具备了心理健康的基本特征。

第二节　大学生心理安全隐患

安全感是人的基本需要之一。大学生在大学期间，种种矛盾冲突交织在一起，再加上我国社会正处在社会转型与变革的时代，一些来自社会的影响和自身的缺陷使得大学生容易产生许多心理问题。虽然大学生独立意识和竞争意识很强，但社交能力和心理承受能力却很弱，面对社会价值观的混乱、个人遭遇的种种不顺利等，大学生有着太多的迷茫和心理问题。教育部曾对12.6万名大学生进行过调查和测试，发现存在明显心理障碍者达20%~23%，每年全国高校大学生因失恋、考试失败、人际冲突、生活受挫等导致自杀者达数十人之多。以下是大学生常见的一些心理安全问题。

1. 自卑心理

主要表现为：悲观、忧郁、孤僻、自信心不足、怕见生人、不敢与人交往、唯恐别人笑话自己、对自己前途完全失去信心等。自卑心理主要是对自身不恰当的自我评价和不恰当的自我认识而形成的一种自我否定的情绪体验。有自卑心理的人在主观意识上总是觉得自己比不上别人，对自己缺乏信心，有低人一等的感觉，害怕跟别人交往，在人际交往中对自己的能力评价过低，心理承受能力脆弱，谨小慎微，瞻前顾后等，结果导致他们性格内向，人际关系冷漠。自卑心理在某种程度上会影响到他们的人际关系质量，甚至会影响到他们今后在社会上的发展。自卑心理主要是由以下几种原因引起的。

（1）过多的自我否定。据调查，相当一部分学生刚刚步入社会，缺乏人际交往经验，缺乏在公众场合表达自己以及与他人交往的能力和勇气。面对各种各样的活动，既充满了兴趣又担心失败，总摆脱不了消极的自我暗示；久而久之，失去自信，回避参与，从而也妨碍了良好人际关系的建立。人际关系的疏离，反过来又促成情感的孤独。

（2）受挫折影响和心理或生理等方面的不足。一些大学生抱有许多不切实际的幻想，希望将其变为现实，他们会付出种种努力甚至刻意地追求。当这种需求持续得不到满足时，就产生了挫折感和失落感，挫折和失落也容易给大学生带来紧张、抑郁、愤怒、焦虑、自卑、恐惧等心理。大学生在激烈的竞争中进入大学，而现实和理想存在很大差距，如学校没有想象中的完美，专业没有想象中的理想，学习没有想象中的轻松。因而产生很压抑的消极情绪，适应环境困难，表现在厌学、学习动机不强，问题比较严重的存在学习困难、学习障碍。一些学生对学校产生了恐惧的心理，怀疑自己的学习能力。

（3）个人虚荣心较重。一些学生因家庭比较贫困、出身低微、单亲家庭等，或者是因自己身材矮小、相貌丑陋、学习差等，都可能会产生自卑心理。目前，我国高校在校生中约有20%是贫困生，而这其中5%~7%是特困生。他们中有些人虚荣心太强，经不起贫困带来的精神压力，总觉得穷是没面子的事，不敢面对贫困，与同学相处敏感而自卑，采取逃避、自闭的做法，有的同学甚至发展成自闭症、抑郁症而不得不退学。

（4）自暴自弃，缺乏进取精神。个别学生可能是因为生理的原因、遭遇挫折和心理创伤、性格因素、家庭教育问题以及需要得不到满足等原因，而自暴自弃、性格内向，对任何事都不感兴趣,采取不闻不问、漠不关心的态度,终日随波逐流,无所事事。

【案例】 2018年12月13日,在云南昆明冶金高等专科学校读书的大二学生张隋鸿失踪6天后,人们在一个公园里发现了她的遗体。张隋鸿的家人伤心欲绝。一个鲜活的生命就这么没了,真的很让人遗憾。家人看到张隋鸿写给他们的遗书后,更是后悔不已。以下是张隋鸿遗书中的部分内容:

"亲爱的爸爸妈妈:

对不起,女儿不孝,先走一步了。从小我就特别羡慕那些有钱人家的孩子,想要什么就有什么,什么也不用担心、不用考虑,我因为家庭条件不好,在别人面前永远抬不起头来。从小我就比同龄的孩子听话、懂事,在别人眼里我一直都是一个乖乖女。我从来不敢和你们要求什么,我知道爸爸妈妈为了我和妹妹,每天都很辛苦。每次和你们要生活费我都很难开口。还经常因为钱和你们吵架,现在我都不怎么敢和你们打电话了,我怕听到你们的声音我就会哭。其实我一点也不坚强,有时候我也会一个人想一些事情,想着想着就哭了,但是又不想给你们知道。

爸爸妈妈,其实我压力很大,因为家庭困难,而我心态又不好,所以从小我就比别人承受着更大的压力。有时候我会大半夜都睡不着,有时候又会从梦中惊醒。最近我每天晚上都感觉好冷好冷,冷到骨头里去了,我好像都抑郁了,不愿和别人交流,想一个人待着。我害怕面对眼前的一切,甚至害怕活着,我不想承受这么大的压力。我想要解脱,想要灵魂的自由。所以,爸爸妈妈,我选择了离开这个世界,我知道你们养我长大不容易,我还没来得及孝敬你们,原谅我的懦弱,我真的没有办法面对这个世界。

……

爸爸妈妈,女儿不孝,女儿走了,我爱你们,不要为我伤心,来世我还做你们的女儿。我选择离开这个世界,也许是错误的选择,但我不后悔,我到另一个世界会过得很好。你们也要好好活下去,再见,我最爱的爸爸妈妈,不孝女家家绝笔。"

【案例分析】 一个含苞待放的生命就这样戛然而止,留下的是亲人无尽的悲痛和眼泪,社会也为之惋惜,同时,更多的人应该从中吸取一些教训。女大学生作为一个弱势群体,心理非常脆弱。一些家境贫困的女大学生同样有着对美好生活品位的追求,但受家庭经济条件差所限,她们得不到这一切,看到周边经济条件好的同学而感到自惭形秽,这也使她们在同学面前感到抬不起头。如果她们不能很好地调整心态,得不到及时的心理疏导,很可能会产生较重的自卑心理,导致悲观厌世,甚至会发生类似的悲剧。因此,大学生不要过于追求物质上的攀比,要把学会做人和学习上的进步当作自己最大的追求。

2. 孤独心理

孤独是一种感到与世隔绝、无人与之进行情感或思想交流、孤单寂寞的心理状态。一个拒绝把自己融入集体的人,孤独肯定格外垂青他。性格孤僻的学生可能是由很多原因造成的,包括性格、挫折、父母离异或经常吵架等。另外,自尊、自负、自傲也会引起孤独感的产生。有些学生性格孤僻,常常觉得自己是茫茫大海上的一叶孤舟,不愿意与人交往,却抱怨别人不理解自己,不接纳自己。心理学把这种心理状态称为闭锁心理,由此产生的一种感到与世隔绝、孤独寂寞的情绪体验称为孤独感。孤独者往往表现得萎靡不振,并产生不合群的悲哀,从而影响正常的学习、交际和生活。这类学生因为生活背景、观念、性格等不同,交往和沟通起来相对比较困难,有些学生为了逃避交往障碍,往往就不愿意与同学继续交往,或不愿意参与集体活动。在师生沟通方面,他们因为怕老师,也很难和老师建立起一种良好的关系。这些情形一旦形成习惯,就很容易出现情感上的孤独感。

3. 嫉妒心理

嫉妒是对他人的优势地位在心中产生不愉快的情感。当别人比自己强(如学习、相貌、人缘等),表现出不悦、自残、怨恨、愤怒甚至带有破坏性的负面感情。嫉妒是在人际交往中,因与他人比较发现自己在才能、学习、名誉、外貌等方面不如他人而产生的一种不悦、自惭、怨恨的心理。其特点是:对他人的长处、成绩心怀不满,抱以嫉妒;看到别人冒尖、出头,心里不甘心,总希望别人落后于自己;嫉妒还有一个特点,就是自己没有竞争的勇气,往往采取挖苦、讥讽、打击甚至采取带有破坏性的不良行动给他人造成危害。嫉妒会影响正常思维,造成人格扭曲,从而也严重阻碍了人的心理健康和交际能力,给大学生成人和成才带来莫大的困难。

【案例】 小A与小B是某艺术院校大三的学生,同在一个宿舍生活。入学不久,两个人成了形影不离的好朋友。小A活泼开朗,小B性格内向,沉默寡言,小B逐渐觉得自己像一只丑小鸭,而小A却像一位美丽的公主,心里很不是滋味,她认为小A处处都比自己强,把风头占尽,时常以冷眼对小A。大学三年级,小A参加了学院组织的服装设计大赛,并得了一等奖,小B得知这一消息先是痛不欲生,而后妒火中烧,趁小A不在宿舍之机将A的参赛作品撕成碎片,扔在小A的床上。小A发现后,不知道怎样对待小B,更想不通为什么她要遭受这样的对待。

【思考与研讨】 小A与小B从形影不离到反目成仇的变化令人十分惋惜。请问:
1. 引起这场悲剧的根源是什么?
2. 如果是你遇到有同学发生这种情况,你会建议她们如何处理好人际交往关系?
3. 嫉妒心理有哪些危害?为什么说嫉妒心理是影响大学生正常交往的重要原因?
4. 你认为大学生应该如何克服嫉妒心理?

4. 报复心理

所谓报复,是在人际交往中,试图以不满、怨恨甚至是攻击性的方法发泄那些曾给自己带来挫折或伤害的人的一种心理。报复心理是一种属于情感范畴的狭隘心理,它极富攻击性和情绪性。报复心理和报复行为常发生在心胸狭窄、个性品质不良者遭到挫折的时候。据社会心理学家研究表明:报复心理的产生不仅同个性特点有关,而且与挫折的归因和环境有关。报复的目的大多是索回自己受到损害的利益,报复行动常常以隐蔽的形式进行,因为报复者常常以弱者的身份出现,他们没有足够的心理承受能力和公开的反击能力,所以只有采取隐蔽的方式来进行报复。这种心理给报复者的人际交往带来了莫大的阻力和压力。想改变这种心理,需要提高报复者自身的自制力,要重视报复结果的危害性,学会宽容。

【案例】 2018年11月,四川电影电视学院安仁校区"女生入男生宿舍"事件的众多传言引起公众关注。事件发生后,学院立即进行了调查。4名涉事男同学均表示涉事女同学发布的所谓"发生关系"等纯属臆造,无中生有。涉事女同学陈某某则承认,以上内容均系其在"情绪不稳"状态下为了个人目的臆造杜撰发布的,是无中生有。该女同学随即删除了先前所发内容,并发布了"道歉说明"微博博文。

11月7日,警方介入事件调查。成都大邑公安部门按照相关程序对一女四男5名涉事同学进行调查讯问。学校密切配合警方展开对事件的深入调查。经过讯问和调查,警方公布调查结果:该事件确系涉事女生陈某某恋爱遇阻,为引起网络关注,在"情绪不稳"状态下杜撰发布了有关内容。警方调查结束后,涉事男生已返回学校。学院随即按照警方建议展开对涉事男同学的情绪安抚工作。涉事女同学陈某某则暂时被家长领回家中教育,并进行心理疏导。

5. 走极端心理

所谓走极端心理,是指一个人的心理失去了常态,容易走极端,要么极其脆弱,消极悲观;要么极其强烈,疯狂冲动;要么极其冷漠,无动于衷;要么极其激动,举止失措。一些大学生自我控制和自我调适能力较低,所以易于感情用事,喜怒无常。情绪好时待人处事合情合理;情绪差时,拒人于千里之外。由于大学生的心理发展尚未成熟,处于心理敏感期,自制力差,遇事容易走极端,同时会产生一些其他消极情绪,如悲伤、焦虑、紧张、恐惧等,陷入消极的情绪中无法自拔。他们遇事不能冷静地思考,甚至会出现一些过激行为,失去生活方向、蔑视生命价值的学生也大有人在。特别是有些学生面对挫折和困难时,选择了自残、自杀、报复他人或报复社会等极端方式。近年来,大学生自杀的人数呈明显增长的趋势,伤人事件也时有发生。某大学曾发生过这样一个悲剧,一个品学兼优的学生,从小学到高中总是班上第一名,因为进入大学后的一次数学考试不及格而一时想不开,选择了自杀,走上了绝路。

【案例】 2006年夏的一天,某教室正上着数学课,课堂上,一男生被老师抽查到黑板前推导一道公式,老师启发再三他仍眉头紧锁,还和老师犟嘴,一向以严格著称的老师非常恼火,极不客气地批评了他,并半开玩笑地斥责他脑袋是木头做的,甚至扬言期末考试考上80分也不让他及格,并在黑板上写了大大的字——"蠢猪"!他自尊心受到了极大的伤害,觉得无法接受这样的现实,心理承受了不能承受之重,他便用了最简单,也最愚蠢的办法——吃安眠药自杀来解决问题,所幸被人及时发现才避免了这一场大祸。

【案例分析】 轻生是一种极端行为,原因有很多。现在大学生压力要比以前大得多,因此就想寻找各种方式缓解压力。但是如果没有一个好的渠道去进行缓解,可能就会产生人生比较失败的消极想法,也可能是从前失败的痕迹与现在的失败产生共振,让这样一种力量成几何级扩大,最后把这样一种情绪聚集在一个点上。可以说,愤怒的力量越大,压抑愤怒的力量也就越大,最后发泄出来的力量就越大。那么,在某一个时候,这种力量也会作用于自身,自杀或报复自然就成了自身宣泄愤怒的需要。还有的就是目标和自身能力产生差距,没有正确认识自己,摆正心态,那么负面心态一直积聚,到最后也可能完全否定自己,而寻找自杀这种解脱方式。现在许多学生都是独生子女,从小没受过挫折,面临压力就会选择逃避,这也是一种很危险的心态。

6. 猜忌心理

猜忌心理表现为受到委屈或遭到贬抑后,思想上产生"意结",常常因为一些小意见和得失而烦恼,不能自拔,遇事好猜疑,万事计较。一些大学生自我意识强烈,自尊心要求迫切,而且心理承受能力低,当他们意识到某种威胁自尊的因素存在时,就会产生强烈的不安、焦虑和恐惧的心理,当自尊心受到伤害时,就会生气、愤怒,常常神经过敏、多疑,总感觉别人有意与自己过不去,从而出现猜忌心理,疑神疑鬼。他们常常因为一点小事就出现强烈的情绪波动,感觉自己的猜忌是对的,因此经常与同学老师等发生摩擦,有时甚至会因为一点小事就与同学大打出手,轻则犯错误,重则触犯刑法。

【案例】 一对上大一的恋人,双方都任性幼稚,恋爱半年后常因互相猜疑及琐事闹别扭,一闹就歇斯底里,一个哭一个哄,寻死觅活。今天女的扯颈部装饰用的水晶珠吞下,明天男的恼羞成怒牛饮洗手液……折腾了两三个月,无心向学,耽误了不少课,全年级的师生为此而鸡犬不宁(出走后连夜满世界找寻,为防其自寻短见,轮流值班半夜暗中看守)。学院政工老师为他们费尽了脑子:耐心细致地开导,请心理咨询师调解,班干们密切注意他们的情绪变化,通知家长到校陪护……但这两位心智不够成熟的恋人,硬是一直在闹,不顾期末考试将近,连其中一位家长都无能为力地表示:这样不听劝就只好"随她去吧!"最后是"冷处理",强行让家长分别领回去在家休养,分开并离开特定场景后两人情绪才渐渐稳定下来,后两人在学籍上作了些调整,严重影响了学业。

【案例分析】 相当一部分大学生心态不成熟,凭着自己青春期的冲动,把任何事物都看得很美好。他们缺少挫折锻炼,心理承受力太弱,遇事就猜忌别人跟自己过不去或另有企图。另外,在大学里,可能无形之中同学之间会有一个比较,如同宿舍的人都有男(女)朋友了,但是自己没有,那么可能就造成一个心理落差,情绪上很不稳定,精神比较空虚。有的则是一旦失恋后就痛苦不堪,无法恢复自己正常的生活学习,好像没了恋人就无法生活了似的。

7. 逆反心理

逆反心理是指人们彼此之间为了维护自尊,对对方的要求采取相反的态度和言行的一种心理状态。逆反心理是一种反常心理,若不及时采取有效的对策来克服和防治,就会逐渐演变为病态心理或犯罪行为。具有这种心理的人常常以"顶牛"、和老师学校对着干的反常心态显示自己的高明、非凡。由于大学生独立意识和自我意识日益增强,迫切希望摆脱家长和老师的监护,反对他们继续把自己当作孩子。为了表现自己的非凡,就对任何事情持批判的态度。加上学校教育的手段、方法、地点的不适当,往往会导致逆反心理。

8. 抑郁心理

抑郁心理是一种情绪低落、遇事多虑甚至焦虑的心理现象,是急躁的一种反面极端。有抑郁心理的学生常表现为心情沉重、高兴不起来、郁郁寡欢、度日如年、痛苦难熬、不能自拔。有些人也可能出现焦虑、忧伤、悲观、绝望、易激动、紧张不安等现象。大学生如果不能从抑郁状态摆脱出来,乐观面向人生,有时后果会不堪设想。

【案例】 小林以当地第一名的成绩考入北京某重点高校,第一学期期末,本来踌躇满志准备获取奖学金的她未能如愿。她的情绪从此一落千丈,变得郁郁寡欢,无心学习,也无法处理好与同学的人际关系,还整夜失眠。最后不得不去医院精神科检查,结果诊断她是患了抑郁症。

【案例分析】 据一项对大学生抑郁症的抽样调查显示,大学生抑郁障碍疾患率为23.66%,据此推算,北京患有抑郁症的大学生不少于10万人。在大学生中有抑郁现象的比较多,究其主要原因,是由于自我价值没有得到很好的体现。一般这样的学生情绪都比较低落、不稳定,不爱搭理人,做事情没有兴致,时间长了,容易造成心理情绪积聚,对学习、生活肯定会造成影响,严重的则会患上抑郁症。如果没有找到正常渠道发泄,可能会沉迷于一些自己觉得是正确的事物上面,如网络。这就需要周围的人群关注他们,给他们温暖,生活中有这种情绪的大学生也要多和身边的朋友谈心、交流,释放出自己的压力,以缓解这些症状,从而恢复到正常状态。

9. 焦虑心理

焦虑心理是一种情绪反应,是个体对当前或预感到的挫折产生的一种紧张、忧虑、不安而兼有恐惧的消极的情绪状态。不少大学生的心理素质较低,面对越来越大的现实压力和精神负担,任何一次小小的挫折或困难都有可能成为把他们压垮的最后一根稻草。进入大学以后,除了学习自己的专业课,大学生还要自学一些社会急需的课程,再加上辅修专业的学习,计算机、英语过级考试的重压,长期处于紧张的苦读和临战之中,若就业压力过大,学习效果不佳等,长此下去都会引发神经紧张、失眠、焦虑等心理问题。

【案例】 梁鹏是电影学院导演系的研究生,个子高高的,长得也很帅,但几年下来他有一个很悲观的想法:做导演需要出名,而真正出名的导演又有几个呢?而且自己的家是外地的,从本科到研究生一路走来实在太累了,要协调各方面的关系,这种压力压得他喘不过气来。最终,他办理了退学手续。学校的老师、同学无不为他感到惋惜。

【案例分析】 大学生现在面临的压力确实很大,造成心理的落差也比较大,这是与整个社会发展的形势和家庭的影响分不开的。首先是大学生的就业问题,大学的扩招,让一些学生在上学的时候就对毕业后的就业问题产生焦虑。另外,自己和家庭对前途所设定的目标过高,有的学生有一种为家长读书的想法,想的是将来要怎样报答家长,让家长满意;有的是给自己定了一个不太符合实际的目标,一旦没有实现目标,都可能会产生很大的心理落差。这就需要学生找准自己的人生定位,正确评价和认识自己,无论怎样,知足常乐是不变的法则。另外,不要好高骛远,要脚踏实地一步步走好自己的路。

10. 自负心理

自负心理就是盲目自大,缺乏自知之明,过高地估计个人的能力。有些大学生目空一切、不善人际交往、唯我独尊、爱慕虚荣,他们对自己的品质和才能往往给予过高的估价,从而产生一种狂妄自大的心理,具体表现为:自以为是、任性逞能、目中无人、事事以自我为中心等。虽然在适当的范围内,自负有一定积极意义,它可以激发大学生的斗志,树立必胜的信心,坚定战胜困难的信念,使他们能够勇往直前。但是,自负必须建立在客观现实的基础上,脱离实际的自负不但不能帮助事业成功,反而影响自己的生活、学习,影响工作和人际交往,严重的还会影响心理健康。

综上所述,心理健康隐患已成为影响大学生健康成长的重大问题,如果这些同学不及时让自己的心理恢复到健康状态,就可能会引发很多不良后果。例如,心理不健康的同学往往学习也不好,他们长期受心理问题困扰,无心学习和生活,被心理问题折磨得学业不成。此外,心理不健康同学的人际关系一般都非常糟糕,与同学关系相处不好。他们的所作所为与他人格格不入,伤害他人,自己也很痛苦。还有一些同学因为心理问题而走极端,研究表明,发生在大学生中的轻生者绝大多数都有心理健康问题。他们往往因一些小事而想不开,不顾亲人的感受和痛苦,对自己的生命和身体采取不负责任的态度,轻易自残或结束自己的生命。特别需要引起关注的是,一些具有病态人格的大学生,他们心灵扭曲,怨天尤人,往往认死理,把自己的遭遇归因于社会或他人,具有反社会人格的病态心理,也很容易走上犯罪之路。

【案例1】 李某,大一女生。高中时学习刻苦努力,成绩一直很好。进入大学后,学习依然刻苦努力,但心理压力十分沉重,几乎把所有的时间和精力全部用在了文化学习上。刚开始,她的文化课学习取得了较好的成绩。与此同时,也给自己带来了超负荷的心理压力,她怕看到老师和家长期待的目光,一遇到考试就十分紧张,常伴有口干、恶心、呕吐、吃不好、睡不好等症状,有时考试时甚至手指哆嗦、腹泻等。考试就像一块巨石压在她的心上,成绩也每况愈下。

【案例2】 张某,大二学生,高考成绩一般。考入大学后,虽刻苦有余,成绩却不理想,在班上处于中下游水平。原因是:数学极差。虽然情况如此,但该生对自己提出的要求很高,上数学课时尤其认真,专心记笔记,考试时却手忙脚乱,似是而非,结果与自己的期望值总是差距很大。寒假考试数学竟不及格,而当时班上只有少数同学不及格,其他科也成绩平平。但经过调整,本学期情况发生了180度大转变,第一次数学测验破天荒地考了90分,这给了他极大自信和动力。以后他对上数学课很有兴趣,听得也很明白了,慢慢地对数学产生了信心,不怕考数学了,而且还带动了其他科的学习。

【思考与研讨】 对比上面两则案例,讨论一下我们应该如何调节自己的心理压力?

第三节 大学生心理健康问题产生原因

大学生的心理问题复杂多变,具有独特性,其引发原因多种多样,在具体处理过程中应全面细致地分析其诱因,以便对症下药,迅速有效地解决问题。大体而言,产生大学生心理健康问题的主要原因如下。

一、外部环境因素

1. 社会因素

社会政治经济形势的发展变化是影响大学生心理健康的重要因素。随着改革开放不断深入,竞争加剧、生活节奏加快、毕业等于失业的尴尬、巨大的社会变革等都给大学生心理上带来了很大的压力。近年来,随着在校学生人数增多、校园周边环境复杂化、生活节奏加快、文化多元及价值冲突的加深等现象,这一切必然对学生的思维方式和心理等方面产生巨大的影响。由于大学生在智力和人格上尚未成熟、完善,面对日益复杂的环境,高校大学生也很难独善其身,从而会产生各种心理问题,表现为各种心理上的不适。诸如:焦虑、强迫、恐惧、抑郁、冷漠、固执、消沉、暴躁等,情绪色彩十分强烈,如不加以积极疏导,极有可能导致各类安全问题。近几年因心理问题而休退学的大学生人数在急剧增加,发生在学生中的自杀、打架斗殴、偷盗、自虐、凶杀等事件屡见不鲜,极大地影响了校园的安全与和谐。

2. 学校因素

步入大学校园,大学生开始脱离家庭独立生存,会经历很多生活转变,很多大学生会发现理想生活与现实存在极大反差,面对的并不是梦想中的象牙塔,而是诸多的问题,如情感情绪问题、人际交往问题、学业问题、就业问题和社会适应问题等。还有一些原先非常优秀的学生,进入大学校园后,发现周围比自己优秀的同学更多,一些学生无法接受这些现实,从而可能会产生种种心理疾病,例如:自卑心理、孤独感、神经衰弱和癔症等。就大学生本身来说,原来平静的校园也会遇到各种意外事件的影响,如学生自杀或意外死亡、校园暴力、人质事件等,这些都会给大学生带来极大的心理冲击。此外,随着高教体制改革力度的加大,学校对学生的培养全面引入竞争机制,强调择优意识;与此同时,由于大学更加注重自主学习和独立思考,学习和作息时间大部分由学生自己掌握,这显然不同于中学,客观上增加了对学生学习自主性的要求。再加上大学开放式的生活环境使大学的人际环境复杂化,人际交往的压力更大。而长期以来,高校比较重视理论知识的学习,却对大学生的心理和精神方面的需要疏于引导,一些思想教育也由于缺乏效果而流于形式。在这样的成长过程中,大学生在需要独立面对成长过程中的各种问题时,毫无心理准备,因此必然会引发各种各样的心理问题或心理疾病。大学生有了心理疾病或心理异常若不予以重视,任由发展,或者惊慌失措,负担过重,都会导致各类不堪设想的后果。

3. 家庭因素

如今的大学生都是家里的重点保护对象,可以说是享受尽了家庭和老师的无尽关怀与呵护。他们大部分人很少遇到过什么大的打击,即使生活艰难,这种艰难也是父母、家人在承担,他们对此并没有切身的体会。一旦上了大学,发现并遇到实际困难和问题时,在遭遇挫折和打击时,他们的心理意志就出现问题。概括来讲,家庭因素主要有以下几方面。

(1) 父母对子女爱与教的错位。研究表明,中国绝大多数家庭教育方式存在问题。要么过度保护,要么过于严厉。过度保护导致依赖、被动、胆怯、任性等心理倾向;而过于严厉则导致冷漠、盲从、不灵活和缺乏自尊、自信等心理倾向。这就使学生的社会适应能力较差,他们进入大学,远离家乡,在遇事无人帮助和理解的情况下,很容易出现心理上的不适应。

(2) 家庭成员沟通不够。许多家长对孩子漠不关心,在他们的成长过程中,完全听之任之,顺其自然,家庭成员间缺乏交流,家庭沟通不够,使孩子缺失情感交流与满足,导致孩子性格孤僻,不懂得如何与他人正常交流和沟通。

（3）家庭教育存问题。家长过度溺爱和期望值过高，使家庭教育普遍存在忽视品德发展、人格教育、实践能力和社会责任感等社会性教育的倾向。家长只重视孩子的考试、升学，却不注重孩子的品德发展、交往能力、个性培养以及社会行为规范的培养等。家长的高期望值与孩子自身需求不一致时，家长的一厢情愿便会使青少年感到压抑和不满，给孩子造成疑虑、忧郁等心理疾患，导致孩子高分低能或心理不健全。

（4）家庭出现变故的影响。亲人死亡、父母离婚或遭遇地震、洪水等自然灾害也会造成大学生的心理危机。家庭变故和环境变故等事件会给对相关知识毫无心理准备的人带来健康和生命的威胁。不少人感到紧张、焦虑、恐惧、抑郁，甚至寝食不安，不敢出门，悲观绝望。

（5）家庭是否和睦的影响。家庭的社会经济地位、文化素养、人际关系都会对孩子产生潜移默化的影响。若父母修养良好、家庭关系和睦，特别是父母良好的生活习惯会给孩子心理上带来积极的正向效应；而生活在父母经常吵架、父母离异家庭的子女，大都会有一些心理上的问题。

二、自身因素

1. 心理承受能力脆弱

这方面问题主要表现为以下五种情况。

一是心理不适应变化。现代大学生的心理适应能力普遍都比较低。一方面，来自整个社会的紧张刺激增多带来的巨大压力；另一方面，不少大学生的心理素质远远跟不上社会发展要求。很多学生成长历程过于顺利，极少遭遇逆境，一旦遇到挫折，或惊慌失措、茫然痛苦；或悲观失望、萎靡不振。

二是身体本身患有某些疾病。各种躯体疾病尤其是慢性病，常使人烦躁不安，敏感多疑，情绪稳定性降低，行为控制力减弱，兴趣缺乏，人际关系紧张，严重者可致心理障碍。

三是个性缺陷。大学生阅历浅，知识和经验不足，认识力、理解力、思维力和亲情力都远远落后于成年人。有些大学生感情脆弱，个性特征都不成熟，不能一分为二地看问题，情绪容易波动、偏激，这些都容易导致不计后果的冲动行为。

四是正确的人生观、价值观没完全确立。大学生正处于人生观、价值观逐步确立阶段，而他们面临的是多元价值体系的选择，加之各种社会思潮的影响，使他们人生观的确立变得困难而复杂、动荡而模糊，错误的人生观、价值观往往限制了他们的视野。

五是情绪发展中的不稳定性。大学生正处于情绪最丰富、最动荡的时期，学生的生活非常容易受情绪的左右，面对问题，他们容易感情用事，缺乏冷静思考，有时甚至会以偏概全，失去客观性。

2. 来自各方面压力较大

市场经济中的激烈竞争在促进社会各方面飞速发展的同时亦带来了高速度、快节奏的生活方式。特别是城市生活节奏加快，紧张的生活节奏和巨大的工作压力使人感到精神压抑、身心疲惫。这种模式已经悄然渗透到校园，步入大学想轻松度日已经不可能。而随着教育改革的不断深化，大学里的竞争比社会上的竞争一点也不少。这首先表现在学习上。大学是为社会培养人才的，大学生不仅必须对自己的所学专业，以及相关知识有所了解和掌握，他们需要学习的东西越来越多，他们还必须学习如何有效地支配时间，如何有效学习等。这都给学生的心理带来了极大的压力，因此产生了一系列的心理问题，有些甚至发展成心理疾病。

3. 承载的期望值过高

当今的大学生几乎承载着整个家庭的期望。在中国目前的基本国情下，受教育，特别是受高等教育的人毕竟仍占少数。因此，一旦考入了大学，他们似乎就要肩负起自己和家人的期望与梦想，特别是从边远农村地区考入大学的学生，他们承载的甚至是整个家乡的期望。那里的父老乡亲都觉得，在艰苦的环境和条件下，能够通过自己的努力考上大学，那么，通过自己的努力，完全可以在大学里，以及在以后的人生发展上做得更好。而事实上大学里人才济济，在一个新的集体里，他们是否能像在原来的集体里一样突出是不确定的。并非原来优秀的学生到了大学就一定仍然优秀，即使你考试成绩很好也并不能表示你是一名合格的大学生，学校还有其他考核指标。当学生不能表现得如家长期望的那样时，家长就会不断地给学生压力，使得大学生在大学起步时就背负了过高期望，结果就有可能被这样的期望压垮，产生各种心理问题。自我期许过高，而现实也不尽如人意，心理的不平衡就会加剧，结果必然会导致各种心理问题的产生。

第四节 大学生心理安全问题的防范

大学生心理安全问题不但严重地影响大学生自身的健康发展，而且也给学校正常的教育教学和管理工作带来巨大的困扰，直接影响学校教育任务的完成与教育目标的实现。为了有效改善大学生心理健康问题，需要做好以下工作。

一、从学校角度需要做好的工作

1. 充分发挥学校心理咨询作用

心理咨询通常是运用心理学和有关理论及技术，帮助大学生自强自立，提高应付挫折和各种不幸事件的能力。随着时间的推移，心理咨询被越来越多的人承认和接受，越来越多的大专院校开始设置心理咨询机构。学校心理咨询是增进学生心理健康、优化心理素质的重要途径，也是心理素质教育的重要组成部分。因此，学校通过设立心理咨询中心，不断提高心理咨询的科学性和有效性，指导学生减轻内心矛盾和冲突，排解心中忧难，开发身心潜能，帮助学生正确认识自己、把握自己，有效地适应外界环境。为确保心理咨询行之有效，学校需要设立专业人员坐诊，制定规章制度和日程安排，建立学生心理档案，做到对症下药，为一些需要的学生提供帮助。与此同时，心理咨询机构每年还要对新生进行心理健康普查，区别不同的问题类型与程度，采取不同的应对措施，防患于未然，做到心理问题早期发现、及时干预，预防出现心理安全问题。特别要注意的是，对一些问题学生需要进行追踪,对一些患有特别严重的心理障碍和心理疾病的学生,应及时转送专业医院进行相应的治疗。

2. 开设心理教育必修课

心理素质的提高离不开相应知识的掌握,系统学习心理、卫生、健康等方面的知识,有助于学生了解心理发展规律,掌握心理调节方法,增强自我教育的能力。心理素质教育的效果在很大程度上取决于学生自我教育的主动性和积极性,取决于学生自我教育能力的高低。因此,心理素质教育就是要注重培养学生自我教育的能力,把心理素质教育渗透在各科教学之中。通过各科教学进行心理素质教育既是学校心理教育实施的途径,也是各科教学自身发展的必然要求。各科教学过程都包括极其丰富的心理教育因素,教师在传授知识过程中,要注重考虑学生的心理需求,激发学生学习的兴趣,并深入挖掘知识内在的教育意义,把人类历史形成的知识、经验、技能转化为自己的精神财富,转化成学生的思想观点、人生价值和良好的心理素质,从而提高学生的综合素质。

3. 为大学生心理健康成长创造良好的校园文化环境

大学生的健康成长离不开健康的心理社会环境,大学生心理素质的培养离不开良好的校园文化氛围。校风是校园文化建设的重要内容,也是影响学生心理发展的重要条件。良好的校风会潜移默化地优化学生的心理品质,如团结友爱的校风是学生形成群体凝聚力、集体荣誉感的土壤,有利于使人与人之间保持和谐的人际关系,促进同学之间相互沟通、相互帮助。丰富多彩的校园文化活动有助于培养学生乐观向上的生活态度和健康愉悦的情绪特征。因此,学校要重视校园文化建设,开展形式多样的文体活动和学术活动,形成健康向上的氛围、宽松理解的环境,从而帮助学生深化自我认识,充分发展个性,改善适应能力。

二、从大学生角度需要做好的工作

1. 大学生要重视心理健康问题

心理健康是大学生掌握文化科学知识的重要保证,有了良好的心态,不仅能取得好的学习效果,而且有益于终身的发展。一个具有健康心理的大学生应有着稳定、乐观、热情、积极向上的情绪。因此,大学生要不断主动增强和培养自己的健康心理意识,倡导主体自我教育,树立主体意识,并体现为主体参与,不断提高自我生存、自我调控、自我激励、自我发展和自我认知的能力,使心理健康的自觉意识不断得到增强,并学会运用自我心理调适的方法,消除心理困惑,适应复杂的社会环境变化,以一颗平常心面对自己、面对集体、面对社会。此外,大学生要不断增强心理卫生意识,学习一些心理卫生知识。掌握一定的心理卫生知识,就等于把握了心理健康的钥匙,在必要时就可以用来进行自我调节。这可以说是掌握了心理健康的主动权。

2. 培养科学、合理的生活习惯

良好的生活习惯,有序的生活,安定的环境,是保证心理健康的前提。既要适度安排学习时间和分量,同时要适当安排文娱和体育活动,使自己的神经系统有张有弛,有交替和更新,从而保证自己的身心都得到发展。许多住校大学生是第一次过自主的生活,面对着课程、实验实践活动、校园生活、讲座、学术交流与研究等众多的学业活动。为了有条不紊地进行并达到目标要求,大学生必须尽快建立起合理的生活秩序,做到以下三点:①用来进行学习的时间要适当;②确立合理的生活节奏;③注意用脑卫生。

3. 注意培养和发展自己多种爱好

大学生要学会适应和应对各种压力,以培养自己适应环境和调控心理的能力,在挫折中学会成长。在学校期间,大学生要主动参与多方面的文体娱乐活动,让自己有更多的兴趣,丰富自己的课余生活,增进人际交流,从这些活动和爱好中找到生活的乐趣。这样就可以在寂寞孤独、烦闷忧郁时,通过自我娱乐缓解内心的压抑,这对心理健康是极有好处的。与此同时,也要积极主动参加各种形式的学术交流活动,为营造良好的学习氛围贡献力量。此外,大学生还要勇于参与社会实践,从而在实践中正确看待人生、看待社会。

4. 培养健康的情感和情绪

情感和情绪是人对客观事物是否满足自己的需要而产生的态度体验。它和人们的身心健康关系密切,是心理因素中对健康影响最大、作用最强的成分。人的任何活动都以情绪为背景,并伴有情绪色彩。愉快而稳定的情绪和情感对人的活动有增力作用,能激励大学生刻苦学习,积极进取,乐于承担社会义务,促进人际交往,提高克服困难的勇气,增强对挫折的耐受力,促进人的身心健康。而苦闷、抑郁等不良情绪或情感,能削弱人的意志,降低活动能力,使人头昏脑涨、记忆混乱、注意力分散、思维迟钝、学习效率降低,长期下去会严重地影响大学生的身心健康。因此我们在日常生活和学习中,要学会保持愉快的情绪,维护良好的心境,重视情感的自我调控。为此,首先要学会合理的宣泄,找到充分表达自己情绪的方法,既不要压抑自己,也不要放纵自己。其次,对于消极情绪,要学会几种自我疏导、自我排遣的方式。如幽默就是一种很好的调节方式,有助于保持心理健康。当然,在忧郁的时候,找知心朋友或亲人倾诉,也是一种转移忧郁心理的方式。总之,不要对一件令人沮丧的事总去注意,一定要将注意力转移到别的事物上去,暂时离开这件不愉快的事,使忧闷排遣出来。

5. 建立良好的人际关系

建立良好而真诚的人际关系,是非常重要的心理保健途径。在与他人交往过程中应该意识到,现实生活中的每个人都不可能是完美无缺的,在个性、行为习惯、价值观念和情绪状态等方面都可能会有各自的优点与不足。因此,对他人要有一种宽容的态度,不要期望过高,对他人期望过高,往往会产生失望感,其结果是使自己的心理平衡受到干扰,对自己造成更大的不良影响。要学会很好地处理与同学、朋友及老师家长的关系;在集体中受欢迎并有自己的朋友,保持和发展融洽和谐的人际关系;情绪愉快而稳定,善于自我调节;不断培养自己适应各种社会环境和自然环境的主动性与自觉性。

6. 树立符合实际的奋斗目标

一个心理健康的人,应该能对自己的能力作出客观的评价,并依此付诸社会实践,做到这一点,对于保护个体少受挫折及充分发挥才能等都是非常重要的。因此,不要对自己过分苛求,把奋斗目标确定在自己能力所及的范围以内,使自己通过艰苦努力,能最终实现这一目标。这些成功的体验,对于维持心理健康是极为重要的。大学生要以积极进取、服务于社会的人生观作为自己人格的核心,并以此把自己的需要、愿望、目标和行为统一起来,树立远大理想,以天下为己任,从而产生强大的学习内驱力,推动自己努力完成学业,自觉攀登科学高峰。树立切实的目标还包括不盲目地处处与人攀比和竞争,每个大学生应根据自己的实际情况,选择竞争的领域。这样,一方面有利于充分发挥自己的优势,争取获得成功;另一方面也会有助于身心的健康发展。过高的期望是产生挫折感的一个重要因素。

7. 要正确地认识自我

自我意识是个体对自己以及人我关系的认识和评价,它在人格形成、发展和人格结构中占有极重要的地位。个体的认识、情感、意志都受其影响和支配。大学生自我意识的发展状况既是以往心理发展和健康状况的反映,也是现阶段心理健康和人格发展的新起点。在影响大学生心理健康的诸因素中,自我意识不健全既是构成心理疾患的重要因素,又是心理不健康的重要标志。因此要提高学生的心理健康素质,最重要的是必须解除学生自身存在的不正确的"自我观",培养其健全的自我意识。正确地认识自我,了解自身的心理健康实际,培养健全的自我意识非常重要。在学习方面,要把求知、增长才干看成一种人生乐趣,爱好广泛,努力学习,刻苦钻研,自觉完成学习任务,善于正常发挥自己的潜能,胜不骄,败不馁,不断获得满足感和成就感,能冷静地分析问题、解决问题。

8. 培养健康的心理

各种心理问题是影响大学生安全完成学业的一大障碍,绝不能掉以轻心。为了培养健康的心理,需要做好以下努力。

(1) 消除逆反心理。学生首先要培养自己的社会适应能力,在广阔的社会中,磨炼自己的思想情操,树立正确的人生观和世界观,做一个对社会有贡献的人才。其次是要从积极的意义上去理解善意的批评,只要抱着宽容的态度去理解这些事情,也就不会逆反了。再次是学生要正确认识自我,把握自我,努力改善自我,平时常提醒自己遇事尽量克制,多进行沟通,增加信任度,也就多了一份理解。最后是要求家长和教师多注意孩子的心理需求,及时了解他们在想什么,想做什么,多听他们的呼声,理解他们的欢乐与苦恼,放下长辈的架子,与学生建立起平等的长幼关系。

(2) 消除自卑孤独心理。产生自卑孤独心理的原因是多方面的,消除自卑孤独心理关键是对自己现存力量感到满足。教师要帮助学生分析他们的优点,正确作出评价,发挥自己的长处;其次是千方百计提高自信心;最后是通过以勤补拙和扬长避短来克服自卑。

(3) 消除敏感与脆弱心理,培养坚强的意志力。消除脆弱心理首先学生要树立正确的人生观、世界观,提高认知水平;其次是提高学生自控水平,培养耐挫能力;再次是克服悲观消极的心态,树立自信心和上进心;最后是教给学生释放消极情绪、摆脱悲观失望的方法,即通过组织他们参加社会实践来提高他们的心理承受能力,培养多方面的兴趣来转移注意力,多结交知心朋友,寻求社会力量的帮助(如看心理医生)等。

(4) 树立正确的挫折观。挫折是一种客观存在,谁都不可避免。我们要教会学生对挫折有正确的认识和思想准备,使其对在学习、生活中可能出现的挫折与困难事先有充分的估计。心理上有所准备,就会减轻挫折感,增强战胜挫折的信心与勇气。事实证明,适度的挫折经历,对于个人挫折承受力的锻炼和培养是十分重要的。因为对挫折的承受力也是一种能力,也是可以通过学习获得的。著名心理学家马斯洛说:"挫折对于孩子来说未必是件坏事,关键在于他对待挫折的态度。"

总之,大学生要做到心理健康,身心是否健康是关系到成才与否的头等大事。只有健康的心理素质和健康的生理素质相结合,加之其他积极因素的相互作用,大学生成才就有了可靠的内在条件。

【案例】 小军(化名),男,20岁,某大学大二学生。大一刚入校时,朴实的装束、憨厚的性情和不善言谈的性格给老师和同学留下很深刻的印象。他勤奋好学,成绩出众。在一次偶然的机会中,他遇到一个女孩子,女孩那热情开朗、能说会道的性格,像花一般甜甜的笑脸给他留下很深刻的印象。整个上午,他的眼前一直浮现着她的笑脸。那一天晚上,他失眠了。以后,他整个人都变了。想向她表白,又缺少勇气,整日精神恍惚,学习热情一点儿也没有了。他经常在人群中寻找女孩的身影,想看她一眼,和她说一句话。有一天,他看见她和一个男生在一起有说有笑的,心里不知是什么滋味。他想把她忘掉,却总是失败,每次在路上遇到她,总要不由自主地多看她一眼。他觉得自己真是没用,唯一的办法就是离开她,离开学校,可是,想起父母的嘱托和自己的前程,他内心矛盾万分。

【思考与研讨】 请你根据自己所学到的知识,为他排忧解难,告诉小军该怎么办,并试着谈谈你的看法。

【本章思考题】

1. 大学生心理安全为什么很重要?
2. 心理安全问题都有哪些类型?各自都有哪些危害?应该如何防范?
3. 如何才能确保大学期间保持一个快乐、健康的心理状态?
4. 你是否存在心理健康问题?如果存在,你将如何恢复正常的心理状态?
5. 请你注意观察周围同学中存在哪些比较典型的心理健康问题,你认为应该如何帮助他们。

第九章

大学生人际交往安全

【典型案例】

小李从北方来到南方一所省城大学读书,临行前家长反复叮嘱儿子,在大学里要注意与同学搞好关系,这样在学校生活才会愉快。进校后,小李时刻告诉自己要搞好同学之间的关系,但小李与班里一位南方同学在对一些现象的看法上出现分歧,经常斗嘴,导致彼此不服气,互相看不起,矛盾时有发生。而那位南方同学用小李的话说就是比自己更会处理人际关系,到最后班里不少同学都站到了自己的对立面。小李与其他同学的关系开始变得紧张起来,大家都不理解他、不信任他,少数同学甚至奚落他。小李感觉自己受到孤立,对其他同学也开始充满怨恨和不信任,进而猜疑和反感,只要有同学当着自己的面嘀咕几句,就认为他们是在说自己的坏话,从而心里十分苦闷。而那位南方同学却好像整天都过得很开心、很快乐,看到这一切,小李感到无能为力的同时又十分伤心,心胸开始变得狭隘,一度产生了退学的念头。

【思考与研讨】

1. 小李在人际交往方面存在哪些问题?你遇到过类似的现象吗?
2. 运用本章所学习相关内容,你建议他如何处理这一问题才有利于化解矛盾。

第一节 大学生人际交往安全基本概念

一、人际交往定义

人际交往是指人与人之间通过一定的接触,在心理上或行为上相互作用、相互影响的过程。人际交往体现了人与人之间的关系,包括亲属关系、朋友关系、同学关系、师生关系、雇佣关系、战友关系、领导与被领导关系等。

人是社会的人。很难想象,离开了社会,离开了与其他人的交往,一个人的生活将会怎样。但是,每个个体均有其独特的思想、背景、态度、个性、行为模式及价值观,在与他人交往和相处过程中,必然会或多或少出现认识或行为上的差异。因此,人际交往过程需要相互理解、相互适应、相互学习、相互包容。

　　人际交往是人与人之间的一种互动。良好的人际交往会对个体产生积极向上的影响,而紧张的人际关系,不利于个体的全面健康的发展。在校大学生正处在人生的黄金时期,在心理、生理和社会化方面开始逐步走向成熟。大学生要想建立起良好的人际关系,就要结合自己的个性特点,以积极的态度和行为对待人际交往,找到合适的方法并培养自己良好的人际交往能力。同时,正视自身存在的问题,不要因个人问题影响人际交往。

　　当今社会,是一个人际交往、合作与竞争的社会,中国与世界接轨,职业流动性的增大和自主择业,对当代大学生的人际交往能力提出了更高的要求,同时也使他们的人际交往呈现出新的特点。人际交往质量如何将对每个大学生的情绪、生活、工作都有很大的影响,甚至对校园风气、校园文化及个人与高校之间的关系均会产生极大的影响。通过人际交往建立起良好的人际关系,是大学生身心、个性健康发展的前提,也是其归属感、安全感、幸福感的依托。培养大学生自己良好的人际交往能力,不仅是自己愉快过好大学生活的需要,而且也是使自己将来能够更好地适应社会的需要。

二、人际交往能力

　　所谓人际交往能力,是指妥善处理自己与他人关系的能力,包括与周围环境建立广泛联系和对外界信息的吸收、转化能力,以及正确处理上下左右人际关系的能力。简言之,人际交往能力就是在一个团体、群体内与他人和谐相处的能力。人际交往能力一般包括以下内容。

　　(1) 与人交往过程中的表达能力与理解能力。表达能力意味着一个人是否能够将自己内心的思想准确地表达出来,还要让他人能够清楚地了解自己的想法。一个人的表达能力,能直接地证明其对社会适应的程度。社交中受人欢迎、具有魅力的人,一定是掌握了社交表达技巧的人。社交表达的基本技巧包括适时、适量、适度三个方面。反之,面对与他人的沟通与表达,也需要培养自己的理解能力,就是要做到善解人意,正确理解他人的表达内涵,在内心形成互动。

　　(2) 让自己融合于周围人际生活的能力。人际融合能力主要是指与周围的人、群体能够和谐相处的能力。融合于人际生活的能力表明了一个人能够接纳和理解他人的程度,该能力的强弱与一个人的思想品德、知识技能、活动能力、创造能力、处理人际关系能力以及健康状况等都密切相连。大学生要勇敢地面对人际生活、走进人际生活,享受人际生活的乐趣。当然,融入人际生活中并不意味着没有任何原则地去苟同一些消极落后的东西,更不是与他人的不良行为同流合污。而是在与周围同学的融洽相处过程中做到抑恶扬善、弘扬正气、相互学习、取长补短、共同进步。

　　(3) 处理人际交往问题的能力。良好的人际交往能力经常表现为在面对交往过程发生矛盾或问题时,敢于直面问题,主动承担责任,善于在冲突中发现自己所需要的、有价值的信息,用有效的办法解决现实人际关系问题并化解矛盾。大学生在校期间要与来自五湖四海的同学打交道,由于家庭和受教育背景不同、个性不同、价值观不同等原因,不同学生之间交往过程中难免会产生矛盾,搞不好甚至还可能会激化矛盾。要处理好人际关系矛盾,就要注意在人际交往过程中不要随波逐流、人云亦云,要培养自己独立思考的能力,培养自己发现真善美和解决矛盾的能力,学会包容和理解,从而增加自己在同学中的认可度和亲和力。

三、人际交往安全

在各种校园安全问题中,由于大学生人际交往问题而引发的恶性伤人或者自杀事件占据了越来越大的比例。因此,当代大学生的人际交往安全问题,成为影响高校内部安全稳定的重要因素之一。实践证明,人际交往质量如何会影响到大学生的情绪和情感变化。友好、和谐、协调的人际交往,有利于大学生对不良情绪和情感的控制与纾解。此外,人际交往也会影响大学生的精神生活。大学生情感丰富,在紧张的学习之余,需要进行彼此之间的情感交流,讨论理想、人生,诉说喜怒哀乐,人际交往正是实现这些愿望的最好方式。通过人际交往,还可以满足大学生对友谊、归属、安全的需要,可以更深刻、更生动地体会到自己在集体中的价值,并产生对集体和他人的亲密感和依恋之情,从而获得充实的、愉快的精神生活,促进身心健康。

"独学而无友,则孤陋而寡闻。"圣人孔子的这一言论从反面道出了人际交往对人成长成才的重要性。现实告诉我们,当代大学生人际交往能力并不理想,这主要表现在大学生的交往主动性较差,在交往中表达理解、人际融合以及解决问题等方面的能力均有不足之处。一些同学在人际交往中往往以自我为中心,不善于和他人协同合作,或者对对方期望过高,缺乏理解、认同和宽容,或者崇尚个人英雄主义,崇尚个人奋斗,拒绝交流和帮助。此外,大学生缺乏社会经验,思想单纯,看待问题过于理想化。这些人际交往的问题如果不能引起重视并得到改善,大学生就会在人际交往中经常碰壁,难免会受到身心伤害,一些同学会因此影响到自己学业顺利完成,甚至因情绪化而伤人或伤己,有的还会以自残、自杀来应对人际交往出现的问题。

第二节 大学生人际交往的重要性

(1)人际交往是大学生交流信息、获取知识的重要途径。人际交往是一种获取和交流知识信息的社会活动,通过人际交往,可以克服人在认识上的盲点,拓宽人的知识视野。通过在校期间人与人之间的互动方式,大学生可以相互传递和交流信息,丰富自己的经验,增长见识,开阔视野,活跃思维,从而使思想得以升华。所以,人际交往是大学生认识和完善自我的重要手段。大学生人际交往既有利于提高学习和工作效率,也有利于培养合作意识和全局观念,彼此互相在学习、工作中团结协作、互相支持、取长补短,汇聚起大家的聪明才智,更好地增长见识,从而得到共同的进步和提高,为将来取得事业的成功、人生的幸福做好准备。

(2) 人际交往是提高大学生社会适应能力的必由之路。当代的大学生正面临步入社会的考验,他们希望能够了解广泛的社会信息,因此也少不了人际交往。对于正处在学习、成长阶段的大学生来说,人际交往是其生活的基本内容之一。正是与同学、室友、老乡、老师、班级以至学校之间等错综复杂的社会交往,构成了大学生人际交往的网络系统。可以说,现实社会中的每一个体都是生活在一张错综复杂的人际关系网络之中,其成长与发展都是依存于人际关系这一张大网。一个没有良好人际交往能力的大学生,就像是个一意孤行的人,盲目且无助,永远不会找到自己的人生定位和方向。

(3) 人际交往有利于促进大学生身心健康发展。处于青年期的大学生,感情丰富、思想活跃,他们渴望通过人际交往这一途径获得友谊,满足自己物质、精神上的需要。一个大学生,如果心胸狭隘、目光短浅,缺乏积极健康的人际交往,就不能正确对待自己和别人,容易形成心理、精神上的巨大压力,难以化解各种心理矛盾和问题,严重的还可能导致病态心理,如果得不到及时的疏导和治疗,很可能会形成恶性循环而严重影响身心健康。反之,具备良好人际交往能力的大学生,大都能保持乐观的态度、开朗的性格和热情的品质,能够正确认识、对待各种现实问题,化解在生活、学习中遇到的各种矛盾和问题,从而形成积极向上的人生态度,迅速适应并顺利度过自己的大学生活。

(4) 人际交往是大学生个性发展和人格完善的重要途径。个性品质的形成和人格的完善,除了先天遗传因素的影响外,更重要的还来源于后天环境的塑造。一个大学生如果长期生活在和谐友善的人际关系中,就很容易形成与人为善、乐观开朗、积极向上的个性品质,从而在群体中能充分展示自己的聪明才智,充分享受大学集体生活的健康快乐与成长进步。积极的人际交往可以帮助大学生提高对自己和他人的认识,并在比较中发现自身的不足之处。在人际交往中,大学生彼此可以相互学习,相互取长补短,共同进步。可以说,大学生只有全面认识他人,深刻反思自己,才能在人际交往中愉悦心灵,建立和谐关系,从而获得其个性品质的发展和完善。

(5) 人际交往是大学生走向成功的重要保证。一些用人单位的负责人表示,员工的交际与沟通能力越来越成为企业在市场竞争中获胜的重要资源,因而用人单位在招聘时更加看重求职者的情商沟通能力。面对用人单位开出的招聘条件,更多的大学生感受到了人际交往能力的重要性。一项针对大学生职业适应能力的调查显示,有41.98%的学生认为人际交往能力的训练是找工作时对自己特别有帮助的教育内容,大大超过了专业能力训练(14.9%)、基础知识与技能的训练(17.5%)和心理素质教育(17.5%)等其他知识能力。而在回答通过择业你感到自己特别欠缺的素质是什么时,选择人际交往能力的比例竟高达34.8%,同样排在分析与解决问题的能力(28.8%)、操作技能(25.9%)、基础知识(4.6%)等之前,位列首位。调查结果表明,越来越多的大学生意识到,人际交往能力的欠缺已经成为求职路上的拦路虎。

(6) 人际交往有利于集体成长和社会协调发展。大学生入学后,环境发生了改变,使得他们有迫切适应新环境、结识新朋友的需要。而人际交往正是协调集体关系、形成集体合力的纽带。一个具有良好人际交往氛围的班集体,能促进大学生优良个性品质的形成。

如正义感、同情心、乐观向上等，这些都是在民主、和睦、相互友爱的人际关系中培养起来的。良好的人际关系还能够增进学生集体的凝聚力，成为取得集体荣誉和成绩最重要的支撑因素之一。

第三节　大学生人际交往安全隐患

每个成长中的大学生，都希望自己有一个良好的人际关系。但是，大学生对如何提高自身的人际交往能力、完善自身人格魅力、保持良好的人际关系状态，往往都不太清楚。这导致其在性格、能力、学识、体态、交际手段与社会经验等方面还相当的欠缺。大学生人际交往能力的欠缺，再加上大学生缺乏社会经验，思想单纯，看待问题过于理想化，使得其在人际交往中会产生一系列安全隐患。

一、真实世界人际交往的安全隐患

（1）以自我为中心导致矛盾和冲突。如今的大学生大多是出生于"00后"的独生子女，在成长过程中往往备受家庭的呵护与宠爱。他们在人际交往中，更习惯于从自己的立场、观点出发，对别人期望高、要求严，而对自己则约束少、要求低。他们在与别人交往时，大都只顾及自己的需要和利益，强调自己的好恶而较少考虑别人的感受。如在与他人相处时，不顾场合，不考虑别人的情绪，高兴时，就眉飞色舞、手舞足蹈地高谈阔论；不高兴时，就郁郁寡欢，谁都不理，或是乱发脾气，漠视他人的处境和感受。由于交往中缺乏换位思考，习惯以自己的思想、情感和需要为中心，不知道体谅他人，导致与其他同学之间时常发生矛盾和冲突，甚至会使矛盾激化，结果被其他人所排斥，以至于慢慢脱离群体，使自己在人际交往中陷于孤立。

（2）交往缺乏深度导致知音难觅。长期以来，由于学校普遍重视追求分数与成绩，忽视人际交往能力的培养，导致大学生出现智商高、情商低的现象。高校教学方式的相对滞后，致使大学生在人际交往方面没有机会得到有效的指导与帮助。大多数学生都认为在人际关系中，往往处理不好与他人相处、沟通、交流等问题。虽然与同学保持融洽关系还比较容易，但交知心朋友很难。一些学生自我封闭，在自己与社会、班级、同学之间筑起了一道心理屏障，甚至影响到学习和大学生活，妨碍自己的全面发展。例如，复杂的社会环境和纷繁的网络信息迫使大学生自我保护意识不断增强的同时，也导致同学间的关系只有广度而缺乏深度，知音难觅。

（3）交友不慎导致犯罪。一些同学不注意交友质量，喜欢拉帮结派，愿意无原则地去结交一些表现不好的酒肉朋友。有的学生被社会上一些违法犯罪分子引诱，迷失自我，最后做出触犯国家刑律的事，被开除学籍。还有的同学相互之间受不良思想和行为的影响，无视校纪校规，在人际交往中过度情绪化，重哥们儿义气，不分青红皂白和是非曲直，只图一时之快，破坏学校正常教学秩序，特别是在面对朋友与同学间发生矛盾和纠纷需要帮助时，有时会因情绪的感染或从众心理而感情用事,为朋友而大打出手,造成群体性事件,甚至群殴伤害,导致为了哥们儿义气而触犯法律法规或学校的规章制度,最后受到严厉处分。

(4) 功利意识导致人际交往障碍。青年学生反应敏捷,容易接受新思想、新观念、新事物。随着社会物质生活的丰富,功利意识在大学生人际交往中体现得也日益明显,越来越多的大学生开始重视人际交往的物质实惠。虚荣心和互相攀比所带来的人情消费占大学生消费总额的比例有不断上升的趋势,致使人们在不知不觉中产生了"嫌贫爱富"、追逐名利的思想意识,大学生在选择朋友时也越来越注重自身的经济利益和家庭经济背景条件。个别学生将功利主义作为人际交往的指导思想,表现为有用的才交、无用的不交,用处大的深交、用处小的浅交的交往观念。社会贫富的分化,经济条件的差异,也致使"穷学生"与"富学生"间产生了交往壁垒。一些经济条件不太好的学生会在同学间受到排斥,感到压抑,自我封闭意识增强,人际交往因此陷入困境,容易产生自卑心理,人情冷漠,性格孤僻,导致不愿意与人交往,人际关系疏远。

(5) 涉外交友不慎导致害国害己。随着我国对外开放的进程加快,高等教育国际化程度越来越高。中国学生海外游学、留学、交流等更加普遍。从国内看,高校中的外教、留学生越来越多,中国大学生与外国师生交流、联系日益频繁。大学生在与老外的交往过程中,除了有机会接触和学习先进的外国文化、科技和理念外,也难免会接触到不少反面的东西。例如,一些国家的外教利用授课机会,散布抹黑中国的言论;还有的外教以学术名义,打探收集中国的机密信息;还有的外国人,利用中国人对学习外语和结交外国人的迫切心情,利用有些大学生爱慕虚荣的心态,经常采取欺骗等手段,夸大自己的财富背景,尤其是对女大学生经常搭讪、纠缠和赤裸裸的性骚扰。不少学生经受不住利诱,贪图小利,出卖肉体和灵魂,甚至错误地认为与外国人交往甚密就表明自己正走向国际化,最后才发现自己被外国人欺骗、玩弄和利用了,悔恨不已。

(6) 自卑心理导致难以合群。有自卑心理的大学生在交往中常常表现为缺乏自信,畏首畏尾,遇到一点挫折便怨天尤人,害怕受到别人的轻视和耻笑。自卑的人总是有一种社交焦虑感,他们在公共场合下有紧张、焦虑不安的情绪,害怕与人打交道。表现在课堂上就是害怕和老师交流、回答问题,害怕和同学进行辩论或小组探讨,在情绪上总是过分紧张、胆怯、焦虑,害怕成为课堂焦点,害怕别人背后议论,害怕当众出丑,担心回答错误,害怕语言表达不出来,尤其是担心别人看不起自己。其实在他的内心深处本质上就是自己看不起自己,即缺乏自信。实际上,自卑的人并不一定能力真的低下,而是他们往往考虑得太多,在交往中总希望自己的形象理想完美,惧怕受挫或遭到他人的拒绝。因此,他们一般都比较敏感,喜欢把自己封闭起来,把自己的真实思想、情感掩盖起来,严重者对任何人都不信任,怀有很深的戒备,隔断了与他人的交往。这种心境使自卑者在平时的人际交往中往往不能充分展现自己的风采。此外,与自卑相伴而生的还有嫉妒和怨恨,部分自卑的学生在才能、成绩、荣誉、容貌等感觉不如别人时,由自卑、羞愧、愤怒转变为怨恨,这种情绪进一步限制了交往的范围,抑制了交往的热情,甚至会形成"视友为敌"的偏见。

(7) 自控能力弱导致与他人爆发冲突。有的学生自制能力弱,且性格孤僻、心胸狭隘,易冲动,不能正确处理好与同学间的关系,常为一些小事与人发生争执或爆发冲突。

这类学生往往性格内向,存在严重的报复心理,在与人交往过程中缺少相互理解,遇事不冷静,缺少宽容、忍让之心,一旦看不惯别人做的事,听不惯别人说的话,当即反驳,毫不留情,稍遇不顺就怀恨在心、伺机报复,许多吵架斗殴等起因都是因为一些小事。其实,双方谦让一下就相安无事了。然而,这类大学生年轻气盛、血气方刚、往往好一时冲动,总说一些不该说的话,做不该做的事,非要一争高低,把事情对立化、严重化,从而影响了与其他同学之间的和谐关系,也导致身边的朋友越来越少。

【案例】 林同学,女,20岁,是通信工程专业二年级学生。人小体弱,情绪消沉,说话低声细语,羞怯而不自然。她自称经常无法入睡,睡眠质量很差,无法坚持学习,心情很糟糕。经仔细询问深谈才知道她与同学关系不和,致使自己孤独苦闷。

林同学来自河南省一个偏僻乡村,父母均是农民,母亲积劳成疾,患有多种慢性病,姐弟二人,家庭比较贫困。她性格内向,不善言语,喜欢独来独往,很少与人交往。但她从小很节俭,从不与同学攀比,学习刻苦,成绩优异。然而自上大学之后,她发现以前的生活方式完全不适合大学生活。她想融入班集体中,却不知道如何与人交往,怎样处理和宿舍同学、班级同学的人际关系,这使她伤透了脑筋。一年多来,她和班上同学相处很不融洽,跟同宿舍人曾经发生过几次不小的冲突,关系相当紧张。她经常独来独往,基本上不和班上同学交流,集体活动也很少参加,与同学的感情淡漠。她觉得自己没有一个能相互了解、谈得来的知心朋友,常常感到特别的孤独和自卑,长期的苦恼和焦虑使她患上了神经衰弱症。经常的失眠和头痛使她精神疲惫、体质下降。她本想通过埋头学习的方法来减轻痛苦,然而,事与愿违,由于她学习精力很难集中,效果很差,成绩急剧下降,后来竟出现考试不及格的现象。她感到恐慌,失去了坚持学习的信心。这种心理使她逐渐对大学生活失去了兴趣,迷失在自己编织的网中,一度出现自暴自弃的现象。

【案例分析】 通过对上述案例情况的深入了解,从心理学专业知识判定,该同学属于人际关系障碍。其产生的原因主要有以下几个方面。

1. 自我认知偏差

人际交往困难容易诱发大学生心理问题。在人的心理过程中,认知是基础,直接影响和决定着情感与意志,主导着行为取向。正确的认知会产生健康的情感和意志;错误的认知则导致消极的情感、意志与不良的行为。自我认知是人们对自己的认识或评价。该学生在人际关系问题上的认知和对自我的认知存在一定的错误,对人际关系的意义和重要性缺乏明确的认识,缺乏认真思考和积极面对的态度。

2. 性格缺陷

性格是一个人稳定的态度体系和习惯了的行为方式,是个性结构的重要组成部分。良好的性格可以改变和弥补气质的某些消极因素,对人生具有积极意义。同时良好的性格是身心健康的基本保证。相反,不良的性格不仅严重影响人际关系、人的成长与进步,而且十分有害于身心健康,容易导致心理疾病。该同学的性格内向、孤僻,不善于表达自己,还有些自我封闭,对人际关系有着消极作用。她既不会也不愿主动与同学接触,导致同学之间缺乏相应的了解和理解,造成感情冷漠,关系很不融洽。一旦与同学发生矛盾,又不能正确处理,这样与同学之间的交流必然会不顺心如意。

3. 人际交往能力缺陷

人与人的沟通、交往是需要一定能力的，该同学因为本人性格和家庭生活原因，不善于与人交流，缺乏人际交往的能力。平时她不爱说话，经常独来独往，不善于为人处世，缺乏这方面的锻炼，造成了与宿舍同学和班级同学不融洽的局面。当与同学发生矛盾或冲突后，她束手无策，不会去化解矛盾，改善关系。其人际交往能力的缺陷也是她陷入人际关系困境的一个内在因素。

总之，该学生这三方面存在的问题形成了她人际关系的心理障碍，使得这位本来成绩不错的学生在一年多的大学生活中陷入困境。她不仅没有处理好人际关系，而且因此也损害了自己的身体，造成对生活的恐慌，失去了坚持学习的信心。

二、虚拟世界人际交往的安全隐患

在现实中，人们常会感到这样或那样的困惑，却不便于对身边的朋友倾诉。这时，借助网络的虚拟性、交友范围巨大等优势，双方可以突破时间、空间的局限，突破尊卑、疏密关系的界限，以完全平等的身份畅谈、倾诉，从而达到缓释紧张情绪、交流思想、增进友谊的目的。近年来，随着社会发展的不断进步、高科技产品的不断涌现，电脑互联网发展迅速，应用日益广泛，大学生人际交往的方式和渠道也更加多样化。大学生越来越多地通过手机微信、QQ和E-mail等虚拟方式实现一对一或一对多的交流。因此，以非直面性、身份隐蔽性、思想情感表达随意性、自由性、超时空性为主要特征的网络交往已成为大学生时髦的、新型的人际交往最重要方式之一。

由于大家在网上交流是以对话的模式、匿名的身份进行的，避免了现实交际过程中的各种细节讲究，从而使交友更加方便、快捷。网络虚拟世界架起了一座人们充分沟通的桥梁，使人们可以冲破年龄、性别、地位的重重隔阂，给大学生创造了更多方便相互沟通的机会。

但是，不容忽视的是，网络交往在扩大大学生人际交往圈子，给大学生提供宣泄不良情绪的途径，激发他们的想象力和创造力的同时，也对大学生的人际交往带来了一些负面的影响，一些网络人际交往安全隐患也开始越来越多地暴露出来。

（1）在虚拟世界上当受骗。网络世界毕竟是虚拟的，以真名实姓上网交友的极少，绝大多数网友的姓名、性别、年龄、长相、爱好等资料都是假的，这也给一些不法分子利用网络交友进行犯罪活动带来了机会。不法分子利用大学生容易沉迷于网络和辨别能力不强的性格特点，通过网络的方式对大学生进行欺骗，一些不法分子正是利用网络的虚拟性，以交友为名，设置一些诱人的陷阱，如介绍工作、介绍对象、介绍理财产品、介绍参加有高额回报的推销产品队伍，诱使大学生上当受骗。更有甚者，一些大学生贸然去会见网友，不光浪费了时间与金钱，还使自己的身心遭受了巨大的创伤。

【案例】 女学生李某长得挺漂亮。她有许多网友，大家都聊得很好。渐渐地，她发现和其中一个男生特别投机。一次不太在意的见面，让女孩更加心仪对方，因为她发现男孩比想象中好很多，从此网恋就变成了现实中的恋爱。长时间相处后，女孩发现男孩有许多像自己这样从网上骗来的女朋友。男孩一直在欺骗她，这就如晴天霹雳，李某心里接受不了这样的事实,没有心思做任何事,甚至要割腕自杀。

(2)沉溺虚拟世界,逃避现实。网络虚拟交往使人无法感受到现实人际交流的情感色彩,长此以往必然引起交往者的情感匮乏而趋向冷淡。加之大学生一旦在现实交往中受阻,就会转向虚拟世界里寻求安慰和满足,更容易引起大学生现实生活中人际交往的冷漠,形成恶性循环,许多大学生宁愿把心中的烦恼向网上的陌生人倾诉也不愿意告诉家人和现实中的朋友。一些学生沉迷于网络交往,从而忽视现实生活,遇到问题习惯于舍近求远,通过网络寻找情感发泄口,逐渐形成恶性循环,导致更加沉溺于网络,脱离现实,最终将深陷退缩孤僻、自我封闭不能自拔,致使人际交往出现淡漠与疏离,交往能力下降。

(3)虚拟交友方式导致人际关系疏远。本来,大学期间由于参加各类课程、校园活动、体育锻炼以及聚餐等,同学之间的交往应是最为密切和频繁的。但一些大学生脱离现实,自我封闭,沉溺于网络,他们很少参加丰富多彩的集体活动,无法在更广阔的人际范围内进行交往,从而也没有机会与他人直接接触和交流,难以形成相互之间的友谊和感情。由于缺乏参与以集体和小组为主的活动,无法学会与人打交道的技能,致使人际交往出现淡漠与疏离,最终导致性格孤僻。

(4)网络孤独症导致荒废学业。很多大学生由于强烈的好奇心,对什么都十分新奇,把在网上与他人交流视为大学生交友的新时尚。但由于网络人际交往具有虚幻性、匿名性的特点,沉溺于网络人际交往的人在现实生活中容易引发心理障碍。这种人际交往心理障碍主要体现为网络孤独症、人际信任危机和各种人际交往冲突,大学生出现此类心理危机后,他们会失去对学习和生活的兴趣,而将更多的精力投入网络交往中去。殊不知网络交往不过是虚拟空间的一种游戏,许多人上网交友,都是逢场作戏,玩玩而已。有的同学沉溺其中,整日只想着网络中的虚拟朋友,无心学习,最后导致荒废学业。

【案例】 2014年4月,荆门某高校学生高某通过手机QQ认识了袁某某,两人很快发展成了男女朋友关系。7月,二人到广东打工,其间袁某某与另一名同伙骗到高某的银行卡密码,偷偷取走卡内的1万元现金,两人各分得5 000元。9月初学校开学,高某与袁某某一同回到荆门,高某多次找袁某某索要卡内的1万元交学费,袁某某称将钱借给了他人。9月26日,袁某某以借钱给高某交学费为由,将高某骗至巴东县,将其手机应用程序加密成关机状态不让其与外界联系,并同另一名同伙多次以高某在他们手上为由给其父亲打电话勒索2万元钱。后警方介入,才将罪犯抓获。在网络上交友不慎这件事给高某带来的教训非常深刻。

三、异性交往的安全隐患

异性交往是大学生人际关系中不可缺少的组成部分。科学研究表明,异性相吸是自然界的一种现象。大学时期正是个性成熟的时期,处在集体学习生活中的青春期大学生对外交往的范围越来越广泛。青春期特有的生理、心理特点,使得异性同学之间更易于产生思想、感情上的沟通和交流。男女同学之间的正当交往和相处不仅应允许,而且是有益的。与异性朋友的结交是友谊交往中顺理成章的事情。

异性之间交往一般来说要么是为了爱情,要么是为了友谊。因此,男女生之间交往要分清爱情与友谊的界限,掌握好两者间的尺度,交往中双方还要互相尊重,不要影响对方与他人的交往,以免造成不必要的误解,使自己或对方受到伤害。异性交往虽然是大学期间的一种常见现象,但如果搞不好,也会产生一些安全隐患。

(1) 友谊与爱情不分导致互相伤害和痛苦。一些大学生不能从思想上和行为上分清友谊与爱情的界限。人总是有感情的,在友谊和爱情之间并没有一条不可逾越的鸿沟,超过一定的限度,可能自己也分不清哪是友谊哪是爱情了。大学生一般年龄都在20岁左右,正处在青春期性成熟阶段,性意识、性能量处于最旺盛时期,对于异性的一切充满好奇,随着友情的发展,双方联系更加密切,一些大学生不能正确区别和处理友谊与爱情的关系,分不清友情与爱情的界限,有可能会产生错觉,从而把友情幻想成爱情。在强烈的性冲动下,没有经过缜密考虑和相互间深入了解就贸然冲动,把原本只是一般异性朋友之间的友谊提升到谈情说爱的程度。一旦发现对方并不是自己理想中的爱的对象,就会后悔和痛苦,同时也会给对方身心造成巨大的伤害。

(2) 个别男生以玩弄女性为乐趣。有些男生在与女生交往过程中心术不正,他们频繁主动与不同的女生交往,不是为了关心帮助同学,也不是为了加深对女同学的全面了解和理解,锻炼自己的适应性,与女同学建立起友好、合作的融洽关系。而是利用花言巧语,玩弄女性感情。他们往往是以"来者不拒"的心态处理与异性的关系,并不考虑行为的后果和可能要承担的责任等。实际上这种心态和做法都会对女生带来极坏的安全隐患,也是与社会道德相悖的。所以男生要懂得尊重女生,严于律己,将自己的思想和行为约束在一定的纪律、社会道德与法律范围内,以免铸成大错;女生也应当洁身自爱,不要被表面现象所迷惑,避免因放纵而造成悲剧的发生。

(3) 因"光环效应"而付出惨重代价。所谓"光环效应",是指在人际知觉中所形成的以点概面或以偏概全的主观印象。与过去相比,现在大学生越来越早地涉足爱情的领地,走进爱情世界的人也为数不少。但如果对异性只看重外表帅气或靓丽,而在对人的具体全面观察上缺乏谨慎,在没有经过长期深入了解对方的情形下就开始与对方谈情说爱,这样很容易为今后感情发展埋下隐患。现在大学生因投入感情受骗上当的事例比比皆是,其中主要原因就是轻率、轻信、重表轻里、感情用事、因一叶障目而丧失了基本判断。原本应该是美好的爱情,却可能产生负面结果,如荒废学业、情操丧失等,双方可能不仅要为此付出情感的代价,而且身心也会受到打击,以致这种阴影会伴随其一生。特别是一些女大学生缺乏自我保护意识,面对网络上的一些不法分子,不能正确识别好坏,为假象所迷惑,陷入网恋中不能自拔,耽误了自己的青春,甚至浪费了大学宝贵的时间,追悔不已。因此,特别是女同学,在与异性交往时应该有必要的防备心理。

【案例】 2014年9月9日,南京栖霞公安分局民警在仙林大学城安排了一场测试:让一位年轻帅气的男民警驾迈腾轿车,以找路为由搭讪女大学生。结果,被搭讪的5名女生中,4人上了陌生人的车。

【案例分析】 警方据此认为,女同学乐于助人,但缺乏必要的警惕性,防备心理缺失,安全防范意识整体薄弱。人的外表帅气实际上是一种假象,坏人很容易利用这一点进行作案。如果现实中这些女大学生真遇到了坏人,后果不堪设想。

(4) 不良行为败坏学校风气。对于大学生来说,青春期特有的生理、心理特点,使得异性同学之间更易于产生思想、感情上的沟通。但一些同学不是正确地去认识、了解异性,不是去学习和吸取异性同学身上的优点,更不是注重自己的性格发展和人格塑造,而是为吸引异性处处表现出自己争强好胜的特点,在异性朋友面前总是爱炫耀自己,或者是花钱如流水,或者是争狠斗勇,或者是炫富摆阔等,从而败坏了学校的风气。这种行为与当代大学生朴实无华、崇尚学习的主流格格不入,因此,在学校也往往会受到广大同学的鄙视。

(5) 与异性交往加重心理障碍。大学生大都处于生理成熟期,性意识增强。这时期渴望与异性交往。但又由于性心理的不完全成熟,生活经验不足,对青春期的性冲动和性要求理解不当,会产生紧张、恐惧、羞涩的情绪,甚至做出不正确的行为。异性交往本来是很正常的社交活动,同时也是一个一直令大学生棘手的社交问题。有一些学生在不良心理因素的作用下,与异性交往时总感到要比与同性交往困难得多,最后导致心理障碍,自责自卑,以至于不敢、不愿甚至不能和异性交往。

【案例】 某大三男生,称得上高富帅,多才多艺,是校话剧团的骨干。父母都是高校教师,但他们因性格不合长期争吵,最终在他10岁时离了婚,他跟了母亲,母亲再婚,继父亦为高校高职称人员,对他视如己出。这位校园的"公众人物"自然吸引女生向他"抛出绣球",但聪明傲气的他则心中早另有目标——话剧社的一个"小师妹",尽管"小师妹"不喜欢他,已拒绝了他的"酸溜溜表白",可他仍死缠烂打。一个寒冷的傍晚,他和"小师妹"单独在一个偏僻的办公室排戏对念台词,临了他又一次"表白",但遭到明确的最终拒绝。绝望的他由爱生恨,一时冲动竟拿起墙角的一块木板拍击了那"小师妹"的头部,该女生夺门冲出哭哭啼啼求救,他自己一个人待在屋子里越想越不知所措,最后竟用随身军工刀割腕自杀(后被及时送医院抢救过来)。

第四节 大学生谈恋爱安全隐患

如今,刚刚踏进校园的"00后"大学生有些已经有过恋爱的经历,上大学后,谈恋爱更是司空见惯的事。但是,由于大学生正值青春期,容易感情用事,甚至因冲动而做出蠢事,在谈情说爱过程中也暴露了不少安全隐患。

(1) 谈情说爱过于理想化导致后悔。所谓爱情是一对男女基于一定的社会基础和共同的生活理想,在各自内心形成的相互仰慕,继而在双方之间形成强烈的依恋、亲近、向往,以及无私并且无所不尽其心的情感。女生喜欢男生的才气、豁达、主见和力量;男生则喜欢女生的美貌、聪明、温柔和细腻,他们都有一种渴望对方成为自己终身伴侣的强烈、纯真、专一的感情。现实生活中,许多大学生并不懂得男女性生理、心理状态的不同差异,对待感情问题,双方都会存在理想化的色彩,如有些同学一旦喜欢对方某一点,就形成了"晕轮效应",把对方看成是完美无缺的化身,一举一动都认为是完美的,甚至连对方的缺点都看成是优点。结果往往一叶障目,被假象所欺骗。由于没有经过一定时间的磨合和考察,轻易私订终身，一旦发现对方存在重大问题，后悔不已。

（2）同居且发生婚前性行为易造成身心伤害。现在的大学生多是在2000年以后出生的独生子女，从小娇生惯养，我行我素，一切都以自我为中心，自控力不强，容易产生情绪波动。他们在性问题上比较开放，对待同居的态度几乎到了互相攀比的地步。实际上，未婚同居并发生性行为无论是对女性还是对男性，都有可能造成心理伤害。特别是一些女同学，往往愿意以以身相许的方式表达对男方的真挚感情。有些女生天真地以为可以以此定终身。其实，这样做很危险，也是错误的。此外，在外租房人员复杂、流动性较大，这给出租房屋卫生带来隐患，细菌相互传播，对学生的身体不利。对这样的同居用房，房产部门也难管理，在校大学生擅自外出在此类房屋同居，安全隐患很多，安全得不到保障。

（3）随便盲从造成终生悔恨。有的女生面对男生的非分要求，担心拒绝男生会导致其移情别恋，不懂得如何拒绝，结果一时冲动，就随便地盲从。其实，这样做很危险。因为在两性交往中，女性在生理上处于劣势，如果不注意防范，就可能导致女性受到伤害。例如意外怀孕，不得不多次堕胎等，以致影响女方以后健康成长和顺利发展，处理不好可能还会酝酿出更严重的后果。不少女生起初很真挚地投入感情，甚至与男友同居并发生了婚前性行为，但是后来还是分手了，她们几乎都会在心理上留下深深的创伤，难以承受这样的结果，不知道将来如何去面对生活。

（4）过于沉溺谈情说爱导致影响学业。大学生虽然在生理上已经发育成熟，但人的精力总是有限的。恋爱用的精力多，学业用的精力自然就少，这是不争的事实。处在大学阶段的男女双方都还是依靠父母生活的大孩子，将自己的精力过多投入到谈情说爱中，势必会放松对学习的要求，这不仅是在透支自己的情感，透支自己的身体，同时也不可避免地影响学业。有些谈恋爱的同学也曾下决心在学习紧张时抓紧时间学习，学习较轻松时谈恋爱，但实际上往往事与愿违。一旦谈起恋爱来，他们就把学习抛到脑后，尤其是在感情出现波折的时候，更是心猿意马，无法集中精力学习。有的学生为了同居，不得不在外租房，而同居的学生情侣在没有经济基础的情况下，房费、水、电、煤气等生活开支是一笔不小的数目，由于无力支付生活开支，只好外出打工，占用大量精力，导致经常上课迟到、早退、旷课等，结果数门课程不及格，有的甚至因此而被勒令退学，一生尽毁。

（5）谈恋爱过于随便埋下安全隐患。有的同学没有正确的择友原则，在与异性谈恋爱时朝三暮四，同时与多名异性谈情说爱，搞得相关方争风吃醋，甚至相互之间大打出手。还有的大学生不仅因与异性交往而学业受损，而且为与异性交往导致消费上涨、行为不良、道德败坏、心理困扰等一系列问题。还有个别女生缺乏自尊自重的意识，轻易与男生发生性关系。这样做的结果不仅不会赢得男性的尊重，不会引起男方对她感情的重视，反而会使对方认为她轻浮、不懂得自爱。媒体上有不少婚前性行为铸成恶果的报道，当事人的这种经历对他们现实的恋爱和将来的婚姻都带来了不少负面影响。

（6）同居时不良性行为会导致染上性病。一些大学生在与异性或同性交往中的不良性行为及婚前同居行为，往往会导致令人难以启齿甚至致命的与性有关的疾病。尤其是对女方的伤害严重，如感染各种妇科疾病，还要承担怀孕的后果。要知道，一旦怀孕人流，将会对身体造成极大的伤害，甚至影响以后的生活。此外，不良性行为还可能会导致双方感染艾滋病。艾滋病是一种危害性极大的传染病，一旦患上艾滋病，人体就很容易感染各种疾病,并可能引发恶性肿瘤,导致全身器官衰竭而死亡。

【小贴士】

不良性行为与艾滋病

如今,艾滋病已经成为全球青少年第二大死因,大学生整体情况令人忧虑。虽然全世界众多医学研究人员付出了巨大的努力,但至今尚未研制出根治艾滋病的特效药物,也没有可用于预防的有效疫苗。因此,对艾滋病的防远远重于治。

每个大学生都是家庭的骄傲,是父母未来的希望。大学生的性观念、性心理、性行为虽然趋于开放化,可是缺乏对性病知识的了解及预防能力。大学生感染艾滋病的首要原因是危险性行为,包括了同性间性行为和吸食毒品。所以,大学生千万不要一时冲动,尝试与同性或异性发生不良性行为。要知道,一张艾滋病毒阳性的化验单足以让整个家庭的美梦破碎,甚至带来长久的影响,无论是经济上还是心理上都会是一个沉重的打击。为了自身安全,大学生要了解艾滋病的主要传播渠道。

(1)同性传播。根据国家卫计委2016年公布的数据,性传播是感染艾滋病的主要途径,而在青年学生中通过男男性传播感染已达81.6%,形势非常严峻。大学生发生这种行为,一般是因网上交友不慎被诱导发生性行为,因好奇想冒险尝试这种刺激感觉,最终不幸被传染。这些大学生艾滋病患者很可怜,有30%的人并不知道自己已经染病,继续通过性关系影响他人的生命安全。对此,艾滋病防治中心主任吴尊友分析,大学生男男同性传播感染者上升的主要原因有两个:一是早期对这部分人群不够重视,监测不到感染情况;二是大学生刚从高中学业压力释放出来,对男男同性性行为感到新鲜,就想"尝试一下",但他们并不知道其中的风险。

(2)异性传播。大学时期正是人性骚动时期,异性相吸,花前月下难免做出越轨之事,有些人还购买性服务。如果没有做好预防工作,万一对方刚好有此病,那就难免会被传染了。

【案例1】 张怡(化名)毕业于山西某高校,是艾滋病快速检测中心的志愿者。他的第一个服务对象是一位大三学生,名叫刘森(化名)。艾滋病快速检测是用采样棒蘸取牙龈的渗出液进行分析,准确性在90%以上,所需时间不超过20分钟。在等待检测结果时,刘森一直紧紧捏着张怡的手,而当阳性的结果呈现在两人面前的那一刻,在痛苦的哀号声中,张怡办公室内所有能被投掷的物品都被刘森砸了个稀烂。

从那以后,张怡一直跟刘森保持联系,督促他吃药,但是悲剧还是发生了。2016年春节前,刘森突然失联,他被父亲赶出了家门,两个月之后,在一间低矮的地下室里,张怡和警察一起发现了一具已经腐烂的遗体,通过衣服口袋里的证件和一双张怡曾见过的皮鞋,刘森的身份才得到了证实。法医判断他是病发身亡……

【案例2】 据《都市快报》2018年6月10日报道,浙江省杭州市研究生毕业的吴小姐,因毕业后手头拮据,选择了一家自认为性价比高、位于繁华地段写字楼里的微整工作室,做了文眉。结果术后半年的一次体检,发现她感染了艾滋病。

经医生分析,吴小姐半年前做文眉时,感染艾滋病的概率极大。工作室器具消毒不到位,很容易通过血液传播各种疾病,其中就有艾滋病。

【医生提醒】 梅毒、艾滋病等并不仅仅通过性传播,文身、打耳洞等有创美容,如果器具消毒不到位,也都可能传播病毒。

第五节 大学生人际交往安全防范

从上述内容可知,大学期间,大学生人际交往范围具有显著特征,主要有三种情形:一是与同学之间的人际交往;二是虚拟网络世界中的人际交往;三是与异性的人际交往。因此,人际交往安全防范也从这三种情形分别介绍。

一、与同学之间人际交往安全防范

(1) 树立正确的人际交往意识。培养良好的交际品德,首先要诚实、守信、平等待人。诚实,是做人之本,是美好心灵的核心,是做人的原则。诚实要求说真话,办实事,言行一致,实事求是地为人处世。守信,就是讲信用,言必信,行必果。人际关系好的人,能够做到诚实守信,待人诚恳、认真,信守承诺;人际关系不好的人,往往多表现为不诚实守信、言不由衷、不讲信誉。大学生是祖国的未来,肩负着历史的重任。守信十分重要,言而无信既损人也误己。

(2) 相互间要平等相待。大学生的交往应当平等,平等才能深交。平等待人是培养良好交际道德、建立良好人际关系的重要因素。大学生在人际交往过程中应坚持平等的交往原则,就是要正确评价自己和他人。大学生之间存在差别是很正常的,每个人都有自己的优点,即使是弱者,也不愿意被他人鄙视。依据心理学知识,每个人都有自己独立的人格、做人的尊严和法律上的权利与义务,都希望受人尊重,平等待人正是尊重他人的表现之一。大学生往往个性很强、互不服输,这种精神是值得提倡的,但绝不能自命不凡、孤芳自赏,因同学之间在出身、家庭、经历、长相等方面的客观差异而对人另眼相看。在与人交往过程中,如果没有平等意识,居高临下、盛气凌人、发号施令、颐指气使,那么他很快便会遭到孤立,也很难与他人建立起密切的人际关系。

(3) 要严于律己、宽以待人。情感十分微妙,真诚还是虚假,交往中都能体会到。切不可虚情假意、欺骗感情。在人与人的交往中,人际的情感交往是维系人际关系的纽带。交往要投入感情,用心去交流,不可敷衍了事。同学之间热诚的赞许与诚恳的批评,都能增加彼此间的情感和友谊。

(4) 要有自知之明。在交际中,大学生要正确认识自己的角色,避免以自我为中心,做到与别人平等相处。俗话说得好,人贵有自知之明。有些大学生在交际时,存在自卑、怯懦、羞惧、偏执、嫉妒、猜疑等性格缺陷,影响了正常的人际交往。因此,在与人交往中,要正确认识自己,既不自卑,也不自负,正确评判自己的实力,得意时不自傲、自大;失意时不妄自菲薄、萎靡不振。要克服交际中的情绪障碍。青年学生阅历浅、情绪不稳定、易冲动。因此,要注意保持平和的心态,加强个人修养,培养宽容大度的胸怀。同时要努力克服自身性格弱点,积极参加有益活动,锻炼交际能力,培养乐观向上的情绪,逐步克服交际中的人格障碍。

（5）交友要正直坦率。正直是指公正刚直，光明磊落，襟怀坦白；坦率是指坦白直率，真诚率直，不拐弯抹角。大学生应培养自己正直坦率的品格，在交往中做到言行一致，表里如一，实事求是，信守自己的良知，真诚地帮助别人、关心别人，真诚地提出自己的看法与建议。不做"和事佬"，不见风使舵，不阿谀奉承，不口是心非。但正直坦率并非要求不分场合与地点都直言不讳、大胆进言，有时旁征博引、委婉含蓄、点到为止，甚至善意的谎言，也是必要的，会起到意想不到的效果。做到正直坦率，还要真诚待人、善良、厚道，不狡诈善变。特别需要提醒的是，大学生交往过程中，在原则问题和大是大非面前，绝不能含糊。不能因为是同乡、同学或好友，讲所谓的"义气"，感情用事，不分是非曲直，使自己误入歧途而断送前程。因此，分清善与恶、是与非，对人际交往安全有百益而无一害。

（6）为人要谦虚礼貌。在人际交往中，谦虚起到尊重人、虚心请教的作用。谦虚是中华民族的传统美德，谦虚并非自卑或缺乏自信心，真正谦虚的人往往能够正确地认识与对待自己和他人的优缺点。在如今的大学校园里，谦虚被许多大学生认为是无能的托词，甚至是虚伪的表现，这实际上是并未理解谦虚的真正含义。实际上，谦虚并不是退让，不是讲"风格"，而是一种虚心好学，永不自满的态度。礼貌与谦虚往往并肩而行，礼貌在人际交往中常被用来作为衡量一个人道德、修养高低的尺度。当代大学生应该学会仪表端庄、举止文雅、言谈谦逊、待人和气、亲切热情。而这样的礼貌由内在的道德动机与外在的言行风度协调一致、有机统一而成，是诚于中而形于外。

（7）在交往中既要自尊，又要彼此尊重。每个人都有保留自己意见和按照自己意愿去生活的权利，彼此只能用自己的思想去影响别人，而不可能强制改变别人。如果时时处处尊重和理解别人的选择，就可以减少误解，从而达到心理相容。在人际交往中，彼此尊重是友谊的基础，是两心相通的桥梁。俗话说，"金无足赤，人无完人"。在与人相处时，应当严于律己，宽以待人，接受对方的差异。交往中，对别人要有宽容之心，不能事事斤斤计较，或者是得理不饶人，否则，自己将会成为孤家寡人。在交往中，要善于从对方的角度认知对方的思想观念和处事方式，设身处地地体会对方的处境，从而真正理解对方，找到最恰当的沟通和解决问题的方法。坚持尊重的原则，还必须注意在态度上和人格上尊重同学，平等待人，讲究语言文明、礼貌待人，尊重同学的生活习惯。

（8）交友要谨慎。俗话说"交必良友"，大学生应有正确的善恶标准，能进行正确的社会评价和自我评价。交往对象是影响交往安全的主要因素，一个人的朋友如何，对自身的成长、发展往往起一定的作用。与正直、讲信用的人交会受益匪浅；与心术不正、华而不实的人交朋友，会带来害处。因此，交友时要有择善意识。大学生人际沟通应遵循平等、尊重、关心、信任、倾听、宽容、真诚、共识和赞赏等原则。人际认知是人际交往的起点与基础，如果认知出现偏差，就会影响交际的顺畅进行。因此，大学生应掌握正确认识自我和他人、愉快地接受自我和他人的方法，掌握正确地判断交往目的和意义的方法以及保证交往顺利进行的方法等。在交往过程中，还需要注意人际情绪控制，也就是说在人际交往中要保持积极、开朗的情绪状态，克服消极的情绪，顺利地进行交往。此外，大学生还应掌握正确判断自我和他人情绪状态的方法，恰当表达自我情绪的方法，有效控制自我情绪的方法以及有效影响他人情绪的方法等。总之，"择其善者而从之"应是大学生的交友准则之一。

(9) 要学会互助互利。人际关系以能否满足交往双方的需要为基础。如果交往双方的心理需要都能获得满足，其关系才会继续发展。因此，交往双方要本着互助互利原则。互助，就是当一方需要帮助时，另一方要力所能及地给对方提供帮助。这种帮助可以是物质方面的，也可以是精神方面的，可以是脑力的，也可以是体力的。坚持互助互利原则，就要破除极端个人主义，做到与人为善、乐于助人。同时，又要善于求助别人。别人帮助你克服了困难，他也会感到愉快，这也可以进一步加强双方的情感交流。生活在相同的环境中，彼此间的合作不可避免。当你设身处地地为别人着想时，彼此合作的契机便已来临。

(10) 同学之间要学会包容。宽容大度是重要的交际道德和交际修养。由于大学生有各自成长环境、个性特点的差异，长时间相处在一起因误会、不理解而产生矛盾是不可避免的。因此，要学会理解与宽容，在非原则问题上不斤斤计较，做到求同存异，能够容忍别人的过失和不足，以良善之心宽容别人、帮助别人。面对交往对象，要避免主观、极端和简单化，就要学会客观公正地看待和评价别人，克服认知偏见，广泛交往、接纳不同类型的人。与人交往不可求全责备，对朋友要求不能太高、太完美，应有包容之心，学会与各种性格的人交往，做到宽容大度，即使在对方错怪自己时，也能够设身处地为对方着想。

(11) 要主动增加沟通交流机会。在人际交往中，人与人的关系需要用心经营，沟通交流越多，相互了解也越深入，关系就有可能越来越亲近，这是一个动态的过程。大学期间良好的学术环境提供了很多难得的思考、交流和探讨问题的机会。大学生在校学习期间，就要主动培养自己与同学、教师、领导、教职工打交道的能力。与同学交谈，可以争论不同的学术观点，可以谈对社会现象的不同认识，在论辩中提高自己的思辨能力；与老师交谈，可以交流读书心得，向老师请教并厘清不同的思想认识，从中受到启迪。

二、网络交友安全防范

网络交友由于受到沟通方式的限制，人与人之间缺乏真切的面对面交流，唯一交流的方式就是电子媒介，而这往往会掩盖了一个人原本应显现出来的素质，为一些居心叵测者提供了可乘之机。因此，确保网络虚拟世界的交友安全需要注意以下几点。

(1) 要保持高度警惕性。在网络这个虚拟世界里，一个现实的人可以以多种身份出现，也可以以多种不同的面貌出现，善良与丑恶往往结伴而行。大学生要充分认识网络世界中存在的虚拟性和险恶性，对网络交友多一分清醒，少一分沉醉，时刻保持高度警惕性。大学生在互联网上交友时，必须把握慎重的原则，不要轻易相信他人。不要在通信过程中泄露任何真实的私人信息，需要刻意保护的信息有：真实姓名、住宅电话、手机号码、办公电话、家庭住址，或者任何可以让他人直接找到你的其他信息，除非对对方有了充分的了解。

(2) 发表言论要谨慎。浏览 BBS、微信群等虚拟社区时，大家喜欢在网上发表言论，有的人喜欢发表一些带有攻击性的言论，或者反动、迷信的内容，有的人是好在网上打抱不平，这些容易造成自己 IP 地址泄露，受到他人的攻击，更主要的是，稍不注意，因言论不当可能还会触犯国家法律。

（3）不要轻易与网友见面。许多大学生与网友沟通一段时间后,感情迅速升温,不但交换真实姓名、电话号码,而且还有一种见面的强烈欲望。与网友见面时,要有自己信任的同学或朋友陪伴,尽量不要一个人赴约,约会的地点尽量选择在公共场所和人员较多的地方,尽量选择在白天,不要选择偏僻、隐蔽的场所,否则一旦发生危险情况,很难得到他人的帮助。

（4）不要随便点击网址链接。在聊天室聊天时,不要轻易点击来历不明的网址链接或来历不明的文件,这些链接或文件往往会携带聊天室炸弹、逻辑炸弹,或带有攻击性质的黑客软件,造成强行关闭聊天室、系统崩溃或被植入木马程式。

（5）自觉警惕和抵制不良网站信息的诱惑。聊天室里汇聚了各类人群,其中不乏好色之徒,言语间充满挑逗,对不谙男女世故的大学生极具诱惑,或在聊天室散布色情网站的链接,换取高频点击率,对大学生的身心造成伤害。也有一些组织或个人利用聊天室进行反动宣传、拉拢、腐蚀,这些都应引起大学生的警惕。

三、与异性交往安全防范

与异性交往是一门科学和艺术,只有在不断的实践和学习中,才能使自己逐渐掌握其要领。大学生应该积极、健康、大胆地参与到异性的交往活动中,不断提高人际交往能力。通过异性交往可以掌握适应社会的技巧,学习男女之间相处的礼仪和文明行为。为了防范与异性交往过程中出现前述安全问题,需要努力做好以下几项。

（1）异性交往双方一定要相互信任、互相尊重。由于男女之间在气质、性格、身体、爱好等方面都有着较大的差异,因而异性间的交往是非常敏感的。这就要求异性同学在交往过程中应平等对待每一个同学,提倡男生充分尊重、照顾女生,女生也要自尊、自爱、自重。只有真诚相待、相互尊重,才能使友谊发展下去。要摆脱异性交往的困惑,首先要摆脱传统观念的束缚,要开展丰富多彩的集体活动,因为集体活动有利于男女同学建立自然、和谐和纯真的人际关系;其次要讲究分寸,以免引起不必要的误会。

（2）异性相处过程要自尊、自重。大学期间一旦有意开始谈恋爱,首先要选择人品好的异性交往,不要只是从相貌上判定一个人或者凭感觉就以偏概全,最好要了解对方的基本情况和家庭情况后再作定夺,千万不要感情用事。人际交往的两性道德原则还是必须注意的,特别是女生在与异性相处时,一定要保持自尊、自重的美德,既要有女性的荣誉感,又要善于自我保护,穿戴打扮要同自己的身份相符,不要浓妆艳抹,也不要穿奇装异服,否则容易给人以虚浮轻薄之感。作为男同学要有自制力,言行举止应更加谨慎,善于克制,这样才不会发生意外情况。

（3）大学生要从思想上和行为上分清友谊与爱情的界限。异性同学之间应多在集体活动中交往,避免时间过晚或单独在一起。男女同学间的交往应该是公开的,只限于学习、工作和有意义的娱乐活动范围内,并应为大多数人所接受。若是单独相处时,一定要注意选择好环境和场所,尽量不要在偏僻、昏暗处长谈。如果在房间里单独相处,不要插门或锁门,以免引起他人的猜测或误解。

（4）与异性交往要注意言行谨慎。真诚的朋友是不分性别的,男女生正常交往时,不要把性别作为是否交往的前提,不必过分拘谨,我们既要反对男女之间"授受不亲"的传统观念,又要注意"男女有别"的客观事实。在与异性同学的交往中,要注意言行谨慎,注意把握分寸,不应过于随便、过分亲昵,避免开一些不应开的玩笑、做不应做的举动。当然,也不宜过分拘谨、冷淡,只要是正当的、纯正的友情,完全是可以堂堂正正地往来接触,这样才可以保持真诚的友谊。

(5) 大学生要摆正爱情在人生中的重要地位。爱情固然重要,但不是生活的全部。尤其是对于大学生来说,切不可因为盲目的爱,而忽略其他人生要义。大学生除了爱情之外,还有更重要的东西是学业。学业和爱情是人生不可缺少的辩证统一的两个方面,学业是第一位的,恋爱必须服从学业。树立正确的爱情观,不仅是青年成才的重要前提,是恋爱成功、婚姻幸福的必要保证,同时也是个人人格完善、成就事业的必要条件。建立在崇高理想基础上的爱情是纯真的、牢固的,它会使双方都感到愉悦、幸福、人格深化,会促使人努力上进。如果感情遇到挫折,要勇敢地正视现实。

(6) 恋爱中的男女大学生要讲文明礼貌。男女大学生谈恋爱过程中要自尊自爱、互敬互爱,待人要不卑不亢、宽容大度。在性接触方面要做到两情相悦、相互尊重。谈论与性相关的话题时也要循序渐进,不能太过着急。对于年轻人来说,一般不要轻易或过早涉及婚前性行为。如果发生了要注意避免造成身体上的伤害,初尝禁果的大学生一定要注意性交卫生,无论是同性性行为或是异性性行为,都要注意戴上避孕套,不仅可避孕,还能防止感染性疾病的传播。

(7) 扩大人际交往范围。大学生要通过丰富多彩的集体活动,有意识地在更广阔的人际范围内进行交往。在以集体和小组为主的活动中,克服闭锁和消极等待心理,多关心帮助同学,特别要主动与不同性格的异性朋友交往,加深对异性同学的全面了解和理解,锻炼自己的适应性,与异性同学建立友好、合作的融洽关系。要把主要精力引向事业和工作及学习之中,把与人交往升华为一种奋发向上的动力。

总之,针对当前大学生中普遍存在的人际交往与人际需要的矛盾,除了学校和社会采取一些措施或方法来缓解或解决这些问题,大学生自己也要树立正确的人际关系理念,学会客观地看待自己,培养和增进接纳自己的意识,懂得完善自己是建立良好人际关系的基础,增强人际交往的能力,从而完善自己的大学生活。

【本章思考题】

1. 大学生人际交往的意义有哪些?
2. 大学生人际交往一般存在哪些安全隐患?
3. 同学之间谈恋爱有哪些安全隐患?如何防范?
4. 如何提高大学生人际交往安全防范水平?

第十章

网络安全

【典型案例】

　　2015年4月28日,因学习需要,徐博想在网上买一台手提电脑。一网名为fly729的人发布的一则转让一台DELL手提电脑的信息吸引了他的注意。此人声称是南昌某重点高校的在校学生,让需要者通过E-mail进行联系,并公布了交易方式,且信誓旦旦地保证款到立即发货。

　　徐博仔细看了广告,对该手提电脑的性能和转让价格都感到比较满意,便按照对方留下的E-mail地址进行了联系。其间他多次要求对方留下手机号码或固定电话,但对方均未回答。直到5月8日,徐博忽然接到一个女孩用17908卡(来电显示为179080000)打来的电话,对方声称是fly729的女友,知道她男友的手机号码,同时又称手机因没交钱而停机了。5月9日上午,在对方手机始终打不通的情况下,徐博还是通过南京市农业银行将双方协商好的价格4 500元汇入了对方账户。等了一天,徐博没有接到对方的回音,于是急忙发了几个邮件去追问,却杳无音信。

　　就在徐博着急之际,5月12日,fly729在网上发布了一条信息,公开告知徐博上当受骗。信息中,fly729竟称:你还真傻得可以,凭一个账号就相信别人……

　　无奈之下,徐博只好向警方报案。

【思考与研讨】

　　你认为应该从本案例吸取哪些教训?如何防止在网络上被骗?

第一节　网络安全基本概念

　　广义上讲,网络安全就是指网络信息和网络文化安全,网络信息建立在虚拟社会中,保持其可用性和真实性,能通过传播手段给社会带来正能量。

狭义上讲,网络安全就是其系统中的硬件、软件数据受到保护,不会由于某些原因遭到破坏、泄露或者篡改,网络系统能够顺利安全地运行。

21世纪是一个科技时代,计算机网络已经成为人们生活中必不可少的一部分,在人们生活中的用途也日益丰富。随着新媒体技术的不断发展和应用,传统媒体形式逐渐淡化,各种新型、便捷的网络、微信、电子邮件和多媒体软件等沟通方式层出不穷,满足了当前大学生很多实际的需求。高校学生接触网络的机会越来越多,网络已成为学生之间进行知识获取以及交流和沟通的重要载体。当今高校大学生的学习、娱乐、购物、社交都可以通过网络来进行,可以说网络已经渗透到生活的各个方面,让大学生的生活越来越方便。

但是,我们也应该看到,网络的应用是一把双刃剑,有利又有弊。

从利的方面看,网络交往扩大了我们的交往领域、对象,改变了以往的交往方式,丰富了我们的人生经验,网络为我们了解时事、学习知识、与人沟通、休闲娱乐等提供了便捷的条件。大学生可以享受网络交往的诸多益处,如开阔视野、放松心情、学习知识、结交新友等。

从弊的方面看,学生在感受互联网方便快捷的同时,也受到了不同程度的负面影响。一是很多大学生虽然拥有电脑,但是其中不少人都不知道怎样合理地利用这一资源,不能有效地利用网络来学习,一些大学生的电脑都是用于上网玩游戏(甚至是逃课玩游戏)、聊天、看电影等,从而影响了学业;二是在网络上大学生接触了很多不好的东西,如黄色信息、网络暴力等,这些消极因素对大学生平时的生活和行为造成了不良影响,使不少大学生沉迷于网络,甚至走上违法犯罪的道路;三是由于网络管理漏洞的存在,大学生网络安全意识普遍淡薄,在使用网络方便自己生活的同时稍加不注意就很容易陷入网络上人为设置的陷阱,上当受骗;四是经常上网会导致体力透支,容易使大学生沉迷网络,不仅会导致视力和体质下降,还可能会直接影响到学业。

第二节 网络安全隐患

网络主要有以下安全隐患。

1. 网络受人为攻击

随着网络的广泛应用,基于网络连接的安全问题也日益突出。很多敏感信息,如个人隐私、公司商业机密,甚至是国家机密也难免会遭受各种人为攻击(例如信息泄露、信息窃取、数据篡改、数据删添、计算机病毒等)。同时,网络实体还要经受诸如水灾、火灾、地震、电磁辐射等方面的考验。虽然最近这几年网络技术发展迅速,但因网络所引起的安全事件却接二连三地发生,很多网络攻击手段日益先进,让广大网民防不胜防,例如我们所熟悉的网络钓鱼、蠕虫病毒、网络欺诈、拒绝服务等。这些网络攻击会破坏用户数据,泄露用户的秘密,甚至会导致整个区域网络的瘫痪。

2. 不良网络信息诱发大学生犯罪活动

网络是个信息宝库,但也充斥各种不良信息,特别是网络上有大量会对大学生学习、生活、工作带来消极影响或伤害的信息,包括政治谣言、煽动民族分裂、传播邪教和封建迷信、渲染暴力毒品、宣传色情内容等不良信息。正是由于网络兼具言论自由性、匿名性、交互性和开放性等特点,所以很多不法分子利用这些特点来宣传反动、腐朽、落后的思想和言论。据有关专家调查,网上的非学术信息中有47%与色情有关,而接触过黄色信息的大学生90%以上有性犯罪动机或行为。这些不良信息严重污染了大学生的思想,导致大学生社会责任感缺失、道德感弱化,甚至扭曲了大学生的心灵,诱发了大学生网络犯罪。目前,因为网络不良信息而引发的大学生道德失范、行为越轨甚至违法犯罪的问题正逐渐增多。如一些大学生受网络不良影响,也开始模仿他人,不择手段,实施欺诈、偷盗甚至对他人施暴,以致对社会的稳定产生很大的负面影响。

3. 网络诈骗层出不穷

网络欺诈是指以非法占有为目的,利用互联网采用虚构事实或者隐瞒真相的方法,骗取数额较大的公私财物的行为。据统计,当前活跃在社会层面的网络诈骗形式近48种,有冒充公检法诈骗、QQ诈骗、冒充熟人诈骗、冒充黑社会诈骗、机票诈骗等。手段不断翻新,侵害的对象逐渐向特殊群体发展,大中专院校学生成为犯罪分子侵害的主要群体之一。常见的网络欺诈行为有以下几种。

(1)黑客通过网络病毒方式盗取别人虚拟财产。一般不需要经过被盗人允许,在后门进行,速度快,而且可以跨地区犯罪,使侦破时间更长。

(2)网友欺骗。一般指的是通过网上交友方式,从真人或网络结识,得到被骗者信任后再盗取财物资料的方式。此类网络欺诈行为速度慢,不过侦破速度较快。

(3)网络"庞氏诈骗"。一般是指通过互联虚假宣传快速发财致富,组织没有互联网工作经验人员,用刷网络广告等手段为噱头,收敛会费进行诈骗。

(4)假冒网站。不法分子一般都是先设立假冒网站,再通过钓鱼手段将人引到这个假冒网站上。一旦用户输入账号、密码,这些信息就有可能被犯罪分子窃取,账户里的存款或者被直接转走,或者被冒领。

(5)网购诈骗。进入21世纪后,网络购物发展迅速,大学生大多都会通过网络进行购物,可是网购的大学生却欠缺网络购物安全的相关知识,在网络购物的时候容易受到不法分子的诈骗。常用的网络诈骗手段有:谎称其货品为走私物品或海关罚没物品,要求网民支付一定的保证金、押金、定金;谎称网民下订单时卡单,要求网民重新支付或重新下订单;谎称支付宝系统正在维护,要求网民直接将钱汇到其指定的银行账户中;谎称购物网站系统故障,要求网民重新支付;谎称网店正在搞促销、抽奖活动,需要交纳一定的手续费等;谎称网民提供的身份信息有误,要求网民重新支付购票款;谎称需要进行资质验证,要求网民支付验证资质费;谎称店内无货,朋友的店里有货,于是推荐一个看似差不多的网址,等等。

【案例1】 2016年3月19日,某高校学生吴某某报警称:昨天(18日)下午3时许在宿舍用手机上网,看到一条兼职刷单的广告,与对方QQ联系,对方称每单返8%的佣金,就打开对方发来的网址,在这个网址用支付宝刷了320单,共刷了15 000元,对方却没有返回本金和佣金,发现被骗。

【案例2】 2016年1月12日,某高校学生胡某某报警称:10日晚上在学校用手机上网,有人通过QQ联系其说有一个网络刷单的工作(充值手机卡),胡某某用支付宝刷了9次,共被骗13 500元。

【案例3】 2016年5月2日,某高校陈某某报警称:当天下午3时,他收到一个自称是淘宝卖家的信息,对方称其购买东西时系统出错需要退款给他,他相信后按照对方的口述在自动取款机上操作,发现卡内的4 799元现金不见了。

4. 网络过度娱乐化影响大学生关心国家大事

许多大学生网络行为调查报告都显示,大学生上网主要是为了消遣娱乐,但是对于网络时代的政治安全、经济安全、文化安全、信息安全、军事安全等国家安全问题知之甚少,一般很少花时间浏览事关国家安全的新闻信息,更少登录国家安全教育的专题网站。在很多大学生眼里,国家安全十分遥远,他们普遍没有意识到国家安全问题已经通过网络广泛渗透到他们的学习生活中。同时,海量的网络信息鱼龙混杂,正反信息交错,特别是各种网络谣言,使得大学生难辨真伪。大学生过于凭借主观思维进行思考,感情用事,对于网络上事关国家安全的热点、焦点问题,经常不作辩证思考,人云亦云,随波逐流。

5. 容易形成网络依赖症(网络成瘾)

网络已经成为必不可少的一部分,有些学生甚至离开网络会觉得自己无法生活。网络作为一个虚拟的社会,里面的东西和现实社会一样丰富多彩,每个登录网络的大学生都能够找到自己所感兴趣的部分,这在某种程度上将大学生的社交平台扩大了。通常来讲,大学生可以利用网络获得自己想要的信息,找到兴趣一致的朋友,看自己想看的电影,玩自己喜欢的游戏。可是,在学生上网的过程中,其自控力会自然而然地下降,让自己沉迷于网络。学生上网时间长会成瘾,欲罢不能,从而大大减少了用于学习的时间,这不仅会影响学生的学习和成绩,还会对学生的日常生活产生负面影响。经常上网也容易使大学生对网络世界产生情感依赖。一些大学生沉溺在网络世界中无法自拔,虚拟世界的交往代替了现实的、面对面的交往。这样长久下去,必然导致交往情感的匮乏与人际关系的日益淡漠,实际生活中的朋友就越来越少,同时也会越来越感到孤独和沮丧。

6. 网络失范行为

由于网络具有虚拟性的特点,所以学生通过网络查询信息,发表自己的言论或者和别人进行交流时都不会显示自己的真实姓名,具有极强的隐蔽性。在这样隐蔽的环境之中,大学生会自然降低自己的道德标准要求,甚至可能会比现实生活中的道德标准要低得多。有些学生在网上不经思考,随意散发言论,说一些在现实生活中说不出来的低俗之语。在网络虚拟世界中,部分不法分子利用网络特性传播色情、暴力影视来牟取暴利;西方国家利用其文化强势地位通过网络传播其生活方式、价值观念等,由于大学生的社会阅历不足、自我控制力较差,极易接受不良文化思想和价值观念的影响,这些不良信息对大学生群体容易产生误导;有些学生自己不仅观看这些不良网络信息上瘾,还拷贝传播这些内容,进一步危害他人,结果不自觉中就对社会安全造成恶劣的影响。

7. 网络造谣误导大学生

网络谣言是指通过网络媒介（例如邮箱、聊天软件、社交网站、网络论坛等）传播的没有事实依据的信息。谣言传播具有突发性且流传速度极快的特点，如果让谣言利用了网络，加之个别人员有意将之扩大化、恶态化，必然会使不利于社会稳定的炒作信息的传播速度与影响范围呈几何级数增长，后果十分严重。在互联网信息技术高速发展的今天，网络谣言已成为互联网世界最大的"病毒"。网络谣言主要是通过聊天软件、社交网站、手机微信、网络论坛等工具，在突发事件、社会热点、名人官员等方面散布一些道听途说、添油加醋的不实信息，从而造成社会不满，达到搅乱社会安定的目的，对于维护社会安定和谐极其不利。网络谣言之所以能够传播，很大程度上是利用了一部分人自身素质不高，缺乏基本的分析能力和判断能力，对漏洞百出的谣言容易信以为真的弱点。网络上的个别不法分子，专门针对民生、反腐、伦理等百姓关心的热点、难点问题，捏造或歪曲事实，对政府进行污蔑、诽谤，给正常的社会秩序带来现实或潜在的威胁。各种网络谣言的扩散和传播，不仅损害了公民权益，扰乱了社会秩序，还引发了公众恐慌，破坏了公信力，损害了政府形象。

【案例1】 2009年7月5日，发生在新疆乌鲁木齐的"7·5"事件就是敌对势力通过互联网编造、传播虚假信息引起的。他们先是把伊拉克少女因违反教规被族人用石块砸死的视频，说成是"维吾尔族女生在广东韶关被汉人殴打致死"和"女大学生抗议游行被中国武警暴力镇压"，经互联网在我国境内传播，然后在网上疯狂发表煽动民族仇恨和串联大学生游行示威的言论，最终酿成197人死亡、1 803人受伤、大量财产损失的严重暴力犯罪事件。

【案例分析】 国家安全斗争以更立体、更隐秘的方式渗透在网络空间中，使得我国国家安全形势更加复杂化，这对大学生的国家安全意识提出了更高的要求。然而，大学生掌握的国家安全知识十分匮乏，在政治上、思想上、心理上的不成熟，导致很多大学生缺乏透过纷繁复杂现象分析网络时代国家安全问题本质的能力，从而产生诸多非理性的认知和情绪。

【案例2】 2012年9月，日本政府所谓购买钓鱼岛的"国有化"方针，使得中日关系骤然紧张。在此情况下，一些大学生在网上发帖、制作视频批评或讽刺我党和政府"软弱无力"，主张"强硬外交、武力夺岛"的声音不绝于耳。受国内外各种因素的刺激，全国100多个城市爆发了抗议日本非法行径的大规模游行示威活动。各种敌对势力趁机闹事，他们别有用心地发动网络政治动员，蛊惑和串联、煽动大学生走上街头，妄图搅乱我国安全稳定大局。许多大学生对于党和政府为维护国家安全稳定采取的方针、政策认识不足，产生思想困惑甚至不满情绪，对敌对势力的图谋认识不清，产生思想混乱，在表达爱国热情时往往采取过激行为。

【案例分析】 本案例反映出大学生因容易冲动的特点，很容易被敌对势力利用并形成种种"暗流"，严重影响我国的安全稳定大局。网络时代，各种突发性国家安全危机事件通过网络迅速、广泛传播，网上的一些不负责任的信息很容易引发社会事件，形成"蝴蝶效应"，产生巨大的冲击力量。当代大学生应对网络时代国家安全突发性事件的心理准备普遍不足，容易产生紧张心理，从而使个人和群体在认知与行为上应对能力降低，甚至盲目蛮干。

8. 网络诽谤

网络诽谤是指借助网络等现代传播信息手段，捏造、散布虚假事实，损害他人名誉的行为。由于意识、机制等主客观原因，利用互联网信息平台，实施诽谤的违法或犯罪现象不断出现，不仅给当事人生活工作造成很大损害，也给社会秩序及网络诚信带来较大的影响，应该引起社会各方面的关注。网络诽谤与传统诽谤相比，有其更为鲜明的特性：一是传播速度快；二是散布范围广；三是发帖隐秘性强；四是制作成本低；五是深度取证难；六是控制难度大；七是维权成本高。网络诽谤对被害人权益的伤害主要有：人格伤害、名誉伤害、精神伤害等，有些伤害会使受害人不堪其辱，甚至导致悲剧的发生。

提示：2013年9月9日公布的《最高人民法院、最高人民检察院关于办理利用信息网络实施诽谤等刑事案件适用法律若干问题的解释》，明确了网络谣言在什么情况下构成犯罪。该司法解释于2013年9月10日起施行。

"两高"司法解释规定，利用信息网络诽谤他人，同一诽谤信息实际被点击、浏览次数达到5 000次以上，或者被转发次数达到500次以上的，应当认定为刑法第246条第1款规定的"情节严重"，可构成诽谤罪。

9. 危害国家安全

新媒体时代的到来标志着网络正成为国家综合国力较量的新领域，如今的网络已经不再存在"安全地带"，国家间的争夺已经达到了寸土必争的境地，网络隐秘性的特点也促使网络传播内容的争夺处于无形的较量之中，大学生的涉世程度远远不及专门从事政治传播的政客。网络上所谓的言论自由，导致很多网络用户偏听偏信，往往听说一点点消息，就要借题发挥，在整个网络上随意发表评论。结果，在不知不觉中触犯法律并危害到国家安全。此外，国家安全的问题随时"潜伏"在看似平常的网络社会中，利用网络搞间谍活动是当前必须警惕的危害国家安全的活动之一。近年来国家安全机关连续侦破多起境外间谍情报机关策反党政军内部人员的案件，他们往往利用招聘网站、交友网站等网络信息平台，以咨询公司、研究机构、出版社等名义，发布招聘、征稿等信息，采用诱钓的方式，诱使境内人员与其联系。

第三节　网络成瘾分析

一、大学生网络成瘾现象

网络成瘾就是人们对网络信息产生强烈的好奇心而又缺乏一定的自制力，由此形成对网络的过度迷恋，造成心理和行为的过度依赖。网络安全最为突出的问题是一些大学生过度沉迷于网络（也称网瘾），因此，需要专门对大学生网络成瘾问题进行分析和探讨。随着科技的发展，网络给我们的生活带来了越来越多的便利。但同时，智能手机和移动网络的普及,也让人们被铺天盖地的信息全天候地包围,导致人们产生了一系列"心病",那就是离开手机就会心神不宁;离开网络,仿佛生活就没有了乐趣。这些其实就是网络成瘾的表现,在其背后则隐藏着诸多的心理问题。多项调查发现,现如今,几乎无处不在的Wi-Fi(用无线方式连接互联网的技术)成瘾问题堪称"新的烟瘾"。

网络成瘾表现的症状是:整天无论在哪里,都是眼手不离手机,完全处于"手机控"状态;或者是坐在电脑前不断地逛贴吧、刷微博、发QQ、打游戏等。这已经成了当下年轻人生活必不可少的一部分。网络成瘾的大学生往往自制力差,性格内向,不善于和别人进行交流沟通,一旦上网被打断就恼怒不已等。大脑扫描研究发现,网络成瘾会损伤与情感、注意力和决策处理有关的纤维组织,这种损伤与酗酒和吸毒导致的大脑神经损伤很相似。

二、大学生沉溺于网络的危害

事实表明,网络成瘾危害不少。它会导致网络成瘾者与家人及朋友更疏远,眼睛发干、疼痛、体重增加或睡眠紊乱等一系列问题,具体危害如下。

(1)严重影响身心健康。据研究,由于长时间上网,睡眠节律紊乱,导致大脑神经中枢持续处于高度兴奋状态。引起体内一系列复杂的生物化学变化,导致自主神经功能紊乱,内分泌失调,免疫功能降低,会诱发种种疾患,如胃肠神经症、紧张性头疼等;此外,玩游戏的人长时间盯着屏幕会使眼睛过度疲劳,患网络成瘾症的大学生极易患眼科疾病,轻者引起近视,重者导致视网膜脱落;同时不断地操作键盘和鼠标,也会给手指带来患肌腱炎的可能;而久坐于计算机前,重复、机械的运动和操作可引起腰酸、背疼及全身不适,并可引起以肩关节、肘关节、腕关节等为多发部位的关节无菌性炎症。可见网络成瘾对大学生身体健康极为不利。长期迷恋网络也会使大学生在心理上受到很大的影响。其主要表现是:长时间上网之后会产生幻觉,注意力下降,反应能力变差,影响智力发展,情绪低落、思维迟缓、记忆减退、食欲不振,特别是对手机极容易形成精神依赖和相应的生理反应,甚至上课期间都要拿出手机上网,如果没有手机就会不知所措。

(2)严重影响大学生的学习。指尖在手机上轻轻一按,手指在鼠标上轻轻一点,外卖、快递、新闻、微信等就呈现在学生面前,总之上网似乎有一种无所不能的神奇力量,使不少学生上网成瘾,深陷虚拟世界而不能自拔。部分大学生由于长期沉溺于网络,不仅浪费了大量的时间和精力,而且受网络中不良信息的影响,他们丧失学习目标,学习兴趣下降,频繁迟到、早退、逃课,因而学习成绩下降,多门课程不及格,毕业时拿不到学位证,甚至无法毕业的学生比比皆是。据统计,在考试科目数门不及格的大学生中,因沉迷于网络而导致成绩急速下降的几乎占80%,网络成瘾已经成为摧残大学生的罪魁祸首。

(3)导致人际关系严重恶化。现在的大学生大多是独生子女,他们本来就不善于与人沟通,如果整天沉迷于网络游戏、手机微信、上网等,没有时间和精力与他人交流,长久下去,就会更加缺乏人际交往能力。网络成瘾的学生一般都会产生与老师、同学的交往障碍,与家长产生较深的"代沟"问题。另外这部分大学生的个性特征在人际互动中常表现为不尊重他人、以自我为中心、过于功利、过于依赖、妒忌心强、自卑、有敌意、偏激、退缩、不合群等,甚至产生自闭倾向,并有可能埋下人生悲剧的种子。

（4）易造成心理障碍。每天花大量时间泡在网上，沉溺于虚拟世界，自我封闭，与现实生活产生隔阂，不愿与人面对面交往。这样久而久之，会影响大学生正常的认知、情感和心理定位，还可能导致人格分裂，不利于健康性格和正确人生观的塑造。网络依赖性表现在对网络操作出现时间失控，陷入其中不能自拔，一旦停止上网便会对其产生强烈的渴望与冲动。

（5）易产生幻觉。迷恋网络还会使人产生精神幻觉，表现为一旦手机没电或没在身边，就会焦虑不堪、手足无措，注意力不能集中和维持；或是情绪低落、消极悲观，缺乏对生活的兴趣和动机，自尊和自信丧失。回到现实生活中的痛苦情绪和自我否定的消极体验，促使其再次回到网络中，以逃避现实。有时甚至在日常生活和学习中举止失常、神情恍惚、胡言乱语、行为怪异，导致工作和学习无法正常进行。

第四节　网络安全问题产生的原因

大学生产生网络安全问题有以下原因。

（1）大学生对网络信息的盲从性过高。大学生是网络活动最广泛的参与者，应用互联网的比例比较高。网络作为比较方便快捷的信息传媒形式，也在发展中占据了主要地位，成为学习知识以及进行交流的重要平台。但是在实践过程中很多学生对网络信息存在盲从，对于良莠不齐的网络信息缺乏了解，轻易相信网络上的一些虚假信息，导致上当受骗。部分学生的价值观念和自身辨别意识比较差，面对新思潮或者新知识，不能识别那些会对学生的核心价值体系造成负面影响的范本，自身辨别能力比较差，甚至成为不良信息文化的传播者。另外，不少大学生一方面因交际困难而在网络的虚拟世界里寻找心理满足；另一方面也被网络本身的精彩内容深深吸引，欲罢不能，导致对网络的依赖性越来越强。

（2）大学生对网络的警惕性不高。网络的不断发展强化了人与人之间的交流，使得人们可以从网络中获取更多的知识。但是网络在带来积极影响的同时，也同样会带来消极影响。例如很多大学生对于网络时代的国家安全认识存在误差，停留在原有的文化安全和社会安全教育中，导致自身对国家重大安全问题等方面的认知存在片面化的印象。部分学生没有认识到不良网络信息对国家安全的消极影响，甚至不自觉地参与到破坏活动中去，增加了社会安全隐患。

（3）大学生自身法律意识差。很多学生都热衷于上网，当前随着网络信息的不断发展和更新，各种客户端对学生的日常生活有不同程度的影响。学生可以通过客户端查询知识，但是很多客户端存在虚假信息传递和利用的现象，使很多学生在不知情的状况下参与到网络犯罪中。经调查可知，学生网络犯罪人数逐渐提升，除了受到网络不良信息的引导之外，也和学生的自身情况有一定的关联。很多学生对网络信息无法进行有效的判断和认知，自身辨别能力差，无意识加入到黑暗组织中，参与其组织的犯罪活动。针对此类情况，如果在实践过程中不及时进行制约和处理，必然会出现连锁反应的现象，增加网络安全隐患。

（4）大学生为逃避现实转而寄托网络。学生进入青春期之后，成人意识强烈，觉得自己已经是一个大人了，什么事都可以自己处理，不需要别人帮助。但事实往往相反，他们经常无法解决现实生活中遇到的困难，而且现在的孩子多为独生子女，从小受娇宠惯了，一点小小的挫折可能就会令他们无法接受，无能力解决实际问题。由于网络世界丰富多彩，特别是利用手机上网非常方便，而网络是一个能让自己逃避现实、情绪可以得到一定程度的宣泄，充分满足自己某种需求且无所不包的平台，因此很容易陶醉其中。另外，由于利用手机上网沟通方便，没有太多的沟通障碍，特别是一些学习成绩差的学生，他们在现实生活中体验不到学习所带来的成就感，因此更容易选择网络来麻痹自己，自暴自弃，逃避现实，导致沉溺于网络世界而不能自拔。

（5）非理性消费严重。大学生经济来源较单一，几乎完全依赖于父母，没有完全自主的经济权。只有少数学生的收入是靠勤工俭学、各种投资活动、国家"三金"，以及其他途径获得的。可是现在的大学生存在严重的消费结构不合理且非理性消费严重的问题，支出没有计划，主观随意性很强，主要表现为：不合理的资金结构安排，人情消费、恋爱消费过大，而学习消费过少；消费不理性，容易被广告或促销蒙蔽双眼，出现非理性消费。大学生中很少有同学有记账的习惯，这导致学生每月收支不平衡，月末时往往捉襟见肘，入不敷出，出现"经济危机"。正是由于现在的大学生有着这样一些特点，从而给网络上的不法分子提供了可乘之机，于是出现了许许多多超前消费的形式，如分期消费、网络借贷等，尤其是网络借贷，给不少大学生及其家庭带来了巨大的危机与伤害。

第五节 加强大学生网络安全的对策

加强大学生网络安全是高校的重要任务。高校需要提高大学生的网络安全认知水平，建立良好的网络安全监督体系；加强对大学生的教育引导，加强对大学生的世界观、人生观、价值观的塑造，提高他们的自律能力、自控能力和明辨是非的能力，帮助他们建立起心灵"防火墙"，完善其人格；特别要重视对网络成瘾大学生的心理健康教育，积极开展心理调适和咨询活动，培养大学生学会正确地处理网络世界和现实社会的各种关系。大学生自己也需要做好如下网络安全防范工作。

（1）培养自己正确的网络保护意识。学生个人应该树立起正确的世界观、人生观、价值观，在学校期间把精力主要放在学习更多科学文化知识上。在浏览网页时，尽量选择合法网站。互联网上的各种网站数以亿计，网页的内容五花八门，绝大部分内容是健康的，但许多非法网站为达到其自身的目的，不择手段，利用人们好奇、歪曲的心理，放置一些不健康甚至是反动的内容。合法网站则在内容的安排和设置上大都是健康的、有益的。

（2）加强自身信息保护意识。大学生要提高安全意识，切实保护好自己的个人信息，尽量避免类似的信息泄露问题。在生活中，许多网络诈骗就是通过窃取他人信息来骗取钱财的，因此我们有必要加强自身信息的保护，可以利用课余时间，对网络安全的基本理论知识和系统安全策略进行学习,如加密解密算法、防火墙工作原理、作用、系统漏洞及修补方法、病毒处理等知识,以此保证自己电脑信息的安全,也可以防止在网络购物过程中,自己的信息被泄露。不要轻易相信在微信和QQ上向你借钱的朋友,一定要打电话核实。手机上的重要文件要设置密码,手机在报废或卖给别人的时候一定要清除所有信息和痕迹。

(3) 消费要理性。大学生要树立理性消费观,约束自身不切实际的消费和物质欲望,不应该盲目跟风,要自觉抵制社会不良诱惑,避免深受其害,更不能把网络信贷的"工具"异化为非理性消费的借口,助长了不法分子的违法行为。因此,作为大学生,我们应该树立起正确的消费观念,不要为了满足一时的虚荣心,而给自己和家人带来危机,甚至给自己带来不可挽回的后果。不盲目相信天上会有免费的午餐,不贪图一时的风光虚荣,不给不法分子制造欺骗或者伤害的机会。

(4) 警惕不法分子利用网络作案。在校大学生千万要记得不要轻易将自己或家人的身份证、通讯信息等家庭、个人资料泄露给他人。遇事不要慌张,仔仔细细盘算盘算,多调查,多印证,尤其涉及钱的时候,不要随随便便就把钱给人家了。作为在校学生,对于不属于自己的东西,不要贪图小便宜,以免上当受骗。万一遇到网络欺骗,要理智处事,必要的时候要用法律的武器保护自己,不要轻易给自己埋下安全隐患。

【案例1】

徐玉玉事件

2016年高考,山东考生徐玉玉以568分的成绩被南京邮电大学录取。8月19日下午4时30分左右,她接到了一通陌生电话,对方声称有一笔2 600元助学金要发放给她。在这通陌生电话之前,徐玉玉曾接到过教育部门发放助学金的通知。"18日,女儿接到了教育部门的电话,让她办理了助学金的相关手续,说钱过几天就能发下来。"徐玉玉的母亲李自云告诉记者,由于前一天接到的教育部门电话是真的,所以当时他们并没有怀疑这个电话的真伪。

按照对方要求,徐玉玉将准备交学费的9 900元打入了骗子提供的账号……发现被骗后,徐玉玉万分难过,当晚就和家人去派出所报了案。在回家的路上,徐玉玉伤心欲绝,郁结于心,最终导致心脏骤停,虽经医院全力抢救,但仍没能挽回她18岁的生命。

徐玉玉生前身体健康,并无重大疾病,其家庭贫困,全家人只靠父亲在外打工挣钱。交学费的这9 900元,也是一家人省吃俭用大半年才凑出来的。

【案例分析】 这是一个考取大学的女孩子由于隐私泄露造成的悲剧,说明隐私信息的重要。这个问题的严重性,也使全民对于网络安全加以重视。我们可以看到,目前公共部门是黑客攻击的重点,包括政府、金融、医疗等。攻击主要手段包括网站篡改、植入后门、假冒、仿冒等。利用网络作案已引起了社会的重视,有关部门也作了针对性的改革,比如对查处非法买卖银行卡信息,公安部进行专项整治,最高法、最高检也采取整治行动。

【案例2】

一次网购,1 900元"飞"了

小林被骗的经历要追溯到2016年2月17日中午,可直到2016年3月28日傍晚,他才匆匆赶来报警。这是为什么?只能怪骗子太狡猾,这么长的时间里,小林都没有意识到自己被骗了。

　　2月17日中午,小林在网上选中了一款售价70元的充电宝,用网银付了钱。没过多久,小林接到一个电话,自称是那家卖充电宝的网店的店主,电话里,他很着急地表示网站的系统出了问题,要先把钱退给小林,叫小林再重新购买一次,还把QQ号告诉了小林,并且发给小林一个网址。小林当时也没有起疑心,就直接打开了那个网址,并且在这个网址上输入了自己的姓名、身份证号码、银行卡号码以及密码等信息。

　　因为要赶着去上课,小林在完成上述操作后,就急匆匆离开了寝室。就在去教室的路上,小林还收到一条短信,说充电宝已经发货了。2天后的19日,小林果真收到了一个充电宝,所以根本没发现有任何不正常的地方。

　　可就在昨天,小林去取款机取钱,才发现银行卡里的1 900元钱已经不翼而飞了。小林这才恍然大悟,那个骗子居然骗了自己这么长时间,赶紧来报案。

【思考与研讨】
如果你遇到上述案例中的情形,你该怎样做才能有效防范上当受骗?

第六节　大学生网络失范行为及防范

一、大学生网络失范行为的概念

　　大学生网络失范行为是指大学生在网络应用的过程中为达到某种目的或者谋求自身利益侵犯他人的行为,包括网络道德缺失、网络违法、网络犯罪等,其行为性质和程度都是有悖道德与法律规范的。大学生是具有较高文化层次的特殊群体,是受网络影响最为深广的一个群体,在互联网的虚拟社会中,部分大学生的某些心理偏好因为缺乏引导和规范,导致产生网络失范行为。大学生网络失范行为的主要表现有:利用电脑病毒入侵,破坏网络系统;利用信息技术制作传播网络信息垃圾,恶意诽谤,传播谣言,发布不健康言论;借助网络平台进行诈骗,侵犯他人网络隐私,浏览下载并肆意传播情色信息、不良信息,侵犯知识产权等。

　　目前,不少正在接受高等教育的大学生法律意识还比较淡薄,对个人网络行为要承担的法律责任和义务认识比较模糊,个别大学生道德约束自控能力不足,违规的行为相对较多。有些大学生总以为网络是虚拟空间,为了博取点击率,可以不负任何责任地发帖、转帖;或者是罔顾公序良俗,发布一些不负责任的言论等。而这些行为在大学生网民中并不在少数。

二、大学生网络失范行为产生原因

1. 网络法律规范意识薄弱

　　大学生网络法律规范意识是指高校学生内在认同网络法律规范的价值基础,能够理性地行使权利,积极主动地服从规则。如今的大学生虽热衷于上网,但对于网络法律法规却知之甚少。大学生产生行为失范的原因是没有深刻认识到这些行为的不良后果和影响,对网络行为的善恶还不能作出理性的判断,好多人并不清楚哪些网络行为违法,哪些网络行为构成犯罪,极易作出错误的法律判断,客观形成淡薄的法制观念。虚拟性、隐蔽性并存的网络,很大程度脱离了现实社会的约束,网络活动受到道德和法律的约束力更弱,导致一些大学生不注意遵从法律,甚至存在对网络法律规范普遍性漠视的现象。

2. 大学生不能主动依法约束自己网络违法失范行为

法律规范是为了引导、保障大学生网络行为活动的合法性、合规性。而大学生网络行为活动的依法展开,反过来又对网络社会具有安全和保障作用。大学生本来应该按照网络法律法规来规范自己的网络行为,但是,在现实网络活动中,部分大学生一般都不会主动依法约束自己违法失范的行为。现实中的一些人在遇到网络纠纷时不是借助法律解决问题,而是倾向于通过自认倒霉等非法律手段解决;再加上网络具有虚拟性、隐蔽性、快速性等特性,也造成司法实践中"侦破案件难、诉讼审判困难、影响消除艰难"等复杂困境,一定程度上降低了人们使用网络法律武器的信心,从而也使部分大学生认为犯点错误没什么,反正法律法规体系不健全,对不良信息行为的执法解释不明确,部分网络行为无法可依,存在法律空子,从而做出一些网络失范行为。

3. 网络信息泛滥的影响

互联网络上各种不良信息,特别是一些色情信息和网络赌博游戏的泛滥,成为引诱大学生长时间沉溺在网上的原因之一。网络信息浏览具有很大的自由度和自主选择的空间,几乎可以不受任何限制,使得一些分辨能力薄弱、控制力差的大学生,沉溺于对不良信息乃至对有害信息的浏览,从而埋藏下了行为失范的因子,导致自己的网络行为很容易偏离正确的方向,进而走向违法犯罪的道路。

三、大学生网络失范行为的防范

1. 强化大学生网络行为自律性

网络失范行为的根源就在于思想认识上的混乱。互联网络对于用户来说,不过只是一个工具而已,无所谓好与坏,真正决定好坏的是使用者将网络运用到何处,并如何利用,越是自由,网络行为越应该有更多的自我约束和自律。大学生需要时时警惕自己的网络行为是否已经超越了社会规范边界。每个大学生作为行为主体,都应当义不容辞地承担起约束和控制其网络行为的责任,应该对自身的行为负责。

2. 加强和改进安全教育

加强和改进安全教育,说到底就是要让大学生及安全教育工作者适应时代发展和变化后的育人环境。在信息技术日新月异的大环境下,网络作为安全教育的新环境,给安全教育活动带来了新问题、新挑战。学校要借助网络的长处和优势,降低、消灭网络违法失范行为,塑造大学生健康人格,保证大学生健康成长,提高大学生自身道德修养和文化水平,树立正确的道德标准。

3. 大学生要培养自己良好的网络行为习惯

大学生要自觉养成良好的网络行为习惯,在网络世界里减少精力投入,不要盲目地被网络吸引。大学生要注意检视自己的所作所为并施以必要的制约。对于网络行为活动的自我控制,最终要体现在行为活动的过程中,体现在行为活动的有序展开中。以不当黑客、不抛垃圾、不看不传有害信息、不侵权和不毁信誉等规范行为作为自己的网络行为基本准则,约束和调控自己的网络行为。

4. 对学生加强心理健康教育

当今大学生之所以把网络作为自己情感宣泄的主要渠道,就是因为巨大的学习压力和社会压力。同时在日益激烈的社会竞争下,他们急需一个能够缓解情绪、释放压力的场所,而网络空间在一定程度上满足了他们的需求。事实上,网络行为失范的产生多数是因为对现实生活的不满,而对现实生活不满又容易导致学生心理问题,从而形成恶性循环。所以对学生的心理健康教育尤为重要,让学生能够开展健康的网络活动,走出虚拟的网络世界,勇敢面对现实的生活。

5. 自觉抵制网络上的不良信息

作为大学生,要培养自己积极健康向上的情怀,抛弃低级趣味,自觉做到不去浏览色情网站。目前,世界上大多数国家都把色情网站列为非法网站,在我国则更是把色情网站作为扫黄打非的对象,浏览色情网站,会给自己的身心健康造成伤害,不仅影响学业,影响身心健康,长此以往还会导致走向性犯罪的道路。此外,大学生做事一定要谨慎负责,不要人云亦云,不加分析地盲目跟风,决不可随意发表没有事实依据的言论,以免误导他人,危害国家安全,甚至触犯法律。

四、关于计算机方面大学生必须遵守的法律规定

(一)关于计算机信息系统安全

(1)遵守《中华人民共和国计算机信息系统安全保护条例》,禁止侵犯计算机软件著作权。

(2)任何组织或者个人、不得利用计算机信息系统从事危害国家利益、集体利益和公民合法利益的活动,不得危害计算机信息系统的安全。

(3)计算机信息网络直接进行国际联网,必须使用邮电部国家公用电信网提供的国际出入口信道。任何单位和个人不得自行建立或者使用其他信道进行国际联网。

(4)从事国际联网业务的单位和个人,应当遵守国家有关法律、行政法规,严格执行安全保密制度,不得利用国际联网从事危害国家安全、泄露国家秘密等违法犯罪活动,不得制作、查阅、复制和传播妨碍社会治安的信息和淫秽色情等信息。

(5)任何组织或个人,不得利用计算机国际联网从事危害国家安全、泄露国家秘密等犯罪活动;不得利用计算机国际联网查阅、复制、制造和传播危害国家安全、妨碍社会治安和淫秽色情等信息。发现上述违法犯罪行为和有害信息,应及时向有关主管机关报告。

(6)任何组织或个人,不得利用计算机国际联网从事危害他人信息系统和网络安全、侵犯他人合法权益的活动。

(7)国际联网用户应当服从接入单位的管理,遵守用户守则;不得擅自进入未经许可的计算机系统,篡改他人信息;不得在网络上散发恶意信息,冒用他人名义发出信息,侵犯他人隐私;不得制造、传播计算机病毒及从事其他侵犯网络和他人合法权益的活动。

(8)任何单位和个人发现计算机信息系统泄密后,应及时采取补救措施,并按有关规定及时向上级报告。

(二)关于利用网络危害国家安全

要遵守《计算机信息网络国际联网安全保护办法》第四条、第五条、第六条的相关规定。

第四条 任何单位和个人不得利用国际联网危害国家安全、泄露国家秘密,不得侵犯国家的、社会的、集体的利益和公民的合法权益,不得从事违法犯罪活动。

第五条 任何单位和个人不得利用国际联网制作、复制、查阅和传播下列信息:

(一)煽动抗拒、破坏宪法和法律、行政法规实施的;

(二)煽动颠覆国家政权,推翻社会主义制度的;

(三)煽动分裂国家、破坏国家统一的;

(四)煽动民族仇恨、民族歧视,破坏民族团结的;

(五)捏造或者歪曲事实,散布谣言,扰乱社会秩序的;

(六)宣扬封建迷信、淫秽、色情、赌博、暴力、凶杀、恐怖,教唆犯罪的;

(七)公然侮辱他人或者捏造事实诽谤他人的;

(八)损害国家机关信誉的;

(九)其他违反宪法和法律、行政法规的。

第六条 任何单位和个人不得从事下列危害计算机信息网络安全的活动:

(一)未经允许,进入计算机信息网络或者使用计算机信息网络资源的;

(二)未经允许,对计算机信息网络功能进行删除、修改或者增加的;

(三)未经允许,对计算机信息网络中存储、处理或者传输的数据和应用程序进行删除、修改或者增加的;

(四)故意制作、传播计算机病毒等破坏性程序的;

(五)其他危害计算机信息网络安全的。

(三)关于计算机病毒

(1)《中华人民共和国计算机信息系统安全保护条例》第二十八条规定:"计算机病毒,是指编制或者在计算机程序中插入的破坏计算机功能或者毁坏数据,影响计算机使用,并能自我复制的一组计算机指令或者程序代码。"这是一个具有法律效力的定义。

(2)计算机病毒实质上是一段可执行程序,它具有广泛传染性、潜伏性、破坏性、可触发性、针对性和衍生性、传染速度快等特点。早期的计算机病毒多是良性的,偏重于表现自我而不进行破坏。后来的恶性计算机病毒则大肆破坏计算机软件,甚至破坏硬件,最终导致计算机信息系统和网络系统瘫痪,给人们造成各种损失。计算机病毒可被预先编制在程序里,也可通过软件、网络或者无线发射的方式传播。

在我国,故意制作、传播计算机病毒等破坏性程序是违法犯罪行为,要受法律制裁。

(四) 关于计算机安全

(1) 注意防止盗窃计算机案件。在高校经常会发生此类案件,小偷趁学生疏忽、节假日外出、夜晚睡觉不关房门或外出不锁门等机会,偷盗台式电脑、笔记本电脑或掌上电脑,或者偷拆走电脑的CPU、硬盘、内存条等部件,给学生造成学习困难和经济损失。

(2) 注意防范自然灾害对计算机设备造成的危害。要防止火灾、水害、雷电、静电、灰尘、强磁场、摔砸撞击等自然或人为因素对计算机的危害,要注意保证计算机运行环境和辅助保障系统的可靠性、安全性。

(3) 防止计算机病毒侵害电脑。大学生要使用正版软件,应选用可靠的、具有实时(在线)杀毒能力的软件。不要使用盗版软件或来路不明的软件。从网络上下载免费软件要慎重,注意电子邮件的安全可靠性。不要自己制作或试验病毒。重创世界计算机界的CIH病毒,据说是一个台湾大学生制作的,给全世界带来了一次非常严重的电子灾难。

(4) 养成文件备份的好习惯。首先是系统软件的备份,重要的软件要多备份并进行写保护,有了系统软件备份就能迅速恢复被病毒破坏或因误操作而被破坏的系统。其次是重要数据备份,不要以为硬盘是永不消失的保险数据库。某高校一位研究生把毕业论文存储在笔记本电脑里,没有打印和备份,后来该笔记本电脑丢失,令他十分痛苦,几个月的心血白费了。另外,病毒也会破坏你的硬盘或数据。

(5) 给电脑买个保险。据《中国经济时报》报道,中国人民保险公司开始在全国范围内推广计算机保险。此险种,包括计算机硬件损失保险、数据复制费用保险和增加费用险(设备租赁费用险)等,主要承保火灾、爆炸、水管爆裂、雷击、台风、盗抢等导致的硬件损失、数据复制费用和临时租赁费用。对于风险较难以控制的病毒、黑客侵害问题,则列入责任免除条款。

(6) 保护电脑安全的其他措施。

① 最好选购与你周围的人的电脑有明显区别特征的产品,或者在不被人轻易发觉的地方留有显著的辨认标志。

② 当你和电脑分开较久时,如寒暑假等,最好把电脑另存他处保管。在有条件的院校,可寄放到专门的保管场所。

③ 上网的电脑千万注意防止密码泄露给他人,并经常更改密码。

(五) 关于防止电脑遭受"黑客"攻击

(1) 要使用正版防病毒软件并且定期将其升级更新,这样可以防"黑客"程序侵入你的电脑系统。

(2) 要尽量选用最先进的防火墙软件。如果使用数字用户专线或是电缆调制解调器连接因特网,就要安装防火墙软件,监视数据流动。

(3) 对不同的网站和程序,要使用不同的口令密码,不要图省事使用统一密码,以防止被黑客破译后产生多米诺骨牌效应。

（4）对来路不明的电子邮件或亲友电子邮件的附件或邮件列表要保持警惕，不要一收到就马上打开。要首先用杀病毒软件查杀，确定无病毒和黑客程序后再打开。

（5）要尽量使用最新版本的互联网浏览器软件、电子邮件软件和其他相关软件。

（6）要注意确认你要去的网站地址，注意输入的字母和标点符号的绝对正确，防止误入网上歧途，落入网络陷阱。

（7）只向有安全保证的网站发送个人信用卡资料，不要轻易给别人的网站留下你的电子身份资料，不要允许电子商务企业随意储存你的信用卡资料。注意寻找浏览器底部显示的挂锁图标或钥匙形图标。

（8）下载软件要去声誉好的专业网站，既安全又能保证速度，不要去资质不清楚的网站。

综上所述，网络对大学生造成的直接伤害主要是精神和心理上的，而非身体上的伤害。目前最为普遍的是网络成瘾症，其主要症状为情绪低落、头昏眼花、食欲不振等，进而影响学业，甚至退学的大学生屡见不鲜。因此，为了顺利完成大学学业，大学生要真正重视做好网络安全防范工作，不要让自己因受网络不良影响而毁掉自己的前程。

【本章思考题】

1. 什么是网络安全？网络主要有哪些安全隐患？
2. 网络成瘾有哪些现象？形成原因是什么？
3. 网络安全问题产生的原因有哪些？
4. 你认为应该如何加强大学生网络安全防范？
5. 如何防范大学生网络失范行为？

第十一章
大学生校外活动安全

【典型案例】

2018年6月10日,黄山风景区云谷寺派出所联合辖区救援人员,历时4个多小时,在黄山云谷寺未开发开放景区成功救助一名被困悬崖的游客。6月10日17时30分,云谷寺派出所接到报警称,一名游客被困山中。民警通过仔细观察和搜索,在云谷索道5号支架后方山顶悬崖峭壁处,发现一男子正挥舞衣物,等待救助。派出所立即将有关情况向上级部门汇报,各级领导高度重视,全力组织救援。18时40分,救援大队专业人员到达云谷寺后,21时许,救援人员成功接到被困人员李某,乘坐缆车安全下山到云谷寺。

在云谷寺派出所,民警先为体力消耗殆尽的李某提供了食物和热水。经了解,李某系惠州某职业学院大二学生,上午9时乘车到达云谷寺后,因随身现金不多便想在黄山周边游览,加之其平时有户外探险爱好,于是便从云谷山庄门口变电站处进山,后在山中迷路,发现天色渐晚,于是拨打了景区救援电话。

【思考与研讨】

根据本案例,请分析大学生外出旅游应该如何做才能确保安全?

随着时代的发展,大学生的生活空间也在不断拓宽。学生走出学校参加各种活动已经成为常态,这些校外活动包括旅游、休假、兼职等。这些校外活动在给大学生提供丰富多彩阅历的同时,也蕴藏着不少安全隐患。

第一节 大学生外出旅游安全隐患及防范

一、大学生旅游安全

我国旅游业发展日新月异,旅游消费群体也在不断扩大。但旅游安全事故特别是大学生旅游安全事故频发。近几年来,几乎每一次长假或小长假期间,都会发生大学生出游安全事故,轻则迷路,重则出现人身伤亡等情况。大学生有冒险精神,对新事物充满好奇,这一点是值得提倡的。但是旅游安全事故经常发生,大学生必须重视这个问题,要从多方面树立旅游安全意识,增强旅游保护意识,莫让自己受到旅游安全隐患的伤害。

由于大学生普遍具有一定的自我生活能力和支配金钱的自由,有相对宽松的时间,具有较多的冒险精神和追梦遐想,从而也促成了大学生旅游热。体验式教育的潮流也要求更多关注旅游修行的学习方式,所以越来越多的人认识到,旅游也是一种教育方式,这与我国传统文化中"读万卷书,行万里路"的看法是高度一致的。

一项对在校大学生进行的问卷调查表明,90%以上的大学生有外出旅游的经历,88.5%的大学生认为自己心理上处于时刻准备出游的状态。而对于旅游中可能的安全事故,受调查学生反映各异。由于大学生长期生活在学校和家庭的范围内,缺乏旅游经验,社会实践能力较弱,从街头随机采访调查中可以发现,大学生出于实惠、自由、新鲜的目的更倾向于自助旅游,但大学生的出游安全意识相对薄弱,缺少自我保护安全意识和处理突发事件的能力。如果在旅游中发生意外,这不仅对大学生和家庭是一场悲剧,对于国家的未来也是一种损失。

二、大学生旅游安全隐患

现在的大学生多是家庭中的独生子女,上大学期间要远离家人生活学习,具有相对自由的独立活动空间,这为其假期中甚至在校学习期间参与旅游活动提供了便利。因此,近年来大学生外出旅游成热门,而与此同时旅游意外也时常发生。大学生利用假期或课余时间外出旅游,经常遇到的安全事故大体上分为两类:一是人身安全事故;二是财产安全事故。人身安全事故包括:生病、伤亡事故、交通事故、治安事故、火灾事故等;财产安全事故包括钱物丢失、被盗、被抢等。概括起来旅游安全隐患主要有以下几种情形。

1. 社会原因造成的旅游安全隐患

社会原因诸如战争、恐怖活动、政治动荡、旅游犯罪等,其影响的是整个旅游环境和过程。这在特定目的地的出境游中需要高度关注,如一些宰客猖獗、社会治安不好的旅游景点,或者是一些兵荒马乱、黑恶势力影响力很大的国家等。此外,特别要注意在一些旅游景区,当地不法分子经常针对旅游者实施抢劫、强奸、杀人、伤害等侵害行为,从而构成对人身安全的威胁。实践中,这类案件容易发生在开放性的、比较偏僻、以自然景观为内容的旅游景区,具有事件发生突然、防范较为困难的特点。

2. 自然灾害或设备设施问题造成的旅游安全隐患

自然灾害的安全隐患主要是指诸如地震、泥石流等灾害对旅游客源地、交通和目的地的旅游安全的影响因素,诸如雷雨天容易使游客遭雷击、迷路等。大学生由于长期在校学习生活,缺乏野外生存能力,发生危难情况自救能力明显不足。还有一种情况是商家所提供的旅游产品,尤其是特种旅游产品或者旅游环境不符合旅游安全要求。如旅游景区的索道车、游乐设施等出现老化、质量不达标、缺少安全防护设施或警示标识等安全隐患。

3. 管理不善造成的安全隐患

安全问题大多与包括政府部门在内的旅游业管理水平直接相关。管理不善主要是指旅游安全产品的提供者、旅游行业从业单位以及相关管理机构在管理过程中存在的管理缺陷，表现为旅游业从业人员缺乏应有的素质，或违反操作规程或不遵守操作规程，或不具备岗位所需要的基本安全知识，安全意识淡薄，或只注重经济效益，从而引发旅游安全事故，造成旅游者人身安全的侵权事故发生。如因管理不善导致的旅游欺诈行为、当地服务宰客行为以及行业在消防安全、食品安全、环境污染等方面的安全隐患；以低于成本的价格组织旅游活动，而在服务质量、接待标准、住宿条件、交通工具方面则大打折扣。实际上，低价格普遍都暗藏着高风险：如聘用不具备资质的人员、使用带病上路的交通工具、提供简陋的住宿设施、缺乏安全保证的游览地等，这些都为旅游安全事故的发生埋下了伏笔。

4. 大学生个人原因造成的安全隐患

大学生个人原因造成的安全隐患主要有以下几种。

（1）安全意识淡薄。从大学生自身看，安全意识淡薄，缺少自我保护意识和处理突发事件的能力低下是造成大学生出游安全事故的主要原因。旅游安全意识风险是指由大学生旅游安全意识淡薄或缺乏造成的不确定性。作为一个特殊的社会群体，很多大学生是在家庭的呵护和老师的关心下成长起来的。从小学、中学到大学，安全防范意识较低，旅游安全意识更是淡薄，具有一定的盲目性和随意性。从一些随机采访调查中可以看出，大学生普遍存在旅游安全意识不强的情况，崇尚的是所谓"说走就走"的旅行模式，出发前往往没有做好必要的安全防范准备，不能有意识地评估可能出现的危险，从而极可能在救生防护能力和心理准备不足的情况下以身涉险。大部分学生表示不会主动购买相关旅行防护产品，而对购买旅游责任险或个人险更是知之甚少。有调查显示，很多学生认为，在外出旅行之际，自己根本就想不到或者说基本上会忽略安全问题，或者虽然知道应注意出行的安全，但并不知道具体从哪些方面着手消除安全隐患，减少伤害。

（2）大学生受好奇心驱使盲目探险。大学生精力旺盛，对外面的世界充满好奇，旅游和探险无疑对大学生具有极大吸引力。由于缺少旅游经验和对旅游目的地的了解，不少大学生除了去人头攒动的旅游景区以及著名的城市景观点外，更喜欢去一些因奇、险、怪而人迹罕至的地方，如无人登临的小岛、假日海滩的远海深处、灌木丛生的深山密林，等等。这些常人罕至、富有刺激性的旅游景区（点），更易造成安全事故。从近年发生的一系列大学生旅游安全事故来看，事故的发生要么是大学生因为缺乏安全防范意识拥挤踩踏而致重大人员伤亡，要么是大学生有意或无意地进入不向游人开放的危险海域、深山林区等。旅游名山都以雄、险、奇、峻著称，如华山、黄山、庐山等。虽说是"无限风光在险峰"，但这只是诗人的浪漫。现实中，大学生不顾危险追求无限风光，不幸发生人身伤害事故就没有那么浪漫了。例如，某高校10余名大学生相约攀登学校附近的一座山峰。一位姓刘的同学自感体力超人，又有登山的经验，在前面为大家开路。攀到一半时因山势实在太陡，其他同学就劝阻刘某，但他不听同学的劝告继续往山上爬。不久，后面的同学们发现山上已没有动静，估计可能出了事，立即向学校报告，学校随后组织当地农民在山林中展开搜索,直到第二天才在一个十几米高的悬崖下找到了刘某的尸体。

(3) 出行旅游只图便宜。众所周知,大学生经济上不能独立,其平时的花销费用主要来自家庭,故不可能承担高昂的旅游费用。因而绝大部分同学在旅游过程中都采取尽量少花钱的出行方式,如跟低价团旅游,或者是采取自由行旅游形式,居住在最便宜的中小型旅馆,到最便宜的餐馆吃饭。但是,这些便宜的旅游团或自由行时所选择的食宿场所在经营上经常存在不规范性和社会环境的复杂性的问题,往往也会给大学生旅游安全带来较大隐患。

【案例】 2004年,3名来自北京大学和清华大学的学生在贵州省六枝县登山时发生事故,其中一名学生坠崖身亡,其余受困者于次日全部获救。据悉,此次登山的3名学生中,除清华大学环境系黄德同学遇难外,另外两人是北大毕业生,分别于1998年和2004年毕业,他们也是北大山鹰社前队员。这是继"北大山鹰社珠峰事件"后,事隔仅仅两年,又一次发生因为攀登而导致大学生死亡的事故。

三、大学生旅游安全隐患的防范

大学生旅游期间安全事故近年来屡屡见诸媒体,因为大学生群体作为受害者,加之信息传播手段日益多元和即时报道,事故发生往往也会迅速引起社会舆论关注。如何避免大学生旅游安全事故的发生呢?以下建议可供参考。

(1) 大学生要提高旅游安全自我保护意识。大学生准备旅游前,要与学校签订《外出安全承诺书》(见本章附件)。同时,要主动学习、了解旅游安全知识以及相关法律知识,增强自我安全意识和处理突发事件的能力。如果是跟随旅行社外出旅游,首先就要与旅行社签订合同,并索取和保留相关发票。大学生要仔细阅读合同条款,对容易引起争议、发生争论的地方,要详细了解和明确,如坐什么样的车辆,是空调车还是普通车,开车师傅的技术等级如何等。如果是坐火车,要明确是慢车还是快车,是硬座、硬卧还是软卧,问清开车时间、到达时间;要明确住宿标准为几星级,是招待所还是星级饭店,不要相信"准星级"的称呼;餐饮的标准具体规定了几顿正餐、几顿早餐;还要问清楚在旅游过程中,如果出现交通工具晚点,造成某些景点不能参观需换乘其他交通工具时,有无替代或补偿措施等。此外,跟随旅行社外出,最好能事先买一份旅游意外保险,现在许多保险公司都推出了这个险种。虽然现在旅行社都强制投保了旅行社责任保险,但这种保险只是承担由于旅行社原因造成的游客生命财产损失。

(2) 入乡随俗,尊重当地的文化。中国是一个多民族的国家,每个民族都有自己的特性和习俗。随着旅游业的蓬勃发展,那些少数民族地区成了旅游景点,黄金周假期更是人山人海。因此,大学生去风景名胜地旅游时,了解当地的特殊宗教习俗是十分必要的,不仅能够和当地人友好交流,也会赢得当地人好感。除了必须遵守参观地点旅游规定,禁止吸烟、随地吐痰、乱扔垃圾和随意进入非参观游览区内拍照等不良行为外,在与游客和当地居民交际时,也要注意文明礼貌,尊重当地习俗,特别要避免因言行举止不当引发纠纷。

(3) 不去未开发或偏僻的地方旅游。大学生有冒险精神,对新事物充满好奇心,这一点是值得提倡的。但是大学生旅游安全事故经常发生,必须重视这个问题,注意避免意外发生,学会保护自己。例如,为安全起见,大学生不要去爬野山;爬山要尽量随大流,结伴而行,并且要走指定的路线,不要另辟蹊径。遇到雷雨、台风、热带风暴、泥石流、洪水、海啸等恶劣天气和自然灾害时,应远离危险地段或危险地区,切勿进入景区标明的禁区内。从某种意义上说,大学生的一切行为直接牵系着自己的父母和家庭,也牵系着学校和整个社会。家庭、学校、社会不能承受大学生"冒险"之重。因此,大学生的行为首先要为自己的父母和家庭负责,同时要为学校和社会负责,绝不能凭一种"青春的冲动"和"弘扬探险精神"就去实施"冒险行动"。大学生外出旅游,参与攀岩、漂流、滑翔、蹦极等活动要特别注意安全,因为保险公司对这些高风险活动是不予承保的。另外,为保证在森林中旅游安全,出发前要对营地周围那些突出的目标有个清楚的记忆,以便在返回时,能用这些目标作为重要标识物。

(4) 不要过分贪图便宜。大学生一方面不要过于看重旅游价格,如果出发前把旅行社的价格压得过低,旅行社可能会在旅游过程中降低车辆、住宿等标准,减少参观景点,增加自费景点等来弥补损失。国内一些旅游线路的价格超低,市民觉得便宜就参加了,但到旅游目的地后,导游人员就进行人身威胁,强制购物,从而造成"花钱买罪受"的情况。另一方面不要轻信旅游景点的流动推销人员所谓便宜商品的推荐,学会保护自己。大学生在购物、娱乐时,主要应防止诈骗、盗窃和抢劫事故的发生。无意购买时,不要随商品推销人员到偏僻地方购物或取物,更不要向商家问价或还价。在景点内娱乐时,应根据自身的条件参与适当的项目;在自由活动期间外出娱乐活动不要单独行动,不要前往管理混乱的娱乐场所,不要参与涉嫌违法的娱乐活动。

(5) 尽量不与陌生人结伴而行。随着网络的蓬勃发展,很多年轻人通过网络搜索贴吧、论坛等,寻找志同道合的陌生人一起去探险、穷游,但这是十分危险的。旅游最好几个熟人一起去,一旦遇到意外,好有个照应。要注意通信工具畅通,外出前留意当地旅游部门的投诉、举报电话,以便出现问题及时解决。户外探险,毕竟是个充满不确定风险的行为,谁都难以预料危险是否会发生。大学生应对自己的生命负责,参加任何户外探险活动,都不应盲目冒险,事先做好充分的评估和准备。与此同时,公共服务也应及时跟上。

(6) 外出旅游必须注意饮食卫生。大学生旅游期间要注意饮食安全,防止不科学的饮食习惯造成的身体不适或疾病。在旅游目的地购买食物时需注意商品质量,发现食品不卫生或有异味变质的情况,切勿食用。不要购买或食用"三无"产品(包装无厂家/无日期/无 QS 食品质量安全认证标志)和过期的食品,以防饮食后有不良反应。若有不适,要及时报告领队/导游设法就医诊治。喜欢饮酒的学生在旅途中应严格控制自己的酒量,饮酒时最好不超过本人平时的三分之一;若出现酗酒闹事、扰乱社会秩序、侵害他人权益以及造成自身损害的,一切责任由肇事者承担。为防止在旅游中水土不服,大学生应自备一些常用药物以备不时之需。

(7) 要量力而行。大学生应当选择自己能够控制风险的活动项目,在登山或参与各类惊险刺激项目时,应根据自身身体状况进行,注意适当休息,避免过度激烈运动,避免参与自身身体无法适应的活动,同时做好防护工作。攀爬高处,既要防止跌落受伤,同时也要预防脚被尖锐物扎伤或被山区蛇虫咬伤;经过高处或钢索栈道时,必须扶好栏杆或钢索;不要拥挤追逐,小心踏空;经过台阶和狭窄、路滑地段,谨防跌倒;经过正在施工的地段,需保持安全距离,走安全通道,不要随意进入施工现场,防止跌落、扎伤、触电、坍塌等事故。如遇恶劣天气,必须注意预防暴雨山洪暴发、雷电伤害、山体滑坡、泥石流等。

(8) 提前做好出行旅游各项准备工作。大学生在旅游前,要提前了解旅游目的地的天气状况。特别是夏季,我国一些地方容易出现暴雨、泥石流或台风,不仅会造成交通延误,还可能无法按计划旅游,严重的还会造成生命财产损失。大学生利用假期外出旅游时,一定还要事先对要去的地方环境有所了解,注意路上的交通安全和游客设施安全,最好在旅游前事先购买旅游意外保险。看旅行社的"三证"(业务经营许可证、营业执照和税务登记证)是否齐全,特别要注意旅行社经营范围,国内旅行社只能经营国内游业务,出境组团的国际旅行社各种旅游业务都可经营。此外,旅游期间避免带太多现金,不要把所有银行卡都带在身上,外出旅行带一张银行卡或手机支付,里面的活期存款够自己应付可预见的花销并略有富余即可;出发前还要对自己的身体状况作出正确的估计,不要带病参加旅游,以防不测。

(9) 注意住宿安全。不要将自己住宿的酒店、房号随便告诉陌生人;不要让陌生人或自称酒店的维修人员随便进入房间;出入房间要锁好房门,睡觉前注意门窗是否关好,保险锁是否锁上;物品最好放于身边,不要放在靠窗的地方。大学生入住酒店后需要外出时,应告知随团导游或其他朋友;在酒店总台领一张酒店房卡,卡片上有酒店地址、电话或抄写酒店地址或电话;如果迷路时,可以按地址询问或搭乘车辆,安全顺利返回住所。

【案例】 2013年6月,北京两名女大学生来港旅游并入住尖沙咀重庆大厦廉价宾馆,女大学生在宾馆内洗澡后未及锁门便遭男子闯入强奸。据香港警方介绍,晚11时,受害人与朋友返回宾馆,在旁边的公共浴室沐浴完毕,仅裹一条大毛巾返回房间,同屋友人紧接其后去洗澡并未锁门。其间,一南亚裔男子经过走廊,看到受害人,见其房门没上锁,潜入房内将受害人强奸。

【提示】 近年来,自助游在大学生中间流行起来,很多人会觉得这样旅游很方便、自由、便宜,但不知它的危险性。特别是对于女生,出门在外无论何时何地都应该保持警惕,在入住宾馆的时候,一定要随时锁好门窗,不仅要保护自己,也要保护好贵重财物。

(10) 注意依法维权。大学生在旅游期间发生纠纷要理性维权,如果在旅游过程中出现维权问题,如出现航班延误、火车晚点、强迫购物、恶意宰客等情况,要注意收集和保存好证据,需要解决问题时可与旅行社协商,协商不成,回来后可向本地的旅游质监部门投诉,投诉时效一般为60天。需要注意的是,旅游投诉处理通常要问清双方的原因,如果是旅行社的原因,要对游客造成的损失进行双倍赔偿等。如果游客本身也有责任,则需要承担相应的损失。

(11) 学会基本自救技能。旅游中一旦发生事故不要惊慌失措,要了解清楚所处环境和伤情后立即自救。如果依靠自己的力量实在无法摆脱困境,或因伤势太重不能活动,只能耐心等待救援。在等待救援时要注意保持体力、坚定信念,还要及时发出求救信号。例如,在酒店遇到火灾时,千万不要搭乘电梯或随意跳楼;若身上着火可就地打滚或者用厚重衣物压灭火苗;必须穿过浓烟时,用浸湿的衣物披裹身体捂着口鼻贴近地面顺墙爬行;当大火封门无法逃出时,可用浸湿的衣服、被褥堵塞门缝或泼水降温,等待救援,并摇动色彩鲜艳的衣物呼唤救援人员。

第二节　大学生外出逛街、购物、参加学习时的安全隐患及防范

一、大学生到校外逛街、购物、学习时的安全隐患

近年来,大学校园周边环境日趋复杂,大学校园已不再是一个封闭的世外桃源。高校的开放性使得高校逐渐与高校周边的小环境相互融合渗透,转变成开放的小社区。如今的大学生不仅要在校园内学习、生活,而且还会走出校园,走入五彩缤纷的社会,如到校外就餐、购物、逛街、娱乐、会友等,特别是随着知识经济时代的到来,大学生学习观念也在发生变化,不少学生利用课余时间或假期在校外的培训机构学习,如托福、雅思等。伴随着校外活动的增加,危及大学生人身安全的隐患也增多,主要有以下几种隐患。

(1) 校园周边环境复杂易引发安全隐患。如今,不少高校的校园周边已经成为比较热闹的商圈,歌舞厅、游戏厅、路边烧烤、卡拉OK厅、餐厅、网吧、按摩房等大量存在,这里鱼龙俱下,影响安全稳定的隐患也越来越多。一些学生出入这些场所,引发事端,影响到校园秩序,给学校正常的教学工作和学生生活带来很多负面效应,也对在校大学生的人身安全构成了严重威胁。例如,校外的网吧为获得经济收益,对网络内容不设限,吸引很多自制力差的大学生沉迷于网络游戏、聊天、登录黄色网站等,且为此花费大量时间和金钱,由此引发的治安问题也层出不穷。

(2) 校外交通隐患容易引发重大事故。大学生到校外都喜欢到繁华的商圈或地区逛街购物、观光,由于这些地方车流量大、行人多,各种交通标志眼花缭乱,与校园相比交通状况更加复杂,面对车水马龙般的热闹情景,有些同学不能自觉遵守交通规则,习惯边走路边低头看手机,结果稍有不慎就可能造成不幸,给自己和家庭带来痛苦,给社会造成负担。还有的学生乘坐长途客车进城或出学校办事,图便宜而选择乘坐非正规的、没有营运资格的"黑车",结果因超载、超速、司机疲劳驾驶、开车技术不佳等原因造成交通事故,甚至造成重大车毁人亡事故。

(3) 校外交友不慎而埋下安全隐患。同学们外出经常会遇到一些社会闲散人员,他们以介绍工作、交朋友、介绍兼职等为由主动套近乎,其中可能会有不怀好意的人,以金钱或其他物质来利诱学生,向学生推销所谓高收益理财产品或拉学生加入传销团队等,使其上当。面对一些推销人员或别有用心人的游说,一些同学缺乏必要的警惕性,将自己的手机号码,甚至身份证号码等个人信息、学校和家庭等相关信息轻易告诉陌生人,结果信息泄露,上当受骗。

(4) 市场治安条件差引发人身安全隐患。校园周边可能有一些地方社会治安差、环境恶劣,商业环境复杂,那里人流庞大而复杂,许多人的素质相当差,小偷小摸、打架斗殴是常有的事,还有各种行骗人员出没;再加上市场上屡禁不绝的变质食品、坑人餐馆等,也

都时刻威胁着人们的人身安全。有些学生前往这样的区域时,由于不注意了解当地治安等有关情况,缺乏必要警惕,受到人身伤害。有的同学外出就餐时,不注意饮食安全和个人卫生,也极大地增强了疾病、传染病传播的可能性。还有的学生不太尊重地方民风、民俗,忽视地方政策法规等,导致纠纷和矛盾。有的学生抵挡不了校园以外环境的诱惑,经常晚归或夜不归宿,这也对学生的人身安全构成了极大威胁。

二、大学生到校外逛街、购物、参加学习时的安全防范

大学生到校外活动,预防自己的人身安全遭受伤害,是一项系统工程。一方面,它有赖于整个社会治安环境的改善,有赖于学校周边治安秩序的净化,有赖于文明校园氛围的提升;另一方面,大学生自身也要做好以下防范工作。

（1）正确应对不法侵害。当不法侵害即将或正在发生时,能临危不惧,保持清醒头脑,针对当时的具体情况采取果断、机智、灵活的办法化险为夷。正确对待和处理将要发生和正在发生的各类侵(伤)害,是避免和减少大学生人身生命安全遭受伤害最直接、最现实的应对之策。当遇不法之徒侵害时,应尽量与之周旋,拖延时间,争取外援,或找机会脱身、报案。当没有外援或无法脱身、报案时,为保全自身主要权益,可满足不法之徒部分条件,麻痹其警觉,造成其控制松懈。同时,注意掌握其罪证,为以后侦破案件、打击犯罪提供条件。

（2）要相信邪不压正。威胁与暴力来临之际,首先告诉自己不要害怕。凡不法侵害都是以违法犯罪为前提的,不法之徒亦胆怯心虚,见不得阳光和群众。对此,应尽量以机智灵活的方法、义正辞严的态度应对不法分子的暴力,拿起法律武器,勇敢维护法律尊严和自己的权益,大胆震慑罪犯。面对坏人,可以大声地提醒对方,他们的所作所为是违法违纪的行为,会受到法律严厉的制裁,会为此付出应有的代价。千万不要轻易向恶势力低头。而一旦内心笃定,就会散发出一种强大的威慑力,让坏人不敢贸然攻击。毕竟大多数的同学与老师,以及社会上一切正义的力量都是自己的坚强后盾,会坚定地站在自己的一方。

（3）外出前应主动接受安全教育,学习安全知识,强化安全意识,提高自我防范能力。外出期间应做到文明自律、遵纪守法;不听信谣言,不传播有害信息,不参与各种非法活动。不法侵害者往往都是亡命之徒,心狠手辣、不择手段、不计后果。面对歹徒时,不要用挑衅的语言刺激对方,更不宜以蛮干对无知,盲目硬拼,否则反而容易遭受致命之灾。而应以智慧取胜,用机智、灵活的方法与之周旋,"两害相权取其轻",甚至作出某种局部利益的牺牲,以保证生命等主要安全,在能确保自身安全的前提下大声呼喊求救。

（4）要谨慎交友。大学生在交社会上的朋友过程中要特别慎重,擦亮眼睛,以免留下终身悔恨。克服讲哥们儿义气的毛病,少交酒肉朋友,防止引狼入室,甚至同流合污,成为盗贼的帮凶。另外,会见网友要小心,不要跟对方去可能有危险的地方,不要轻率地喝对方提供的饮料。校外与陌生人交流要慎重,不要将自己的手机号码等个人信息、学校和家庭等相关信息轻易告诉陌生人,以防上当受骗。

（5）夜间在外要保持警惕之心。一般情况下要尽量避免夜晚出门活动,不得不夜间走路和等车时,要尽量与陌生人保持一定的距离,提高警惕,避免在一些人迹稀少的地方

行走,独走偏僻之地一定要注意避开结伙接近的可疑人员;不要因为身边的一些异常现象(如有人丢钱等)分散自己的注意力,参加完必要的夜间活动后要尽早按时返校。此外,去不熟悉的地方要尽量自己咨询警察,切忌让陌生人带路。要记住,夜间外出时尽量不要带包,携带贵重物品出门时尽量打车。在受人欺侮,遇到危险或可能发生危险时,要主动、及时地和老师、公安人员取得联系,积极争取学校和社会的保护与帮助。发生案情后要学会用法律保护自己,要大胆揭发坏人坏事,不要姑息养奸。报警时,应讲明事发地点、作案人数及其明显体貌特征。

(6)尽量减少或避开容易遭受侵害的因素和环境。大学生在学校学习阶段,主要精力应用于刻苦学习,努力完成学业上。为此,需要做到:一是尽量远离治安复杂场所,尽可能不单独在这样的地方场所活动逗留,减少与不法分子直接发生矛盾并受其侵害的机会。二是尽量避免在午休、夜深人静、黑暗、视线不良时单独滞留或夜不归宿,避开不法分子侵害的时机和选择的对象。特别是拍拖时,不要为了浪漫而到一些不安全的地方,如人迹罕至的荒野或河边,在这些地方很容易被打劫,而女生也容易遭受身心伤害。

(7)不给可能发生的侵害提供条件。大学生,尤其是女大学生外出应尽量结伴而行,做好自我防范工作,在旅途中时刻注意自身财物安全,防范偷窃;此外,贵重物品不要显露在外,以防被不法分子盯上;为防止不法分子侵害,在公共娱乐场所言语举动不要太轻佻,不给那些有不良企图的人发出容易产生误会的信号。外出时穿着不过于暴露,同时,尽量不带贵重物品,钱物不外露。遇到意外,不要表现出慌张和胆怯等,把因自身原因可能引发的伤害降到最低程度。

(8)克服庸俗习气的影响。大学生人身生命受伤害,有时候是由于自身存在的不良习气、不健康思想、不道德行为引起的。因此,大学生要减少或避免人身生命伤害,还要自觉拒绝不健康思想的侵蚀,抵制世俗风气的影响。例如,借过生日、入党、获得奖学金、受到奖励等机会吃吃喝喝;发生问题不向老师报告,而是互相包庇,贪小便宜,见利忘义等。此外,还要克服庸俗习气的影响。例如,赌博、酗酒、参与吸毒、搞哥们儿义气、以暴服人、逞匹夫之勇等。为安全起见,大学生一定要有文明意识,严于律己,不但要使自己成为一个具有专业文化知识的人,而且要使自己逐渐成为一个具有远大政治抱负、脱离低级趣味的高尚的人。

(9)外出时增强自我防范意识。在热闹拥挤的场所购物或娱乐时,同学们要切实增强自我防范意识,在车多人挤的地方不要随便乱放行李,尽量把行李放在目力所及的座位附近,防止失窃;注意保管好自己的钱包、提包、贵重的物品及证件,以免受到人身伤害或财物损失;因公外出的学生,需由派出部门为其购买人身意外险,因私外出的学生建议自行购买人身意外险。对于准备外出的学生,为便于责任划分,减少不必要的纠纷,不少高校会与学生签订安全承诺书,通常要求以书面形式订立的安全承诺书,其承诺也必须采取书面形式(见本章附件)。

(10)学生外出原则上应按预定的区域、路线、内容与时间进行,在此过程中应主动与校内联系人通过电话、短信、电子邮件、QQ等方式保持联系,保证每天至少沟通一次,及时通报情况;若临时改变外出区域和路线,或申请延长假期,必须及时向辅导员汇报并委托校内联系人办理相应手续;外出结束应立即返校报到、销假。

第三节 大学生外出聚会安全隐患及防范

一、大学生外出聚会易发生的安全隐患

聚会为大家提供了沟通感情、广交朋友的机会。在大学期间,同学之间、老乡之间出于情谊,经常会到校园外面聚会并吃喝一顿。这类聚会本是一件无可非议的事。但是,非理性的聚会不但不能起到交流情感的作用,反而适得其反,甚至因此而产生不必要的安全问题。

1. 因聚会导致心理失衡

综观如今大学生聚会时的情形,点餐者出手阔绰,但满满一桌饕餮盛宴未能物尽其用,反而是三杯两盏下肚,进而便以酒会友,一醉方休,在临近散场的时候,大部分所剩饭菜被恣意浪费。一些家庭经济条件不太好的同学,碍于面子,不得不拿出节省出的钱请同学聚会,导致他们的生活费入不敷出。一些家庭经济条件不好的学生因此而产生自卑心理,有意躲避同学的聚会,甚至出现抑郁心理,因而也变得离群索居、寡言少语。

2. 聚会引发矛盾

当前大学生在消费上出现无计划消费、消费结构不合理、奢侈浪费、借聚餐盲目攀比、拉帮结派等现象,个别学生在同学聚会时,喜欢自我吹嘘,对其他同学出口不逊,导致同学不满,甚至因一言不合而大打出手。还有的同学聚会时,吃相不雅,用刚沾过自己嘴的筷子直接在大家共用的菜里或汤里翻来搅去,或者是不顾他人感受,急不可待地抢菜吃,导致同学对其侧目,甚至直接指责。

3. 聚会导致传染疾病

校外餐饮店的发展在给学生就餐带来方便的同时,也带来了一系列不可忽视的饮食卫生问题。学生到校外就餐选择的大多是学校及周围的路边小吃,这些街头食品价格便宜,但存在严重的安全隐患。再者,有一些同学缺乏使用公筷、公勺意识,甚至个别同学明明知道自己有传染性疾病,仍然参与同学聚餐,从而使疾病的交叉传染成为可能。

4. 聚会酗酒

近年来,大学生寻衅滋事、打架斗殴、破坏公物等重大违法违规行为绝大多数是酗酒惹的祸。大学生酒后出现或自残或失手将他人打伤事件,甚至从事一些莫名其妙的破坏活动,侮辱女同学、拦路抢劫、破坏设备、放火、驾车将人撞死撞伤等恶性事件也时有发生。一些大学生聚会时,相互敬酒无度,特别是因饮酒过度导致酗酒,不仅会伤害身体,还会因酒后情绪失控而导致犯罪。

由于酗酒是大学生聚会时产生危害最多的原因,在此特别对酗酒及危害作些分析。我们知道,酒无论度数高低,毕竟是一种含有酒精的饮料,而酒精是一种能够刺激和麻痹神经系统且有镇静作用的物质。在大脑内,当它麻醉大脑细胞时,思维过程因直接受到干

扰而变缓,酒精浓度越高,受影响的细胞就越多。同时导致人体的血液循环加快,容易使人呼吸沉重,心律加速。如果过量饮酒,寻衅滋事,危害无穷。酗酒的危害如下。

(1) 影响健康的脑组织。酒精之所以影响健康的脑组织,是因为乙醇能直接通过胃黏膜吸收入血,并很快通过血脑屏障进入大脑。而酒精是一种亲神经物质,具有神经毒性作用,能直接杀伤脑细胞,使之溶解、消亡、减少。醉酒的程度同智力恢复所需的时间大致成正比。事实表明,经常喝酒的人会使自己的脑子明显反应迟钝,酗酒状态更是无法让自己潜心于钻研学业。在当今知识飞速更新的信息化时代,一个经常醉酒的人在工作和学习上的损失必定很大,最终将导致学业的荒废。

(2) 影响发育。大学生正处于成长发育阶段,身体的各部器官尚不完全成熟,酗酒对身体的损伤更加严重,将直接影响到生理机能的正常发育。长期酗酒会导致脂肪肝、酒精性肝炎、肝硬化甚至是肝癌的产生。这是因为酒中的乙醇对人体的组织器官是有直接毒害作用的,其中伤害最大的器官就是肝脏,因为大约95%的酒精要通过肝脏来解毒。酒精对消化道黏膜是有较大刺激的,特别是喝烈性酒,如果长期酗酒,消化道就会长期处于酒精的刺激之下,引起消化道黏膜充血、肿胀和糜烂,导致食管炎、胃炎、溃疡病、胃出血、胰腺炎等疾病。

(3) 刺激和麻痹神经系统。酒精过量,会不同程度地造成心率加快,神经麻木,神志不清,自控能力减弱,动作不协调,或出现疲劳、恶心、呕吐等症状,严重者还会出现酒精中毒现象。长期酗酒者脑细胞死亡速度会越发加快,不仅智力会有所下降,而且脑萎缩也会越来越严重。大学生长期过量饮酒,甚至酗酒,还会引起身体内的养分的加速流失,导致肝脏解毒功能代谢下降,营养物质代谢发生异常,机体钙营养代谢失衡,对食物中钙的吸收也会下降,大量骨钙"迁移"以及尿排泄钙量大幅度增加,从而导致骨骼严重缺钙,最终引发骨质疏松症。

(4) 自控能力减弱而导致犯罪。酗酒是一种心理病态及其行为异常,会对自身、家庭、社会构成危害。有些大学生酗酒是认为喝酒可以消除烦恼,减轻孤独、自卑、失败等带来的压力。而事实却相反,"酒入愁肠愁更愁",一种原始的冲动常会使人变得野蛮、愚昧、粗野,做事不计后果。醉酒后,神经处于高度亢奋,稍许的刺激都可能导致惹是生非。醉酒后打架斗殴、寻衅滋事、伤害他人的现象屡见不鲜,惨痛教训极为深刻。此外,大学生酒后溺水身亡、自食恶果之类的悲剧也不乏其例。

【案例1】 2014年3月洪山区某高校大四学生小张等人一同参加同学小刘的生日聚会,11人总共喝了4瓶白酒、1箱啤酒,其中小张一人就喝了1斤多白酒和2瓶啤酒。宴席结束后,小张呕吐不止,同学将其送至酒店休息。第二天凌晨2时多,室友发现小张已没有鼾声,连忙拨打120急救。经过半个多小时的抢救,医生最终确认小张死亡。

事发后,小张的家属情绪激动,无法接受孩子突然去世的事实,认为酒店、餐馆、学校以及其他10名学生对小张的死亡负有主要责任,向学校提出了共计300万元的赔偿。学校和家长双方找到珞南街司法所求助。司法所调解员解释,18周岁以上的公民为完全民事行为能力人,需要为自己的行为负责。小张是成年人,明知酗酒危害无穷,却依然放纵自己过度饮酒,导致醉酒身亡的严重后果,自身存在过错,应当承担主要责任。最终出于人道主义由学校及其他10名学生共同支付张某父母共计25万元慰问补偿金。

【案例2】 2013年3月27日下午,华南理工大学广州学院官方微博发布消息一名学生小鹏被发现猝死于宿舍中。据小鹏的室友小帆说,事发前一晚,小鹏10点多回到宿舍,11时多洗完澡后就和他们一起喝啤酒、吃泡面,头发都没吹干,就爬上床准备睡觉。但到了次日凌晨1时多,小鹏依然没睡着,并向小帆表示心脏不舒服。次日早上,宿舍的人都起床上课,这时小鹏突然就晕倒了,而且躺在地上不断抽搐。室友见此情景赶紧叫人来帮忙并拨打120,后来经过40多分钟的抢救,小鹏仍不治身亡。

省第二医院医生表示其主要诱发原因是其熬夜喝酒导致的心脏病突发,直至抢救无效死亡。建议大学生尽量避免熬夜、吸烟、喝酒等不良生活习惯,适度运动,保持良好的心态。

【思考与研讨】
1. 结合上述案例,请谈谈你对同学聚会时过量喝酒的看法。
2. 你认为如何才能做到文明聚会?

二、大学生外出聚会安全隐患的防范

大学生搞一些聚会活动无可厚非,但聚会中存在的上述安全隐患也不得不引起重视。因此,采取以下有效措施加以防范很有必要。

(1) 大学生要克服对消费及消费行为认识的片面性和极端性。学生阶段正是长知识和养成良好道德情操、行为习惯的最佳时期,也是树立科学的人生观、价值观的重要时期。因此,大学生要加强自身消费教育,培养正确的消费观,养成良好的消费习惯。大学生要努力做到合理地、有计划地消费。学生应当把主要精力更多地集中在学业上,不必过分追求物质享受,学会对铺张浪费式的消费说"不"。提高文化底蕴,养成以经济实惠、勤俭节约为主要特征的聚会模式。

(2) 大学生之间的感情不一定非要靠吃吃喝喝。大学生聚会消费都是在花父母的钱,要知道这些钱都是辛苦钱,每一分钱的背后都是父母汗水的付出。健康、和谐的同学朋友关系,也并非建立在你我轮流请客、觥筹交错的餐桌上、酒桌上,靠的还是学业、工作、感情上的密切交流,日常生活中的尊重包容和互帮互助。因此,大学生之间的正常交往不一定非要靠聚餐拉近感情。

(3) 大学生要培养好自己的财商。所谓财商是指一个人在财务方面的智力,即对钱财的理性认识与运用。大学生要合理规划自身消费的构成,注意培养自己健康的消费心理和消费习惯,在消费的同时,注意保持传统的勤俭节约美德,自觉抵制不良消费风气。大学生还要学会"量入为出",克服攀比心理,不去追求盲目高消费。

(4) 大学生要充分认识到酒后将他人打伤是要付出代价的。
① 酒后伤人的法律责任。
酗酒当事人的法律责任:18周岁以上的公民为完全民事行为能力人,需要为自己的行为负责。明知酗酒危害无穷,却依然放纵自己过度饮酒,导致醉酒伤亡的严重后果,自身存在过错,应当承担主要责任。

共同饮酒人的法律责任:喝酒者醉酒后猝死,共同饮酒人未尽到伙伴注意义务,酒吧经营者未尽到安全保障义务,均构成不作为侵权,应当承担侵权责任。

【相关法条】《中华人民共和国侵权责任法》第十六条:侵害他人造成人身损害的,应当赔偿医疗费、护理费、交通费等为治疗和康复支出的合理费用,以及因误工减少的收入。造成残疾的,还应当赔偿残疾生活辅助具费和残疾赔偿金。造成死亡的,还应当赔偿丧葬费和死亡赔偿金。

② 教育部有关对学生行为规范的要求。《普通高等学校学生管理规定》(中华人民共和国教育部令第21号)指出:"学生应当自觉遵守公民道德规范,自觉遵守学校管理制度,创造和维护文明、整洁、优美、安全的学习和生活环境。学生不得有酗酒、打架斗殴、赌博、吸毒,传播、复制、贩卖非法书刊和音像制品等违反治安管理规定的行为;不得参与非法传销和进行邪教、封建迷信活动;不得从事或者参与有损大学生形象、有损社会公德的活动。"

③ 高校对学生酗酒滋事行为的处理规定。几乎所有高校都制订了《学生纪律处分规定》,内容普遍包括不许学生酗酒滋事,伤及他人或影响公共秩序的处分条例,通常会视情节与后果给予警告、严重警告、记过、留校察看或开除学籍处分;有些高校还会规定,因酗酒损坏公私财物或造成打架者,因酗酒滋事造成其他严重后果者,要给予记过、留校察看或开除学籍的处分。

【案例】 小林与小杨都是福建某高校学生。某晚,小林因喝酒与小杨发生争执,小林用拳、脚殴打小杨,并致小杨后脑着地倒下而成了植物人。武夷山市法院经审理判处小林有期徒刑3年,缓刑5年,判决小林和该校各承担92万元总赔偿款的80%、20%。这起因酗酒酿成的小林与小杨两家人无穷无尽悲痛的灾难,教训极其深刻,也给学校造成不良的社会影响。

【思考与研讨】

1. 从上述案例中,你认为应该吸取哪些教训?

2. 我国有关法律规定,醉酒的人违法犯罪,应负相应的法律责任。请查阅相关法律文件,对于因酗酒而造成的对社会或他人的危害一般会做如何处理?

第四节 大学生校外兼职安全隐患及防范

一、大学生校外兼职的基本概念

关于大学生校外兼职的概念,至今没有一个确定的定义。但在不发生歧义的情况下,一般可以借用兼职的一般定义进行一定程度的延伸,故可以将大学生兼职理解为:在不脱离原就学单位的情况下,在校大学生利用课余时间,从事社会职业劳动并取得一定报酬;或者是为达到某种特定目的,通过交换为第三方提供体力劳动或脑力劳动支出。

大学生校外兼职是高校存在的普遍现象。随着就业形势日益严峻,兼职除了可以增加大学生的经济收入,或成为家庭经济困难学生获取生活来源的主要渠道外,还成为广大学生积累社会经验、提高实践能力从而提高就业竞争力的重要途径。因此,现在有越来越多的学生利用在校学习期间参与兼职活动。兼职目的的多元化、兼职种类的多样化、兼职内容的简单化、兼职渠道的有限性构成了大学生兼职的现状。

在校外兼职过程中,兼职大学生与用人单位之间的法律关系性质对于维护学生权益至关重要。长期以来在司法实践中兼职大学生与用人单位之间的关系被看作民法上的劳务关系而不是劳动法上的劳动关系。

民法上的劳务关系是指提供劳务方与用工方(提供劳务方和用工方都可以是自然人、法人或是其他组织)根据口头或书面约定,由劳动者向用工方提供一次性的或者是特定的劳动服务,用工方依约向劳动者支付劳务报酬的一种有偿服务的法律关系。双方当事人的地位平等,在人身上不具有隶属劳务关系。例如,现实生活中,兼职学生除了作为用人单位的非全日制用工外,往往还会接受家庭或者个人的雇佣,家教、家政服务人员都属于此类劳务关系。基于劳务关系的工作风险一般由提供劳务者自行承担。但由用工方提供工作环境、工作条件的,以及法律另有规定的除外。

劳动法上的劳动关系是指劳动者与用人单位(包括各类企业、个体工商户、事业单位等)在实现劳动过程中建立的社会经济关系。在劳动关系中,用人单位要承担劳动风险责任,劳动报酬的支付是持续、定期的,劳动条件和劳动安全由劳动管理机构制定强制标准。可见劳动法意义上的劳动关系对劳动者自身的保护更有利。

劳动关系受劳动法、劳动合同法规制,而劳务关系受民法通则与劳动合同法规制。

有学者认为,目前,很多大学生的兼职活动是纳入到全日制用工形式,每天也是按时出勤报到,按时下班,任务要求也基本与单位员工一样。因此,其劳动过程自然应该受到劳动法的保护。根据劳动法的相关规定,用人单位应为从事全日制劳动者提供安全保障和必需的劳动条件,并按规定交纳工伤保险。如果全日制兼职学生在工作时因工受伤,这时即便用人单位没有及时为兼职学生缴纳工伤保险,只要事实符合工伤保险条例中关于工伤认定的标准,则用人单位也必须按照相应的赔偿标准对兼职学生给予必需的赔偿。此外,全日制兼职学生的报酬标准不得低于当地最低工资标准等。但从目前实践看,不少用人单位根本不采纳这种做法,而是仍然按照民法上的劳务关系处理,使兼职学生的权益受到损害。

二、大学生在校外兼职安全隐患

许多大学生都想借假期的机会到校外兼职,一来想提早接触社会,锻炼自己相关能力,二来想通过自己的劳动,挣得一定的收入,减轻经济困难。大学生虽然接受高等教育,但毕竟尚处于心智逐渐成熟阶段,社会经验还很少,各种安全防范意识也不够,导致被骗情况屡有发生。近年来,一些用工单位或机构看准了在校大学生缺乏社会经验、挣钱心切的心理,纷纷向大学校园中的学生伸出"黑手",导致大学生经常成为被侵害的对象,兼职安全隐患层出不穷。大学生在校外兼职存在以下安全隐患。

(1) 法律意识淡薄导致上当受骗。大学生兼职数量与日俱增,而其中引发的问题也接踵而至,各大报社媒体都曾报道过大学生兼职被骗的经历,尤其到暑假,爆发的问题更加突出。而大部分大学生遇到被骗情况选择忍气吞声,自认倒霉。造成这种现象主要有两方面的原因:第一,大学生自身法律意识薄弱,再加上大学生涉世未深,很容易上当受骗,分不清楚大学生参加社会劳动的形式除了兼职,还有实习和勤工助学,以及相关的法律法规的区别,因此,难以维护自身的权利,不知道如何采取正当途径维护自己的权益。第二,我国劳动法未对大学生兼职作出明确规定,监管主体不明确,导致大学生维权难。

【案例】 近日,大学生小于就遇到了一件糟心事儿:他被某配送公司雇用做某知名外卖平台的外卖配送员,不料送外卖途中小于不幸撞伤了人,自己赔偿了7万元钱,本人也被公司除了名,干了一周多的工资也未能要回来。小于虽然四处维权,要求配送公司支付被扣工资,同时承担在送外卖途中撞伤他人赔偿的部分医药费,但得到的回答是:"在校大学生和用人单位之间不属于劳动关系,只能去法院起诉。"

【案例分析】 上面案例中的大学生小于兼职时如果与用人单位签订了书面的劳动合同,明确约定双方的权利义务关系和安全责任,就可避免发生争议时扯皮。如果用人单位拒绝签订劳务合同,兼职大学生也应在工作过程中,注意保留能够证明从事这份工作的书面材料或视频记录等,一旦合法权益受到侵害,就可以作为维权的凭证。

(2)兼职过多影响学业。从学生角度看,第一要义是努力完成学业,但很多学生不能很好地处理兼职和学业的关系,更有一些学生利用上课时间外出兼职,这种做法是极不可取的。大学里拥有丰富的教学资源和良好的学习环境,对于学生开展学习和科研活动具有不可替代的作用。大学生如果一味投入兼职中,因时间和精力有限,必然会影响到自己的学业,从而影响自身的学习和发展。

(3)兼职陷阱多。劳动与劳务用人单位缺乏诚信。诚信是社会诚信体系建设中的重要部分,是现代商业道德的核心,虽然绝大多数的公司在招聘短期兼职员工时仍是以诚信为主,但是依然存在少部分公司采用各种手段欺骗大学生。

(4)违规现象多发。大学生从事兼职活动时,缺乏约束和培训,面对公司的考核要求以及追求个人经济收益,拼命干活却无视工作安全,不重视遵守规则,短期行为严重,违规行为屡禁不止。有时因为自己的违规行为而扰乱了正常的社会秩序,甚至导致自己或他人遭受人身伤害。

【案例】 大学生小刘9月初刚刚踏入大学校门,为帮助家里减轻经济负担,他做起了兼职送外卖。某日凌晨,小刘骑电动车送最后一单时,由于害怕超时罚款,他逆行超车,不幸被一疾驰的大货车碰撞倒地,经送医院抢救无效死亡。经鉴定,小刘负该交通事故全责。

(5)女生外出兼职安全隐患多。兼职过程中女生受伤害现象比较突出。近年来,一些女生在谋求就业岗位的过程中被骗财骗色,甚至付出生命的代价。有些无良单位为吸引年轻貌美的女生兼职,谎称工作轻松、待遇优厚、小费多、条件优越,并承诺高薪以诱骗大学生从事非法活动。另外,社会上还有一些人专骗女大学生,这类陷阱多发生在招聘演员、家教或文秘时,要求单独约见女学生,有的女学生在对方约见时,不加考虑就只身前去会面,殊不知,这其中蕴藏着巨大的安全隐患。

【案例】 2013年7月24日,河北省石家庄市一女大学生王京(化名)在做家教时遇害身亡。时年23岁的王京,就读于省内某知名大学。据王京的朋友反映,她是一个文静漂亮的女孩,从小就很优秀,从小学到大学,一直都是班干部。由于过分地轻信他人,该同学在未经认真核实的情况下,只身去应聘家教,结果遇害。

三、大学生校外兼职安全隐患的防范

1. 选择适合自己的工作兼职

大学生假期找兼职,盲目性很大,心态比较高,这个工作想做,那个工作也想做,这个待遇高的想做,那个待遇不高的不想做,这种想法是不恰当的,应该适时选择适合自己的工作,这样不仅可以快乐工作,也可以在工作中找到自己正确的位置。大学生假期做兼职时最好选择到信誉好的大企业工作,因为一般知名的大企业会统一管理兼职的员工,也会对此进行相关培训,对自身也是一种技能的提升,而且也会按企业发工资的流程,正常按时发放工资,大学生在赚取零用钱的同时,也能增长见识和学到些东西。

2. 保持应有的警惕

现今社会充满了各种诱惑,所以,大学生无论在什么时候都必须保持清醒的头脑,在兼职前先冷静地分析,确定中介机构是否持有劳动部门颁发的职业介绍许可证和工商部门颁发的营业执照,办公地点是否固定。不要盲目相信张贴的高薪广告,不要被表面的利益所蒙骗,要理性对待,警惕招聘渠道和方式设计的陷阱。

3. 兼职前把权利、责任、义务都搞清楚

大学生在从事兼职工作之前要搞清楚自己的权利、义务和责任。如果糊里糊涂就去做兼职,很可能受到损失还投诉无门。在谈成工作后,双方之间应签订协议。如果中介要求先付费,大学生必须要求中介机构签订协议或开出正式的收据(有公章、签名等),并注明必须介绍成功才收取中介费,切忌口头协议。

4. 兼职过程要有敬业精神

大学生要认识到,兼职不光是为了挣点儿钱,更重要的是通过实践,积累经验,为以后走上工作岗位打下基础,学会适应社会的挑战。因此,兼职过程要认真对待每份工作,增强责任心,高质量完成分配的任务,培养自己良好的待人处事风格和品质。

5. 提高自我保护意识和能力

提高大学生的自我保护能力是解决大学生兼职安全的核心内容。大学生时刻要牢记安全第一,绝对不能因求职心切,而忽略了安全问题;找兼职最好通过正规的渠道,如学校的勤工助学中心、正规的家教服务机构、大型的人才市场等,通过报纸、街头举牌、散发和张贴小广告等方式很容易被不法分子所利用。尤其是女同学在首次单独从事兼职工作时,如做家庭辅导,最好约上同学陪同前往。另外,要将自己兼职单位名称、兼职行程表和时间表告知同寝室的人,以便让同学掌握动向,以防万一。

6. 要量力而为

如果自己的专业学习还比较吃力的话,就不适宜分出精力和时间来做兼职,这对兼职对象和自己都是一种负责任的表现。所以,从事兼职活动要从个人实际条件出发,量力而行,选择自己能够胜任的兼职项目。

7. 要学会用法律维权

作为社会的弱势群体,兼职学生在劳动过程中难免因各种原因会与用人单位发生劳动争议,因此,大学生学会用法律维权显得非常重要。为了避免上当受骗,大学生在准备兼职前,要主动学习一些关于劳动法和合同法的知识,学会辨别合法正规的合同。一旦发生争议,应该注意做到以下几点。

(1) 注意搜集、保存相关证据,为下一步的维权工作准备充足的证据。

(2) 出现争议后可以先和用人单位进行协商,争取通过协商的途径达成和解协议。

(3) 如果出现用人单位不愿协商或达成和解协议后不积极履行的,可以向企业设立的劳动争议调解委员会或依法设立的基层调解组织申请调解。

(4) 如果用人单位不接受调解,则可以向劳动争议仲裁委员会申请仲裁,直至向人民法院提起诉讼。

总之,兼职学生应充分利用相关法律维护自己的权益,防止自身利益受到侵害。

第五节　大学生校外游泳安全隐患及防范

游泳是一项有益身心的体育运动,也是大学生非常喜爱的运动,但由于一些高校条件有限,不能在校园内提供给学生适合游泳的场所,因此,有一部分学生会利用课余时间到校外找地方去游泳,如去学校附近的江、河、湖、海游泳。但是,大学生群体中,相当一部分人游泳安全意识薄弱,忽视游泳安全防范。在没有救生人员的情况下游泳,在不知深浅的水域跳水,在没有安全保障设置的野外水域游泳,在水中与同伴毫无顾忌地嬉戏打闹,在天气情况极差时下水游泳,等等。由于不少大学生缺乏游泳安全知识,不会判断或自救,结果导致溺水死亡,教训是非常沉痛的。因此,大学生要了解安全游泳的常识,避免危险发生,提高自我保护能力。

一、游泳安全隐患

(1) 在情况不明的江、河、湖、海或池塘里游泳存在安全隐患。有些同学图省事,在学校附近的江、河、湖、海或池塘里游泳。而在下水之前也不注意先观察一下地形情况,结果遇到水中有暗流或漩涡、乱石、水草或淤泥等时,不能及时离开,以致陷在淤泥里、卡在暗礁中或被水草缠住不能脱身,甚至可能会危及生命。

(2) 各类皮肤病也是泳池高发传染病之一。由细菌感染的脓包、疮一旦破裂,细菌进入池水,健康的人接触到就会立马"中招"。一些皮肤浅层的真菌,如脚气、股癣、灰指甲都会通过拖鞋、毛巾等媒介蔓延,给皮肤健康带来隐患。

(3) 身体状况不佳易引发安全事故。游泳属于高强度运动,自身体质不佳可能会在游泳过程出现状况。有些同学在游泳前缺乏对自己健康状况的了解,不能正确估计自己的水性,争强好胜并逞能,直到感身体不适时,才惊慌失措,无法立即上岸或呼救,自己也不会处理,结果导致溺水。

(4)容易发生溺水事故。溺水是游泳或掉入水坑、水井等常见的意外事故,一般发生溺水的地点通常在游泳池、水库、水坑、池塘、河流、溪边、海边等场所。夏天是溺水事故的多发季节,有些同学为图好玩而贸然潜泳,在水中嬉戏打闹等都容易造成游泳溺水身亡事故。还有一些同学热衷于冒险刺激活动,觉得在江河湖海戏水玩耍或搏击风浪是一件非常愉快的事情,也是大学生十分向往的旅游项目,但由于不识水性、麻痹大意等,也容易酿成不慎溺水而伤亡等悲剧。

(5)水中抽筋。游泳时,如果下水前的准备活动不充分,或者是在水中心理紧张,水太凉或待在水里时间太长等,都可能会引起抽筋。抽筋的主要部位是小腿和大腿,有时手指、脚趾及胃部等部位也会抽筋。如果在抽筋时不能冷静处理,而是惊慌失措,就有可能会导致呛水,甚至会危及生命安全。

(6)呛水。游泳时经常呛水是初学者很普遍的现象,这主要是由于换气和泳姿配合不协调所致。呛水也和心理影响有关,比方说有点惧水,越害怕呛水,就越容易呛。还有一种现象,有些初学者觉得脑袋钻水里后,水就自己往鼻子里钻,这也是由于心里紧张和在水中不会憋气所致。

二、游泳安全隐患的防范

不论是初学者还是掌握了一定游泳技术的人,必须强化安全防范意识。为了确保安全,消除隐患,大学生到校外游泳时需要做好以下防范措施。

(1)游泳需要经过体格检查。患有心脏病、高血压、肺结核、中耳炎、皮肤病、严重沙眼的学生不宜游泳,患有某些传染性疾病,如患肝炎、传染性皮肤病、足癣、肺结核和痢疾、肠炎等疾病的学生在彻底治愈并经复查之后,方可下水游泳。因此,游泳前要了解自己的健康状况,正确估计自己的身体状况,不要逞能,不适宜游泳的同学一定不要下水。游泳过程中,如感身体不适,应立即上岸或呼救。

(2)下水前要做好准备活动。游泳下水前的热身运动不仅可以舒展韧带,活跃肌肉群,让身体提前适应运动状态,还能增强身体的协调性,减少对身体的伤害。常用的方式是:跑步、做操,把身体活动开;还可用少量冷水冲洗一下,活动一下躯干和四肢,这样可以使身体尽快适应水温,避免出现头晕、心慌、抽筋现象。如游泳池水温过低,应先在浅水处,用水淋洗身体,适应水温后再下水游泳。

(3)游泳前要了解浴场情况。下水之前要先具体观察一下地形情况,如是否有救生条件、是否卫生、水的深浅、水下是否平坦、有无暗礁暗流等。在不明水下情况的地方绝对不能跳水。遇到水中有暗流或漩涡、乱石、水草或淤泥等,要赶紧离开,以免陷在淤泥里,卡在暗礁中或被水草缠住不能脱身。在海滨游泳时,要注意涨潮落潮的规律,涨潮时要迅速离开海边,免得被潮水卷走。不要在急流、漩涡处游泳。另外,不要在大浪和水流湍急的水域游泳,跳水前要摸清水中情况,水下情况不明时,不要跳水,浅水处跳水易造成伤亡。

（4）游泳时要注意安全。在近水的地方玩耍要小心，不要贸然潜泳，不要在水中嬉戏打闹。在沙滩或砂岩上停留时，要观察周围的情况，有些沙滩一眼看上去是实的，但是其实下面有裂缝或底层是空的，如果人在上面动作太大，就会出现沙崩，将人埋在下面。不要贸然潜泳，不要在水中嬉戏打闹，特别需要注意的是禁止酒后游泳。

（5）到正规游泳池学习游泳。如果是开始学习游泳，不要到未开放的水域去，一定要选择正规、水质有保障的游泳池。很多泳池管理人员会在入口处标出当天的泳池环境、水温等信息。请一定要在水浅、安全和有救护人员的游泳池里进行，并且要有识水性的人陪同。

三、游泳自救方略

1. 抽筋自救

游泳时万一遇上了抽筋，抽筋者切莫慌张，应保持镇静，积极自救。

（1）游泳时发生抽筋，千万不要惊慌，一定要保持镇静，停止游动。先吸一口气，仰面浮于水面，并根据不同部位采取不同方法进行自救。

（2）若因水温过低而疲劳产生小腿抽筋，则可使身体成仰卧姿势。用抽筋肢体对侧的手握住抽筋肢体的脚趾，并用力向身体方向拉，同时用同侧的手掌压在抽筋肢体的膝盖上，帮助抽筋腿伸直。同时，用另一腿踩水，另一手划水，帮助身体上浮，这样连续多次即可恢复正常。上岸后用中、食指尖掐承山穴或委中穴，进行按摩。

（3）要是大腿抽筋的话，可同样采用拉长抽筋肌肉的办法解决。

（4）两手抽筋时，应迅速握紧拳头，再用力伸直，反复多次，直至复原。如单手抽筋，除做上述动作外，可按摩合谷穴、内关穴、外关穴。

（5）上腹部肌肉抽筋，可掐中脘穴（在脐上4寸），配合掐足三里穴，还可仰卧水里，把双腿向腹壁弯收，再行伸直，重复几次。

（6）抽过筋后，改用别种游泳姿势游回岸边。如果不得不仍用同一游泳姿势，就要提防再次抽筋。

2. 呛水自救

（1）注意泳姿要标准。在水里瞎扑腾肯定是要呛水的。大学生应该多去一些正规、安全的游泳池练习游泳和换气，在水里要屏住气，露出水面后从容换气，熟能生巧。也可以由他人辅助辅导进行，多多练习，就可以避免呛水的现象。

（2）发生呛水时不能慌张，这时应该马上抬头站立调整呼吸，直到呼吸平稳再继续游泳前进。让自己整体放松，深吸一口气就可以浮在水面上。也可以双手抱住膝盖，背部浮在水面。

（3）呛水较严重时，尽快停下来浮水，将头露出水面，使劲咳嗽，直至缓过来。

（4）如果是突然呛水，建议可以主动喝口水，一下就好。当然水质不好轻易就别用这招了。

3. 体力不支自救

在游泳当中会感觉身体突然没劲了，然后身体下沉。这时，一定要保持冷静，可在身体下沉时屏住呼吸,使体内肺部充满气体,片刻,身体会自然上浮,然后,划小蛙泳手,蹬小蛙泳腿,逐渐过渡到蛙泳。如果身边有水线等辅助设施,可借助休息一会儿再游。

4. 在水域中被水草缠绕自救

遇到水草缠绕时,一定要保持冷静,千万不要挣扎。在这种情况下只有保持冷静,才有机会解脱。缠绕发现得越早越容易解脱。被缠绕后,首先应放松身体,观察缠绕情况,寻找解脱的方法,如果解脱不了,可大声呼救。

【附件】 外出安全承诺书

本次外出前学校已对本人进行相关安全教育,本人郑重承诺在外出期间严格遵守以下规定,规范自己的言行,严守纪律,若出现意外事故和伤害,由本人负责,特作如下承诺。

一、本人自愿参加本次活动,加强自我保护、自我防范意识,树立"安全第一"的思想。

二、集体外出活动期间保证遵守国家法律法规、企业或公司规章、校纪校规,遵守社会公德,做文明人、讲文明话、干文明事,自觉维护学校和大学生形象。

三、尊重当地群众民俗习惯,遵守景区管理规定,爱护自然景观和人文景观。

四、自觉服从带队教师的安排,听从指挥,服从管理;不随便议论活动单位的有关问题,如有意见和建议,应向带队老师提出,由带队老师反映。

五、按规定时间和地点集体活动,不单人擅自行动,出现意外事件及时向带队老师报告。

六、遵守安全教育会议提出的相关要求和规定;团结友爱,文明礼貌,尊敬师长。

七、不酗酒闹事、聚众斗殴和涉足娱乐场所,不进行攀岩、探险、私自下水游泳等危险性活动。

八、保证不擅自脱离队伍,一定按时随队返回学校。

九、注意饮食卫生,不饮食过期、变质食品和饮料等,以防疾病发生。

十、不带火种进山,预防火灾发生。

十一、自愿承担不遵守上述承诺发生意外事故所造成的一切后果。

此安全承诺书一式两份,经学生本人签字确认后,一份由学生本人留存,另一份由活动组织者保留备查。

【本章思考题】

1. 到校外参加社会实践活动前,应做哪些准备工作?
2. 旅游过程中如何做好安全防范?
3. 到校外逛街购物、用餐、兼职、会友等应掌握哪些安全防范技能?
4. 在校外游泳应注意哪些安全事项?

第十二章 大学生交通安全

【典型案例】

北林大学生车祸 肇事车涉追逐竞驶

2017年的最后一天,哈尔滨阵雪,最低气温-20℃。一大早,11名大学生包了辆车,行驶在前往雪乡的路上。车上除北京林业大学的9名学生外,还有一名湖南农业大学的学生以及一名辽宁工程技术大学的学生。

他们乘坐的面包车是从淘宝上雇的一辆非法营运的中型客车,荷载15人,实载12人,并未超载。

哈尔滨市区到雪乡不算远,20千米。根据《道路交通安全法实施条例》,遇雾、雨、雪等天气,能见度在50米以内时,机动车最高时速不得超过30千米。

事发时,学生们乘坐车辆的司机与前方一辆轿车斗气,互相别车。前车撞上隔离带后,后车试图躲避,撞入沟旁的树林中。那辆车当天时速80千米,按照雪天的时速来算,是超速了,涉嫌违法驾驶。

通过现场勘查、调查取证,并对车辆进行检验鉴定,两车涉嫌追逐竞驶,行驶中均超过限定速度,轿车在超越面包车时撞向中心护板,面包车为躲避轿车而侧滑驶入公路右侧沟内。

【思考与研讨】

1. 大学生经常遇到哪些交通安全问题?
2. 如果你遇到上述案例的情况,怎样做才能确保安全?

第一节 交通安全基本概念

一、交通安全

交通安全是指不发生交通事故或少发生交通事故的主观条件,即指交通参与者要严格遵守交通法规,提高警惕,不因麻痹大意而发生交通事故。大学生交通安全是指大学生在校园内和校园外的道路行走、乘坐交通工具时的人身不会受到伤害或威胁的状态。

近几年来,现代交通的快速发展给人们的出行带来便利的同时,也给人们出行安全带来了一些隐患。随着各种车辆数量的剧增,大学生在校园内、外出行,时有发生交通事故。许多大学生刚刚离开父母和家庭,缺乏社会生活经验,思想麻痹和交通安全意识淡薄。大学生因交通安全事故而引发的悲剧,不但影响大学生个人的学业发展、身心健康,也给他们的家庭带来痛苦和不安,甚至影响到社会的和谐与稳定。

大学生在课余空闲时外出购物、旅游、兼职等,都可能要去繁华的市区。这些地方车流量大、行人多,各种交通工具交织在一起,令人眼花缭乱、顾此失彼。与校园相比,校外的交通状况更加复杂。四通八达的马路,拥挤的人潮,使得同学交通安全隐患无处不在,一不留神就会给造成意外伤害。大学生因缺乏通行经验而发生交通事故的概率也比较高。

【案例】某高校6名学生相约一起骑车外出郊游,沿途嬉笑打闹、互相追逐。途中马某某(男,19岁)加速骑车超越前方骑车的同学,由于骑驶不当,在超车过程中自行车后轮挂住了被超自行车的左侧脚架,自行车当即失去平衡,发生摇晃,偏向路中,此时恰巧一辆拖拉机迎面驶来,自行车前轮与拖拉机前端碰撞,马某某被撞倒,被拖拉机左前轮碾压,当场死亡。

二、校园内交通安全

高校校园规模的扩大、校园的对外开放等,导致大量的外来车辆涌入高校校园,给高校校园带来很多交通安全隐患。过去相对宁静的高校校园,如今也是车流如梭,校园内也开始出现了发生交通事故的报道。校园交通事故的主要原因是,随着高校与社会的交流越来越频繁,校园内的人流量、车流量急剧增加。许多高校教师拥有私家轿车已不算稀奇,学生骑自行车更普遍,开汽车上学也已不再是新闻;但是,校园道路建设和校园交通管理却滞后于高校的发展,再加上一般校园里的道路都比较狭窄,人、车行走路线没有分开,交叉路口没有交通信号灯的提示,学校也没有专职交通管理人员进行管理;特别是上、下课期间容易形成人流高峰,种种原因致使高校的交通环境日益复杂,交通事故时有发生。而一旦发生校园安全事故,造成学生的人身伤害和财物损失,将会给家庭、学校与社会带来很大负面影响。

此外,不少同学交通安全意识薄弱,在思想上还存在校园内骑车和行走肯定比校外安全的错误认识,也是容易在校园内发生交通事故的原因之一。一些大学生在校区内走路时,往往处于注意力不集中状态,表现为在走路时边走路边看手机、听音乐,或者左顾右盼、心不在焉。一旦遇到意外,发生交通事故就在所难免。还有的同学精力旺盛、活泼好动,即使在路上行走也是蹦蹦跳跳、嬉戏打闹,甚至有时还在校园路上进行球类活动,更是增加了风险事故发生的可能性。由于高校校园一般面积都比较大,宿舍与教室、图书馆等之间的距离比较远,所以许多大学生课间或下课时经常骑自行车在人海中穿行,部分学生甚至喜欢骑快车,还要与汽车比快慢,殊不知就此埋下了祸根。

【案例】吉林某高校大三学生王某,喜欢戴着耳塞边听音乐边走路边看书,有时候汽车到了他跟前才发觉。有同学曾提醒过他要注意安全,他却当作耳边风。2006年10月的一天下午,他跟往常一样边听音乐边走路看书回宿舍,经过一个十字路口时,一辆桑塔纳轿车从他左侧开过来,汽车鸣笛,他丝毫没有避让的意思,结果汽车刹车不及将他撞倒,造成左手骨折,幸好车速不是太快,否则性命难保。

【案例分析】 从本案例中可以看出,该同学不够重视交通安全,注意力分散,最终酿成大祸,自食其果。在平时的生活中,大学生要重视交通安全,学习和积累交通安全常识,自觉遵守交通规则,无论在校园内还是校园外出行,要做到"眼观六路,耳听八方",时刻注意来往车辆和行人,做到注意力不分散,及时避让往来车辆,学会保护自己的人身安全。

三、校园外交通安全

大学生因外出旅游、购物、参加社会实践、联系工作等都需要到市区去,其间免不了要乘坐各种长途或短途的交通工具,或在市区繁华街道中步行。而市区的车流量大、行人多,与校园相比交通状况更加复杂。大学生由于缺乏交通安全意识,过马路时疏忽大意,或是违反交通规则等,发生交通事故的概率比较高。此外,大学生乘坐各种长途或短途的交通工具时,发生交通事故的情况也时有发生,有时甚至造成群体性伤亡,教训十分惨重。还有近年来出现的一种新情况,那就是一些大学生在还没有取得驾驶执照,或是驾驶技术不熟练的情况下,就违章驾驶机动车上路,结果发生交通事故,导致他人受伤或死亡。

第二节　大学生交通安全隐患

大学生外出常遇到的交通隐患如下。

(1) 被机动车撞伤、撞死。大学生发生交通事故致伤致死的事故,主要是与机动车相撞造成的,包括汽车和摩托车。被撞伤、撞死的大学生有的是在马路上骑自行车,有的是在步行横过马路或者在便道上行走,还有的是在车站候车。被撞伤、撞死的大学生,有的学生虽然自己身体受到伤害,但因为违反交通规则,还要承担一定的责任,如骑车带人,走路时低头只顾看手机,闯红灯、逆行,过马路不走人行横道,在校园道路上踢球、拍球、嬉笑打闹,在马路上边走边聊天等。

【案例】 2006年5月,上海某高校两位男同学在操场踢完足球后,在回寝室的路上还余兴未尽,在路上边跑边传球,此时身后正好驶来一辆两轮摩托车,驾驶员避让不及撞上了其中的一位,致使其右小腿骨折。

(2) 乘坐汽车发生事故致伤、致死。全国各地高校大学生因乘坐交通工具发生交通事故的情况时有发生,有时甚至造成群体性伤亡事件,教训十分惨重。如有的学生乘坐旅游公司的车辆旅游,途中发生交通事故,造成多人伤亡。有的大学生租用或乘坐非法运营的私人车辆外出办事或旅游,出行时又疏忽安全情况,不按规定行驶,引发事故,造成受伤,甚至死亡。

(3) 驾驶机动车违章发生交通事故致伤、致死。大学生拥有驾驶证的大有人在,有车族大学生也不在少数。其中一些学生驾车时间短、经验少,遇到紧急情况时,缺乏处理经验,手忙脚乱,易发生事故。还有的学生醉酒后驾驶小客车,致使车辆翻到路边沟里,造成驾驶人和乘车人死伤。也有的学生无证驾驶无牌照摩托车,并且在后座上带人,因驾驶技术不过关,致使发生事故,并造成乘车人死伤。

(4) 被非机动车撞伤。这种情况大多数发生在校园内,大学生被骑自行车的人撞伤,而肇事者大多数也是大学生。有的大学生在校园内随意骑车,认为校园内没有红绿灯,可以不分左右行道,骑快车,结果发生交通事故。另外,现在的个人专用电动车行驶起来噪声很小,而且速度也很快,再加上骑车人经常逆行,大学生步行时稍不注意就可能被撞到。

(5) 搭乘不安全"黑车"构成安全隐患。有些同学贪图方便乘坐"黑车"外出,其实黑车的危害很大。首先是黑车安全系数极低,黑车当中,有二手车、拼装车,甚至报废车等,车况普遍较差,且每天都在超里程运行,根本没有时间进行日常的保养维护,容易发生机械事故,交通安全不能保障。其次,黑车驾驶员的素质差,安全意识淡薄,容易发生人为肇事事故,且未经客运服务培训,不了解服务规范,无法提供优质服务,常有甩客、倒客、宰客等现象发生,乘客权益得不到保障。再次,黑车从业人员及乘坐黑车的人员结构十分复杂,极易发生偷盗、抢劫、打架、调换假钞、酒后闹事等治安事件,人身安全得不到保证。又次,为争客、抢客、躲避运管部门检查,黑车驾驶员经常违规超速行驶、超员载客、驾驶精力分散、疲劳开车,极易引发安全行车事故。最后,黑车的保险手续不齐,发生重特大事故后,没有能力赔付,车主经常弃车逃跑或宁愿坐牢,乘客的生命财产得不到保证,最后吃苦的是乘客。

【案例】 2007年4月,杭州某高校3名学生外出时坐上了李某驾驶一辆小面包车(从事非法营运),在开发区文汇路由北向南行驶至学源街岔口时,与由东向西行驶的崔某驾驶的公交车相撞,造成面包车当场侧翻,车内3名学生受伤。

第三节 大学生交通安全隐患产生原因分析

近年来,随着社会的发展、高校办学规模的不断扩大和师生生活水平的提高,高校内机动车数量明显增加。校园周边机动车和非机动车密集,行人、自行车、机动车争道问题严重,而交通安全意识薄弱、交通标志欠缺、交通管理空白、外来车辆漠视校园规章制度等交通问题依然突出,造成师生交通安全事故增多,轻者受伤,重者死亡。公安部交通管理局官员指出,大量的事实表明,目前我国正处在交通事故多发的高峰期,交通事故的原因十分复杂,是由人、车、路、环境、管理、法制等多种因素共同作用的结果。

进一步分析大学生发生交通事故的原因,可以归纳为主观人为因素和客观环境因素两个方面。

主观人为因素包括思想麻痹、安全意识淡薄和交通安全知识缺乏、遵守交通规则的自觉性差、驾驶人员操控不当等。客观环境因素包括道路、交通设施等交通条件落后和车辆的机械性能差以及法律不健全、处罚力度不够等。具体如下。

(1) 思想麻痹、安全意识淡薄。发生交通事故的主要原因是思想麻痹和安全意识淡薄。许多大学生刚刚离开父母和家庭,社会生活经验不足,头脑里交通安全意识比较淡薄,同时有的同学在思想上还存在路上机动车一定会让着行人的错误认识,一旦遇到意外,发生交通事故就在所难免。一些大学生在道路上行走,过街不走人行横道;走路时不能集中精力,边走边看手机;或者是与机动车抢道,横穿马路、翻越护栏;甚至进入标有"禁止行人通行""危险"等标志的地方后仍然浑然不知将面临的安全隐患。2012年10月某学院3名女生在横穿马路时,没走人行横道,被一辆违章疾驶的汽车撞倒,造成一人死亡、两人受伤的悲剧。

【案例】 2007年3月,吉林某高校学生李某,前一天晚上一直在网吧里上网到第二天凌晨4时多才回寝室休息。一觉醒来已快到上课时间了,他起床后顾不得梳洗便匆匆下楼,骑上自行车飞快朝教室方向奔。当他骑到一个下坡向右转弯的路段时,本来车速已很快,但他还觉得慢,又猛踩了几下,就在这时迎面来了一辆小轿车,因车速太快避让不及,连人带车掉进了路旁的水沟里,致使右胳膊骨折,自行车摔坏。

(2) 缺乏交通安全知识。在各个大学中普遍存在这样一种情况,有许多大学生只注重学校规定需要考试的几门课程的学习,而很少主动学习有关交通安全的知识,有些同学甚至连基本的交通安全常识都不甚了解。而学校方面也没有专门将交通安全方面的课程列入正常教学计划中,大学生只是被动地从保卫部门的提醒中获得这方面的知识。据有关统计,交通安全知识缺乏和自我防范能力较差是大学生上街外出时容易发生交通事故的主要原因。大学生余暇空闲时购物、观光、访友等要到市区活动,这些地方车流量大,行人多,各种交通标志眼花缭乱,与校园相比交通状况更加复杂,若缺乏通行经验,发生交通事故的概率就比较高。

【案例】 2005年10月,上海某重点大学一位男生邹某,双休日与几个同学上街。街上车辆川流不息,行人熙熙攘攘,过了一会儿丁某与同学掉了队。正当他着急四处张望时,同学在马路对面大声叫邹某的名字,他就慌忙朝马路对面跑过去,此时一辆大卡车正飞驰而来,将其撞倒并从他身上碾压过去,邹某付出了生命的代价。

(3) 遵守交通法规的自觉性差。有些大学生在日常学习和生活中没有养成良好的自觉遵守规矩的习惯,自制能力和自觉性较差。在遇到过街和穿马路时,在"只为图一时之快,不愿意多走一步"这种心理的作用下,经常做出不走斑马线、人行道、任意跨越护栏、乱穿机动车道等违反交通规则的事情。有的时候过马路,看见红灯时仍然无视信号灯闯红灯。一些司机开车遇到绿灯时,利用交叉路口时间差不顾过马路的行人加速冲过去等。在现实生活中,有交通信号的路口还好一些,没有交通信号的路口根本就是一片混乱的景象,车水马龙,互不相让。

(4) 驾驶人员操控不当。近年来,私家车数量猛增,大量初考驾照者上路,成为诱发交通事故的又一大因素,又称"马路杀手"。一些学生骑车、走路时不注意来往车辆,要么突然拐弯,要么只顾低头走路,如果新司机驾驶车辆路过,因为经验不足,一旦遇到紧急情况,惊慌失措,往往因操控不当引发交通事故。

(5)校园道路、交通设施等交通条件落后。近年来,大学校园面积增加不大,校园道路变化不大,但是,在校生增长了一倍多,校园内私家车增长了数十倍,社会车辆每天进出校园的有成千上万辆,人车抢道现象普遍,致使校园内交通安全形势严峻。

第四节　大学生交通安全事故的防范

为了预防大学生出行发生交通事故,需要做好以下工作。

1. 进一步加强学校周边道路的秩序管理

学校要与交警部门主动配合,结合师生出行特点,全面排查学校周边的交通安全隐患点,及时联合有关部门,制订整改方案,认真加以解决。需要交警部门做到:一是针对师生出行规律,科学调整勤务方式,合理调配警力,特别是对校园周边路段的堵点、乱点、事故多发点和人流车流高峰时段要采取定点、定岗措施,加强交通管控力度;二是联合相关职能部门从严查处学校周边从事非法营运的车辆;三是通过组织学生志愿者上路维护交通秩序、劝导交通违法行为等形式,落实长效管理措施;四是完善交通安全设施,确保出行道路安全方便。

2. 大学生要提高交通安全意识

珍爱生命要从遵守交通法规开始。交通法规是在总结大量交通事故血的教训中产生的,它是人们交通安全的基本保障。作为一名在校大学生,要主动提高交通安全意识,学习一些必要的交通安全常识,了解道路通行条件中的交通信号灯、交通标志、交通警察指挥手势的含义;知晓道路通行中的一般规定,机动车、非机动车、行人和乘车人的通行规定以及高速公路的特别规定;学习交通事故处理中的保护现场、抢救受伤人员、报警、交通事故的调解和诉讼以及向保险公司的理赔等方面的知识等。若没有交通安全意识很容易带来生命之忧。只有自觉了解和遵守交通法规,才可能会少发生或不发生交通事故。相反,如果不掌握、不学习、不了解交通规则的要求,存有侥幸心理,甚至明知故犯,如违章驾驶、骑车带人、逆行、闯红灯、行人过马路不走人行横道和过街桥等,都非常容易发生交通事故。

3. 大学生要自觉遵守交通法规

以下几点是大家在出行时应该严格遵守的交通注意事项。

(1)在道路上行走时,应走人行道,在没有人行道的地方要靠路边行走。横过马路时必须走过街天桥或地下通道,在没有天桥和地下通道的地方应走人行横道;在没划人行横道的地方横过马路时要注意观察来往车辆,经观察发现路上无来往车辆时便迅速直穿过马路;走路时要集中精力,不与机动车抢道,不翻越护栏或隔离墩,不闯红灯,不进入标有"禁止行人通行""危险"等标志的地方。有关行人交通安全的更多内容可参考本章附件《中华人民共和国道路交通安全法》相关知识。

（2）骑车出行前要先检查一下车辆的闸、结构、轮胎是否正常有效，保证没有问题后方可上路。骑车时应在非机动车道内行驶，遇到没有划分车道的地方要靠右边行驶。通过路口时要严守信号，停车不要越过停车线，不要绕过信号灯行驶，不要骑车逆行，不要扶肩并行骑车，不双手离把骑车，不攀扶其他车辆，不在人行便道上骑车。在横穿4条以上机动车道或中途车闸失效时，须下车推行；骑车转弯时要伸手示意，不要强行猛拐。

（3）不论是回家还是外出旅游，同学们都应时刻注意出行交通安全。外出时，学生要自觉遵守交通规则，遇到意外时应妥善处理，并及时与学校、家人联系。乘坐市内公共交通车等交通工具时应待车停稳后，依次上下车，不挤不抢。车辆行驶中不得把身体伸出窗外。乘坐长途客车、中巴车时，要选择安全合法的交通工具，选择正规的客运站买票；不要贪图便宜而乘坐没有营运资格的"黑车""摩的"等，因为这些车辆安全没有保障。特别是女学生不要与陌生人拼车；女生一个人乘坐出租车等交通工具时，最好记下车牌号，尽量坐在司机后面位置；夜间时要记得开窗，随时注意行车路线。

（4）增强自我保护意识。由于他人特别是机动车驾驶员的违章，结果造成了大学生无辜被撞伤、撞死，这样的教训是十分惨痛的。因此，大学生必须增强自我保护意识，要警惕和防止由于他人的过失而对自己造成伤害。出行时要集中精力，不仅要瞻前，而且要顾后，眼观六路，耳听八方；发现违章的车辆向自己驶来，要主动避让，防止伤害到自己；如果自己驾车外出，切记不要驾驶车况不好的车上路，开车时不要超速，与前车保持安全距离；遇到路况复杂、天气不好时，要处处加以小心，及时避让，以免受到意外伤害。

【附件】《中华人民共和国道路交通安全法》（2008年5月1日起实施）中关于行人和乘车人通行的规定：

第六十一条 行人应当在人行道内行走，没有人行道的靠路边行走。

第六十二条 行人通过路口或者横过道路，应当走人行横道或者过街设施；通过有交通信号灯的人行横道，应当按照交通信号灯指示通行；通过没有交通信号灯、人行横道的路口，或者在没有过街设施的路段横过道路，应当在确认安全后通过。

第六十三条 行人不得跨越、倚坐道路隔离设施，不得扒车、强行拦车或者实施妨碍道路交通安全的其他行为。

……

第六十五条 行人通过铁路道口时，应当按照交通信号或者管理人员的指挥通行；没有交通信号和管理人员的，应当在确认无火车驶临后，迅速通过。

第六十六条 乘车人不得携带易燃易爆等危险物品，不得向车外抛洒物品，不得有影响驾驶人安全驾驶的行为。

第五节　大学生发生交通事故的处理

一、交通事故现场应急措施

（1）及时报案。无论在校外还是在校内，一旦发生交通事故，同学们不要惊慌，大学生首先想到的应该是及时报案，及时拨打102交通事故报警电话，通知当事人所在单位。这样做将有利于事故的公正处理，千万不能与肇事者"私了"。若在校外发生交通事故除及时报案外，还应该及时与学校取得联系，由学校出面处理有关事宜。

（2）迅速求救。如果在乘车或驾车途中，车辆出现险情或发生事故，如有人员伤亡，应及时拨打120求救，或请求路过的车辆驾驶人、行人代为拨打。如果在高速公路上发生上述情况，驾驶人和乘车人要迅速离开车辆，并尽可能在事故现场安全距离外放置警告标志，然后撤离到高速公路外，以免二次事故的发生。

（3）保护好现场。事故现场的勘查结论是划分事故责任的依据之一，若现场没有保护好会给交通事故的处理带来困难，造成"有理说不清"的情况。切记，发生交通事故后要保护好事故现场。

（4）控制肇事者。若肇事者想逃脱一定要设法控制，自己不能控制可以发动周围的人帮忙控制，若实在无法控制也要记住肇事车辆的车辆牌号等特征。

二、交通事故（责任事故）的处理

发生交通事故后，当事人或目击者要配合交警，填写书面材料并交给公安交警部门，由交警部门出具责任认定书分清责任。如果构成人身损害或者伤残的建议先去司法鉴定中心作伤残等级鉴定；机动车发生交通事故造成人身伤亡、财产损失，由保险公司在机动车第三者责任强制保险责任限额范围12万元内予以赔偿；不足的部分，按照各自的责任大小来承担赔偿责任。具体的赔偿项目包括：医疗费、误工费、护理费、交通费、住宿费、伙食补助费、营养费、精神损失费、抚养费、后续治疗费；构成残疾的还应支付残疾赔偿金；死亡的，应支付死亡赔偿金，等等。交通管理人员接警后，携带器材到现场进行勘查，有旁证的取旁证材料，询问双方当事人事故经过；伤人及车损较大的事故做询问笔录，车辆参加保险的则通知保险公司；有伤员的向医护人员了解伤情，并在条件允许的情况下在医院询问事发当时的情况并记录；暂扣机动车或当事人的有效证件及一定数额的押金。车损事故暂扣双方当事人的驾驶证及车辆证件。

三、发生交通事故后的赔偿

大学生发生交通事故后，要维护自己的合法权益。根据《最高人民法院关于审理人身损害赔偿案件适用法律若干问题的解释》有关规定,交通事故受害人可以得到的赔偿项目包括医疗费、误工费、护理费、交通费、住宿费、住院伙食补助费、必要的营养费,如果因交通事故致残,还可以要求交通事故损害方赔偿交通事故伤者残废赔偿金。由于在校大学生没有工资收入,除不能要求损害方赔偿误工费外,可以要求交通事故损害方赔偿医疗费、护理费、交通费、住宿费、住院伙食补助费、必要的营养费等费用。如学生的伤势较重,属多发性骨折,这种伤害极易造成受伤者致残,所以,应当在治疗终结后,进行伤残等级评定。如果构成残废的,可能根据残废等级要求损害人赔偿残废赔偿金。赔偿可以在公安交通管理机关事故认定后,书面要求公安交通管理机关调解,也可以直接向人民法院提起民事诉讼。但不论采取哪种办法解决,所要求的损害赔偿都要按交通事故责任分摊。

《最高人民法院关于审理人身损害赔偿案件适用法律若干问题的解释》还规定:受害人因伤致残的,其因增加生活上需要所支出的必要费用以及因丧失劳动能力导致的收入损失,包括残疾赔偿金、残疾辅助器具费、被扶养人生活费,以及因康复护理、继续治疗实际发生的必要的康复费、护理费、后续治疗费,赔偿义务人也应当予以赔偿。

致受害人死亡的,赔偿义务人除应当根据抢救治疗情况赔偿本条第一款规定的相关费用外,还应当赔偿丧葬费、被扶养人生活费、死亡补偿费以及受害人亲属办理丧葬事宜支出的交通费、住宿费和误工损失等其他合理费用。

如果受害人或者死者近亲属遭受精神损害,赔偿权利人向人民法院请求赔偿精神损害抚慰金的,适用《最高人民法院关于确定民事侵权精神损害赔偿责任若干问题的解释》予以确定。

【案例】 2007年3月底的一天下午,吉林某高校教师李某在上完课后骑电动车下班回家,途经湖州街与上塘路交叉路口时,被一快速转弯的水泥灌装车从其身体上碾压。案发后驾驶员好像没有发现,水泥灌装车在继续向前行驶了20米后才被一出租车驾驶员拦下并迅速报警,可惜李老师在被送往医院后抢救无效死亡。

在发生事故后,在第一时间如何报案和及时施救,事关人员的生命。对伤员采取正确救护措施,可以最大可能地挽救生命和减少损失。

【思考与研讨】
1. 大学生平常外出时,应注意哪些交通安全问题?
2. 发生交通事故后如何进行自我救护和报警?

【本章思考题】

1. 你认为大学生出行时主要会遇到哪些交通安全隐患?构成这些交通隐患的原因是什么?
2. 大学生应该如何做好交通安全事故的防范?
3. 发生交通事故时应该如何处理?
4. 《中华人民共和国道路交通安全法》对确保行人交通安全有哪些基本规定?

第十二章

大学生求职就业安全

【典型案例】

和普通求职者一样,小王一开始选择在"58同城"等大型求职网站上浏览招聘信息。一则招募网评员和淘宝客服的广告吸引了他。想到可以在学校里兼职,既不用奔波又不耽误学习,小王挺心动,主动联系了广告上的联系人张女士。对方告知他,他们现在的招聘工作都在语音平台上进行,让小王下载并进入一个叫"IS"的语音平台,会有专门的客服人员与他联系。果然,当小王注册进入这个语音平台后,一个名为"锦程招聘"的客服就开始向他询问求职意向。

"我们这里有各种类型的工作,根据工作的不同,需要交一定的押金,分为四档:一档是小时工,交99元;二档是临时工,交199元;三档是正式工,交299元;四档签合同,交399元。这个押金是为联系公司和进行培训的,3天至7天就会返还。"

一听给联系单位还给培训,小王觉得挺靠谱,立即交了199元押金。之后,客服又以岗位试用金、马甲费等各类名义要求小王不断交钱。在交了近800元钱后,小王终于被告知可以参加培训了。于是,小王在"锦程招聘"的引导下,又加入了培训部的账号,而培训部也确实没让小王闲着,很快给他分配了培训任务,就是网上刷单。然而,就在小王用个人身份信息注册了一大堆账号,完成刷单任务后,培训部的账号却突然将他拉黑,不仅任务提成没收到,自己反而又为刷单搭进去好几百元。

不到几天的时间,小王先后支付了1 000多元钱,却什么工作也没找到,意识到自己可能被骗时,小王当即报了警。

【思考与研讨】

1. 本案例中的"锦程招聘"客服是利用大学生哪些弱点设下陷阱的?
2. 如果你准备求职,你将如何防范诈骗陷阱?

第一节 大学生求职基本概念

所谓大学生求职,是指大学生利用自己所学的知识和技能,通过一定的方式,向用人单位寻求为其创造物质财富和精神财富的长期工作岗位机会,从而获取合理报酬并作为物质生活来源的过程。

随着我国高等教育事业的发展,大学毕业生的人数一直保持高位,他们中绝大多数人都要进入劳动力市场通过求职实现自主就业。目前,大学生求职的途径主要有:人际求职、人才招聘会、互联网、招聘广告、人才中介机构、职业经纪人和单位直接进校招聘等。其中,人才招聘会、网络招聘已经成为学生使用频率最高的两大求职途径。

对大学毕业生来讲,求职过程既蕴含着无数的机遇,又隐藏着许多未知的风险。大学生求职过程中上当受骗的新闻报道也不时见诸媒体。近年来,大学毕业生人数逐年在增加,而对大学生极具吸引力的就业岗位却逐渐趋于饱和。此外,就业市场还存在多方面的结构性矛盾,使某些专业的大学生就业更加困难,心理压力也不断增大。一些不法分子正是利用毕业生求职心切、经验不足的特点,特别是利用毕业生就业焦虑越来越强烈的心理,以试用期、许诺高工资等做诱饵,设计出五花八门的就业陷阱,向大学生骗取各种不合理的费用或无偿占用其智力成果。而就业市场发展不健全、管理不规范,也导致社会不法分子乘虚而入,巧立名目,设置求职陷阱,使不少大学生刚毕业就遭遇就业陷阱,给以后再次求职蒙上了难以抹去的阴影,同时也造成了恶劣的社会影响。

此外,大学毕业学生涉世不深、缺乏社会经验、防范意识淡薄、自我保护能力不强也是学生就业安全隐患滋生的土壤。大学生由于从小都是在父母和老师的呵护下长大,没有经受什么挫折,思想比较单纯,对社会的不良风气和坏人坏事不能理性分辨。他们不了解正规招聘单位应具备什么条件,不能客观认识自己,好高骛远,以为不费力气就能找到收入高、工作体面的好工作。不少大学毕业生为了能找到一份满意的工作,遍投简历,广搜信息,只要是符合自己意愿的招聘信息,就积极行动,主动应聘,绝不放过机会。这就给不法分子进行就业欺诈营造了可乘之机。就业骗局不仅给大学生造成了经济损失、时间损失、机会损失,甚至还对大学生造成精神损失和伤害。此外,就业骗局还会败坏社会风气,滋生不诚信行为,给社会带来很多负面影响。

第二节 大学生求职就业安全隐患

1. 求职信息安全隐患

求职信息安全是指大学生的就业需求信息具有真实性、完整性和合规、合法性;个人信息不被泄露和恶意使用。真实的就业需求信息和大学生个人信息得到有效的保护是确保大学生安全就业的首要前提。但是,刚走出校门或即将毕业的大学生,由于缺乏求职经验和社会阅历,往往就业信心不足,对招聘信息的甄别能力差,再加上求职心情迫切。为了求得一份满意的工作,他们往往行动迅速,急于求成。特别是一些大学生在求职过程曾经遭受过一些挫折,面对新机会和激烈的竞争,不得不一再降低要求,甚至放松警惕,这也给一些动机不纯的用人单位提供了可乘之机。他们利用大学生社会阅历浅、思想单纯、家长不在身边的特点,以及大学生在求职过程信息不对称的弱势地位,采取欺骗手段,巧设名目,设置种种陷阱,致使大学生遭遇种种骗局,结果发生了求职上当、财产受损、人身及心理受伤害的不幸,同时也造成了极其恶劣的社会影响。

近年来,社会上一些无良用人单位和不法分子利用大学生求职机会实施诈骗的案例屡见不鲜,常见的诈骗方式如下。

(1) 用虚假信息诱骗大学生预付各种费用。一些公司在面试的时候,将公司的优势以及员工的福利待遇说得天花乱坠,使很多毕业生听后都很心动。然而,当真正入职工作的时候却被告知需要先缴纳入职费、培训费等相关费用。

(2) 做出的承诺却不写进合同。有些公司为了能够招到人,以工资高为诱饵,同时会给求职者口头承诺一些福利待遇,他们常常模糊工作时间,美化工作性质,巧立名目,先收取一些费用,一切说得很好,却总找借口不将美好承诺写入合同,等到大学生正式入职签订劳动合同的时候才发现,面试时用人单位所许诺的福利待遇在用工合同中并没有体现,劳动合同变成了产品协议。

(3) 不通过正规渠道招聘。面试地点临时租借,让学生看不到真实工作场景,而且还夸大单位和职位信息,骗取学生的信任。

(4) 靠忽悠来占大学生便宜。一些无良单位故意混淆工作报酬,比如,忽悠应聘销售岗位的毕业生公司有业绩底薪,但干完一个月后却连工资都领不到,因为无法完成故意拔高的指定的工作业绩,反而被说成是求职者能力不够。还有的骗人单位以考察毕业生专业能力为借口,让应聘者完成某项工作,如编一个小程序、设计一个广告、改造一个工艺流程等,一旦工作完成后,便以条件不符为由,拒绝录用。

2. 招人单位资质虚假或诈骗

由于我国目前各地人才市场对于用人单位到场招聘或发布信息的资质只进行书面审核,而对招聘内容的真实性缺乏科学鉴别,因此其安全性是存在隐患的。一些黑中介借用某职业介绍公司的营业执照和人力资源服务许可证,发布大量虚假招聘信息。还安排专人接待求职者、冒充招聘面试负责人来诈骗求职者钱财。还有的单位与中介机构相互勾结,以收取各种费用而达到敛财的目的,一些非法中介看准了在校大学生缺少社会经验,同时又挣钱心切的心理,在收到了高额中介费后却不履行合同,不能够及时为大学生找到合适的工作,或者给你找一家招聘公司,然后该公司又以种种名义推脱;更有甚者,他们采取打一枪换一个地方的策略,交钱后连人都找不到了。而网络求职的方法虽然因其可免去奔波之苦、查询方便、信息量大、可选择面广,能让求职者降低求职成本而成为学生的求职新宠。但网络带来便捷的同时也带来了安全隐患,发布信息单位本身是否具备资格许可证,人才网站的诚信与保密技术是否过硬等,靠求职学生去识别难度很大,不得不要求学生在与用人单位进行洽谈或在网上发送个人资料之前要保持一分警惕。

【案例】 从2016年3月开始,孙某租用金州碧海尚城某办公室,女子吕某为其提供了大连某职业介绍有限公司营业执照及人力资源服务许可证,孙某以招工为名,骗取求职者钱财。其间,孙某负责发布虚假招工信息及与求职者谈退费等事宜,吕某以招聘公司面试负责人的身份接待求职者,取得求职者信任后,以缴纳体检费、服装费、保证金等方式骗取被害人钱财。这个黑中介还找来了女子张某。张某明知公司实施诈骗行为,仍参与其中并负责接待求职者、陪同求职者取款、联系退费事宜。截至2016年12月,这个黑中介共诈骗数十人数万元。

案发后,吕某投案自首。这个黑中介也被警方查封。吕某赔偿了部分受害人损失,获得谅解。吕某被判处有期徒刑8个月,缓刑一年,并处罚金人民币5 000元;张某被判处拘役6个月,缓刑10个月,并处罚金人民币3 000元。

3. 被骗参与非法传销组织

对大学生求职安全威胁最大的是不法分子利用招聘诱骗大学生踏入非法传销陷阱。一些非法组织经常会通过校园或网络招聘的形式,诱骗大学生踏入传销组织。有些不法的传销组织看准了毕业生急于找工作的心理,潜藏在人才市场,主动与毕业生搭讪,以"高收入"和"高回报"来骗毕业生加入传销组织。当毕业生加入以后,公司领导再要求他们"拉拢"其他同学、朋友加入。2018年,在全国范围内发生多起大学生求职误入传销陷阱的案例:河南籍女大学生在阜阳找工作误入传销组织;江汉大学大四男生山西求职落传销陷阱;开封取缔一传销窝点,11名传销人员均为网上找工作被骗的大学生;湖南一大学生从网上找工作身陷传销;大学生应聘当演员,被骗入传销魔窟,等等。

传销组织利用大学生急于求职的心理,精心设计骗局。他们把传销组织包装成实业公司,许诺给毕业生的工作"待遇高,工作轻松,发展前景好"。等大学生陷入圈套后,再对大学生进行培训"洗脑",限制大学生的人身自由。传销公司惯用的方法一般是先安排学生以销售人员的名义上岗工作,然后公司让学生交纳一定的提货款,再让学生去哄骗他人。有的同学在高回扣的诱饵下,甚至去欺骗自己的同学、朋友。上当之后又往往骑虎难下,最终只得自食其果,白搭上一笔钱。

【案例】 据《上海侨报》报道,2016年9月17日,被骗到广东佛山市顺德区的陕西西北农林科技大学刚毕业的刘某因拒绝加入传销,遭到惨无人道的毒打,被残忍地割烂右手三指,后又被扔到广州市芳村境内,幸被120及时送到医院。

【思考与研讨】

大学生为何容易误入非法传销组织?

4. 千方百计蒙骗大学生钱财

一些无良用人单位抓住大学毕业生求职迫切的心理,在开始时不与毕业生签订就业协议或劳动合同就进行先期试用,在试用期即将结束时便以各种理由辞退求职者,而不用担负任何法律责任,并再一次以很少的薪水继续招聘同样也不会熬过试用期的新人。周而复始,以此来降低企业运营成本。还有一些招聘单位打着"高薪诚聘"的诱人广告,或任意延长工作时间、增加工作量,或在月底兑付时借口业绩不合格、工作失误来扣除实习大学生部分薪酬。也有的单位在大学生经过多轮面试而确定应聘成功之后,又以安排毕业生岗前培训为借口,收取各种培训费用,但培训结束后却告知求职者条件不符,岗位已满而不予录用,造成毕业生人财两空。更有一些用人单位要求大学生先支付押金,承诺交了押金后就可以上班,但之后又以人员已满等各种借口要求大学生等消息,而且拒绝返还押金,最后就没有音讯了。甚至一些用人单位在试用期就恶意克扣"薪酬";还有的单位收取保证金,称以此"保证"学生按要求上班,并答应在打工结束后归还。可是到结算工资的时候,保证金却不见踪影。

【案例】

收取保证金,诈骗大学毕业生

2013年5月中旬,马上要从甘肃省服装学校毕业的中专生韩小花(化名)开始为找工作忙活了,为了找到一个合适的工作,韩小花连日奔波于各类人才市场。这时候,一家名为武汉市广彤贸易有限责任公司兰州分公司的企业招聘启事进入她的视野。经过初步了解,这家公司提供的岗位是商场里的营业员,两个月的实习期间,月工资600元加提成,转正后月工资800元加提成,如果营业情况好,每个月的收入可以达到2 000元左右。作为一名刚刚毕业的中专生,这样的待遇对她来说,着实很有诱惑。但韩小花了解到,进这家公司,每人要收取200元的服装保证金,用于制作工作服,离开公司的时候,200元可以全部退还。"现在社会上各种招工骗局比较多,都是要收各种保证金,会不会是骗局?"但是又一想,"广彤公司是在一家比较正规的人才市场发布的消息,应该不会有问题。"为了慎重起见,韩小花决定等一等。接下来的几个星期里,韩小花发现,这家公司仍然一如既往地在人才市场上招聘工作人员,不仅如此,兰州市一家较有影响力的地方报纸也发布了广彤公司的招聘启事。不愿放弃这样一个好的机会,韩小花决定去试一试。5月下旬的一天,韩小花来到了位于兰州市城关区某大厦广彤公司的办公地点参加面试,同时前来应聘的人有100多名,有些还是重点大学的毕业生。韩小花说,一些应聘者为了安全,还专门到工商部门看了广彤公司的营业执照,没有问题。在这种情况下,韩小花和许多应聘者对这个公司深信不疑。面试完以后,韩小花心甘情愿地交了200元服装保证金。6月5日,韩小花按照公司的约定来到广彤公司的办公地点参加培训,但却发现,广彤公司和主管人员早已经人去楼空。发现上当受骗,韩小花和其他被骗人员向公安机关报了案。据了解,在广彤公司诈骗案中,有150多名像韩小花这样的求职者上当受骗,其中大多数都是刚刚毕业的大学生。

【提示】 就业过程中,骗子最感兴趣的往往是金钱,只要大学生提高警惕,捂好钱包,骗子们也只能望洋兴叹,无计可施了。

5. 就业劳动合同设陷阱

劳动合同是劳动者与用人单位之间签订的关于权利义务的法律文书,通过劳动合同,明确双方的权利和义务,劳动者与用人单位从此确立起正式的劳动关系,劳动合同受劳动法的约束与保护,不论是毕业生还是用人单位,都应当按照约定履行。随着新的劳动合同法的贯彻实施,一般的单位在录用大学生时都会主动签署劳动合同。达成意见后,双方的约定要以书面合同条款明确下来以维护自身的权益,不能只有口头协议。

但是，一些无良单位经常会在签订劳动合同上做手脚、设陷阱，主要体现在不签劳动合同和签订明显有失公平的劳动合同两个方面。

由于有的毕业生害怕失去工作机会不敢提及合同，或者是相信企业的种种借口而不能签约，还有的同学以为签了《高校毕业生就业协议》就等于签订了《劳动合同》等。事实上，《就业协议书》与《劳动合同》是有区别的，《就业协议书》是教育部统一印制的，由毕业生、用人单位及毕业生所在高校三方签订的就业协议书，是在毕业生派遣之前签订的。作为一份简单的格式文本，《就业协议书》不能直接体现诸如工作岗位、工作条件等《劳动合同》必备的条款，无法全面保障毕业生就业后的劳动权利。即使签订了协议，有些单位还是以种种借口拒绝与学生签订书面《劳动合同》。要知道，不签订劳动合同就无法全面保障毕业生就业后的劳动权利，一旦打工结束，因没有书面协议做保障，很可能会出现用人单位劳务费赖账不给的结果。

通过不合理条款导致大学生上当受骗是无良单位的另一种招聘陷阱。由于就业形势比较严峻，大学生在求职过程中往往处于弱势，一些用人单位会提出一些明显不合理的苛刻条款，如违约金、服务期等欺骗求职学生。对于毕业生来讲，虽然知道这些附加条款是有失公平的，但也不敢明确表示异议。有的单位在劳动合同中为自己规定的权利很多，而给大学生的权利则很少。大学生一旦签署了这类显失公平的劳动合同就如同给自己造成损失埋下了伏笔，以后再寻求仲裁机构维权就会相当被动。

毕业生自身也存在一些求职不当行为。如有的学生"一女多嫁"，在毕业求职中，往往将自荐书和简历漫天撒网，接到用人单位的签约通知，便匆忙签约，甚至与多个用人单位重复签约，从而构成了对其他用人单位的违约。有的学生签约时对双方的权利和义务不明确，对就业协议书中的权利与义务等重要内容不了解，甚至连看也不看就签上自己的名字寄给用人单位，任由用人单位在协议书上随意填空。当毕业生发觉到自己中套了，只好选择违约，结果不仅要支付违约金，还对个人信誉带来不利影响。还有一些同学为规避学校追究，他们签约后不及时将所签协议交给学校，在毕业时才选择上交，结果发现问题时，为时已晚，为自己安全就业带来不利影响。

【案例】

盲目签约，不合理条款上当

王利（化名）由于急于找到工作，没来得及仔细推敲合同里的条款，结果不但失去了这份工作还付了一笔违约金。据其称，他与公司签合同时还未毕业，但公司要求其进入实习期。在4个月的实习期里他卖力地工作，却只能得到300多元钱的实习工资。2017年5月，他以为工作已经敲定，打算回学校修完剩下的一些课程，9月再回到公司正式上班。但当他向公司请假时，公司却以合同中"工作前两年不得连续请假一周以上"的条款为由，认定王利违约，索要违约金。王利只好交了2 000元的违约金。

【提示】 签订协议时一定要谨慎，要认真阅读协议中的每一条规定，反复斟酌，拿不准的要向有关法律机构咨询后再作决定。

6. 个人信息泄露或被人恶意使用

在求职过程中，大学生常常需要面对这样的两难境地：一方面，需要提供个人的真实信息供用人单位使用；另一方面，又要谨防个人信息泄露并被人恶意使用。个人信息主要包括：姓名、性别、年龄、身份证号码、电话号码、银行账户、E-mail地址及家庭住址等在内的个人基本信息，这些信息一旦泄露或被人恶意使用，都可能会给大学生带来财产损失。例如，有人通过不法渠道购买到你的个人信息，用你的名字制作了假身份证，在网上骗取银行的信用，从银行办理出各种各样的信用卡，恶意透支消费，然后银行直接将欠费的催款单寄给了身份证的主人，别人冒你的名花的钱，还要你来还款。还有一些不法分子可能会利用你的个人信息干坏事，如果犯了什么案或发生什么事故，公安机关或交通管理部门可能会依据身份信息找到你的头上。现在这种骗术已经进一步发展到盗用亲属或同学的手机号、QQ号进行诈骗活动，如有的骗子利用你的信息向家长骗称"你的孩子现在由于交通事故，正在××医院抢救，需要住院费一万元"等，以此诈骗钱财。

【案例1】 2015年3月，6名在京的教育培训机构员工因非法买卖大量学生及家长个人信息，总计多达200余万条，涉嫌非法获取公民个人信息罪，当庭受审并认罪。

被告人之一杨某，高中文化，25岁，从内蒙古鄂伦春来京打工。据他称，2011年他到一家教育培训机构上班，发现公司掌握大量家长信息，就偷偷拷贝了一些准备出售。杨某先后在至少3家此类机构干过这样的事情，获取学生及家长个人信息总计200多万条。杨某在网上分批出售信息，共获利1万余元，平均每条信息5厘钱。

【案例2】 朱云（化名）大学毕业后在私企工作，档案放在了人才中心，由于与老板发生劳动纠纷，老板强迫她辞职，后来她找到一家行政单位的工作，为了办保险，她去人才中心取档案，没想到档案已被老板拿走。朱云将事情诉诸劳动监察部门，劳动监察部门表示也管不了。目前这件事情过去了4年多还没有解决。

【案例分析】 劳动法出台后，档案已不作为员工与企业关系的唯一标志，劳动合同才是唯一的标志，档案不在也没关系。但档案管理的规定要求档案必须随人转移，于是强行规定人走，档案也必须转走。但单位要坚持不放人调离单位，硬是扣留员工的档案，虽然这种做法不符合规定，员工也没有办法，劳动仲裁也不受理此类档案问题，最后使得劳动者利益受到侵害时却无人保护，而且还会影响到失业救济金的领取。因为不把档案转到街道，就享受不到失业救济金。

【提示】 在签订就业协议和劳动合同时，一定要协调好档案的管理问题，作为毕业生本人不要盲目到人才服务中心办理档案托管。

第三节 大学生求职过程安全防范策略

毕业生就职安全是关系学生未来发展的大事。大学生要不断增强求职安全警惕性，提高自身求职安全防范意识。在求职就业过程中，既要敢于挑战自我，又要谨防求职陷阱。面对新形势下出现的各类求职安全问题，大学生需要做好以下安全防范工作。

一、求职过程安全防范策略

1. 认真核实招聘单位信息

目前,人才招聘市场鱼目混珠,不良信息和混乱信息是影响大学毕业生就业安全的重大隐患。学校有义务保证向毕业生发放的是正规招聘信息,确保招聘信息的规范性和真实性。学生在应聘之前,也要通过学校就业指导部门或其他渠道,深入了解应聘单位,分析招聘信息的真实性,必要时,要学习一些法律知识,以维护自己的正当合法权益。大学生要从多方面、多渠道详细了解公司情况及背景,知晓公司是否正规,业务是否合法,单位是否拥有合法的营业执照和经营许可证,是否有投诉或不良记录等。只要是来校现场招聘的单位学校就业办公室都会认真核实公司情况,请毕业生放心应聘。同学们了解单位情况的方法有很多,在网上搜索查询是了解单位情况的有效方法之一,如果一个招聘公司没有公司网站应特别注意。

大学生在选择求职信息、投放个人资料、面试、试用等各个环节都应提高警惕,小心应对。如果是通过职业介绍中心等中介机构找工作,一定要弄清其是合法还是非法。正规的职介机构具有合法经营资格及政府的严格管理,收费必须开具有效的票据。合法职介机构应持有职业介绍许可证、营业执照、税务登记证、收费许可证等。

2. 面试要保持一定警惕

(1) 接到面试通知时,要问清对方的办公地址和固定联系电话,若招聘单位只有手机单一联系方式,要高度警惕。当参加面试的第一天或职前训练的前几天,先求证该公司是否真实,然后了解公司经营状况、规模、信誉度、员工使用及应聘岗位工作性质等。

(2) 无论哪种形式的面试或预约,切记:毕业生单独外出面试时,一定要给家人、老师或亲朋好友留下要去招聘单位的详细地址和联系电话(包括固定电话),以防万一,以备查用。如不能按时回来,应事先电话告知。正规的单位一般都有固定的办公场所,若招聘单位面试地点选择宾馆等临时租借来的地方,要高度注意,谨防上当受骗。

(3) 面谈地点不宜太隐秘。如果发现用人单位提出的面试地点偏僻、隐蔽或是临时转换面试地点,或是要求夜间面试,这些情形都应加倍小心。如果面试的地点不是学校就业指导中心发布的信息,而是从其他渠道获得的信息,用人单位约你到宾馆或其他非公开、非正式场合见面,绝对不能单独贸然前往。

(4) 面试当天或初进该单位的数天内,求职者被要求付给该单位一笔钱时,就要特别引起注意,对这一要求可向劳动保障部门投诉,也可到工商部门进行咨询查实。

(5) 面试当场不要急于给对方明确的承诺,应告知对方,自己需要考虑后再回复。然后最好回学校征求老师、家长的意见后再作决定。(提示:签订协议时,一定要仔细阅读条款,对每一条规定都要反复斟酌,拿不准的条款内容可以向法律机构咨询后再决定。)

(6) 对于只接受女生,且对专业没有什么要求的招聘信息,女生同学一定要提高警惕。只有在对公司资质等信息确切无误后才可去应聘。另外,尤其是女生要避免到私人场所或在晚上去参加面试。

二、求职过程个人财产安全防范策略

(1) 认真学习有关保障劳动者权益的法律法规,学会保全证据。和用人单位签订的劳动合同书及其他协议都是重要证据。不用担心其中一些显失公平的条款因为员工签字就得不到劳动法保护的问题,恰恰相反,对这些不合法的条款仲裁机构是不予支持的。如果没有签合同,只要存在事实劳动关系,工资单、员工卡、工作证、押金条、考勤记录、工作量记录等都是有效证据,在日常生活中要注意保留,这样申请劳动仲裁时才能维权。

(2) 在遇到劳动侵权现象时,一般可通过两种途径维权:第一,向当地劳动保障监察机构进行投诉,由其进行查处;第二,向当地劳动争议仲裁委员会提出申诉。这两个渠道的好处在于按照《中华人民共和国劳动争议调解仲裁法》的规定,劳动者申诉不用缴付仲裁费;劳动者不必直接跟用人单位发生冲突,避免了用人单位的报复;而且行政执法时间较短,效率较快。如果劳动监察部门不去查处,还可以申请法院仲裁,或找政府部门、信访部门投诉。

(3) 注意时效性。劳动争议的仲裁时效期间从当事人知道或者应当知道其权利被侵害之日起计算,一般时效期间为1年。如因工受伤,申请工伤认定是有明确时效规定的,即应当在1年内申请,如果超过1年将被视为放弃工伤认定的权利。

(4) 提高自我保护意识。对非法中介或私招滥雇者为外地企业或总公司某外地分公司、分厂的高薪招聘,不论其待遇多么好,求职者千万要保持清醒的头脑和高度的警惕,不要轻信其口头许诺。大学毕业生求职心切但莫大意,在填写有关应聘表格时没有必要留下家庭信息,尤其是联络电话等,骗子往往利用假招聘套取应聘者有关信息,从而实施诈骗。应聘者及家人稍不注意,就可能落入陷阱造成损失。同时,要将案情通报给家人和亲朋,告诫他们遇到类似情况时,不要轻信,不要乱了方寸,正确的做法是向单位、学校查实后再作出相应决定。

(5) 收押金本身属于不合法。在应聘时,只要对方向你提出收取各种名目的押金等,就必须引起警惕,慎重考虑。应聘时要看应聘单位的规模,再看负责招聘人员的素质。如果应聘单位只有一张写字台,两把老板椅,建议你还是最好离开。此时可称自己没带多少钱,如果遇对方死缠,你可以说"等我同学来后再商量",让对方明白你不是孤身一人应聘。然后通过发短信等方式求助同学,以便在第一时间离开。

【案例】 韩某,在人才交流市场,经过初步了解,与某家公司达成就业协议。但韩某了解到,进这家公司,每人要收取200元的服装保证金,用于制作工作服,离开公司的时候,200元可以原封退还。1个月后,韩某按照公司的约定来到公司的办公地点参加培训,但却发现,该公司和主管人员早已经人去楼空,才知自己已经上当受骗。据了解,在这起诈骗案中,有150多名求职者上当受骗,其中大多数都是刚刚毕业的大学生。

【提示】 任何招聘单位以任何名义向求职者收取抵押金、风险金、报名费等行为,都属非法行为。求职者遇到此类情况要坚持拒交并举报,以确保自己的合法权益不受侵害。坚决不押任何证件。此外,即使是招聘单位培训本单位的职工也不准收取培训费。正规企业有岗前培训,都是免费或者带薪的,劳动合同法也对于企业培训、培训费及服务期有所规定。

（6）注意鉴别收费的合理合法性。国家明确要求用人单位不得以任何名义向应聘者收取报名费、抵押金、保证金等费用，如果遇到用人单位违反规定收取各种费用，求职者应该断然拒绝。一个规范的企业首先应该是遵纪守法的企业，如果招聘时都公然违反国家的规定收取费用，那么求职者又有什么理由相信自己的权益能得到保障？此外，毕业生在遇到签订以推广、促销为名的民事协议时，更不要受利益诱惑，头脑发热盲目签字和交钱。一旦上当受骗，求职者可向当地劳动保障监察部门或公安部门报警，寻求法律保护。

三、求职信息安全防范策略

1. 招聘信息要仔细核查

获得就业信息是成功求职的第一步，同学们应仔细鉴别招聘信息及招聘公司的合法性。一般可以通过以下途径。

（1）上网或通过其他途径查看，该单位（特别是企业单位、公司）登载的营业项目、报上刊登的项目、面试现场所见三者是否相符。

（2）登录有关部门的网站查看，或与亲友交谈，了解该公司是否被列入黑名单之中。

（3）打114查询。一般正规的、有一定规模的、有几年历史的单位都能在114查询功能中查到相关业务电话、办公地址等，对只留个人移动电话而不留固定办公电话的单位要高度警惕。

（4）登录相关企业的网站核对招聘信息。

（5）承诺待遇高、发展机会多，但招聘条件对学历、经验要求反而低的企业慎入；经常在各类就业市场中出现的企业慎入。可能存在两种情况：一是和人才中介联手欺骗毕业生门票款的"招聘专业户"；二是这个企业很不规范，没有形成良好的企业文化，没有提供行业基本的福利薪酬，造成的员工流动性特别大。

（6）尽量不收集非门户网站、非就业专业网站、没有工商行政机关备案标记网站的招聘信息，不收集非主流媒体的平面广告、收门票费的小型个体劳动力市场提供的信息。

2. 求职过程中一定要对招聘信息的真实性与有效性进行审核

现在有很多虚假公司就是利用毕业生期望高职高薪的心理，打出诱人薪水福利待遇来欺骗毕业生。大家在求职时应该理性地看待薪水福利等各种待遇，切不可盲目，不假思索轻易上当。

3. 填写资料留有余地

毕业学生在求职就业过程中，不要随意滥发个人简历，特别是面对招聘方式不规范，甚至没有招聘资质的单位。此外，在个人求职简历上尽量做到不留家人情况、电话、地址等重要信息。通过网络应聘时，要选择信息监管规范、知名度高的大型人才招聘网站，要注意留下招聘单位的固定电话，必要时拨打电话核实。具体做法如下。

（1）不要填写过于详尽的资料。

（2）只交证件影印本，不交证件证书原件。将空白部分打叉。在复印件上最好注明"仅供应聘使用"。

（3）个人的联系方式一般提供手机号码和电子邮件，固定电话最好提供负责就业工作老师或辅导员的办公电话，切记不要提供家庭详细住址、电话。

（4）记录好何时何地向哪家公司投放了简历，何人接收并记录好投放方式，如招聘会现场递交、电子邮件、信件邮寄等。

（5）不轻易透露个人信息。如个人银行账号等，不给未明确的组织、个人汇款，对涉嫌诈骗的企业或中介也可以向公安部门报案。

四、求职就业合同安全防范策略

（1）为了更好地用法律武器保障和维护自己的个人利益，求职者在签订劳动合同之前，最好认真学习和了解一些劳动法律和法规方面的知识，劳动合同应当以书面形式订立，并具备劳动合同期限。

（2）如果求职者进入单位是通过熟人牵线的，碍于情面，求职者或者用人单位只是简单地达成了口头用工合同，那么这种口头合同对求职者是相当不利的。为了保障个人的利益，求职者在正式进入用人单位工作时，一定要与用人单位签订正式的用工合同，以便明确双方的义务关系。

（3）签订三方协议要反复斟酌。三方协议是《普通高等学校毕业生、毕业研究生就业协议书》的简称，它是明确毕业生、用人单位和学校三方在毕业生就业工作中的权利和义务的书面表现形式，能解决应届毕业生户籍、档案、保险、公积金等一系列相关问题。

三方协议是由学校作为见证方，毕业生与用人单位签订的一份意向性协议，它具有法律效力，但不能替代劳动合同。应届生要注意：不得持有多份三方协议，如果签了多份，以第一份协议为准。另外，毕业生尽量将单位的承诺如休假、住房补贴、解决户口、保险等写入备注栏。

在签订三方协议（就业协议书）以前，毕业生要反复斟酌，多方面考察，方可落笔。签了就业协议后，正式到工作单位报到后同样要签《劳动合同》。在签订劳动合同时应注意两方面的问题：第一，在合同中要载明保障从业人员劳动安全、防止职业危害的事项；第二，在合同中要载明依法为从业人员办理工伤社会保险的事项。

三方协议在毕业生到单位报到（凭《全国普通高等学校本专科毕业生就业报到证》或《全国毕业生研究生报到证》）、用人单位正式接收后自行终止。

（4）试用合同要审慎落笔。在正式签订合同前，毕业生要认真学习并熟悉劳动法中的有关内容，切实保障自己基本的工作权利、休息权利及其他权利。目前，用人单位应该为员工购买社会养老保险、医疗保险、失业保险、住房公积金、工伤保险。对于特殊行业，用人单位应该提供必要的劳动安全保护工具，定期进行体检，确保员工身体健康。只有体现以上内容的合同，大学生才可以签订。特别是特殊行业的劳动保护，大学生一定要认真对待，要知道工作机会有很多，健康的身体很难失而复得。

【小贴士】近年来，就业协议引发的纠纷屡有发生。有的毕业生正式到单位报到后，单位却一改初衷,擅自降低劳动报酬,变更原来双方约定的工作岗位,更有甚者以"试用期"(或见习期)为由不签订劳动合同,使得毕业生长期处于"试用期",做最累的工作拿最低的报酬,从而利益受到侵害。所以,大学毕业生一旦被用人单位录用,一定要及时签订劳动合同,防止自身利益受损。

【案例】 柳明(化名)在一家外资企业工作,不仅工资待遇十分优厚,而且因为由好朋友介绍,柳明十分放心。从事工作7个月有余,一直未签订劳动合同,经打听企业内所有人员均未签订,好朋友拍着胸脯保证,柳明也没有多想。不料一日突然被裁员,公司一分赔偿金也没给。等到想起找朋友询问时,朋友已不知所踪。柳明后悔莫及。

【案例分析】 外资企业没有与员工订立劳动合同的做法是违反劳动法的。本案中的柳明个人利益受到侵害,可根据法律请求赔偿。

以下几种合同不能签。

(1)"生死合同"。在危险性较高的行业,用人单位往往在合同中写上一些逃避责任的条款,典型的如"发生伤亡事故,单位概不负责"。

(2)"暗箱合同"。这类合同隐瞒工作过程中的职业危害,或者采取欺骗手段剥夺从业人员的合法权利。

(3)"霸王合同"。有的用人单位与从业人员签订劳动合同,只强调自身的利益,无视从业人员依法享有的权益,不容许从业人员提出意见,甚至规定"本合同条款由用人单位解释"等。

(4)"卖身合同"。这类合同要求从业人员无条件听从用人单位安排,用人单位可以任意安排加班加点,强迫劳动,使从业人员完全失去人身自由。

(5)"双面合同"。一些用人单位在与从业人员签订合同时准备了两份合同,一份合同用来应付有关部门的检查;另一份用来约束从业人员。

【小贴士】 毕业生应聘报到后,用人单位会与其签订一份正式的劳动合同,约好劳动者的试用期限、效能期限、薪酬待遇及福利等,合同签订之后,双方即确定正式劳动关系。毕业生要留心以下几点。

(1)试用期时限。试用期是指包括在劳动合同期限内,劳动关系还处于非正式状态的时期。用人单位对劳动者是否合格进行考核,劳动者对用人单位是否符合自己要求也进行考核,这一时期是用人单位与劳动者均可以依法解除劳动关系而包含在劳动合同期限内的特殊时期。其间,双方可以双向选择,具有法律约束力,需劳资双方共同遵守,任何一方违背都应承担相应法律责任。

《劳动合同法》第十九条规定:劳动合同期限三个月以上不满一年的,试用期不得超过一个月;劳动合同期限一年以上不满三年的,试用期不得超过二个月;三年以上固定期限和无固定期限的劳动合同,试用期不得超过六个月。同一用人单位与同一劳动者只能约定一次试用期。以完成一定工作任务为期限的劳动合同或者劳动合同期限不满三个月的,不得约定试用期。试用期包含在劳动合同期限内。劳动合同仅约定试用期的,试用期不成立,该期限为劳动合同期限。按照规定,任何单位和企业的实习试用员工,公司都必须对其支付薪资,而且试用期的工资应该是正式工资的80%。

(2)试用期辞去职务。《劳动法》第三十二条规定,劳动者在试用期内可以随时通知用人单位解除劳动合同,无须提前通知。有些用人单位在劳动合同中约好,劳动者在试用期解除合同需承担违约责任,这实际上是约束了劳动者的解除权。因此,这种约好损害劳动者的合法权利的规矩一般确定为无效。

(3) 试用期解雇。《劳动法》第二十五条规定,劳动者在试用时间被证明不契合选用条件的,用人单位可以解除劳动合同。条件是,有必要举证证明劳动者在试用时间不契合选用条件。毕业生应当知道,此时举证责任在用人单位,而劳动者无须供给契合选用条件的证明。

(4) 两个试用期是不是合法。有些用人单位会在第一个试用期结束后,与毕业生约好第二个试用期,这种情况应差异对待。假定两个试用期都是经过双方洽谈之后在合同中判定下来,那么,两个试用期相加跨过规定的试用期上限的,则不合法;不跨过,则两个试用期皆为合法。

(5) 拒绝扣留证件。不管是身份证,还是学位证、毕业证,单位都是没有任何权利可以扣留的。去面试的时候,特别是初次面试,最好只带上证件的复印件,如果招聘企业要求带原件,给 HR(人力资源)展示之后,求职者一定要拿回来。不管以什么样的理由,证件原件都不要给任何企业保管。证件只是作为招聘企业核实求职者身份和成绩的标准,所以是正规企业的话,是没有必要拿原件的。

第四节　误入非法传销组织危害及防范

一、传销与非法传销

传销在国(境)外又称直销,一般是指企业不通过店铺经营等流通环节,将产品或服务直接销售、提供给消费者的一种营销方式(这种销售方式在英文中称作 direct sales,翻译为"传销、直销")。

所谓非法传销是指组织者或经营者发展人员,通过对被发展人员以其直接或者间接发展的人员数量或者销售业绩为依据计算和给付报酬,或者要求被发展人员以缴纳一定费用为条件取得加入资格等方式牟取非法利益,扰乱经济秩序,影响社会稳定的行为。

非法传销具有两个明显特征:一是传销的商品价格严重背离商品本身的实际价值,有的传销商品根本没有任何使用价值,商品宣传内容纯属虚构;二是参加人员所获得的收益并非来源于销售产品或服务等所得的合理利润,而是他人加入时所交纳的费用。非法传销实际上就是一种使组织者等少数人聚敛钱财,使绝大多数加入者沦为受害者的欺诈活动。参与群众交纳的费用完全被不法分子非法占有或支付上线的收益。多数不法分子仅将参与者交纳的费用一小部分用于维持非法活动运作,大部分早已转入个人账户,一旦难以为继或败露,就准备携款潜逃。

二、非法传销的基本策略和手段

非法传销组织搞传销,其基本的策略手段是"洗脑"。所谓"洗脑",就是传销组织以种种手段,鼓吹通过传销迅速致富的歪理,迷惑新成员的判断力,改变他们的思维方式,调动他们的情感与情绪,激发他们内心的欲望,使他们对传销由怀疑转变为深信不疑,不仅认同其价值观,而且对其产生经济依赖、心理依赖、情感依赖,直至深陷其中而不能自拔。

网上传销是近年来出现的一种新的传销形式,是指主要利用互联网进行的传销。传销人员通过建立网站,利用互联网发布快速致富、高额回报等虚假信息(目前传销人员还通过垃圾邮件、网上论坛、聊天工具等大肆发送传销信息),诱骗他人通过银行或邮政汇款将钱款直接汇入传销人员的账号,购买网页空间或者所谓的"产品"、致富信息,取得加入资格。他们声称只要按照同样的方式继续发展他人加入就可以获得报酬,发展的人员越多赚的钱就越多,很快就可以成为"富翁"。他们编造自己的亲身经历现身说教,并信誓旦旦地列出所谓的赚钱公式,号称"真的不骗你"。使参加的人上当受骗,血本无归,而传销组织者及骨干分子则趁机敛取钱财。由于互联网具有虚拟性、跨地域性,不少人即使上当受骗也找不到人,难以保障自己的合法权益。因此,不要相信网上发布的各种传销信息,不要参与网上传销,也不要在网上发布传销信息。

三、非法传销的危害

由于非法传销活动具有隐蔽性、欺骗性、流动性和群体性的特点,因此,极易演变为有组织的社会犯罪,它不仅对广大参与传销的人员造成身心和经济的伤害,而且对经济秩序和整个社会造成极大的危害。

(1)诱骗大学生误入歧途。一方面,非法传销的核心理念是"有钱就是成功"。是否成功被他们狭隘地限定为能否拉下线、上业绩、日进斗金。其实,任何成功都离不开个人对社会的贡献,成功是社会对个人贡献的一种评价和回报。而他们宣扬的靠骗取人头费不劳而获的理念最终只能使人们的思想扭曲,误入歧途。另一方面,通过他们的"洗脑",受骗者不以骗为耻,反以为荣,骗人赚钱心安理得。从心理上突破道德和法制的约束,危害人的思想信念基础,这样的社会成员如果达到一定规模,社会控制体系将面临崩溃的危险。称传销为"经济邪教"并不为过。

(2)破坏社会诚信体系。非法传销的基本方式是"杀熟",本质是欺骗,出售人与人之间的信任资源。参与者一旦发现自己被骗,解脱的方式就是发展下线,欺骗别人。这样一个庞大的骗子网络建立起来,如果无限发展下去,必然导致亲友相骗、尔虞我诈、朋友反目,社会人与人的信任资源无限流失。不仅会冲击正常的市场秩序,而且还会动摇市场经济赖以发展的基础。

(3)瓦解家庭。一方面,非法传销参与者多是被亲戚、朋友、同学、同乡,以介绍工作为名,骗到外省市。参与人员多是弱势群体,是顶级非法传销组织者的敛财机器,血本无归,最后的结果往往是人财两空、家庭矛盾激化、妻离子散,从而瓦解了社会基本单元——

家庭。另一方面,非法传销满足的唯一需求是"成功"。但是,在金字塔式的非法传销体系中,"人人都能成功"是根本无法兑现的。只有极少数接近塔尖的"硕鼠"才可能一夜暴富,而对无数身埋塔底的人来说,被激发起的"成功"欲求永远无法满足。这种普遍无法满足的需求,最终必然酿成社会的动荡。

四、大学生参与非法传销的原因分析

1998年4月18日国家禁止传销以来,仍有数以万计的大学生误入非法传销的迷途,除了非法传销组织的欺骗性和校方管理疏漏等客观原因外,部分大学生自身就业压力大、社会阅历浅、辨别是非能力差、法制观念淡薄,不能不说是重要原因,具体分析如下。

(1) 就业压力大。近年来,大学生就业难不仅成为社会的热点问题,而且也对大学生的思想、学习、生活等方面产生着严重的影响。有的大学生急于找工作,甚至饥不择食。对此,许多非法传销组织打着帮助学生"就业"的幌子,以招聘为名,诱骗大学生参加非法传销活动。有的大学生对自己的事业发展存在急于求成和急功近利的思想,加之对生活期望值过高,非法传销组织就乘虚而入,极力宣称参加传销一定会带来"人人都能成功"的奇迹,以迎合学生们指望通过参加传销活动而一举成功的心理。特别是部分贫困大学生,急于挣钱致富脱贫,对此,非法传销组织大力灌输传销能"一夜暴富"的理念,使大学生屡屡受骗。

(2) 辨别是非能力差。大学生经历了十几年的学校生活,都是从一个校门到另一个校门,学了不少书本知识,但毕竟没有经过社会风浪和复杂情况的实践,阅历浅、思想单纯,对一些复杂的问题缺乏辨别是非的能力和应有的适应能力。当非法传销的组织者把非法传销说成是直销,给传销披上"科学""现代"的外衣,并且极力宣称"传销一夜能暴富",把传销说成最公平等谬论时,部分大学生便轻易上当受骗了,个别学生甚至还成了其中的骨干成员。

(3) 法律观念淡薄。经济、思想、文化的多元化,加之大学生较强的自我意识,使部分大学生法制观念不强,盲目自以为是,我行我素。有的学生以找工作为名,不请假离校,有的跨市甚至跨省,有的长时间不归,在什么地方,干什么事情等情况,概不向组织和学校汇报。有的大学生为寻求自由空间,不遵守学校规定和劝告,任性地在校外与传销人员打得火热。有的学生法律观念不强,明知传销已被国家禁止,还要抱侥幸心理,违法参加。有的学生发现自己上当受骗,为挽回被骗而无法索回的损失,他们便不惜违法,设法再去欺骗自己的亲朋好友,使自己在非法传销的泥潭中越陷越深,不能自拔。

五、如何防范掉入非法传销陷阱

1. 首先学会识别非法传销

识别非法传销应从以下几个方面判断:从组织方式看,传销组织者承诺给予参加者高额回报,要求参加者再以同样的方式介绍和发展他人加入,以此组成上下线紧密联系的传销网络;从计酬方式看,组织者以参加者发展下线的数量为依据计算和给付报酬,或以

参加者发展的下线的销售业绩为依据给付报酬,形成传销的"金钱链";从销售方式看,与直销的单层次销售(推销员直接将商品推销给最终消费者)相区别,传销是多层次网络式销售;从经营目的看,传销不以销售商品为最终目的,而以发展下线人员数量,骗取钱财为最终目的。

2. 认清非法传销组织的"洗脑"步骤

一般来说,非法传销组织的"洗脑"步骤如下。

(1) 精心物色传销对象。物色好传销对象,是"洗脑"的第一步。非法传销组织往往把物色对象选择为那些对现状不满、对金钱欲望较高、急需赚钱、彼此比较熟悉、防范心理较弱的人。一般来说,"五同、四友"(同学、同宗、同事、同乡、同行;朋友、酒友、战友、室友)是最容易欺骗的对象。

(2) 通过煽情授课调动欲望。非法传销组织往往会在一个封闭的环境中集中授课,用"成功者"的经验介绍等方法传授"成功学",打鸡血一样的讲演,向人们勾勒出一幅光辉的前景,用"今天睡地板,明天当老板,成功就在眼前"等近似天方夜谭的荒谬神话,改变大学生的心态,激发他们投入传销的狂热欲望。

(3) 培养心理依赖。在传销组织中,发展的"下线"被称作"新朋友"。对待"新朋友",他们从接车开始,给打热水,铺被褥,陪你打电话给父母报"平安",甚至头几天不向你要伙食费,鼓励你改掉害羞、胆怯等弱点。非法传销组织会和你交流、为你打气,大家不论出身,轮流做饭,一起到大街捡垃圾用,感受磨砺教育。这充满"人情味"的氛围使你感受关怀,从而放松思想警惕,接收非法传销组织的教育指点。

(4) 善用"科学"图表展示高回报率。非法传销的组织者为了尽快给"新朋友"洗脑,在培训中披上"科学""现代"的外衣,用十字坐标图及付出回报图来说明参与传销的高回报率。诳称以 3 年为限,描绘出到第三年可收入 120 万元的美景,入局只要交两三千元钱,发展 4 个人加入,以后就可以坐享其成,诱你相信这是一条成功的捷径。

(5) 及时强化"洗脑"效果。非法传销组织者尽管采取了很多手段,但还总是有部分人会产生疑惑,为了使"新朋友"能从思想上进一步真正入局,针对有人感到传销实际就是欺骗时,他们便会诱导你并诡答说:你的上线发展了你,他可以从你交纳的会费(两三千元)中提约四分之一的直销奖,难道你为了不让你的上线挣个直销奖而拒绝加入营销网络?那你如何去挣几百万元呢?针对有的人疑惑传销活动为什么总是偷偷摸摸时,他们便诡答,一方面这是因为"新朋友"从外地来,不熟悉环境,为了安全,公司才制定了严格的纪律;另一方面,很多人还不了解我们从事的这个朝阳产业,一旦有人告了我们,公安来调查什么的,就会影响我们事业的发展。以此进一步强化"洗脑"效果。

(6) 宣扬"公平"迷惑人心。为了进一步从组织上、思想上迷惑控制会员,他们还建立了严格的"五级三阶"制和出局制的传销网络规则,宣扬表面公平的理论。所谓"五级三阶"制,即 E 级会员、D 级推销员、C 级培训员、B 级代理员、A 级代理商;会员升推销员为一阶,推销员升培训员为一阶,培训员升代理员为一阶,代理员升代理商为一阶。业绩达到一定程度就能升级。所谓"出局制",是说只要交纳规定的(两三千元)会费,就可以成为会员,发展下线依次晋升级别,直到升为 A 级。成为 A 级后,如果下线有四个人再升为 A 级,则自动"出局",离开网络,无钱可赚了(这时可赚到 500 万元)。这种规则体现的正是所谓的"公平"理论。正是这种淘汰制,表面既公平又能维持传销组织不断推陈出新,才能在更深层次上迷惑广大传销人员。

3. 从根本上防范非法传销

(1) 增强辨别是非的能力。为做到这一点,大学生一是要进一步认识非法传销的本质、危害及手段。非法传销是国家明令禁止的一种欺诈活动,它会使非法传销的少数组织者聚敛钱财,使绝大多数加入者受害。二是要进一步提高辨别是非的能力。特别是对于那些用光环照着的非法传销的谬论,要进一步认识其欺骗性的本质,从根本上增强抵制参与非法传销的自觉性。

(2) 树立正确的致富观。传销组织诱骗大学生上当受骗,就是利用大学生急于挣钱的心理,以高薪兼职作为诱饵,鼓吹所谓团队精神以及高额回报来诱骗和控制大学生。例如,某高校学生杨某,盲目加入传销组织,认为只有外出"与精英合作"才能挣大钱,体现自身价值。后经学校将其解救,才如梦方醒。其实,大学生能否致富,并不完全决定于就业的岗位选择,而关键要看自己的付出和对社会的贡献大小。只想走捷径赚大钱实际是不可能的。只有靠科学、勤劳才能致富,这样的致富才会受到法律的保护。靠投机、欺诈的致富,最终会受到法律的制裁,落得人财两空。所以,大学生要树立正确的致富观,充分认识到非法传销绝不是一条致富路,而是一条不归路。因此,大学生一定要远离非法传销这条路。

(3) 增强法制观念。大学生是国家多年培养的人才,是我们事业未来的希望,要想成就一番事业,有所作为,就必须树立法制观念。明确哪些是法纪提倡保护的,哪些是法纪禁止的。凡是法纪提倡保护的,应自觉遵守,坚决去做;凡是法纪禁止的,坚决不做。只有这样,才能适应法制国家的需要。否则,将一事无成。那些明知已被明令禁止的非法传销,或事后察觉已上当受骗,仍坚持迷途不返的,最后必将受到法律的制裁。

(4) 发现上当受骗后,要迷途知返。大学生不论何种原因,一旦误入非法传销,一是要迷途知返,及时与学校老师取得联系,也可以打110报警,尽快设法脱离传销组织;二是不能一错再错,自己被骗受害,不能再骗别人受害。需要注意的是,求职过程中,大学生一定要保护好个人各种有效证件的安全,一旦发现就职单位要求必须购买一定数量的产品,或是以便于管理为由向求职者收取押金,或抵押身份证时,一定要提高警惕,引起重视。要知道,国家劳动部门早就明文规定,任何企业在招聘员工时,不得以任何理由、任何形式收取求职者的押金,或者以身份证、毕业证等作抵押;如果发现上当受骗,求职者可尽快向当地劳动保障监察部门或公安部门举报,寻求法律保护。

【政策规定】 1998年4月18日,国务院出台了《国务院关于禁止传销经营活动的通知》。2000年,国务院办公厅55号文件提出,要严厉打击6类传销和变相传销的非法经营活动。2001年,国家打击传销办公室成立。2005年11月1日,国家《禁止传销条例》颁布实施。

4. 发现上当受骗要及时从非法传销组织脱身

如果被骗到外地,到达当地后朋友绝口不谈工作、生意,而只是带你游山玩水、熟悉环境,进行所谓放松;要看你的身份证、借用你的手机等。当发现情况不对时,一定要机智、冷静应对，在确保自身安全的情况下设法逃脱。如果发现该组织从事传销活动证据确凿后，应设法与当地公安机关、工商行政管理机关取得联系，及时举报。举报传销时，应当尽可能了解掌握传销活动的详细线索，包括上课的具体地点、时间，传销头目、骨干和参与人员的住宿地点，传销活动的公司名称，其具体运作的方式及书证、物证等，以便执法机关更加及时、准确、有效地打击传销行为。

【案例】

利用招聘，诱骗大学生踏入非法传销陷阱

张某、吴某、李某（女）是在同一高校上大三的美术专业的同班同学。2013年2月的一天，认识张某的周某从广州打来电话，说他现在是广州一家广告公司的业务副经理，近来因业务发展，急需招聘美术、广告设计方面的专业人才，希望张某和他的同学能利用寒假机会，来广州实习打工，月工资2 000多元。如果觉得可以，毕业后可去该公司工作。张某便与同学吴某、李某三人一起到了广州。第二天，周某拿来合同书让他们每人填写了一份，并说："你们现在已与公司签订了合同，明天就正式上班，但每人要交押金3 000元。如辞职离开公司，押金随时如数退还。"三人一想，既有熟人，又有合同和承诺，便从准备交学费和生活费的钱里，拿出3 000元交了押金。当天下午，周某就带三人开始岗前"培训"。"培训"并不是讲广告设计等工作方面的事情，而是讲怎样赚钱，怎样暴富和赚钱要不择手段以及"发展下线、金字塔"理论，等等。在这样几次的"培训""洗脑"中，主讲的这些人慢慢地就撕掉了遮羞布，"传销"的面目暴露无遗。经过几天"培训""洗脑"后，公司让他们"上班"，就是打电话、动员蒙骗你认识的、想找工作的人来"工作"。他们三人就这样上了"贼船"。转眼到了开学，他们也没有回校上课。学校向家里打电话寻找时，家里才知道孩子还没去学校报到，吴某、李某的家长忙从广州把二人追回送到学校。此时，他俩一分钱也没挣下，反而连押金也没有要回来，前后每人共被骗了4 000多元。而张某却铁了心，死心塌地地走下去，最后被学校除名。

【案例分析】 大学生为何会误入传销？

这是一起典型的诱骗大学生加入非法传销组织，参与非法传销活动的案例。此类诱骗方式主要有两种：一是通过已经参加非法传销的受骗者的同学、朋友向其灌输"金钱是多么重要""传销如何好""挣钱又快又多""要相信传销组织是不会骗人的"等观念，把学生骗到外地。二是利用毕业生急于择业的心理，冒充用人单位与学生联系，骗得学生信任，将学生骗至外地。非法传销组织诱骗学生的主要方法是：将学生骗到外地后以高回报和"参与创业"为诱饵，采取洗脑、上课、谈心、感情交流等方式，骗取他们的高额传销培训费并诱使其参与非法传销，同时让已被"洗脑"的学生，诱骗更多的同学参加非法传销；对于不被其所诱的大学生就限制其人身自由，强迫学生给家人、同学打电话，称自己有病或联系工作寄钱到他们的账号。

【提示】 大学生被非法传销组织所骗受困的原因主要有：一是大学生自身防范意识薄弱，轻信他人上当受骗；二是对同学、朋友的介绍过于信任，没想到熟人还会骗自己；三是就业压力过大，择业时放松了必要的警惕，轻信以用人单位身份出现的非法传销公司；四是个别学生存在不劳而获的思想，被非法传销组织宣传的高额回报引诱，甘愿从事非法传销活动。

【案例】

高薪诱惑，求职大学生贷款 19 800 元先培训

2016 年毕业的小何，在网上投递了求职简历，很快便收到了一家软件公司的面试通知。涉世不深的小何哪知道自己正一步步掉进陷阱。

"我大学学的是旅游管理，求职意向是专业对口的岗位。可谁知道，我把求职信息放在网上后，很快就收到了一家软件公司的面试通知。"小何仍记得是 6 月 20 日参加这家企业的面试。"面试的时候，公司负责人称录用我做网络营销，但需要先进行培训，为期 3 个月。""培训要交 19 800 元，培训完后他们说工资可以拿到 5 000 元以上，而且这笔培训费可以用贷款的方式等我工作后分期 2 年还。"小何说，当时光想着培训完后就能拿到高薪，也就相信了这家公司的话。

在工作人员的帮助下，小何用自己的手机、自己的身份信息在网贷平台上贷款 19 800 元，这笔钱直接转入这家公司。但在学习 3 个月后，公司并没录用他。

"贷完款后便和公司签了协议。这份协议并不是劳动合同，而是一份培训协议。现在回想，签了培训协议后，我便失去了主动权。因为协议上写得清清楚楚，这钱是不退的，而且这个协议和求职没有任何关系。"小何讲，当初是因为被公司口头承诺的各种培训完后的工资待遇所蒙蔽了双眼，草率地贷款 19 800 元交了培训费。

据小何称，从 7 月开始他在该公司进行培训。"其实培训内容都是一些比较虚的概念，没有任何产品，更没有学到什么。3 个月下来，几乎什么都没学到。"小何称，"培训完后公司并没有将我们留下签劳动合同，而是给推荐了几个其他公司网络销售的工作，工资在 2 000 元左右。根本没有之前承诺的 5 000 元。"小何最终自己找了一份月薪 3 000 元的工作。而之前贷款的 19 800 元培训费，现在每个月艰苦地偿还着。

【小贴士】 岗前培训，是用人单位的法定义务，不得收费。此外用人单位可为劳动者提供专业技能培训。培训费用由企业垫付，劳动者如果在劳动合同期内离职需补偿这笔费用。任何一家正规的企业，都不会收取求职者培训费。求职者如果遭遇应聘公司收取培训费，应当一走了之，不要被这些以骗取求职者培训费为目的的企业所吹嘘的高薪诱惑蒙蔽了双眼，最终落入陷阱。

【思考与研讨】
1. 从本案例中，你认清了其中哪些是求职陷阱？
2. 根据所学到的求职安全教育内容，如果遇到上述要求入职前先进行付费培训的情况，你认为正确的应对做法是什么？

【本章思考题】

1. 大学生求职就业过程中存在哪些安全隐患？
2. 如何在求职过程中做好安全防范？
3. 什么是非法传销活动？非法传销有哪些危害？
4. 一旦误入非法传销组织，如何尽快从中脱身？

第十四章
大学生预防违法犯罪

【典型案例】

2010年10月20日23时,犯罪嫌疑人药家鑫驾驶红色雪佛兰小轿车送完女朋友返回西安,当行驶至西北大学长安校区外西北角学府大道时,撞上前方同向骑电动车的被害人张妙。后药家鑫下车查看,发现张妙倒地呻吟,因怕张妙看到其车牌号,以后找麻烦,便产生杀人灭口之恶念,遂转身从车内取出一把尖刀,上前对倒地的被害人张妙连捅数刀,致张妙当场死亡。杀人后,被告人药家鑫驾车逃离现场,当车行至郭杜十字路口时再次将两情侣撞伤,逃逸时被附近群众拦截,遂很快被警方拘留。由于最初定性为交通肇事,尚未将药家鑫与被害人张妙联系起来,被撞伤情侣受伤较轻,警方很快将药家鑫释放。10月22日,张妙被杀案专案组将犯罪嫌疑人药家鑫抓获。经审讯,药家鑫起初没有供述自己撞伤人持刀杀人的犯罪事实,直到10月23日,当其父母再次将他带到专案组后,经进一步审查,药家鑫这才交代了自己于10月20日晚将受害人张妙撞倒后又杀害的犯罪事实。

2011年1月11日,西安市检察院以故意杀人罪对药家鑫提起了公诉。同年4月20日西安市中级人民法院一审宣判,以故意杀人罪对被告人药家鑫依法判处死刑,立即执行。2011年5月27日,最高人民法院核准死刑。西安市中院的审判长在看守所向药家鑫宣读死刑执行裁定时,药家鑫泪流满面。6月7日,在生命的最后一刻,药家鑫轻声地唱着歌,声音越来越弱直至消失,一个很有天赋的音乐才子生命之曲到此戛然而止。

【思考与研讨】

1. 药家鑫受过高等教育,为什么还发生了持刀杀人犯罪?
2. 当代大学生如何做到遵纪守法,杜绝违法犯罪?

第一节 违法和犯罪的基本概念

一、违法

所谓违法是指公民个人或者社会组织违反法律规定,危害社会的行为。它表现为行为人不履行守法义务,超越法定行使权利的界限,对其他主体的合法权益造成破坏和侵害。社会危害性是一切违法行为的根本特征。违法行为按其性质可分为刑事违法行为、民事违法行为和行政违法行为三种。

(1) 刑事违法行为,即犯罪,它是指触犯刑事法规依法应受刑罚处罚的行为。犯罪对社会危害较大,因此它是违法中最严重的一种。违法行为中只有违反刑事法规,应受刑罚处罚的行为,才是犯罪。

(2) 民事违法行为,是指违反民事法规(包括民法、劳动法等部门法规)的行为。如没有正当理由而不履行民事义务或违反民事义务造成对方的某种损失等。

(3) 行政违法行为,是指违反行政管理法规的行为。具体来说,它包括两种情况:一是公民和法人违反行政管理法规的行为;二是国家工作人员执行职务时的轻微违法行为或违反纪律的行为。

二、犯罪

所谓犯罪是指违反国家法律、给社会造成一定危害,并根据法律应当受到刑事处罚的行为。根据刑法关于犯罪概念的规定,犯罪具有以下几个特征。

(1) 具有社会危害性。根据刑法的规定,具有社会危害性的行为主要包括:危害国家主权、领土完整和安全的行为;分裂国家、颠覆人民民主专政的政权和推翻社会主义制度的行为;破坏社会秩序和经济秩序的行为;侵犯国有财产或者劳动群众集体所有财产的行为;侵犯公民私人所有财产的行为;侵犯公民的人身权利、民主权利和其他权利,以及其他危害社会的行为。

(2) 具有刑事违法性。由于各种危害行为违反的社会规范不同,社会危害程度不同,因而不是所有危害社会的行为都是犯罪,只有其社会危害达到一定程度,需要采用刑罚手段予以制裁时,刑法才规定为犯罪。如违法行为,其中只有危害社会、违反刑事法律,应受刑罚处罚的行为才是犯罪行为。

(3) 具有应受刑法惩罚性。如前所述,违法的行为不一定都构成犯罪,有的是通过其他法律予以调整的,只有依照刑法规定应当受刑事处罚的行为才是犯罪。

根据上述定义可知,违法并不一定就代表犯罪,如单纯的吸毒是违法行为,但不构成刑事犯罪。

大学生作为一个特殊的社会群体,身体发育和心理发展变化很大,是人生中的一个关键阶段。相对成年人而言,大学生缺乏社会经验,叛逆心理严重,他们年轻、富有激情,模仿性强,同时也容易因一时冲动而做错事。如果受到不良环境的影响,又得不到及时有效的引导和纠正,很容易走上犯罪道路。一些在校大学生法律观念淡薄,甚至犯了罪还全然不知。因此,如何预防和控制大学生违法犯罪的问题确实值得引起人们深入研究和探讨。

【案例】 现年20岁的李爱娟原本是长沙医学院临床四班大一学生,性格温和的曾海燕是李爱娟唯一的同室好友。2017年4月,李爱娟多次偷偷使用曾海燕的小灵通给男友打电话,由于是长途电话,话费自然不低。当月底,曾海燕发现话费猛增,便想去电信局查询话费详单。李爱娟害怕事情暴露,决定杀死曾海燕。2017年5月1日上午,李爱娟手持菜刀,趁曾海燕不备将其砍倒在血泊之中,事后经公安机关查明,曾海燕的身上留下62道刀伤,造成重伤。2017年10月23日,长沙市中级人民法院判处李爱娟终身监禁。

第二节　大学生违法犯罪特点

近年来,随着学校办学规模逐年扩大,办学层次多样化,学生成分日趋复杂,学生群体文化层次各异,政治思想和道德水平差别大,学生素质参差不齐,部分高校的学生素质甚至呈下降趋势。面对社会环境的复杂化,如果大学生素质不高,遇到诱惑或受其他不良影响又不能控制好自己,很容易变成触犯法律的罪犯。尽管大学生犯罪的特点正朝着种类多样化、范围扩大化、主体群体化、手段智能化等方向发展,但同社会一般犯罪主体比较而言,大学生犯罪的范围、性质及其危害并没有本质的区别。

虽然大学生犯罪只是这一群体中的个别现象,犯罪的概率也并不高,但是,近年来社会媒体报道的高校学生犯罪案件,尤其是一些重大恶性案件,在社会上造成极坏的影响,严重危害了社会秩序,已经引起全社会的高度关注。综合来看,大学生典型的刑事犯罪有故意伤人杀人、抢劫、偷窃、吸毒、赌博、卖淫嫖娼等,其犯罪特点如下。

1. 侵财犯罪占比居高不下

国内外犯罪类型统计分析的相关资料表明,侵财犯罪是统计中常见的犯罪类型,尤其是盗窃公私财物的犯罪,占全部犯罪案件50%以上,居各种犯罪类型之首。据统计,目前70%以上的大学生犯罪涉及盗窃、诈骗、抢劫等类案件,这些犯罪行为侵犯的客体都是财产所有人或管理人的财产利益。市场经济条件下,人们过于追逐物质和金钱带来的快感与幸福感,穿名牌、用高档货逐渐成为大学生追求的时尚。由于家庭经济条件的差异,同学之间物质条件差距较大,部分条件不好的学生盲目攀比,寻求刺激,满足享乐。在家庭提供的费用无法满足需求,自我获取经济收入的能力极低,又遭遇强烈的物质诱惑的情况下,一些自我控制能力不强的大学生就会选择走捷径,选择无须投入而又快速成为有钱人的非法手段,因而走上犯罪的道路。

2. 暴力犯罪较突出

暴力犯罪,是指使用暴力手段(包括以暴力相威胁),以特定的或者不特定的人或物为侵害对象,蓄意危害他人人身安全、财产安全和社会安全的犯罪行为。暴力犯罪是对社会危害最为严重的一类犯罪,青少年的暴力犯罪尤为突出。大学生作为青少年中特殊的群体,近年来在故意杀人、抢劫、伤害、投毒、放火、爆炸、破坏等暴力犯罪中的比例不断上升。据有关部门统计,我国《刑法》分则中规定的犯罪有10大类422个罪名,目前大学生犯罪已涉及5类共10个罪名。如盗窃、抢劫、诈骗、绑架、杀人、伤害、强奸等。绑架、伤害、强奸等侵害人身权的暴力案件有抬头的趋势。云南大学马加爵杀害同学,政法大学付成励砍死同校教师,西安音乐学院药家鑫驾车撞伤并刺死行人,都属于暴力犯罪。

3. 女大学生犯罪率上升

近年来,女大学生犯罪率开始出现上升趋势。女大学生犯罪基本上以盗窃为主,这与女性自身的生理特点和心理特点有一定的关系。有的是因为家庭条件差而行窃,有的因为存有侥幸心理去偷别人的东西,一些女大学生参与诈骗案件也屡见不鲜;更为严重的是,有些女大学生追求物质享受,爱慕虚荣,受拜金主义和享受主义思想的不良影响,竟然走上卖淫的道路;还有的女大学生因为学习上竞争失败,或者因相貌差、谈恋爱受挫等,心生不满,就对他人进行报复,甚至教唆他人为自己泄私愤而采取违法犯罪方式。

4. 团伙犯罪不断出现

团伙作案,是指犯罪行为人有组织、有目的地纠合在一起,共同实施犯罪的行为。近年来,大学生团伙犯罪不断出现,屡禁不止。并且这种犯罪团伙经常涉及社会成员,这在诈骗罪与走私罪中表现尤为突出。大学生身处他乡,为了获得渴望的群体归属感,过分追求同学情、老乡谊、哥们儿义气,在某些共同利益的驱使下,成为引发团伙犯罪的诱因。在大学校园里,很多大学生拉帮结伙,寻找相互的理解、支持和保护,在相互怂恿、交叉感染中结伙犯罪的意识不断强化,出现团伙性的打架斗殴,甚至纠结形成犯罪集团。

5. 犯罪智能化

大学生心智水平普遍高于同龄人,接受高等教育获得了良好的科学文化知识和高新科学技术应用的能力,利用高科技手段进行智能犯罪的行为也越来越多。犯罪大学生在思想、观念、思维水平、行为方式等方面有自己的特点,具有一般青少年犯罪的共性,更表现出一定的规律性、预谋性和智能性。一些大学生在实施犯罪过程中,利用掌握的知识、积累的经验、智慧或实用技能达到犯罪目的,在作案前表现为有计划、有预谋、有组织,在作案后表现为有计划逃避公安机关的侦破和打击。大学生犯罪的智能性还表现为犯罪技能更为成熟,作案手段和方法较为高明,犯罪工具更为先进等。在实施犯罪过程中,他们很注意发挥自己的智力优势,充分运用心理学、逻辑学和科学技术进行犯罪。例如,侵害计算机网络、编制和传播计算机病毒、利用计算机网络诈骗、制作和传播淫秽音像物品、利用生化知识研制毒品等。

6. 性犯罪屡禁不止

性犯罪是指人在性本能的驱使下或在反社会意识的支配下，为满足性欲而对异性或同性故意采取的侵犯他人性的权利，妨害、破坏社会秩序和社会人际关系的性交或非性交性行为。大学生作为年轻的群体，正处于性活跃期，躯体的欲望、心理的渴望和现实的无法满足是造成大学生性犯罪的客观因素。随着西方性解放、性自由文化的传播，大学生的性观念越来越开放，从"谈性色变"的极端走到了"性爱自由"的另一个极端。一些地方公开出现了"三陪"、淫乱、黄色出版物泛滥等现象，导致卖淫、嫖娼、强奸等违法犯罪行为持续增长。性开放的负面影响严重威胁着大学生的身心健康，个别大学生甚至为满足自己极端的性欲望铤而走险，走上犯罪的道路。

第三节　大学生主要违法犯罪行为

一、故意杀人罪

故意杀人罪是指故意非法剥夺他人生命的行为，侵犯的客体是他人的生命权利；其主体是一般主体，凡年满14周岁的人犯此罪，都要承担刑事责任；在主观上有杀人的故意；其在客观上表现为非法剥夺他人的生命的行为。如2017年，在石家庄某高校就读的河北省怀化籍学生杨亮（化名）在向同班女生求爱遭拒后，持菜刀向对方连砍40余刀将其砍死。

还有一种情况是过失致人死亡罪。本罪是指行为人由于过失致使他人死亡的行为；其主体是一般主体；在主观上表现为过失；其在客观上表现为过失致人死亡的行为；其客体是公民的生命权利。如教师、行政人员在体罚学生时因过失而致学生死亡的，便是犯此罪。

过失重伤罪。教师惩罚学生，学生之间的肢体冲突因过失可能致学生重伤而犯过失重伤罪。过失主观上表现为疏忽大意或过于自信，结果导致他人身体受到严重伤害。

二、盗窃罪

根据《刑法》第264条的规定，盗窃罪是指以非法占有为目的，秘密窃取公私财物数额较大或者多次盗窃、入户盗窃、携带凶器盗窃、扒窃公私财物的行为。在校园刑事案件中，盗窃案占五成左右，居大学生犯罪的首位。这种犯罪行为的发生大多与这些大学生追求享乐的心理需求有关。盗窃罪虽然多发生在家境较困难的学生群体，但近年来，一些家庭条件不是很困难的大学生由于不注意个人修养，追求高消费，把人生享乐变成了优先需要，遇到经济"吃紧"，向家里伸手难以满足时，便产生盗窃的动机。需要提醒的是，大学生一旦犯下盗窃罪，将会受到法律的严惩。根据《刑法》第264条的规定，盗窃罪的起刑点是

500元到2000元不等(各地依照本地经济状况规定)。与此同时,不少高校还会根据学校的学籍管理相关规定,给予触犯法律的学生开除学籍处理。

【案例1】 小常是武汉某重点大学应届法学硕士毕业生,虽毕业临近,但他一直没有找到合适的工作。家庭条件本就不好的他,经济上更加捉襟见肘。

前不久,小常像往常一样回宿舍。忽然,他发现公寓楼一宿舍房门大开,室内却无人,而且桌面上放着一台笔记本电脑。想起自己近来生活费紧张,小常竟不自觉走进该寝室,盗走笔记本电脑。被抓时,小常懊恼不已。知法犯法,都是一时糊涂啊!

【案例2】 2017年12月26日,在长沙市一家基层法院实习的长沙某高校法律系学生符某,利用实习生身份之便,盗走了某法官放在办公室抽屉内的2000元港币。两天后,符某见无人发现,再次潜入案发办公室盗走2.6万元港币和6500元人民币。随后,他将全部赃款存入银行。2018年1月,符某被警方刑事拘留。

三、敲诈、抢劫罪

敲诈勒索罪是指以非法占有为目的,实施暴力或其他损害造成威胁、强行勒索财物,若数额较大,就构成此罪。本罪多表现为高年级学生敲诈勒索低年级学生,在校学生勾结校外人员以团伙形式敲诈勒索其他学生,或学生内部自组帮会敲诈勒索其他学生财物的行为,是一种常发性校园暴力。

抢劫罪是指以非法占有为目的,以暴力胁迫或其他方法强行劫取公民财产的行为。其主体是一般主体,已满14周岁未满16周岁的人犯此罪应负刑事责任;其客体是复杂客体,行为人不仅侵犯公民财产所有权,同时侵犯被害人的人身权利,甚至造成伤害或死亡;其主观方面表现为故意、非法占有公民财物的目的;其在客观方面表现为对公民财物的所有人、保管人、保护人当场使用暴力、胁迫或其他方法迫使其交出财物的行为。这是校园暴力中多发性犯罪。

四、故意伤害罪

故意伤害罪是指故意非法伤害他人身体的行为,其主体是一般主体。年满16周岁的人应当为其故意伤害行为承担刑事责任。已满14周岁不满16周岁的,故意伤害致人重伤或死亡的应负刑事责任。主观上是故意,其在客观方面上表现为非法伤害他人身体的行为,其客体是他人的健康权利。

近几年来,大学生打架斗殴、杀人伤害、强奸之类的人身伤害犯罪案件时有发生并呈上升趋势,目前已是仅次于大学生盗窃犯罪的第二大类案件,这种现象值得关注和警惕。犯罪大学生,大部分是低年级学生,自控能力较差,往往是一时意气用事,铸下大错。其法制观念之淡薄,常令办案人员惊讶。例如,某大学学生小顾在学校踢球时跟对方队员发生争执。遭到殴打后,他气愤难平,招来三个同学,乱刀将对方三人砍伤。

发生大学生人身伤害犯罪事件的原因复杂,种种迹象表明,大学生发生故意伤害犯罪与社会就业、家庭经济、个人恋爱所造成的心态失衡、心理变态、心理疾病有关。特别是大学生心理发展尚未稳定,踏入大学,就相当于踏入半个社会,从而他们感到不适应,害怕失败、害怕拒绝,心理上的矛盾冲突尤为突出。这些矛盾解决不好,就可能成为大学生犯罪的心理基础。

五、卖淫嫖娼

近年来,大学生发生卖淫嫖娼行为时有报道。从紧张的高中来到大学,个人支配的时间更多了。一些学生对自己要求不高,明明知道卖淫嫖娼是不好的行为,但由于经受不住诱惑,或者是受好奇心驱使,还是走入禁区并为此付出了很大的代价。特别是女大学生的犯罪增长幅度则远远超过男大学生同期的增长幅度,且犯罪类型多样,作案方式隐秘,涉及从事卖淫行为、利用色相诈骗、受人诱惑等情形的犯罪居多。其原因很多,主要是随着社会物质产品不断丰富,高消费和攀比风等不良风气也在高校蔓延。受其影响,不少女大学生由于爱慕虚荣、追求享乐等原因,在金钱面前没有守住自己的道德底线。一些女大学生为钱卖身,从事为人所不齿的"三陪"、卖淫行业。她们非但不感到羞耻和惭愧,还为自己的大学生身份而扬扬自得。有关教育专家认为,女大学生这种现象的出现反映了当前大学生群体中金钱观念的扭曲和道德观念的沦落。

卖淫嫖娼行为有社会危害性,它会导致人的道德伦理下降,社会风气不良。此外,卖淫嫖娼行为也是传播艾滋病、梅毒等性病的重要渠道,直接威胁着大学生的身心健康。因此,大学生在校期间,应该把精力放在学习研究上,不要去做那些违反公序良俗的事。为了坚持打击社会丑恶现象,我们国家对卖淫、嫖娼这种社会丑恶现象也有相应法律处罚规定,根据《中华人民共和国治安管理处罚法》第66条规定,"卖淫、嫖娼的,处十日以上十五日以下拘留,可以并处五千元以下罚款;情节较轻的,处五日以下拘留或者五百元以下罚款。"此外,不少高校也在学校发布的《学生违纪处分条例》作出规定,"参与卖淫、嫖娼活动的,给予开除学籍处分。"一些学生从事卖淫嫖娼活动被抓后,受到学校严厉处分,从此断送了自己的大好前程。

【案例】 王宾(化名)是南京的一所名牌大学大四学生,前段时间,由于忙于考研复习,学习压力很大,在考试结束后,他便去学校附近的一家洗浴中心,想通过洗澡放松一下紧张了近半年的心情,一名服务小姐上来主动搭讪要求为其提供特殊服务,经不住小姐的软磨硬泡,抱着好奇的心理,他欣然接受了"服务"。

一个多月后他突然发现自己的下身竟长出了一些异物,想到一个月前发生的事情,他怀疑自己可能得了性病,于是去医院就诊。经检查确诊,他患了尖锐湿疣,需要进行一段时间的治疗和观察。最近他接到了研究生复试通知,但他怎么也高兴不起来,更谈不上看书复习了。

六、吸毒

(一)吸毒的概念

毒品一般是指使人形成瘾癖的药物,滥用毒品的各种方式习惯统称为"吸毒"。大学生一是了解有关毒品的知识还很少,面对毒品时不仅缺乏辨别能力,同时防范意识也十分欠缺,更有甚者认为自己一辈子都不会碰到这样的麻烦,因此不想知道有关知识。二是认为沾染毒品不可怕,自制力强就能轻易戒掉。由于存在这样的错误认识。毒品正在向大学生群体扩散。由于大学生人生观、价值观、道德观、世界观尚未完全形成,毒品对他们的危害是双重的、深远的。

【案例】根据正义网-检察日报(北京)2015年12月30日报道,28日浙江温州警方通报一起公安部督办的特大网络贩毒案,缴获毒品200余公斤。警方还发现大量高校学生涉案吸毒。据介绍,这批涉毒大学生涉及全国数十所高校。

(二)大学生吸毒的危害

1. 对身心的危害

(1) 吸毒对身体的毒性作用。毒性作用是指用药剂量过大或用药时间过长引起的对身体的一种有害作用,通常伴有机体的功能失调和组织病理变化。中毒主要特征有:嗜睡、感觉迟钝、运动失调、幻觉、妄想、定向障碍等。

(2) 戒断反应。戒断反应是长期吸毒造成的一种严重和具有潜在致命危险的身心损害,通常在突然终止用药或减少用药剂量后发生。许多吸毒者在没有经济来源购毒、吸毒的情况下,或死于严重的身体戒断反应引起的各种并发症,或由于痛苦难忍而自杀身亡。戒断反应也是吸毒者戒断难的重要原因。

(3) 精神障碍与变态。吸毒所致最突出的精神障碍是幻觉和思维障碍。他们的行为围绕毒品转,甚至为吸毒而丧失人性。

(4) 感染性疾病。静脉注射毒品给滥用者带来感染性合并症,最常见的有化脓性感染和乙型肝炎,以及令人担忧的艾滋病问题。此外,吸毒还损害神经系统、免疫系统,易感染各种疾病。

2. 对家庭的危害

家庭中一旦出现了吸毒者,家便不再称其为家了。吸毒者在自我毁灭的同时,也在破坏自己的家庭,使家庭陷入经济破产、亲属离散甚至家破人亡的困境。

3. 对社会的危害

毒品活动加剧诱发了各种违法犯罪活动,扰乱了社会治安,给社会安定带来巨大威胁。无论用什么方式吸毒,对人的身体都会造成极大的损害。

4. 对学习的危害

大学生吸毒对学习也有很大的影响,吸毒的大学生别想学习成绩会好,因为他的精力全部用在如何找钱买毒品上。而且吸毒的人身体肯定是不好的,那他的精神也会不好,又有什么精神读书呢?慢慢地,学业就这样荒废了。

(三)大学生吸毒原因分析

(1) 好奇心驱使。一些大学生由于自控力薄弱,模仿力强,容易把不良现象和行为当成时髦追求或认为是"酷"的表现,在吸毒的问题上,"好奇"二字,不知毁了多少孩子。据调查,青少年吸毒者中,80%以上是在不知道毒品危害的情况下吸食毒品的,他们抱着"找一下吸毒的感觉""抽着玩玩""尝尝新鲜"等念头而吸毒,不知不觉染上毒瘾。

(2) 生活受挫麻醉自己。一些青少年由于父母离异、家庭关系紧张、学习压力大、师生关系不好、高考受挫,以及待业等不顺心的事引发精神苦闷,情绪低落,试图以吸毒麻醉自己,逃避现实。

(3) 对新型毒品不了解而误食。一些年轻女孩轻信了"吸毒可以减肥"的谎言,为了美不惜以身试毒。一些青少年在娱乐场所随意饮用陌生人给的饮料或未看管好自己的饮品,导致误食毒品,造成严重后果。奶茶、茶叶、糖片、橙汁冲剂都被发现用于毒品伪装,此类新型毒品隐蔽性、迷惑性很强。

(4) 为"爱情"盲目吸毒。情侣中有一方吸毒,另一方因为吸毒恋人的诱惑和甜言蜜语,为所谓的"爱"与感情,盲目追随,从而走上吸毒、贩毒的道路。最后毒品将使他们精神枯槁,缠病终死,昔日的爱情也早已不复存在。

(四) 大学生如何防范吸毒

(1) 大学生要充分认识毒品违法犯罪活动的危害性,加强自身的学习和修养,培养高尚的情操和道德观念。

(2) 大学生要积极参加文体活动,增强集体观念,培养广泛的兴趣和爱好,避免孤僻的生活方式。

(3) 大学生要努力提高对毒品的防御能力,不要结交有吸毒恶习的朋友或听信他们的谗言。

(4) 大学生绝不可因好奇而品尝毒品,防止上瘾而难以自拔。

(五) 吸毒要承担的法律责任

虽然单纯的吸毒是违法行为,不构成刑事犯罪,但由上所述可知,吸毒对人的身体健康具有极大的危害性,对顺利完成学业构成极大威胁,特别是吸毒可能会引发其他犯罪行为。因此,国家一直对吸毒行为保持高压态势。《治安管理条例》《关于禁毒的决定》等都有相关处罚。《关于禁毒的决定》中规定:"吸食、注射毒品的,由公安机关处十五日以下拘留。吸食、注射毒品成瘾的予以强制戒除,进行治疗、教育。强制戒除后又吸食、注射毒品的,可以实行劳动教养,并在劳动教养中强制戒除。"但如果持有毒品的种类和数量达到了《刑法》的标准,那么就可能涉嫌构成非法持用毒品罪,这个罪名就有可能被判处有期徒刑。

七、替考罪

近些年,考试作弊行为屡禁不止,在国家组织的诸如全国高考、成人高考、研究生招考等重大考试中发生的考试作弊案件时有发生。随着高科技的不断发展,作弊手段更是层出不穷,替考行为(俗称雇用"枪手")就是一种较为普遍、层次较低的作弊行为。在一些高校校园,时常可以看见各种家教告示:要求应聘者的英语水平必须达到四级或六级以上。

校内明眼人一看就知道,这是在寻找"枪手"替考英语。一些大学生为了一点蝇头小利也加入了替考的队伍。替考的方式有好几种,其中就包括通过为替考者办理假的身份证件的形式来替他人参加公务员考试、高等教育入学考试、水平等级、资格证书等考试,以便蒙骗过关。据了解,替考风盛行与造假便捷具有相当密切的关系。据被告人供述,由于现在造假办证很方便,他们可以通过随处可见的造假非法广告与办证人联系,约定见面时间、地点。见面时,由买家提供假照片和个人资料,至于价格,根据证件的仿真程度来定。仿真程度越高,价格越高。

为了确保国家考试制度的公信力,促进公平竞争,维护道德诚信基础,保护参考人员合法权益,2015年11月1日起我国正式实施的《刑法修正案(九)》正式将代替考试行为入刑,在《刑法》第二百八十四条后新增加一条,规定代替他人或让他人代替自己参加法律规定的国家考试的行为,将受到法律的制裁。

代替他人或者让他人代替自己参加法律规定的国家考试的,处拘役或者管制,并处或者单处罚金。

代替考试罪是典型的对向犯,刑法同时处罚考生和"枪手"双方行为人,且定罪和法定刑都相同。

【案例】 2018年4月,西安市鄠邑区检察院受理了一起提请批准逮捕的考试作弊案。

某校在读研究生张某联系其校友孟某,让其代替他人参加2018年的全国硕士研究生招生考试,承诺考试通过后给其4 000元佣金,还指使孟某帮助再寻找代考者。之后,孟某便联系了其校友刘某参加替考,承诺考试通过给刘某3 000元佣金;张某自己也联系了其舍友丁某参加替考,承诺考试通过给其4 000元佣金。2017年12月23日,张某安排车辆,将刘某、丁某统一送至考点,当日分别代替了考生"王某""史某"参加考试,后二人均被监考人员发现,移交给西安公安鄠邑分局。1月4日,公安鄠邑分局将该案移交鄠邑检察院审查批准逮捕。

鄠邑检察院经审查后,认为该案事实清楚,证据确实充分,根据《刑法》第284条规定,本案中的张某在法律规定的国家考试中,组织他人作弊,其行为涉嫌组织考试作弊罪。孟某在法律规定的国家考试中,帮助张某寻找"枪手"代替他人参加考试,其行为涉嫌帮助组织考试作弊罪。该院考虑到该二人均为在校在读研究生,并有投案自首情节,犯罪主观恶性较小,社会危险性不大,对张某、孟某作出无逮捕必要,不批准逮捕的决定;刘某、丁某的行为符合代替考试罪的构成要件,但因该罪被判处的是拘役或者管制,不符合批准逮捕条件,对该二人也作出不批准逮捕决定。

虽然,对该4名研究生未作出批准逮捕的决定,但他们已触犯了法律,本已拥有高等学历的"天之骄子"即将完成学业,由于目无法纪,践踏法律,案件记录将伴随他们一生。他们也为此付出了沉重的代价。

八、参与赌博

赌博是一种违法行为,属于社会丑恶现象。近年来迅速殃及全国各地的高等院校,如同瘟疫一样侵蚀着青年学生,不但败坏了校风,而且也导致治安、刑事案件层出不穷,影响高校治安秩序的稳定。赌博与毒品一样,很容易使人上瘾,尤其是那些输赢很快、刺激性强的赌博,更容易让人上瘾。大学生刚开始玩的时候,有些人只是为了消遣时间,有些是为了赢钱的快感、寻找刺激,但是一旦玩上瘾就不一样了,人都是贪婪的,输的人寄希望于下次赢,赢的人希望赢得更多。特别是那些没有追求、没有成就感的学生,可能就会想在赌博上找刺激。由于大学生在经济上并不独立,更缺少足够的经济支持作为赌资,甚至有些同学输钱之后,连生活费都无法解决。现实的窘迫会令他们铤而走险,为筹集赌资,不惜偷盗、抢夺,以身试法,结果断送了自己的前程。

(一) 参与赌博的主要原因

1. 无聊而寻求刺激

现在的大学生大多为独生子女,入大学之前过的是从家门到校门的生活,阅历尚浅,看见其他同学赌博觉得简单,认为自己如果赌一定可以赢钱,便开始手痒,经不起别人引诱、怂恿,由旁观者变为参与者。有的学生不求进取,进入大学后便不将学习当回事,学业上得过且过,混文凭,闲得无聊,以赌作消遣,视赌博为乐趣。

2. 精神颓废空虚

一些学生没有树立正确的人生目标和理想,对正确的社会道德价值观缺乏积极的认同感,精神颓废,崇尚"享乐主义""拜金主义""物欲主义",导致价值观偏离和行为规范残缺,对自己的未来没有规划,没有学习目标,无所事事,将赌博看作一种享受,将赌技看作一种能力,试图通过赌博实现一夜暴富的梦想,最终滋生赌博恶习。

3. 抗负面影响能力低

学校已经不是封闭的小社会,社会上一些影视作品、报纸杂志为了扩大销售量在醒目的版面作一些教人赌博、传授赌技的宣传,必然也会折射到学校来,从而刺激着大学生的神经;一些学生家长自己长期沉迷赌博,学生从小便耳濡目染,进入大学后对赌博误以为是正常活动,不能正确认识赌博的危害性;一些社会闲散人员将在校的大学生视为骗赌、诈赌,赚取钱财的对象,有意识向校园渗透,导致一些意志不坚定、免疫力低的大学生误入赌途。

4. 监控与管理缺位

由于观念的变化,现在的大学对学生在课余时间的活动比较放任,监管不严,无形中为大学生参赌聚赌提供了机会。由于学生可在校外租房居住,使得他们有条件脱离学校的监管,并且使得其与校外人员聚集更加方便。东窗事发后,家长往往顾及子女的名声、前途和自己的面子不作宣扬,花钱消灾;相关老师为了全班的考核排名,投鼠忌器,态度暧昧,只要不闹出大问题,一般不会施以惩罚,以致现实中展露出的问题警示作用不明显。

(二) 参与赌博的主要危害

(1) 荒废学业。一些不思进取的大学生时常聚在一起进行赌博,赌博成瘾,经常赌到半夜,甚至通宵达旦,导致学习时间不够用、精力跟不上,经常迟到、缺课,即使上课也是精神恍惚,下课后又沉迷于赌博,不做作业、不做研究。不少人考试不及格,被迫留级,几年大学不知所学为何物,浪费了人生中最宝贵的黄金岁月。

(2) 侵蚀校园。经常赌博的大学生,生活起居不能遵守学校的作息制度。其他同学上课了他姗姗来迟,其他同学休息他还在挑灯"战斗",影响了其他同学学习、生活。久而久之,同学之间便生出许多不快,同学之间的互助、友爱之情变为对立的情绪。赌博现象的存在慢慢地将一些意志薄弱的同学拉下水,如瘟疫般在校园蔓延,造成负面影响,败坏了校风。

(3) 祸害家庭。参与赌博的大学生往往赢了还想赢,输了想捞回来,越赌越烈、越陷越深,赢钱的时候,钱不当钱用,最终大多因赌致贫,只好编造各种理由向家人索要,家长往往抱着再苦不能苦孩子的心理,想办法满足他们的要求。有些大学生害怕连续向家长要钱会引起怀疑,便想办法向社会上的人借钱,甚至借下高利贷,欠下巨额外债,一旦债主追讨致事发,父母亲虽然恨铁不成钢,但为了面子、为了儿女的前途,也只能无奈地埋单,祸害家庭。

(4) 诱发犯罪。大学生在经济上并不独立,更缺少足够的经济支持作为赌资,甚至有些同学输钱之后,连生活费都无法解决。一些大学生长期参与赌博,输光了钱,只好变卖手机、衣物、现金卡等物品换钱。为解决现实的窘迫或筹集赌资选择了铤而走险,从校园内身边的同学开始偷盗,有些和社会上的不法分子勾结在一起开展实施盗窃、抢夺行为,以身试法,走上了一条犯罪的不归路。

【小贴士】《中华人民共和国刑法》关于赌博的定义:赌博罪是指以营利为目的,聚众赌博、开设赌场或者以赌博为业的行为。

根据《刑法》第三百零三条的规定,构成赌博罪的前提,不但必须具备直接故意的一般主观要件,而且必须具备"以营利为目的"的特别主观要件。

这里的"以营利为目的",指行为人实施聚众赌博、开设赌场、以赌博为业的行为,是为了获取数额较大的金钱或者其他财物。

"以营利为目的"的有无,决定了行为人是否构成赌博罪,也是区别赌博罪与非罪的关键。行为人进行带有少量财物输赢的娱乐活动,虽然主观上也有为了赢取少量财物的获利成分,但输赢对其无所谓,或者意义不大,其主要目的是消遣、娱乐,因此,不属于"以营利为目的"。

根据《刑法》第303条规定:以营利为目的,聚众赌博或者以赌博为业的,处3年以下有期徒刑、拘役或者管制,并处罚金。

第四节 大学生犯罪原因分析

综合各类大学近几年的情况来看,违法犯罪率有逐年上升的趋势。其产生的原因有很多。

一、社会竞争加剧产生心理压力

据调查显示,随着社会竞争的加剧,大学生承受的压力也在持续加大,由此带来了一系列的心理问题,而且出现了一些新的苗头。现今社会环境比较复杂,对社会交际广泛又没有固定收入的大学生来讲,想办法弄"钱",是大学生多发盗窃案的原因。和普通人群相比,大学生属于素质较高的群体,前途光明,其辨别是非的能力较强,但因其年轻、不成熟、意志薄弱,加之家庭、学校管理力度不足,一时糊涂就很容易走向犯罪。

二、爱慕虚荣导致相互攀比

一些学生的成绩比别人好,但由于受自己家庭收入不高的影响,吃的穿的却感觉比别人差,于是心态失衡,就产生了偷窃以弥补物质生活差距的念头。尤其是个别家庭困难的学生,在面对同学间生活水平的强烈反差时,心理上很受刺激,一旦自我调适不当、道德品质薄弱,就可能抵御不住诱惑,铤而走险,进行偷窃或抢劫活动。

三、人格不健全产生心理不适

大学生犯罪出现上升趋势,有着复杂的社会大背景。目前的在校大学生几乎都是独生子女,自我意识强,但从小缺乏谦让、合作精神的培养。由于社会竞争激烈,父母对子女的教育往往"重智轻德",使得年轻人在价值观形成、人格健全的过程中留下缺憾。事实上,一些学生就是因为初次遭遇校园生活中的各种挑战、矛盾、反差,而产生心理不适,从自以为是、心高气傲,变为精神空虚、苦闷、自卑、自我放弃,个别同学错误地去寻找各类刺激,甚至走上违法犯罪的道路。

四、教育和管理缺失

随着学生的增多,大学内部对学生管理弱化的问题越来越突出。相当数量的学校并没有提供相关的法制教育等方面的内容,使大学生无法得到全面有效的普法教育。当今的教育方式中,社会过多地关注文化教育,而忽视了素质教育,只关注学生的生理素质,却忽略了学生的心理素质。快速的生活节奏,迷茫的生活前景,使部分大学生开始心理失衡,感到空虚、迷茫,没有信仰,找不到正确的人生观和世界观,由此很容易被不良现象所引诱,以致最终走向极端,误入犯罪的歧途。犯罪是世界各国都普遍存在的一种社会现象。近年来,青少年犯罪特别是大学生犯罪问题已引起了世界各国的普遍关注。研究表明:目前我国青少年犯罪占整个犯罪人数的80%左右,且以每年平均3%~4%的速度上升,而大学生犯罪特别是暴力犯罪在其中所占的比重也越来越高,增长趋势十分明显。

五、大学生自我价值观发生了变化

价值观是影响甚至支配人们行为的重要因素。从社会结构的变化来看，价值观念处于一个新旧交替的时期，整个社会很长一段时期内将处于价值失范状态。各种规章制度、各种道德规范的控制力越来越弱，特别是大学亚文化的发展，强化了学生的越轨心态、浮躁心态，使他们越来越追求功利化的目标。随着社会的发展，大学生自我价值出现了变化。其中一些人的思想出现了消极、颓废的倾向。主要表现为以下几方面。

(1) 过于看重物质利益。市场经济影响下，经济发展强化了金钱观，物质利益成为现实生活的重头戏，一些大学生错误地以物质利益为尺度去评价个人得失，这就会诱发个别大学生进行抢劫、盗窃、诈骗等违法犯罪活动。甚至有些大学生为了经济利益，连最基本的道德也放弃了，例如：目前社会比较敏感而又众多的女大学生卖淫、大学生傍大款现象。

(2) 个人利益至上。面对改革浪潮，大学生的价值观念出现了个人化、个性化倾向。这种倾向是对不承认合理的个人利益、个人价值的"反对"，具有一定的积极性，但如果不能把握合适的"度"，就很容易陷入个人主义的泥潭，从而容易产生犯罪。市场经济体制逐步确立的同时，也在不断强化金钱观念、个人主义意识。越来越多的学生无法做到"两耳不闻窗外事"，特别是家境状况不好的学生，不得不考虑上学的经济来源等问题。

六、外界消极因素的影响

大学生犯罪是社会多方面消极因素综合作用的产物。大学生心理正处在发展的阶段，受个人、家庭、学校、社会等因素的影响很大，大学生心理教育的不足会导致健康心理品质的缺失。

(1) 学校教育和管理不到位的影响。学校方面的影响主要是学校教育体制存在缺陷，面对大学生中许多人不知法、不懂法，有的甚至是法盲的现象，针对大学生的法制宣传教育仍很薄弱，学校对促进学生能力与综合素质培养的重视也不够，针对学生的思想道德教育和法制教育几乎处在空白地带，从而导致有些学生在实施违法犯罪行为时都不知道自己是在犯罪，或者是不知道问题的严重性。

(2) 家庭因素的影响。家庭的教育培养，深刻影响着子女的人生观和道德观，家庭教育的缺陷是子女形成不良个性的基础，潜伏着青少年走上违法犯罪道路的危机。有的家长因其本身就有恶习，子女耳濡目染，自然而然沾染上不良习气，最终发展为违法犯罪。此外，在家庭教育不当、家庭结构异常、离异单亲家庭长大的青少年犯罪率明显高于正常家庭，其原因在于离异单亲家庭中，子女缺乏家庭教育，失去家庭幸福，使他们饱受离异家庭的痛苦，促使他们想到社会上寻找"关心"和"同情"，因此也更容易被坏人拉拢、引诱，误入歧途，走上犯罪道路。此外，现在的家庭无论经济条件好坏，都对自家的"骄子"给予过多溺爱。这容易使大学生产生好逸恶劳、挥霍无度的不良习气，甚至导致犯罪的发生。

(3) 社会因素的影响。社会是多元化的，社会主义市场经济的全面发展，促进了社会的全面进步。但同时也出现了一些拜金主义、享乐主义、腐朽生活方式的偏激倾向。当今的大学生出现失业现象已经是常态,大学生的自我预期下降,过去那种认为自己是出类拔萃优秀者的想法已经不再。这使大学生极易产生消极颓废心理。由于改革开放,国内出现了多种文化。其中一些非主流文化以及不同背景的西方文化、港台文化对大学生产生了不可低估的影响。像色情、暴力、荒谬、享乐主义以及西方、港台文化中所宣传的极端个人主义文化及文化商业化作用下产生的文化糟粕,在社会上起着极坏的影响,是诱导大学生走上违法犯罪之路的重要原因之一。

第五节　大学生违法犯罪行为的防范

　　减少和预防大学生犯罪,需要社会各界的广泛关注和共同努力,才能取得明显效果。预防大学生犯罪与预防其他犯罪具有相似性,最根本的措施还在于防患于未然。要针对其犯罪原因,实行综合治理,形成一种有利于大学生全面发展的环境,才能收到治本的效果。防范和抑制大学生犯罪的基本对策在于培养大学生良好的道德素质、培养其健康的心理素质、加强对其进行法制教育以及营造良好的家庭氛围等。具体如下。

一、加强大学生行为规范教育

　　(1) 学校要加强品德教育,引导大学生树立正确的人生观、价值观。引导大学生树立积极向上的健康人格,使他们真正成为心智与人格全面发展的有用之才,这是高校人才培养的神圣使命。大学生正处在人生成长的关键时期,其可塑性非常强,受环境影响非常大,有时因一念之差就会误入歧途。大学期间对于一个人世界观、人生观和价值观的形成至关重要。而正确的道德观和良好的行为习惯的养成,并非一朝一夕之功,也绝非权力所能奏效。因此,学校应加强对大学生的道德修养教育,使他们树立起正确的人生观、价值观以及自尊、自爱和互爱的意识,正确认识自我,认识社会,增强大学生的公德意识,将主要精力放在学习上,不在生活中相互攀比,自觉抵制不良生活方式的侵袭。

　　(2) 有针对性地加强法制教育。学校要高度重视对学生的法制教育,要从学生刚入校门时着手,结合道德品质与行为规范进行教育,结合校园内的案例讲危害,培养和增强大学生的法律意识。针对大学生中许多人不知法、不懂法、缺乏法律意识的现象,要强化法制教育,使大学生知法、懂法、守法、敬畏法律,帮助大学生形成遵法守法、依法办事、同破坏法制的行为做斗争的思想意识。对此,各大专院校应增设法制宣传栏、宣传刊,采取各种方式有针对性地加强法律常识教育。另外,各高等院校应与司法机关加强联系,由司法机关工作人员结合所办案件,对学生进行现实的法制教育,强化他们的法制观念,将打击犯罪和预防犯罪结合起来,达到防患于未然的目的。通过安全教育,特别是法制教育,增强大学生法律意识,学校要进行全面教育,使大学生知法、懂法、守法,指导大学生正确理解权利与义务的关系,在履行义务的前提下,合法行使自己的权利,帮助大学生形成依法办事,同违反宪法、法律以及破坏我国法制的行为斗争的思想意识。

（3）针对大学生犯罪应实施挽救和教育的政策。国家培养一个拥有丰富文化知识的大学生要花费大量的人力、物力、财力,因此,我们应尽可能地对犯罪的大学生进行挽救,使其仍能够成为国家的栋梁。大学生犯罪,相对于社会一般人员犯罪的社会危害性较小,也容易改造,且犯罪后认罪态度一般都较好,案发后能够积极主动退赃。因此,对大学生犯罪应当区别对待,充分体现惩罚与教育相结合的原则。

（4）加强心理健康教育。针对大学生心理发展不够成熟的特点,学校要有意识地开展心理健康知识讲座、开设心理咨询服务。帮助大学生形成健康向上的心理,尤其应做到以下三点：①引导大学生控制情绪,增强社会应变力,学会处理现实与愿望的矛盾,学会自我调适,做事前理智思考。②注意引导大学生建立和谐的人际关系,大学生要放下自卑心理,充满信心地对待生活,能够接纳他人,使自己的心理处于轻松愉快之中。③注意引导大学生正确处理恋爱与性问题,指导大学生以严肃的态度对待爱情,正视恋爱关系,保持稳定的情绪及健康的心理。

二、重视良好的家庭环境对大学生的影响

创造良好的家庭环境,搞好家庭教育。良好的家庭教育在预防大学生违法犯罪方面发挥着重要作用,家长要注重对自己孩子的了解,配合学校教育。家庭环境,尤其是家风对孩子起着潜移默化的渗透作用,能从多角度、多方位、多层次影响孩子。家长要在孩子成长的过程中,循循善诱,以事明理,引导其分清是非、辨别善恶;要在家庭生活中,通过每个家庭成员良好的言行举止,相互影响,共同提高,形成良好家风。这对孩子的健康成长是至关重要的。

三、加强校园内的内部管理,以及社会各部门的共同教育、共同管理

防范大学生违法犯罪首先必须保证良好的校园生活环境,保证校园是一个学习知识的场所,切实抵制社会不良文化的进入。学校要关心学生的生活,帮助学生解决生活中的各种困难。对大学生的培养与教育,不单是学校的事,社会各部门也都负有重大责任。司法机关也应该有重点地与大学定期联系,帮助学校建立良好的校园环境,同时加强校内的司法宣传教育;政府职能部门则应力所能及地为大学排忧解难。要采取切实可行的措施,优化社会大环境以及校园环境,加强教育领导,把大学生犯罪率降到最低。

【案例】云大青年 2018 年 7 月 25 日报道：前不久,江苏省淮安市淮阴区人民法院审理了一起案件,犯罪嫌疑人汪亮东因为盗窃罪,被判有期徒刑 4 年 6 个月,并处罚金人民币两万元。汪亮东因为希望买一款心仪手机而陷入校园网贷,并且越陷越深,最后走上犯罪道路。这背后引发的校园同窗之间的信任危机值得关注。出生在山西农村的汪亮东,家境并不是太好,父母都是农民,家里还有姐姐。但他从小学习成绩优秀,2013 年高考,被江苏某高校录取。从小在农村长大的他,看到父母一辈子辛苦种地,供自己读书不易,刚踏入大学,省吃俭用,从不与人攀比。

由于学习音乐专业，日常开销大，加之年轻人都好面子，看到身边同学吃穿用都比自己高档，汪亮东心底慢慢有了比较，每月生活费也开始入不敷出。2015年6月，大二快结束时，汪亮东看到室友都买了新手机，而自己的手机却是两年前买的。于是，他想换个苹果手机。可每月1 000多元生活费无法支持他实现愿望。这时，一款专门针对大学生的分期校园网贷平台引起了他的注意。如果从生活费中挤出部分用来分期还贷，这也许是个好主意。犹豫许久，他在平台上分期付款购买了手机，分24期，每月需还贷289元。

为了早日还清网贷，汪亮东暑假也没有回老家。他告诉父母，暑假做家教，每月收入有2 000多元。父母听了，感觉孩子懂事了，很支持他的决定。那个时候，他一心想早点把分期贷款还完。汪亮东感到压力很大。他同时找了3个家教辅导班兼职，每天来回奔波打工赚钱。后来，他渐渐发现，现在家长很重视孩子的教育，如果自己做老板开辅导班，生意绝对不会差。一同在辅导班打工的一位朋友，也想合伙开辅导班，每人需投资8 000元。准备向家里求助时，他想到之前的校园网贷，可以替他解决资金的燃眉之急。很快，通过几个不同校园网贷平台，他顺利贷到1.6万元。

可是，开办辅导班没几天，合伙人就表示不想开辅导班了。汪亮东想要回合伙资金，但合伙人表示钱被花光了，可以转一辆二手车给他弥补损失，之后就失去了联系。

在旁人看来，汪亮东用着苹果手机、开着私家车，看起来很风光。最后，这些甚至把他自己也迷惑了。暑假结束前，他专门自驾车回老家，面对家人和左邻右舍的眼神，他说这是做生意赚的……

没人能想到，没有任何固定收入的汪亮东，每月正承受着不同校园网贷平台的多份贷款，由此上演了拆东墙补西墙的悲剧。

为了还贷越陷越深。2015年9月，汪亮东看到校园里有很多校园网贷的宣传，他便办理了贷款业务，用贷出来的钱，偿还前面的贷款。时间长了，因不能及时还款，他被列为不良信誉客户，已无法用自己的身份信息在网贷平台上借钱。这时，他打起身边同学的主意。于是，他请同学帮助贷款，等钱到手了，就给同学好处费。欠账就像滚雪球一般，越滚越多。不到半年时间，他的外债超过了10万元。此时，身边的同学也知道了真相，都不再去帮他。2016年9月，大学新生报到，已经读大四的汪亮东瞄准了新生。他能说会道，是很多新生眼中值得信赖的学长。

来自江西的女生陈红（化名）收到汪亮东以音乐学院大四学长身份发来的"加我好友"的QQ信息，汪亮东称可以帮助其介绍兼职，赚取生活费，两人约定在宿舍楼下面谈。

汪亮东自称是某知名电商的校园代理，只要注册一个"白条"，就可获得百元提成。获得同意后，汪亮东拿起陈红的手机，在注册界面输入了其个人信息。注册成功之后，趁其不备，用陈红的"白条"购买了一部价值7 888元的苹果手机，分24期还款。汪亮东还说，用"白条"买的东西越贵，提成就越高，并保证3个月之内帮她还清。

不到半年时间，汪亮东先后以学生会干部或某知名电商校园代理的身份，利用校园QQ群、微信群发布消息，称可以为大一女生找兼职代理、办理校园电动车牌照等事由，获取个人信息，通过"白条"操作，购买了27部苹果手机，所购手机均被变卖成现金用以还贷。据了解，受害人多达20余人，总金额达19万余元。

许多受骗女生在贷款到期后，反复接到网贷公司催贷恐吓电话，心理压力很大，又怕被老师、父母发现，只能选择在深夜发微信催要还款，白天无法集中精力学习。

2016年年底，公安机关接到受骗学生家长报警，于是警方对汪亮东展开侦查。

办案检察官说：该案警醒大学生们切忌为了"面子"盲目攀比，透支贷款，应该结合个人家庭实际情况理性消费。对于涉及身份证号码、手机号码等个人信息，需注意严格保密，不能随意外泄。

同时，学校也应该把选择网贷消费纳入日常教育管理工作中，通过校园网站、校园广播、海报等多种渠道，开展有关金融网络安全知识的普及与宣传，增强学生网络安全防范意识，及时纠正部分学生超前消费、过度消费和从众消费等错误观念。

【思考与研讨】

1. 根据本案例，谈谈你对汪亮东涉嫌犯罪的看法。作为大学生应该从中汲取什么教训？
2. 你认为汪亮东应该如何做才能在不触犯法律的前提下处理好日常开销大的问题？

总而言之，大学生正在接受高等教育，遵纪守法意识应当更强些，但事实上却是大学生犯罪事件频频发生，犯罪率逐年上升，扰乱了校园的秩序和社会的安全，阻碍了社会的发展。大学生品行不端、构成犯罪的事件已经引起了全社会的关注，预防与减少大学生违法犯罪成为全社会亟须解决的一个社会问题。

【本章思考题】

1. 目前，大学生违法犯罪有哪些特点？
2. 本章所列举的大学生主要违法犯罪行为有哪些？
3. 请结合发生在你身边的大学生违法犯罪行为实例，谈谈大学生违法犯罪的原因。
4. 你认为如何有效防范大学生违法犯罪行为？

参 考 文 献

[1] 李海萍,陶钧宜.大学生人际交往的重要性和现状分析[J].萍乡高等专科学校学报,2007(2),75.
[2] 石睿.当代大学生人际关系的现状和相关建议[J].成功(教育),2011(18),38.
[3] 吴琦.当代大学生人际关系困扰及教育对策[J].贵州工业大学学报(社会科学版),2008：228-232.
[4] 郭丽.大学生人际交往个案解析[M].上海：华南理工大学出版社,2005.
[5] 教育部新修订的《普通高等学校学生管理规定》(2017年修订版)(教育部令第41号)
[6] 周利刚.高校实验室安全教育模式探讨[J].实验室研究与探索,2013,32(8)：238-240.
[7] 中华人民共和国国家安全法,2015.
[8] 教育部关于加强大中小学国家安全教育的实施意见：教思政〔2018〕1号[A/OL].2018-04-09.
[9] 教育部,总参总政.普通高校学生军事训练大纲,1994.
[10] 中华人民共和国兵役法.
[11] 教育部.普通高等学校健康教育指导纲要.
[12] 刘雪凯.安全教育导论[M].北京：北京理工大学出版社,2014.
[13] 何泽彬.大学生安全知识读本[M].成都：电子科技大学出版社,2009.
[14] 王赣华.大学生安全教育教程[M].北京：高等教育出版社,2012.
[15] 庄锦.大学生安全知识读本[M].北京：科学出版社,2011.
[16] 陈革,等.大学新生导航[M].北京：中国出版集团现代教育出版社,2011.
[17] 李俊生,等.大学生安全教育[M].重庆：重庆大学出版社,2016.